后浪

旧制度下的俄国
RUSSIA UNDER THE OLD REGIME

RICHARD PIPES

[美] 理查德·派普斯——著　郝葵——译

民主与建设出版社
·北京·

致丹尼尔与史蒂芬

第二版前言

《旧制度下的俄国》于1974年出版后，收到了不错的反响，许多高校将其列入俄国历史教程之中，尽管这并非我写作的意图。与此同时，本书的中心论点也引起了热烈的争论，其中的缘由至少有二。

俄罗斯史学，无论是革命前的还是革命后的，一直延续着实证主义传统。这种传统要求学者专注于狭窄的、精确的课题，重视史料根据。那些较为宽泛的史学问题则留给了哲学家和政论家去思考。这样一来，在历史学文献中几乎找不到任何既想要追溯、又想要阐释俄罗斯历史进程的职业史家的著述。因此，本书的出现注定会引起一番争论。

关于莫斯科公国和帝俄晚期（1878—1905）的政治实践与苏联政治之间的连续性问题，也是引起争论的一个方面。该论点不仅令信奉共产主义的史学家不满，也令他们的对立派 —— 反共的民族主义者感到不满。尽管理由不同，但两派皆认为1917年10月标志着俄罗斯与其过去的决裂。

在这本书中，沙皇专制与共产主义之间的关联仅略有提及。一些评论家批评我没有将这一主题进行深化，尤其是勾勒了19世纪末的警察镇压与列宁斯大林体制之间的关联，却没有关注将两者断开的立宪一幕。作为回应，我想说的是，在仅仅一本书中是不可能将莫斯科公国的世袭体制、沙皇专制末期的警察体制以及共产党体制三者并论的，需要分而述之。我在1990年出版的《俄国革命》，和即将出版的《布尔什维克治下的俄国》中相继进行了论述。本书中的论点在后来这两本书中有了进一步的详述，三本书共同形成了一个结合紧密的整体。

由于篇幅的限制，我无法对本书的批评做出一一回应。在这些批评中，最为严肃的是对我关于"莫斯科公国的专制主义与欧洲近现代早期的专制主义有着本质上的区别"的观点的批评。我发现一些学者对两种类型的君主统治进行类比的时候，依靠的是对法律文件的形式主义式的解读，而很少去关注现实状况，然而正是那些现实状况曾经令访问莫斯科公国的西方人惊讶无比。如果未来的历史学家把这种形式主义的方法论用在对斯大林体制的研究上，那么他们得出的结论很可能是：斯大林体制与当代西方体制没有太大的差别，因为它也有宪法、议会和人权保障。

本书的俄文版即将在莫斯科问世，希望俄文版能够激励刚刚摆脱了审查与意识形态控制的俄罗斯史学家们，放弃传统的自我束缚，以更加大胆的、更多比较的和更具哲学思维的方式去审视自己国家的过去。要知道，真正的历史研究不仅要揭示过去发生了什么，还要理解为什么会发生。

理查德·派普斯

1992年3月

前　言

　　本书的主题是俄国的政治制度。它追溯了俄罗斯国家从公元9世纪—19世纪末的成长过程及其主要社会群体——农民、贵族、中产阶级和神职人员——的演进历程。本书想要探究的问题是：为何俄国社会未能对政治权威施以任何有效的制约——俄国在地理位置、人种、宗教方面皆属于欧洲，却在这一点上与欧洲其他国家不同。在尝试对该问题做出一些解答后，我接着论述了一个观点，即在俄罗斯，反对专制主义采取的是为理想而非为阶级利益而斗争的形式。受此挑战，帝国政府通过一系列行政措施予以应对，这些措施则清晰地映射出了一个现代警察国家的轮廓。不同于大多数历史学家从西方思想中寻找20世纪极权主义的起源，我是从俄罗斯的制度中探寻的。尽管偶尔提及后来的历史事件，但是本书的叙事基本上终于19世纪80年代。因为，正如终章所指出的那样，传统意义上的旧制度正是在这个年代悄然而终的，随后俄国便屈从于自那时起一直实际掌权的官僚-警察制度之下。

　　本书的分析重点在于财产与政治权力两者间的关系。对于在西方历史背景下成长起来、习惯将上述两者视为截然不同两个概念的读者来说，这种分析重点可能显得很奇怪。（当然，那些经济决定论者除外，在他们看来，财产与政治权力之间的关系不论在何处都是遵循固定的、刻板的发展模式。）任何研究非西方国家政治制度的学者都会发现，所有权与主权之间的界限要么不存在，要么模糊到了毫无意义，这种界限的缺失正是西方与非西方治理体制之间最主要的差别。可以说，在西方的政治实践中，私有财产作为公共权力通常不行使管辖权的领域，是西方政治制度与其他政治制度的区别之处。在原始社会条件下，对人的权力和对物的权力是结合在一起的，经过了非常复杂的法律与制度的演变，二者才分化为作为主权行使的权力和作为所有权行使的权力，这种演变始于古罗马。我的中心论点是：在俄国，上述权力的分化出现得非常滞后，且非常不完善。俄国属于典型的那些通常被政治学与社会学文献定义为"世袭制"的国家。在这类国家里，政治权力被当作所有权的延伸部分行使，统治者既是国家的主权者，也是国家的所有者。面对治理方式完全不同的西方，随着与之接触的日益频繁和竞争的日益加剧，俄国维系旧制度变得愈加困难，导致其长期陷于内政紧张的状态之中。

　　本书从形式上避免了通篇史料化。总体而言，我仅将直接的引用和统计数据列入了参考文献目录中。所以，任何一位专家都能轻而易举地发现，我欠了那些书中未列的历史学家们一大笔的债。

　　我想对莱昂纳多·夏皮罗教授表达谢意，他在阅读了本书的草稿后给出了诸多有益的建议。

理查德·派普斯

1974 年 3 月 6 日于伦敦

目　录

第三部分　知识分子 VS 国家

注释及大事年表

第一章

环境的因与果

1. 地理条件：植被、土壤、气候、降水和水系

　　无论俄国的爱国主义史学家们如何书写，上帝在创造人类时，都并未将俄罗斯人置于他们今日所处之地。在我们有据可依的最早时期，俄罗斯的心脏地带——以莫斯科为中心的茂林区域——曾居住着芬兰人和立陶宛人，而在其东部及南部的毗邻地区则居住着土耳其人。俄罗斯人是在公元第一个千年之末迁移至此的。在这之前，他们与其他斯拉夫族系居于一个即便是粗略估计也无法确定边界的区域，这一区域被认为是在喀尔巴阡山脉以北，西至维斯瓦河或奥得河，东至今日的白俄罗斯。斯拉夫人的前世鲜为人知。尽管因考古发现，石化语言及民族名称，催生颇多理论，但具体的证据仍极单薄。仅可为证的是，早期的斯拉夫人是组成宗族和部落的游牧者，他们既不具备政治组织形式也不具备军事组织形式。他们在西部和南部与哥特人为邻，北部和东北部与立陶宛人相接。老普林尼和塔西佗提到过的维内蒂人（Veneti）或维内德人（Venedi）似乎就是斯拉夫人。这一古

老的名字被保留了下来：在德语中有"文德"（Wenden）一词，指一个已经消亡了的西斯拉夫人国家；在现代芬兰语中亦有"维纳亚"（Venäjä）一词，即"俄罗斯"。其他被外国作家使用过的指代斯拉夫人的名称还有"安特"（Antae）和"斯克拉文尼"（Sclaveni）。斯拉夫人似乎自称"斯洛文尼"（Slovene）或"斯洛维亚尼"（Sloviane），这很有可能来源于"斯洛沃"（Slovo）一词，意为"词语"，指具有说话天赋的人，与意为"哑巴"的"涅姆茨"（Nemtsy）一词相对，而"涅姆茨"是斯拉夫人对所有其他欧洲人，更具体地说是给他们日耳曼人邻居的称呼。

在罗马帝国时代，斯拉夫人居于中欧，是一个没有族群差别的同种群体。罗马帝国灭亡后，由于受到因亚洲蛮族涌入而造成的巨大人口迁徙潮的影响，斯拉夫人的同种性开始瓦解。斯拉夫人的迁徙似乎于4世纪末就已开始，即在匈奴人入侵欧洲导致相邻的哥特王国毁灭之后，然而，大规模的迁徙是在新一轮来自亚洲的阿瓦尔人（Avar）发起猛攻后，才于6世纪成为主流。阿瓦尔人入侵后，一部分斯拉夫人向南扩散至巴尔干半岛，止步于拜占庭的疆界。另一部分人东移，途中没有遇到任何政治或军事力量的阻碍，进而逐渐分成了一些小的部族在从黑海到波罗的海之间的地域散居，同时还征服了极为原始的芬兰人和立陶宛人，并定居在他们当中。正是在这个迁徙时期，即6世纪—10世纪之间，原始的斯拉夫人逐渐发生了分化。斯拉夫人最初分化为三个主要的地域支系（西斯拉夫人、南斯拉夫人和东斯拉夫人）；进入公元第二个千年后，他们继续分化形成若干独立的民族。而在斯拉夫世界的另外一些部分，这一过程至今尚未完成。

在开始探讨俄罗斯人的祖先——东斯拉夫人的历史演化问题

之前，有必要对他们在迁徙中所遭遇的自然境遇进行一番详述。现代的西方读者对自然地理学没有太多耐心，这是可以理解的，因为科学与技术已经达到了一个前所未有的程度，从而能够将他们从对自然的依赖中解放出来。但即便这种为现代西方人所享有的相对摆脱了对各类自然环境依赖的状况，也仅仅是不久前才实现的，且范围仍十分有限。就人类前现代生活的条件而言，摆脱对自然界依赖的想法是无稽之谈。要理解科学革命和工业革命之前以及在受两场革命直接影响的有限地区之外的人类生活，就需要承认：自然环境是相比被人类改造过的环境来说影响力大得多的因素。生活在前科学阶段和前工业化阶段的人类除了使自身适应能够满足其生存所需的自然环境之外别无选择。因为适应即意味着依赖，所以自然环境、地理因素对前现代时期的人类来说，在心智、习惯以及社会和政治制度方面具有决定性的影响，这是毫不奇怪的。人类只有在开始感觉到能够从对自然的全面依赖中解放出来时，才可以幻想主宰自己的命运。

就俄国而言，地理因素尤为重要，因为（下文将指出）该国本身之贫瘠以至于最多仅能维持一种不稳定的生存状况。贫瘠导致该国居民行动空间不大，迫使他们在非常狭窄的选择范围内劳作。

从植被的角度来看，俄国从东到西可以被分成三个主要的带状区域[1]：

（1）苔原：这一区域位于北极圈以北，被地衣所覆盖，无法维持正常的人类生活。

（2）森林：苔原以南是世界上最大的森林，占据了欧亚大陆北半部——从北极圈至北纬45度—50度之间的绝大部分区域。

这片森林可进一步细分为三个部分：第一部分是北部的针叶林带，主要由云杉和松树构成；第二部分是混生林带，由一部分针叶林和一部分阔叶林构成，这一区域是俄国的中央腹地，莫斯科和现代俄罗斯国家即兴起于兹；第三部分是森林草原带，即将森林与草原分开的过渡区域。

（3）草原：从匈牙利延伸至蒙古的广袤平原。除人工种植外，这里没有树木生长；就其本身而言，仅自然生长了草植和灌木。

从可耕种土地的角度看，俄国可以划分为两个主要区域，界线大致与划分森林与草原的线条重合：

在森林地带，土地的主要类型是灰壤，这是一种缺乏自然营养成分的土壤，营养成分存在于土壤深层，只有进行深耕方可利用。这一地带存在大量沼泽和湿地，以及大片的沙土地和黏土地。在一些森林草原地带和绝大部分草原地带，土壤的主要类型是肥沃的黑土，其颜色和肥力源于腐化的草植和灌木所形成的腐殖质。黑土中2%—16%的腐殖质分布于2英尺—6英尺[①]深的土层中。在俄国大约有25亿英亩[②]土地为黑土所覆盖，构成了农业的中心地带。

俄国的气候是所谓的大陆性气候，即夏季炎热，冬季极寒冷。在冬天，越往东天气越冷。俄罗斯最冷的地方不是在这个国家的最北边，而是在它的最东边：上扬斯克。这个西伯利亚城市有着世界上最低的气温纪录，纬度比挪威的不冻港纳尔维克稍低一些。俄罗斯气候这种特殊性的原因在于，墨西哥暖流产生的暖空气在

---

① 1英尺约合30.48厘米。——编者注
② 1英亩约合4046.86平方米。——编者注

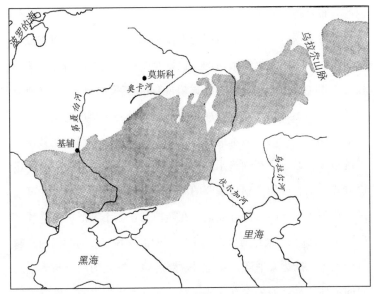

1. 黑土带

温暖了西欧之后，随着它向内陆移动并远离大西洋沿岸而逐渐变冷。这种情况所造成的后果之一是，西伯利亚，纵然拥有可能无穷无尽的农田，但大部分都不适合耕种；其东部地区的与英格兰同纬度的土地则完全无法耕种。

降水情况则不同于植被和土壤分布的模式。西北部的波罗的海沿岸降水最为丰沛，那里的降水由暖风带来，而随着暖风向相对方向，即东南方向移动时，降水也逐渐减弱。换句话说，降水量最大的地区恰恰土壤最为贫瘠。俄罗斯降水的另外一个特点是，降雨量往往在夏季的后半段达到最强。在莫斯科地区，一年中雨水最多的两个月份是 7 月和 8 月，其间的降水量几乎占全年的 1/4。降雨分布时间表的细微变化，可能就意味着春季和夏初的干旱，以及收获时节灾难性的暴雨。相比之下，西欧的降雨在全年内的分布要均衡得多。

　　最后来谈一谈水系。俄国的河流呈南北走向，主干河流没有东西走向的。不过那些大河的支流则是东西走向的。由于俄罗斯较为平坦（其欧洲部分没有海拔超过 1400 英尺的地方），其河流不是源自高山，而是源自坡度较缓的湿地及湿地形成的湖泊。因此俄国拥有独特的通航水道网络，这一网络由主干河流及其众多支流组成，通过便利的连水陆路①相互连接。即便借助原始的运输方式，也有可能实现从波罗的海横穿俄罗斯行至里海，并可通过水路到达此间的大部分陆地。在西伯利亚，水系形成的绝佳交通网络，使得 17 世纪时俄国的毛皮商贩能够在很短的时间内穿越数千英里②抵达太平洋，并通过水路运输开辟西伯利亚与本土之间的定期贸易。如果没有这些水路，在铁路出现之前，俄国人的生活几乎很难超过仅能维持生计的水平。由于距离太过遥远，加之大面积的极寒条件下，维护道路的代价太过高昂，俄罗斯只有在冬天当冰雪覆盖的地面可供雪橇滑行时，陆地交通才是可行的。这也解释了俄国人对于水路运输的极大依赖。直到 19 世纪下半叶，大宗商品运输都是靠舟船实现的。

2. 极北的地理位置对经济的影响

　　和其他斯拉夫民族一样，古代的俄罗斯人主要是半游牧民族；

---

① 连水陆路（волок）：古时两水路之间可以拉过船只、货物的陆地。——译者注

② 1 英里约合 1.61 千米。——编者注

而当他们在一个新的地方定居下来后，则会慢慢向农业生活过渡。然而对东斯拉夫人来说不幸的是，唯独他们所拓殖的地区极不适合耕种。作为土著的芬兰人和土耳其人把农耕当作副业，主业则是在森林渔猎和在草原畜牧。俄罗斯人则与之不同，他们在不利的自然条件下严重依赖农业，这也许是俄国历史一系列问题的最基本原因。

我们已经提到的一些困难有：北方土壤的贫瘠，分布不均的降雨，即收益最少的地方雨下得最大，且在农耕时节雨水往往来得太晚。有记录以来，俄国平均每三次收成中就有一次歉收。其中的主要原因就是降雨在地形和季节分布上的特殊性。

然而，最严重和最难解决的问题在于该国所处的极北的地理位置。俄罗斯与加拿大同属于世界上地理位置最北的国家。诚然，现代俄国控制了大片的亚热带地区（克里米亚，高加索和突厥斯坦），但是这些地区并入俄国的时间较晚，大多是在 19 世纪中叶，帝国扩张的过程中并入的。混生林地区是俄罗斯国家的摇篮，就如同勃兰登堡对德国的意义，法兰西岛对法国的意义一样。直至 16 世纪中叶俄罗斯人几乎都被限制于这一地区，因为令人垂涎的黑土草原还处于敌对的突厥部族的控制之下。尽管俄罗斯人从 16 世纪下半叶就开始向草原渗透，但是直至 18 世纪末在他们彻底击溃了土耳其人之后才成为其主人。在他们的国家形成时期，俄罗斯人不得不居住在北纬 50 度—60 度之间的区域。这大约相当于加拿大所处的纬度。然而在对两国进行比较时，应当清楚地认识到一些差别。首先，加拿大的大部分人口一直居住在该国最南段，沿五大湖与圣劳伦斯河，即北纬 45 度的地区，在俄国对应克里米亚和中亚草原的纬度。加拿大 90% 的人口生活在距美加边境 200

英里的范围内，在北纬 52 度以北的地区人口极其稀少，几乎没有任何农业活动。其次，纵观加拿大历史，该国一直与其富裕的南方邻邦保持着友好关系，并以此维持着紧密的经济往来。（加拿大至今仍然是受美国投资最大的国家。）最后，加拿大从未有过供养众多人口的负担；对于那些本国经济无力为他们提供谋生机会的加拿大人来说，已经习惯于季节性或长期性地移居美国。就俄国而言，上述优势一条都没有：邻邦既不富裕也不友好，只能依靠自身的资源来维持 18 世纪中叶时数量就超过了今日之加拿大的众多人口。

农耕季节的短暂

俄国所处地理位置带来的主要后果是它的农耕季节极其短暂。在诺夫哥罗德和圣彼得堡附近的针叶林地带，一年中仅有 4 个月的农耕季节（5 月中旬至 9 月中旬）。莫斯科附近的中央地区，农耕季节延长至 5 个半月（4 月中旬至 9 月末）。草原地带的农耕季节为 6 个月。在俄国，一年中除了农耕季节之外的其他时间完全不适合农业劳动，因为土壤硬如岩石，大地被厚厚的积雪所覆盖。

相比之下，西欧的农作物生长季节则能持续 8—9 个月。换言之，西欧农民可以支配的田间劳作时间要比俄国农民多出 50%—100%。此外，在欧洲的一些地方，冬季气候温和，仍然可以从事农耕之外的劳动。这种简单的气候因素所带来的经济与社会后果，将在下面的篇章中阐明。

短暂的农作物生长季节及其必然结果，与漫长而艰难的寒冬，还给俄国农民造成了另外的困难。农民不得不将自己的家畜在室内圈养的时间比西欧农民要多出两个月。因而俄国农民饲养的耕牛错过了早春的牧养时机，而当它最终被放牧在草场的时候，则处于彻底消瘦的状态。俄国的牲畜一直质量低劣，尽管政府和开明的地主试图改善，但仍然无济于事；从西方引进的品种，总是迅速地退化到和本地的糟糕品种没什么差别的状态。饲养牲畜方面的困难阻碍了森林地区肉业与乳业的发展，同时对役畜的品质产生了不良影响，并导致了畜粪肥料的长期短缺，尤其是在最需要这种肥料的北方地区。

农业的低产

俄国土壤的贫瘠、降雨的不均和农耕季节的短暂，这些因素所带来的后果是长期的农业低产。

通过种子自身繁殖次数的反映来衡量农业产量是最有意义的。例如，播种时投放 1 颗谷粒，收获时获得 5 颗谷粒，就可以说产出率是 1：5。欧洲中世纪时期产出率通常是 1：3，最好的是 1：4，这是使农业具有生产意义和创造维持生命条件的最低比率。必须指出的是，1：3 这一产出率意味着年收成量为投入量的两倍而非三倍，因为必须要把每年收成的 1/3 预留作种子。这也意味着每三亩可耕种的土地中必须有一亩用于种子培育。在 13 世纪下半叶，西欧的粮食产量开始大幅上升。导致这一现象的主要原因是城市的发展，城市中的商业和手工业人口放弃了粮食种植，取而代之的是从农民那里购买。城市中出现了谷类与其他农产品市场，这促使西欧的地主与农民通过使用更加密集的劳动力与加重施肥的方法来实现增收。在中世纪晚期，西欧的产出率已经达到 1：5。后来，在 16 世纪和 17 世纪，产出率又进一步提高至 1：6 和 1：7。到 19 世纪中叶，以英格兰为首的一些农业发达国家通常可以获得

1∶10 的产出率。如此戏剧性的提升具有比该数字本身更大的经济意义。在那些播种一粒而收获十粒的土地上，农民只需要为育种留出 1/10 的土地和 1/10 的收获，就像在 1∶3 的产出率下留出 1/3。在产出率为 1∶10 的条件下，所获得的净回报是产出率为 1∶3 条件下的 4.5 倍，这使得理论上能够在既定区域中维持更多的人口生存。这种多年盈余所产生的累积效应很容易理解。可以说，文明只发端于那些投入 1 粒种子，至少可以获得 5 粒收成的地方；正是这个最低盈余决定了（假设没有食物进口）是否能有相当比例的人口，可以从必需的食物生产中解放出来，从事其他行业。"在一个粮食产出率相当低的国家是不可能有高度发达的工业、商业和交通的。"[2] 此外，还可以补充一句：也不可能有高度发达的政治生活。

　　与欧洲其他地方一样，俄国在中世纪时期的平均农业产出率也是 1∶3。但不同于西方的是，俄国的农业产出率在后来的几个世纪没有经历任何改善。至 19 世纪，俄国的农业产出率大体上仍然与其 15 世纪的水平相当，差的年份会降至 1∶2，好的年份会升至 1∶4 甚至 1∶5，但几个世纪以来的平均数是 1∶3（北方地区略低于这个数字，南方地区略高于这个数字）。这一产出率基本上处于足够维持生活的水平。把俄罗斯农民描绘成某种自古以来就在压迫下苟延残喘、为勉强维持悲惨生活而刨土觅食的生物，根本站不住脚。一位俄国农业史学家近来用下面的文字对那种盛行的观点提出了挑战：

　　　　我们面临着一个悖论。一位学者对封建社会早期的农民状况进行了调查研究。那时农民的状况就已经糟到了无以复加的地步。他们正在全面走向死亡。但是后来，他们的境况又变得更糟了。15世纪更糟，16世纪、17世纪、18世纪、19世纪一直都是更糟，而且越来越糟。就这样一直糟下去，直到伟大的十月社会主义革命。没错……农民的生活水平是有波动的，是有可能下降的，但是不可能无限地下降。否则，他们是如何活下来的呢？[3]

答案当然是：对于俄国农民生活状况和生活水平的传统认识一定是错误的。近来有研究对15世纪的诺夫哥罗德农民和16世纪的白俄罗斯与立陶宛农民（他们都居住在北部的低品质灰壤地区）的收入进行了计算，计算结果充分表明他们有足够的能力养活自己。[4]俄国农业面临的困难不是无法养活其耕种者，而是从来都无法实现显著的盈余。俄国在生产力方面与西欧之间的差距逐世纪增大。至19世纪末，效益好的德国农民通常能够从1英亩土地上收获超过1吨的谷类，而同期的俄国农民仅能勉强收到600磅①。19世纪晚期的俄国，1英亩小麦的收成仅为英国的1/7，且不足法国、普鲁士或奥地利的一半。[5]俄国农业生产率，无论是用谷物产出率还是土地产出率计算，在当时都是欧洲最低的。然而，俄国土地低下的生产力不能完全归咎于气候。斯堪的纳维亚尽管也处于北方地区，但在18世纪时的农业产出率也已达到了1:6；俄罗斯帝国的波罗的海沿岸省份，当时的土地处在德意志贵族的掌控下，在19世纪前50年的农业产出率在1:4.3至1:5.1之间，即一个有可能开始累积盈余的比率。[6]

———————————
① 1磅约合0.45千克。——编者注。

市场的缺失

除了已经列举出的自然因素之外，导致俄国农业生产率低下的另一个原因是缺乏市场。在这里，如同大多数历史现象一样，原因与结果在一种彼此往复的模式中相互影响：原因导致结果，而结果本身又转化为一种力量，反过来作用于最初的原因并使其发生改变。不利的自然条件导致了低产出率，低产出率带来的后果是贫困，而贫困就意味着农业产品没有购买者，缺乏购买者又阻碍了产出率的提高。这一切的净效应则是：农业生产缺乏激励。这种恶性循环只能通过一些外部力量的介入来打破，在此即是开放与其他国家的商贸往来或者重大的科学技术创新。

显然，盈余的农产品一定不是卖给了其他农民，而是卖给了那些自己不种植粮食的人，实际上就是城镇人口。在缺乏城镇市场的地方，多余的粮食除了酿酒别无他用。如前所述，中世纪欧洲农业产出率的改善最初与城市的增长有关。大量商业与手工业人口的出现促进了农业的进步，同时农业的进步也使得那些群体的出现成为可能。在俄国，城市从来没有在国家经济中发挥过重大的作用。而且反常的是，数个世纪以来，俄国城市的作用不但没有上升反而有下降的趋势。到18世纪，俄国的城市人口仅占全部人口的3%，而且这一数字也有虚头，因为大多数的俄国城市居民传统上是由地主和自给自足的农民构成的。俄国也无法将自己的粮食销往国外，因为在19世纪中叶之前，俄国没有国外市场。在那之后，一些工业经济发达的国家才认为进口粮食比自己种植更加便宜。俄国距离国际贸易的主干线路太遥远，以至于无法发展出以对外贸易为基础的、有意义的城市文明。俄国在其历史上曾经三次被拉入国际贸易的主流之中。每一次的结果都是出现了城市的萌芽，但每一次的城市繁荣都是昙花一现。第一次出现在 9 世纪—11 世纪期间，随着穆斯林的扩张和东地中海地区关闭了对基督教世界的贸易，俄国提供了一条从北欧至近东的便捷路径。很大一部分旧俄国的主要城市都是在这一时期建立起来的。但是，这一轮国际贸易因突厥游牧民族切断了通往拜占庭的路线而在 1200 年左右终止。俄国第二次参与国际贸易是在 13 世纪—15 世纪，当时诺夫哥罗德是汉萨同盟的主要成员。15 世纪末诺夫哥罗德与汉萨同盟之间的联系被莫斯科强行切断。近百年后，莫斯科荡平了诺夫哥罗德。第三次始于 1553 年，当时英国商人发现了一条经北海抵达俄国的航道。由此而出现的国际贸易再次促进了城市的活跃增长，这一次是连接莫斯科与北海的道路和河流沿线的城市。这一轮国际贸易在 17 世纪后半期中断，部分原因是俄国政府迫于本国商人的压力，撤销了曾经赋予外国商人的特权，也有部分原因是西欧对俄国商品需求的缩减。俄国的城市数量很少，除了莫斯科以外，城市的人口也较少，主要发挥着军事与行政管理的功能，因此无法形成真正具有重要意义的粮食市场。

农业的无利可图

因此没有任何经济上的刺激去克服自然条件上的缺陷。俄国的地主与农民主要将土地视作一种维持生存的手段，而非致富的方式。确实，俄国没有什么主要的财富是由农业创造的。由于产量微薄且市场太过狭小，人们在农业方面的投资也寥寥无几。几乎在整个 19 世纪，俄国农民所使用的基本农具是一种名为"索哈"的原始耕犁，这种犁的最大入土深度只有 10 厘米，仅能将土壤划开而不能发挥翻地的作用，其优点是只需要很小的牵引力，而速度是一般耕犁的十倍。俄国的基本作物是黑麦，之所以选择黑麦是因为它对北方气候和贫瘠土壤的耐受性和适应性较好。它也恰好是产量最低的谷类作物。从16世纪至19世纪，俄国农民普遍采用三圃制进行耕种，这种耕种方式要求1/3的土地保持休耕状态以恢复肥力。这种体制是非常不经济的，以至于在一些农业先进的国家，例如英格兰，在中世纪晚期就已经弃用了。在俄国，人们全部的智慧都用于如何尽可能少地投入时间、精力和金钱来充分利用土地。每个俄国人都力图从土地中解脱出来：农民认为没有比放弃土地，去做一个小贩、工匠或者放高利贷者更好的选择了；农村的商人则希望成为贵族；贵族则希望进入城市或在政府机构担任一官半职。因俄国人众所周知的无根性、"流动"倾向，西方旅行者常常习惯性地把俄国人记述为寻根的民族，不管是土地上的还是社会地位上的。这主要是由俄国农业的边缘性造成的，即土地无法成为国家财富的主要来源，除了维持生计之外无法提供更多的东西。

俄国的农耕行业到底有多么无利可图，尤其是在林带，也许可以通过一位曾经于19世纪40年代访问过俄国的普鲁士农学专家奥古斯特·哈克斯特豪森的计算得知。哈克斯特豪森比较了两块相同规模假想农场的收入，均为1000公顷的耕地与草场，一块位于莱茵河畔的美因茨附近，另一块位于伏尔加河上游的雅罗斯拉夫尔附近。据他的估算，这个规模的德国农场需要8名男性和6名女性农民的持续维护，并需要使用1500个季节性雇佣劳动人工日和4组马匹。运行总成本将近3500个塔勒。预计毛收入为8500个塔勒，年净利润为5000个塔勒。在雅罗斯拉夫尔，因为农耕季节较短，需要密集劳作，完成同样的工作任务需14名男性和10名女性，2100个季节性雇佣劳动人工日和7组马匹。结果，投入上的高花费使得利润下降近一半，为2600个塔勒。上述计算的前提条件是两块土地的土壤质量等同且产品的价格也相同，但这当然是不可能的。位于俄国的这块土地，还有许多不利条件需要考虑：严冬导致农民1年12个月中至少6个月无法从事任何田间劳作；由于路途遥远、恶劣的路况与稀疏的人口密度而导致的高昂运输成本；俄国农民的劳动生产率低于德国农民；最后但也同样重要的一条是农产品的低价格。基于这些不利条件，很显然，农业在俄国北方并不是一个划算的行业，只有在没有其他的收入来源可供选择时，从事农业才有意义。最终，哈克斯特豪森用一条建议总结了其观点：任何人如果被赠予一块位于俄国北方的田产作为礼物，并按照中欧农田的方式经营，那么最好拒绝接受这份礼物，因为经营这样一块田产需要年复一年地投入资金。在他看来，在俄国经营农业，只有在两个条件下才能有利可图：要么使用农奴进行耕作（免除地主用于农民和家畜的费用），要么与制造业结合经营（在冬季月份雇佣闲置劳动力）。[7] 1866年，一位俄国土地专家认可了哈克斯特豪森的观点，他称：在俄国，将资本投给政府债券比投给农业有更好的回报，在国家机关任职比经营农业更有利可图。[8] 我们现在可以理解为何另外一个19世纪早期的德国观察家能够得出这样的结论：欧洲没有哪个国家的"农业被如此粗放地经营"。[9] 俄国农业的历史就是一部土地被无情剥削、没有得到应有的滋养，如此直到被消耗殆尽的历史。克柳切夫斯基在提及旧时俄国农民在"榨干土地"方面的独特天赋时，所指的就是这一现象。[10]

副业的有益补充

由于土地产出太低，依靠土地生活十分不稳定，以至于各个阶层的俄国人从最早就深谙各种副业以补充农业收入。俄国的林带地区，在其未被人类开垦的状态下，充满了取之不尽的野生动物：鹿、麋鹿、熊以及大量多样的毛皮啮齿类动物。农民们猎取这些动物进贡给王公贵族、地主、僧侣以及留作自用。这里还有大量的蜂蜜。这里甚至没有必要建造蜂箱，因为蜜蜂把蜂蜜都存入了枯死的树干中。江河湖泊中生存着大量鱼类，包括从里海逆流而上来到这里的鲟鱼。丰富的野生动物使得早期的俄国人得以将自己的生活水平提高到基本生存水平之上。这些森林物产对俄国人财政收入的重要性，可以从这样的事实看出：在 17 世纪，从皮毛销售（主要是销给国外商人）中获得的收入成为当时帝国财政收入中单笔最大的项目。随着森林被开辟用作农田和牧场，以及过度狩猎使得野生动物资源几乎被消耗殆尽，尤其是价值较高的毛皮类动物资源。俄国人开始越来越多地将注意力从开采自然资源，转向了制造业。18 世纪中叶，俄国出现了一项特殊的家庭手工业（Kustarnaia promyshlennost），既雇佣自由劳动力也使用农奴为当地市场工作。该产业在相当大的程度上满足了俄国农业生产与家庭的需求，产品包括了粗布、银制品、圣像、乐器等等。在 18 世纪中叶至 19 世纪中叶，地主与农民的相对富裕即是源于这一产业。到 19 世纪末，工厂工业的增长削弱了家庭手工业的简单产品市场，进而使得农民，尤其是北部省份的农民，失去了重要的补充收入。

然而，副业尽管重要，可本身还是无法成为国民经济的支柱。国民经济最终还是要依赖于农业。在俄国的农耕条件下，土地的快速贫瘠化迫使农民不断迁移，去寻找新的未开垦的土地或是经过了长期休养已经还肥的土地。即使该国人口数量保持不变，俄国也将经历异常活跃的农民迁移运动。近代人口的快速增长给了这种趋势一股强大的外来刺激。

3. 对人口流动的影响

从一份不甚完善的人口记录可断定，直到18世纪中叶，俄国人口都相对较少。最大的估计数值为：16世纪中叶——900万至1000万，16世纪末——1100万至1200万。另外一个较为保守的估计是：上述两个时期分别为600万和800万。相比之下，16世纪奥地利人口为2000万，法国1900万，西班牙1100万，波兰在17世纪的人口约1100万。俄国与其他欧洲国家一样，人口激增始于1750年左右。在1750—1850年间，俄国的人口翻了两番（从1700万—1800万左右激增至6800万）。这一增长中有一部分（或许约1000万）是来自于征服，但即便把扩张的因素考虑进去，俄国人口的自然增长速度也是令人惊叹的。1850年之后，沙俄的领土扩张实际上已经停止（此后所征服的主要地区是突厥斯坦，但其居民数量不多），但人口仍以令人难以置信的速度增长：从1850年的6800万至1897年的1.24亿，再到1914年的1.7亿。如果说16世纪后半期俄国人口增长了20%，那么19世纪后半期则增长了一倍。19世纪后半期俄国人口的增长率是欧洲最高的，但同期的粮食产出率却是欧洲最低的。[11]

养活这些多出的人口所需要的粮食一定来自某处，除非因大饥荒导致人口锐减，但在旧制度结束之前没有发生过大饥荒，尽管经常出现歉收和偶然发生的地区性饥荒。粮食进口是不可能的，因为俄国没有可销往国外以换取利润去购买食品的东西。那些做买卖的人，即沙皇和最富有的大地主，他们更愿意进口奢侈品。实际上，谷类粮食作物相反是俄国最大的出口项目。尽管养活本国人民都不够，俄国在19世纪却不断出口谷类。俄国人虽然通过加重施肥、使用机械及其他有助于合理化改革的手段来提高生产力，但是根本不奏效。部分原因在于回报过于微薄，以至于无法为必需的投资找到理由。也有部分原因是刻板的农民社会组织对创新持抵制态度。俄国当时的资金主要投向了南方的农场，这些农场种植的粮食用于出口到英格兰和德国。但是在这些土地上，生产的改善并没有使农民受益。因此，解决产量问题的方式是越来越多地将未开垦的土地投入农业种植，即广泛型农业而非集约型农业。有统计记录表明，与这种需求相对应，俄国种植面积在稳步扩大，在1809—1887年间从1.97亿英亩增至3.17亿英亩，增幅为60%。[12] 正是因为处女地的可用性，使得人们不再对提高土地的生产率有兴趣，因为开发利用新土地比改良旧土地更便宜而且更容易。然而，即便是持续稳定地扩展种植面积还是不够。因为在产出量保持不变的情况下，耕地面积增长的速度没有人口增长的速度快。在19世纪80年代，在俄国中部与南部事实上已经没有剩余的处女地，且农业租金上涨显著。此时（如上所述），现代工业的增长抢占了家庭手工业的产品市场，使农民失去了主要的补充性收入来源。简而言之，著名的"农业危机"（аграрный кризис）的根源即在于此，这场发生在帝国晚期的危机震动了整个俄国，大大促进了帝国的崩溃。

然而，只要国家的边界能够无限地扩展，俄罗斯农民就会向外挤压，把贫瘠化的土地丢在身后，转而寻找新的未被人开发过的土地。拓殖是俄罗斯人生活的最基本特征，以至于克柳切夫斯基认为这是俄罗斯人生活的本质。他在其著名的《俄国史教程》的开篇写道："俄罗斯的历史是一个自我拓殖国家的历史。"[13]

16世纪中叶以前，俄罗斯人的拓殖只能局限于森林地带的西部。在黑土带寻求立足点的企图屡屡受挫。黑土覆盖的大草原为牧养牲畜提供了理想的条件，放牧也是突厥游牧民族的主业，他们摧毁了任何在其上建立农业定居点的尝试。通往东方和西伯利亚的道路起初被金帐汗国（Золотая Орда）所阻断，在15世纪金帐汗国衰落后，又被其继承者喀山汗国和阿斯特拉罕汗国阻断。在俄国历史的前6或7个世纪中，对俄罗斯人的拓殖来说仅有的开放地区就是遥远的北方。一些以僧侣为先锋的拓殖者甚至冒险深入伏尔加河上游地区，但这个荒凉的地区无法吸引太多的移民前来定居。

在1552—1556年，喀山汗国与阿斯特拉罕汗国被征服之后，俄国拓殖史发生了戏剧性的变化。俄罗斯定居者立刻涌向伏尔加河中游地区，将当地的突厥原住民从最好的土地上赶了出去；其他人继续向前推进，越过了他们称为"大岩石"的乌拉尔山，进入西伯利亚南部，这里有大片纯净的、未开垦的黑土地。但是主要的迁徙流后来继续往南和东南方向，朝着所谓的中央黑土区行进。在16世纪70年代，政府面向大草原建起了一条从顿涅茨河延伸至额尔齐斯河的防御围栏。在这条围栏的保护下，俄国农民冒险进入了游牧民族的世袭领地。迁移一旦开始，就会带着一种自然的动力向前推进。在俄国的中心，每发生一次经济或者政治剧变都会引发移民外流。在这一轮的殖民扩张中，时而农民先于政府，时而政府引路先行；但是这两方面的力量迟早是会相遇并融合的。俄罗斯人总是能凭借着自己的坚韧，守住已经被他们征服了的领土，而这种现象的基本原因之一在于：俄国人在政治上的兼并从过去直至今日都一直与殖民化相伴随。

据估计，在17世纪和18世纪，有超过200万人从俄国的中部地区向南迁移，首先向森林草原地带渗透，然后穿越草原地带。在这两百年中，有大约40万人也移入了西伯利亚。向黑土带涌进的最大一次移民浪潮发生在1783年之后，这一年俄国吞并了克里米亚，征服了数个世纪以来不断侵扰其定居点的袭击者。在19世纪和20世纪初有1200万至1300万移民南迁，其中大部分是中部省份的原住民，还有450万或者500万人迁至西伯利亚南部和中亚草原。向中亚草原的迁移，导致了当地的亚洲土著从他们世代放牧的土地上被大规模地驱逐。

在较早时期（1552—1861年），俄国移民的主体包括自由的农民和逃跑的农奴，或是强制从中部被运送至此、为驻守边疆的军人干活的农奴。自1861年农奴得到解放之后，来此的移民主要是自由农民，此时有些人是在政府的帮助下安置在此的，因为政府急于缓解中部省份农村人口过剩的压力。几个世纪以来，俄国人口的地理分布呈现出一个楔形。楔形的基部位于森林地带的西部，其尖端指向东南。这一人口分布上的楔形，随着时间的推移而持续延伸，这种形状上的变化反映出俄国人口重心从最初位于森林地带的家园向草原地带稳定移动的情况。在现代，俄国人口最密集的地方是黑土带。革命对此没有任何影响。在1926—1939年间有超过400万人向东迁移，大部分进入了哈萨克草原。1970

年的人口普查显示，这一迁移仍未停止，中部地区的人口不断流
向边疆地区。在长达四百年的进程中，俄国人口从中央森林地区
向外流动，主要流向东部和南部，淹没了其他种族与文化的栖息
地，并在他们迁移的路径上产生了严重的人口错位。[①]

4. 对社会组织的影响

在了解环境给俄国经济与人口造成的影响后，我们现在转而
探讨其对俄国社会性质方面产生的影响。

首先要提出的事实是：俄国的地理状况不利于个体农业的发
展。在这里似乎存在一个普遍规律，认为北方的气候有利于集体
农耕："一切都表明，北方的农田一直是由那些将农业开发视为集
体劳动的人耕种的，而南方的农田则是由那些坚定捍卫每个农耕
者在其土地上的独立与自由权利的人耕种的。"[14] 导致这种状况的
原因有许多，但归根到底所有的原因都和农耕季节的短暂有关。
假设完成一项工作需要的农民数量是x，需要的时间是y，那么如
果该项工作必须在$1/2\,y$的时间内完成，则农民数量就应是$2x$，对
于耕作所使用的役畜以及这些农民所用的农具亦是如此。一个恒
定不变的事实是：在俄国所有农耕劳作都必须在 4 至 6 个月内完
成（而不像西方农民那样可以利用 8 至 9 个月的时间）。这一事实

① 第二次世界大战结束后，也有相当多的俄国移民向西流动，进入原先
波兰人、犹太人、德国人和波罗的海沿岸民族居住的地区。与过去相比，
这一轮殖民主要是在城市，偶尔伴随着冠以"民族主义"罪名的对原住民
的大规模驱逐。——原文注

要求农耕劳作必须在高强度的条件下密集进行，进而导致了所有资源、人力以及牲畜和材料的集中使用。在森林地带的气候条件下，一个农民与他的妻子、未成年的子女以及一两匹马是不可能应付过来的。他需要得到其已婚子女以及邻居的帮助。在南俄地区，这种集体劳作的压力在一定程度上有所减弱，这也解释了为什么在革命以前俄国大部分的个体农庄（xytopa）存在于乌克兰和哥萨克地区。

俄国农业的这种集体特征对农民家庭与村庄的结构产生了影响。

联合型家庭

直到一个世纪前，盛行于俄国农民家庭中的传统类型都是所谓的联合型。家庭由父亲、母亲、未成年子女以及已婚儿子与其妻子、子女组成。这种家庭团体的领导被称为"波利沙克"，通常是父亲。一旦父亲去世，家庭通常会解散。有时也会出现这样的情况：在父亲去世或者失去行为能力后，从兄弟中推选出一位继任"波利沙克"，从而维持原有家庭的继续存在。"波利沙克"相当于家长，在所有的家庭事务中具有决定权，制定田间耕作的时间表和播种也由他来安排。"波利沙克"的权威最初源于习惯法。19世纪60年代，村社法庭（волостной суд）承认其在家庭内部出现纠纷时所做的裁决具有约束力，进而使其权威获得了合法地位。家庭中所有财产视为公共所有。联合家庭在经济上具有很大优势。有关农村生活研究的专家普遍认可，俄国的农耕劳作最好是由大家庭构成的团队完成，而农民的表现质量在很大程度上取决于"波利沙克"的智慧与权威。无论是政府还是地主都尽力维护着这种体制，这不仅是因为这种体制对于生产力有显著影响，而且因为其带来的政治和社会效益对政府和地主都有利。官员和地主都更愿意与一户之主而非普通家庭成员打交道。此外他们还乐于看到一种保障：在农民由于某种原因（例如疾病、酗酒）而无法干活时，可以得到亲属的照料。农民们自身对此有着更为矛盾的心情。他们毫无疑问地认可这种大家庭在经济上的优势，因为他们也在自发地发展这种家庭。但是，他们不喜欢几对已婚夫妇生活在同一屋檐下所造成的一些紧张关系；他们也倾向于独立持有财产。自1861年获得了人身自由后，曾经的农奴开始打破联合家庭模式，建立更小的家庭单元，结果严重损害了俄国的农业和他们自身的福祉。

农民村社

古代斯拉夫人的基本社会单元是部落公社。据估计，一个部落公社由大约50至60人组成，且全部具有血缘关系，作为一个团体共同劳作。随着时间的推移，基于血缘关系的公社逐渐瓦解，让位于以公共所有耕地和牧场为基础的新型公社组织，在俄语中被称为"米尔"（мир）或村社（община）。对于这一著名体制的起源，一百多年来一直争论不休。争论开始于19世纪40年代，当时有一群被称作"斯拉夫派"的浪漫民族主义者，他们认为村社是一种俄国独有的体制，并将其赞扬为一个证据，可以证实俄罗斯人没有西欧人那种贪婪的"资本主义"冲动，从而认为其注定能够解决人类的社会问题。哈克斯特豪森在其1847年出版的一部书中将这种观点介绍给了公众。在19世纪下半叶，俄罗斯米尔在西欧成为一些关于原始社会公社土地占有理论的起点。然而，

1854 年，这些关于村社的解读受到了所谓"西方派"阵营的主要代表人物鲍里斯·契切林的挑战。契切林认为，农民村社从起源上讲，既非古老的，也非土生土长的，不过是俄国君主政府在 18 世纪中叶所引入的一种保证税收的手段。按照契切林的观点，此前俄国农民是以户为单位持有土地的。后来的研究使得争论的界限变得更模糊了。正如契切林所主张的那样，当代的观点认为帝国时代的村社的确是一种现代体制，尽管其年代要比契切林所认为的更久一些。另一个人们普遍认同的观点是：来自国家与地主的压力对村社的形成起到了主要作用。同时，经济因素似乎也对村社的演化产生了影响，主要表现在土地的使用和村社占有制之间存在明显的关联：在土地资源稀缺的地方，以村社占有制的形式为主导，而在土地资源富裕的地方，则主要以户为单位，甚至以家庭为单位占有土地。在这场争论中，无论哪种观点更接近真理，帝国时代的绝大多数俄罗斯农民都还是以村社占有制的形式持有土地；在中部省份，村社是普遍存在的。耕地按照土壤品质和与村庄的距离被划分成若干区域。每户都有权根据其成年成员的数量从划分好的区域中获得一条或几条带状土地；成年成员通常的定义为所有年龄在 15 岁或 17 岁至 60 岁—65 岁之间的男性及年龄在 48 岁以下的已婚女性。带状地非常狭窄，只有 9 英尺—12 英尺宽，数百码[①] 长。一户可以有 30 条—50 条或者更多这样的带状地，分散在村庄周围十几个不同的地方。这样的安排旨在使每一个农民都有能力支付自己的地租和税收份额。由于家庭随着时间的推移在规模上扩大或者减小，村社会定期（例如每 9 年，

---

① 1 码约合 0.914 米。——编者注

12 年或 15 年）进行自己的人口统计，根据统计结果实施"黑色重分"（черный передел），即对所有带状地进行重新分配。这种体制意在保障每一位农民都有一块合理分配的土地，每一户家庭都具有足够的土地以维持自身生活并履行其对地主与国家的义务。实际上，农民不愿意离开那些他们已经投入了时间与精力的带状地，尤其是在因村庄人口增长而重分土地，致使他们分得的土地数量减少时。因此，当局就不得不反复介入，通过法令强制实施土地的再分配。

偶尔会有人将革命前的村社与共产党政权在1928—1932 年间所采用的集体农庄（колхозы）进行类比。除了二者所共有的一个负面因素——没有土地私有制之外，这种类比并没有可取之处。二者存在根本上的不同。村社并非集体性质；村社中的农耕活动是以户为单位实施的私人行为。更重要的是，生活在村社中的农民对其劳动产品具有所有权，而在集体农庄中，劳动产品归国家所有，国家给为其工作的农民支付报酬。苏联的集体农庄制度最接近俄国农奴制中的一种名为"月粮"（месячина）的体制。在这种体制下，地主围住他的土地并让农民为其全职耕作，付给农民工资以维持其生存。

村社与联合型家庭不同，联合型家庭是一种通过经济需要和来自上层的压力相结合而强加在农民身上的一种社会单元，而村社则享有农民对其的忠诚。它提供了高度的安全，而没有严格抑制行动自由。村社还给予所有人使用牧场的权利，并使得协同耕作成为可能，这在俄国的主要气候条件以及开放式农田的体制下是极为必要的。开放式农田体制是由所有波利沙克组成的村社委员会制定的。经济学家将村社批评为"挂在那些更有进取心的农民脖子上的磨盘",农民对于这种批评置之不理并仍然坚守着村社体制。1906 年 11 月,帝国政府采取简化程序将带状地整合到个体农庄中。这一立法在边疆地区收效有限,而在中部地区,则直接被农民忽略。[①]

5. 对政治体制的影响

目的与手段的不协调

因本书的主题是俄国的政治制度,在此,自然环境对俄国制度的影响仅做概况性的描述。

表面上看,自然本应促使俄国变成一个由多个自给自足且自治的群体构成的地方分权制国家。这里的一切都不利于国家的形成:土地贫瘠,远离主要的国际贸易线路,人口稀疏、流动性强。如果不是地缘政治因素对强力政权的迫切需求,俄国很可能仍然是一个由多个分散的地方力量中心构成的分权制社会。为了取代因过度耕种和低肥所导致的土地贫瘠而对未开垦土地的无限需求,俄国农业经济覆盖面广且高度浪费的特征迫使俄罗斯人持续向外扩张。只要他们的拓殖限于针叶林地带,拓殖进程就可以在没有军事保护的情况下自发展开。但是,令俄罗斯人向往的富饶土地

---

① 至 1913 年,只有 17.7% 农户使用该项权利将自己的条形地带合并,并离开村社,这些人大部分是在乌克兰和白俄罗斯,参见:А. Н. Челинцев, *Сельскохозяйственная география России* (Berlin, 1923), p. 117, and Lazar Volin, *A Century of Russian Agriculture* (Cambridge, Mass. 1970), p. 107。——原文注

位于草原地带，掌控草原的突厥与蒙古游牧部落不仅不能容许在他们的畜牧领地出现任何农业定居点，而且他们还时常进入森林地带骚扰抢掠，搜寻奴隶。俄罗斯人不仅没有能力大规模地向黑土带推进，反而常常成为草原邻居侵略行径的受害者，直至18世纪末他们才凭借优越的政治军事组织而占据上风，改变上述局面。16世纪和17世纪，俄罗斯人几乎没有一年不在南部与东南部边境作战。尽管俄国的历史学家倾向于把这些战争描绘成防御性质的，但它们往往是受到俄罗斯殖民主义煽动的结果。在西部地区，俄罗斯人与波兰人、立陶宛人、瑞典人和德意志人为邻，这里的局势稍微平静些，但即便是在这里，在这一时期，还是每两年中就有大约一年的时间在打仗。有时是西方人向东推进，有时是俄罗斯人主动寻求通往海港或是通往波兰立陶宛联邦的富饶土地的路径。如此一来，军事组织的建立就成为必需的条件。没有军事组织，对俄罗斯经济生存至关重要的拓殖就无法实施。

在这种情况下，可能有人会认为，俄罗斯在其历史的早期发展出了类似于"专制"或"亚细亚"式的官僚政权。虽然事情的逻辑确实推动着俄罗斯在这一方向上发展，但是由于一系列原因，它的政治发展选择了一条不尽相同的路线。典型的"东方专制"式的政权似乎已经形成，这不是为了满足军事紧急需要，而是来自对有效的集中管理能力的需要，而这种能力是组织收集和分配水资源以实施灌溉所需要的。由此便出现了卡尔·魏特夫所谓的"农业专制"（agro-despotism），系大部分亚洲和中美洲国家普遍存在过的体制。[15] 如今的俄国已经无须政权协助获取土地上的财富了。俄国传统上是一个广泛分布着小农庄的国家，而非一个大庄园制的国家，在1918年的战时共产主义政策实施之前，该国对中央经济管理一无所知。但是即便俄国需要这种管理体制，其自然条件也会阻碍这种体制的建立。只要考虑到在铁路和电报出现之前俄国在运输和通信上的困难，就可以认识到对于"东方专制主义"至关重要的那种控制与监督在这里是完全不可能的。俄罗斯广袤的幅员、冬季的严寒和春季的洪水，使得它在前现代时期没有可能建设常规的公路网络。在公元前5世纪的波斯，君主大流士的信使曾经沿波斯御道以24小时内走380千米的速度行进；在13世纪蒙古人统治下的波斯，政府的信使曾在同样时间内行进了约335千米。在俄国，在常规邮政服务经瑞典和德国的专家于17世纪下半叶引入之后，信差当时的平均速度慢至每小时6千米—7千米；由于他们只在白天赶路，如果运气好再加上合适的季节，他们可能在24小时内行进大约80千米。一个急件需要大约8天—12天才能从莫斯科到达阿尔汉格尔斯克、普斯科夫和基辅这样的帝国边疆重镇。因此，若咨询一件事并得到答复就需要3个星期。[16]那些距离主干道路尚有一定路途的村镇，尤其是沿东部边陲的村镇，实际上是难以通信的。仅仅是这一因素就致使俄国在19世纪60年代铁路和电信技术引入之前，无法建立起一个组织严密的官僚政权体制。

由此产生的情况呈现出一种矛盾：俄国的经济条件与外部情势要求其在军事上、进而在政治上建立高效的组织，然而其经济现实却抑制了这种组织。这体现出国家发展的可能性与其需求之间根本上的不协调。

"世袭"体制 —— 解决之道

解决这种窘境的方式成为俄罗斯国家宪政发展的关键。这个国家既非脱胎于社会，亦非来自上层的强加，而是走着一条与社会同步成长并逐渐吞噬着社会的道路。最初的政治权威缘起于王公或沙皇的私人领地、家族与门庭。王公在其领地中享有绝对的统治权，以领地主权者与产权所有者的双重身份行使其权威。在这里他可以支配一切，相当于希腊的德斯波特（despotes）、罗马的多米纳斯（dominus）、俄国的格苏达里（государь），即领主、主人和全部人员与财物的完全所有者。最初，王公领地的人口主要由奴隶和以各种形式依附于领主的人员组成。领地之外的人口是自由的、随意流动的，俄罗斯统治者最早所行使的权力是非常小的，其权力大大受限于贡品的收缴情况。这种二元政治形成于12 世纪和 13 世纪的森林地带，而同期在英格兰、法国和西班牙，西方现代型的国家正作为一个独立于统治者的实体而初现雏形。凭借着自己在私人领地中建立起的坚实权威，并制服了强烈的抵抗后，俄国的王公逐渐开始将自己的个人权力扩展至其领地之外的自由民之上。随着弗拉基米尔大公爵位由莫斯科大公世袭，莫斯科–弗拉基米尔大公成为国家的领导人，并将最初用于其封闭的家族领地中的制度与规则推向了整个国家，把俄国变成了一个巨型的皇家领地（至少在理论上如此）。然而，尽管已正式向全民昭告俄国已经成为自己的领地或者说沃特齐纳（вотчина，即世袭领地）（16 世纪—17 世纪），俄国政府还是没有办法使自己的昭告取得实质性的效果，因此只能继续沿用过去的二元政治，把大部分国土出让给土地乡绅、神职人员和官僚阶层以换取固定数额的税收和他们的效忠，除此之外别无他选。不过，"俄罗斯属于其君主，君主是国家的主宰"的原则牢固地确立了下来。巩固政权所缺乏的是财政和技术手段，而这些都是在适当的时候必定会出现的东西。

自亚里士多德开始，政治思想家就已经从"专制"或"暴政"型的统治方式中分出了一个特殊的变体，其特征是以私产所有者的方式来治理国家，尽管似乎还没有人提出与这种体制相关的理论。亚里士多德在其《政治学》的第三卷中用一小段文字描述了他所谓的"父权政府"，即国王使用父亲管理家庭的方式去统治国家；但是他未将此话题展开论述。法国理论家让·博丹在16世纪晚期提出专制君主制，在这种体制下，统治者是全部国民及其财产的所有者（参见94页），霍布斯在其《法律要义》中将政府分成两种基本类型：一种是联邦制，是以抵御外敌为目的，在双方同意的基础上建立的；另一种是世袭君主制，是征服和"因死亡的恐惧而向攻击者"屈从的结果。[17] 但是，霍布斯也仅仅是局限于提出了问题，未继续深入。"世袭政权"这一术语是由马克斯·韦伯重新使用并引入现代学术界的。在主要基于管理性质对政治权威类型进行的三重划分中，韦伯将世袭制定义为基于传统的个人权威的一种变体（另一种变体是"魅力权威"）。"权威主要建立在传统之上，但是在权威的行使过程中追求个人权力不受限制，即被称为'世袭权威'。"[18] 在其极端形式"苏丹化"（sultanism）中，权威需要拥有全部的土地所有权和对人民完全的支配权。在世袭制的条件下，可以说，经济因素吸收了政治因素。"王公在一国内建立自己的政治权威（就是对于其世袭领地之外的臣民，即他的政治国民的非领地的、物理的强制力）时，所使用的方式与他在自己的门庭中建立权威所使用的基本方式是相同的，这即是我们所说的'世袭制的国家结构'。""这种情况下的政治结构与王公的巨型领地的政治结构在本质上完全相同。"[19]

术语"世袭"用来定义这样一种政体是相当有优势的：在这种政体下，主权的权利与所有权的权利混为一体以至于难以区分，且政治权力的行使方式与经济权力的行使方式相同。"专制主义"（despotism）一词，源于希腊语词"德斯波特"（despotes），并与这个词有着大致相同的词源，但随着时间的推移，它已经获得了真正王权的偏离或者王权的堕落的含义。王权真正的意义中包含着对臣民财产权的尊重。从另一方面讲，"世袭政权"是一种基于其自身的政权，并非某种腐败的其他东西。在此，主权与财产权之间的矛盾没有出现，也不可能出现。因为在早期的家长制家庭中，主权与财产权是一体的，是同样的东西。专制君主（despot）侵犯其臣民的财产权；而世袭统治者甚至不承认其臣民财产权的存在。据推理，在世袭体制下，国家与社会之间没有清晰的界线，因为这种界线假定了主权者以外的人也有权去实施对物力和人力（在奴隶制存在的地方）的控制。在世袭制国家，对政治权威没有官方限制，也没有法制、没有个人的自由。然而，却可能存在一个高效率的政治、经济和军事组织构成的体系，这种高效的体系是由于国家全部的人力和物力资源均由同一个人或同一批人，即国王或官僚阶层来处置而产生的。

世袭政权的经典例子出现于亚历山大帝国解体后产生的希腊化国家中，例如：埃及托勒密王朝（公元前305—前30年），帕加马的阿塔罗斯王朝（约公元前283—前133年）。在这些由马其顿征服者所建立的王国中，统治者掌控着所有的或者近乎所有的生产性财富。尤为重要的是，统治者拥有全部耕地，一部分由其直接利用，通过其仆从使用属于他的劳动力实施耕种；另一部分则通过将田产分配给他的贵族而间接利用。这些希腊化国家的国王通常是国家中最大的实业家和商人。这种安排的主要目的是使国家主权的所有者富裕。政府的重点在于获得稳定的收入，而非追求资源的最大化。为达到此目的，政府常常设定他们所期望得到的固定的商品额度，将剩余的部分留给居民。在极端的情况下，例如，希腊化的帕加马，似乎出现了近乎计划经济的现象，因为这里没有自由市场，无法形成传统意义上的社会阶层；相反，存在的是按照次序组织而成、为国王效劳的社会等级，这种社会等级具有僵化为种姓的趋势。这里没有以权利和特权为定义的贵族，只有以等级排列的仆从，他们的地位完全取决于皇家的恩典。官僚阶层虽然强而有力，但不允许世袭。与贵族一样，官僚阶层的地位与特权来自国王。[20]

"世袭制"最好地定义了12世纪—17世纪之间出现在俄国的政权类型。这种政体，伴随着一定的失误和变形，一直保留至今。朱利乌斯·凯尔斯特对于希腊化世界的描述，如果用于描述17世纪发展至顶峰的莫斯科公国的统治体制，是最好不过的了：

> ［希腊化国家创造了］一种个人王朝的政体，这种体制不是从某个特定的地方或者人民中成长起来的，而是从上层而来，强加在一个特定的政治领域［Herrschaftsbezirk］上的。相应地，这种体制拥有特殊的、技术上受过训练的统治工具，而这种统治工具亦非从这个地方自然形成，而是被纯粹的人际关系捆绑在了王朝的统治者身上。这些统治工具成为新的君主制政权的主要支撑，而新的君主制政权则以服从于国王意志的官僚体制以及整装待发的军队为形式。……政治生活已经不仅仅是集中于统治者个人的身上，实际上已经是

根植于他们身上。市民……本身根本不存在……人民是政权的统治目标，不是某种国家使命的独立承担者。[21]

俄国世袭政权的统治历史是本书的主题。本书基于这样一个论点：俄国政治的本质源于对主权与所有权的认同，即对于那些恰好掌权的人来说，以"所有权"方式看待政治权威的认同。第一部分将追溯俄国世袭政权的兴起与演化；第二部分将分析主要阶层，并探究其为何没能从公共权威的客体转变成为公共权利的主体；第三部分主要描述国家与社会声音的表达者——知识分子之间的冲突，这两者之间的矛盾贯穿于帝国时代，并在19世纪80年代引发了世袭体制的现代化，从中可以清晰地审视极权主义的根源。

第一部分

国　家

第二章

俄罗斯世袭国家的起源

1. 斯拉夫人的拓殖

7世纪中叶，正当斯拉夫人穿越俄罗斯森林向东迁移时，黑海草原落入了来自亚洲内陆的突厥部族可萨人（Khazar）的掌控之中。与当时其他突厥部族不同，可萨人没有追求以畜牧为主的单一游牧生活，而是定居下来从事农耕和贸易。他们贸易活动的要道是伏尔加河，他们控制着该河流北向所有可以通航的地区。通过这条航道，可萨人得以将从黎凡特获得的奢侈品运至芬兰-乌戈尔部族居住的林带的贸易站点，在那里换取奴隶、毛皮和各种原材料、半成品材料。到8世纪末，可萨人建立了一个从克里米亚延伸至里海，往北一直到伏尔加河中游的强大国家，或者说"汗国"。此时，可萨的统治精英或许是受到了来自克里米亚的犹太殖民地居民的影响，改信了犹太教。可萨汗国凭借自己的军事实力盾护着黑海草原不受亚洲游牧部族的侵扰，并使早期的斯拉夫移民在黑土地区获得了一块不甚稳固的立足之地。在8世纪—9世纪，居住在草原地带和毗邻的森林地带的斯拉夫人一直向可萨人缴纳贡赋，并在其庇护下生存。

从仅存的一些有关东斯拉夫人在这段时期（7世纪—9世纪）的记载可知：东斯拉夫人在当时是以部落社区的形式组织起来的。他们大部分生活在森林地带，在此处的主要农耕技术是"刀耕火种"。这是一种原始的农耕方式，但是很适合他们居住的环境。农民们会在林中砍伐出一块空地，将原木移走，用火焚烧剩下的树桩和灌木。焚烧后沉积下来的灰烬含有丰富的钾碱和石灰，足以让人们将种子直接播撒在地面上，这样可以使耕种所需的土壤准备工作降至最低限度。经过如此处理的土地在收成上得到了良好的效果；一旦土地养分枯竭，农民就会在无尽的森林中另觅他地，重复这一过程。这种耕作方式需要经常性的迁移。毫无疑问，这也有助于解释斯拉夫人何以能够如此快速地蔓延至整个俄罗斯。16世纪之前，刀耕火种法一直是俄罗斯农业的主要耕作方式，此后，在国家及其拥有土地的仆人的共同压迫下，农民不得不定居生活，转而采用三圃制的农耕方式。然而，在遥远的北部地区，刀耕火种法一直被沿用至20世纪。

早期斯拉夫人定居点的一个显著特征是建造围栏。在草原地带，围栏是用泥土建造的；在森林地带，围栏是单独用木头或是木头和土混合建造的。这些原始的防御工事作为共同的防御中心，用于保护分散在附近空地的部族成员。在俄罗斯国家形成的早期，数以百计的这种部族围栏遍布全境。部族社区合并形成更大的社会单位，冠以各种各样的名称，例如以膜拜共同的神联系在一起的"米尔"。[1] 米尔的合并，形成了早期东斯拉夫人最大的社会地

---

[1]　勿将这种早期的"米尔"（мир）与同名但是产生时间要晚得多的村社（参见23页）相混淆。——原文注

域实体——普列米亚①。一些编年体史书中记录着十几个这类部族的名称。与其他地方的部族一样，族长拥有部族的权威，他们对部族成员及其财产享有几乎无限的权力。在这一历史阶段，东斯拉夫人既没有公共机构，也没有官员承担司法或者军事职能，因此即使是最原始形式的国家也根本不存在。

2. 诺曼（基辅）之国

公元9世纪，可萨人经营的伏尔加河贸易引起了诺曼人的兴趣。对诺曼人来说，9世纪是一个超速扩张的时代。他们从斯堪的纳维亚向外扩散，肆无忌惮地横行于中欧和西欧，先后征服了爱尔兰（820年）、冰岛（874年）以及诺曼底（911年）。在扩张的最初阶段，一些诺曼人向东推进，在后来成为俄国领土的地域上建立起了定居点。俄国土地上的第一个诺曼殖民地是奥德丘堡，一个位于拉多加湖畔的要塞。这里堪称一个绝佳的基地，从这里便于探索通往黎凡特地区那些大型的财富与文明中心的南向水路。经俄罗斯连接北欧和近东的路线在这一特定时期有着特殊的价值，因为公元8世纪时，由于穆斯林的扩张，地中海与基督教世界间的贸易被阻断。从奥德丘堡及其南边附近建造的其他要塞出发，诺曼人用他们平坦而宽大的船只开辟了通向近东的航道。很快他们就发现了在中古俄文史料中所称的"萨拉森之路"（Saracen route），这是一个通过伏尔加河连接波罗的海与里海的河流及港

---

① 俄语词 племя，意为"部落"。——译者注

口网络，由此建立了与可萨人之间的商贸关系。在俄罗斯与瑞典各地发现的大量9世纪与10世纪的阿拉伯硬币，印证了诺曼人的这些商业活动的广泛与密集程度。阿拉伯旅行家伊本·法德兰曾生动地描述了他于10世纪早期在伏尔加河上目睹过的一场诺曼人（罗斯人）首领的船葬。

然而，长远来看，"萨拉森之路"对于诺曼人的重要性不及沿第聂伯河通向黑海和君士坦丁堡的"希腊之路"（Greece route）。诺曼人利用这条道路对拜占庭帝国的都城发动了数次袭击，迫使拜占庭给予他们商贸特权。列举这些特权的条约文本被完整记入《往年纪事》，成为俄国最早的有关诺曼人统治的文书。公元9世纪和10世纪，俄罗斯森林地带和拜占庭之间的常规商贸往来得到发展，而这种商贸关系掌控于武装的诺曼商人手中。

国家的商业本质

诺曼人在其所控制的欧洲大部分地区以定居的方式生活，并担任着领土主权者的角色。而在俄罗斯，他们表现得有所不同。由于之前所列举的原因，他们对农业生产和领土诉求方面几乎没有什么兴趣，而是更愿意专注于对外贸易。他们逐渐控制了通向黑海的主要水路，并在这些水路的沿途建造了要塞。以此为基础，他们从斯拉夫人、芬兰人和立陶宛人那里以贡物的形式获取拜占庭与阿拉伯世界最需要的商品：奴隶、皮毛和石蜡。正是在公元9世纪，俄罗斯开始出现一些新型的人口中心；不再是脆弱的土质或木质的斯拉夫定居者的围栏，而是变成了要塞城池。这些要塞型的城市是诺曼首领及其家族和侍从的住所，其周边常常会形成一些居住着本地工匠和商人的郊区。每一座要塞城市的附近都配有墓地。诺曼人和斯拉夫人都埋葬在同一处墓地，但是墓穴却有很大的差异。诺曼人的墓穴中有武器、珠宝和极具斯堪的纳维亚风格的家什，甚至有的墓中还埋着整条船只。从考古证据来看，诺曼人在俄罗斯主要居住在四个地区：一是里加湾沿岸地区，二是拉多加湖区和沃尔霍夫河地区，三是斯摩棱斯克以东地区，四是伏尔加河上游和奥卡河之间的平原地区。此外，诺曼人还有一些相对独立的定居点，基辅是其中最大的一个。所有四个主要的诺曼人定居点均位于连接波罗的海与里海、黑海之间的商贸路线上。诺曼人在其传说中称呼俄罗斯为"加尔达里基"（Gardariki），意思是"要塞之疆"。

由于从当地人那里征收的贡物只有一部分用于支持驻军，更大的一部分则是花在了经一条危险的路线向遥远市场出口商品的活动上，诺曼的要塞城市必须组织起来。这一过程开始于约公元800年，这一年在拉多加湖地区出现了第一个诺曼定居点。结束于公元882年，这一年大公奥列格将"希腊之路"的两端，即诺夫哥罗德和基辅都纳入了自己的治下。基辅成了这个中央贸易组织的核心。之所以选择基辅，是因为诺曼人对俄国西部的控制以基辅为终点，他们需要将从俄国各地收缴的贡物运往君士坦丁堡，而基辅是确保诺曼人无障碍地运输这些货物的最南端的城市。下一段旅程，从基辅到黑海，则存在着极大的麻烦，因为在这里，商品不得不通过游牧盗匪为患的草原地带。每年春季，当河面破冰后，贡物就从各个收集点通过水路运至基辅。5月，致力于为每年一度的大型舰队筹备舾装的任务。6月，满载奴隶和货物的船队由重兵押送，从基辅沿第聂伯河南下。最危险的路途是基辅以南25至65英里的一段岩滩急流。正如拜占庭皇帝君士坦丁七世所描述，诺曼人学会了如何应付前三段急流的航行，但是到了第四段，他们不得不将货物从船上卸下来，徒步运送。船只一部分被拖过去，一部分被搬过去。诺曼人中，一部分负责搬运货物，一部分负责押送奴隶，还有一部分负责警戒，如果受到攻击，负责警戒的人就会将敌人击退。只有在通过最后一段急流后，船队才会获得相对的安全。此时，人员与货物才能重新登船。基辅的重要性以及诺曼人选择基辅作为其在俄国的贸易组织都会的原因由此便显而易见了。基辅具有双重功能：既是一个仓库，将俄罗斯各地的贡物集中于此；也是一个转运中心，货物由此被护送运往最终目的地。

　　第一个东斯拉夫国家，就是以这种几乎可以说是两个异族——诺曼人和希腊人之间国际贸易副产品的方式形成的。要塞城市及其毗邻地区的主权由一个自称是半传奇的诺曼王公赫罗艾瑞克尔或者罗德瑞克（俄罗斯编年史中的留里克）后裔的王朝获得。该王朝的领袖，即大公，在基辅当政，而他的几个儿子、亲属和重要家臣则坐镇于其他城市。"基辅国家"的概念难免令人想起类似于法兰西、英格兰和西西里岛的诺曼历史中领土实体的形象，但是必须要强调的是那并非同类。在俄罗斯出现的诺曼国家更加类似于17和18世纪时欧洲的大型商业企业，例如东印度公司或哈得逊湾公司，以赚钱为目的而建立，由于在其活动的区域内缺乏任何行政机关而被迫承担了一些准政府的职能。在基辅，大公即是一名最出色的商人，他的王国本质上是一个商业企业，由一些隶属关系松散的城镇组成，城镇的守军负责征收贡物，并用粗暴的方式维持公共秩序。各个王公彼此间是相互独立的。掌控俄罗斯的诺曼统治者与其德鲁日纳（дружина，即大公亲卫队）形成了一个独特的社会阶层。他们的居住地与其他居民是分开的，他们用自己专有的法律审判自己的成员，他们希望将自己的遗体葬在独立的坟墓中。诺曼人在行政管理上采用的是最为随意的方式。在冬季，王公在其德鲁日纳的陪同下在乡村地区巡行，安排贡物的运输事宜，并实施执法活动。一直到11世纪，在基辅国家显示出衰落的迹象时，仅在较大的城市中才出现了市民大会（вече，即维彻）。市民大会由全部成年男子组成，在重要的政策问题上为王公提供建议。在诺夫哥罗德和普斯科夫，市民大会甚至成功揽得立法权，迫使王公执行其意志。但是除了这两个例子之外，王公与市民大会之间的关系倾向于是非正式的、松散而非结构化的。当然并不能说基辅罗斯的民众对统治精英施加了任何制度压力，尤其是在9世纪和10世纪是绝对没有的，因为那时市民大会甚至还不存在。在基辅国家的全盛时期，权威是以前现代时期的商业企业的模式运行的，既不受法律的约束，也不受民众意志的影响。

继承模式

　　最能反映出诺曼人与其罗斯公国之间关系的事实是，诺曼人未能设计出一个有序的王室继承制度。在9世纪—10世纪，该问题似乎是通过暴力解决的：在基辅的统治者死后，王公之间相互攻击，所有国家统一的表象均消失殆尽，直至争斗的胜利者取得基辅的王位。后来，为了确立常规的继承程序，诺曼人也进行过各种尝试，但无一成功。1054年，雅罗斯拉夫大公在死前将其治下的主要城池分配给了他的五个儿子，将基辅留给了长子，并叮嘱他的儿子们要"听从"长子的话。然而，这样的安排并不奏效，矛盾照旧存在。随后，基辅的王公们通过召开会议的方式，协商他们之间的分歧，有时能够解决包括在城池方面的冲突。学者们一直在争论基辅罗斯是否在事实上存在任何继承制度，以及如果存在的话其指导原则又是什么。在黑格尔对史学思想影响最大的19世纪，这一时期的历史著述认为早期的俄罗斯国家处于社会发展的前政府阶段，在此阶段，王国及其属地城池同属于整个王朝家族。在他们看来，继承权应当遵从顺序制的原则。依此原则，王公们以一种类似音乐椅子游戏的方式，在他们之间"轮换"城池。长子坐拥基辅，年幼的依次分得其他城池。历史学家普列斯尼亚科夫在20世纪初对这种传统的解读提出了挑战。他认为，基辅的王公们将国家视为一个整体，他们之间的争斗并非为了能够控制个别城市，而是为了获得对国家整体的控制。一些现代学者则坚持旧家族理论的修正版本，认为基辅的王公们采纳了有长期接触的突厥游牧民族的方法，例如佩切涅格人（Pecheneg），他们的长尊权是沿旁支传递的，即兄终弟及，而非父死子继。然而，无论罗斯诺曼人及其继承者在理论上采用哪种制度，他们在实践中都没有遵守任何制度，结果是基辅国家被无休止的内部冲突所撼，而这种内部冲突后来也摧毁了成吉思汗的帝国。如同亨利·梅因所表明的，在私权与公权不分的社会发展阶段，长子继承制的缺失是政权与所有权的一个特征。诺曼人认为罗斯是他们共同的王朝财产，无论他们使用何种自认为适当的方法去分配，也不属于某个家族成员或者家族支脉。该事实表明，他们对政治权力缺乏明确的概念，他们更多的是将自己的权力视为私权而非公权。

诺曼人的同化

诺曼人无论在任何地方都没有表现出对民族同化的强烈抵制，至少其罗斯分支在这方面也是不例外的。一个发端于文明世界边缘的、落后地区的盗匪民族，在其所到之处往往会被其武力征服的人民的文化所同化。基辅的诺曼人在11世纪中叶被斯拉夫化，这与法国的诺曼人演化成高卢人大约同时。在诺曼人的同化过程中，改信东正教是一个重要因素。这一举动的结果之一是他们接纳了教会斯拉夫语，一种由拜占庭传教士设计出来的书面语言。所有书面文献，无论是世俗的还是宗教的，均使用这种语言书写，这无疑大大地磨灭掉了诺曼人精英阶层的民族认同。另外一些促进同化作用的因素是与斯拉夫妇女通婚，以及当地军士逐渐进入了曾经血统纯正的斯堪的纳维亚德鲁日纳中。在基辅王公与拜占庭于912年缔结的协约中，所有签约的基辅人全部都拥有斯堪的纳维亚名字（例如Ingjald、Farulf、Vermund、Gunnar）。随后，这些名字也发生了斯拉夫化或者被斯拉夫名字所取代。此外，在编年史记述（最早的一部全本时间标注为1116年）中，诺曼名字已经以斯拉夫语的形式出现了，例如海尔吉（Helgi）变成了奥列格（Олег），黑尔加（Helga）变成了奥莉加（Ольга），英格沃尔（Ingwarr）变成了伊戈尔（Игорь），瓦尔德马（Waldemar）变成了弗拉基米尔（Владимир）。

"罗斯–俄罗斯"称谓的由来

经过相关的语言过程，东欧诺曼人把最初适用于自己的族称转换到了东斯拉夫人及其土地上。在9世纪与10世纪的拜占庭、西方和阿拉伯文献中，"俄罗斯"（Россия及Russia）一词的词根

"罗斯"（Русь）一直是指具有斯堪的纳维亚血统的人。君士坦丁七世在其著作《帝国行政论》（*De Administrando Imperio*）中对第聂伯河上的石滩提到了两组并行的名称，其中一组标记为"俄罗斯"的名称实际上是斯堪的纳维亚，另一组则是斯拉夫。根据《贝尔蒂尼亚尼编年史》（*Bertiniani Annals*）记载，公元839年一个拜占庭使团前去觐见在英格尔海姆（Ingelheim）的路易一世皇帝（Louis the Pious），同行的有一队被称作"罗斯"（Rhos）的人，当被问及他们的民族身份时，他们自称是瑞典人。10世纪历史学家克雷莫纳的利乌特普兰德（Liutprand of Cremona）用"我们又称其为北方人"来定义"Rusios"，即罗斯人。我们前面提到了伊本·法德兰对"罗斯"王公葬礼的描述，与我们所知的诺曼人的情况完全相符，包括墓葬的内容及基辅人与拜占庭缔结的条约上的签名。所有这些事实都是需要加以强调的，因为在过去两百多年中，俄国极度爱国主义的史学家们认为自己有责任去否定那些对于局外人来说似乎是无可辩驳的内容，即基辅国家的创建者和最早被称为"俄罗斯人"的群体，是具有斯堪的纳维亚血统的人。然而，"罗斯"这一名称的来源完全不能确定。有一种可能，是来自瑞典斯德哥尔摩北部沿海地区的罗斯拉根（Roslagen），这一地区的居民至今一直被称作"罗斯皮卡尔"（Rospiggar）。另外一种可能是北欧的"罗普斯曼"（Ropsmenn）或"罗普斯卡尔拉尔"（Ropskarlar），意思是"舵手"。而与在拉多加湖地区的诺曼定居者最早接触的芬兰人，称诺曼定居者为"罗茨"（Ruōtsi），该词在现代芬兰语中被保留下来，意为"瑞典"。（如前所述，芬兰语中的"俄罗斯"一词是Venäjä。）按照斯拉夫人在同化吸收芬兰语的族称时所用的标准语言规则，"罗茨"就成了"罗斯"。最初,"罗斯"是指诺曼人及其国家。阿拉伯地理学家伊本·罗斯塔在公元900年左右的著述中提到了,"罗斯"(他把其与斯拉夫人区分开来)居住在有湖和森林的地区,可能是指拉多加-诺夫哥罗德地区。但是,随着诺曼人被同化,斯拉夫人进入其家臣阶层,"罗斯"失去了其民族内涵,逐渐用来指代所有守卫要塞城池、参与年度远征君士坦丁堡的人。从这种用法来看,"罗斯"这一称谓很容易逐渐扩展至指代这些人所生活的地域,最终成为生活在这一地域范围内所有人员的代称,无论是原住民还是占领者。类此征服者的名称转移给了被征服者的例子并不罕见,最容易想到的一个例子就是法国,作为入侵者的日耳曼民族法兰克人(Franks)的名称被用于称呼高卢这个地方。

诺曼人的遗赠

诺曼人给东斯拉夫人带来了一些关键要素,使其各个部落及部落联盟得以联合成为一个国家实体。这些要素包括:由一个王朝领导的原始国家组织、共同的宗教和一个民族名称。东斯拉夫人在10世纪和11世纪对国家统一的认识程度达到了什么地步,没有人知道。因为这一时期仅有的地方文献是编年史,且形成时间较晚。

诺曼人留给东斯拉夫人的另外一个遗赠尽管是负面的亦值得一提,我们前面已经提到过,并且在本书后面的章节中还会多次提及。诺曼人所建立的基辅国家,以及他们的已经被斯拉夫化了的后代和斯拉夫人的后代所继承下来的这个国家,不是在受其统治下的社会环境中成长起来的。无论是王公,还是其家臣,即未来的贵族阶层,皆非源于斯拉夫社会。当然,在被诺曼人征服之后的英格兰也同样如此。但是，英格兰土地肥沃而宝贵，诺曼的精英阶层很快就将土地瓜分，从而转变为土地贵族阶层。在俄罗斯，诺曼精英始终保持着半殖民的特性：其主要利益不是来源于土地的开垦而是来源于贡物的收缴。其在当地的根基非常浅薄。我们所看到的是一种政治形态，其特征是统治者与被统治者之间存在着一条异常鲜明的鸿沟。基辅国家和基辅社会缺乏能够联结二者的公共利益：国家与社会共存，保持着各自的认同，相互之间几乎没有彼此承担义务的意识。[①]

3. 基辅国的瓦解

基辅国家于12世纪解体，它的崩溃可以由内因与外因的联合作用来解释。

内因在于，统治王朝无力解决继承权的问题。因为他们缺乏一种有序的体制，使基辅的中央与地方城市及其毗邻的附属领地（即小行政区 volosti）在其统治者死后得以交接传递，所以王公们

---

① 从斯维亚托斯拉夫（Святослав）大公的一个事件就可以看出，诺曼人对他们的罗斯王国是多么地不在乎。公元968年斯维亚托斯拉夫大公在攻占了保加利亚人的城市佩列亚斯拉维茨（Pereieslavets）（古罗马城市马西安诺堡）后，在第二年向其母亲和贵族们宣称："我不想留在基辅，我想住在多瑙河畔的佩列亚斯拉维茨。因为那是我统治的中心，所有的财富都集中在那里：来自希腊的金子、丝绸、葡萄酒和各种水果，来自匈牙利和波希米亚的银器与马匹，以及罗斯的皮毛、石蜡、蜂蜜和奴隶。"（*The Russian Primary Chronicle; Laurentian Text*, edited by S. H. Cross and O. P. Sherbowitz-Wetzor, Cambridge, Mass.［1953］, p. 86.）这一愿望因佩切涅格人进攻基辅而破灭，但是情绪不言自明。——原文注

倾向于在任何他们所控制的地区索取产权利益。因此，原本是赋予王公开发利用特定城市和地区的临时的、有条件的权力，演变成了彻底的所有权。王公将城市及其领地永久遗留给其子的风俗，到1097年完全确立下来了。当年，基辅的王公们在柳别奇举行会议，认可了每位王公保留将从其父亲那里继承下来的领土作为其财产的权利。这一原则意味着王公们也可以自由地将城市及其领地传给自己的儿子。这样一来，王朝对国家的公共所有权，尽管没有正式宣布放弃，但因此实际上已不再被遵守了。

离心之力

在这一过程中，内在的离心力被同时产生的外部因素所强化。这一外部因素即俄罗斯与拜占庭贸易的衰落。公元966—967年，在争夺仅存的向可萨人纳贡的斯拉夫部族的控制权时，行事冲动的斯维亚托斯拉夫大公攻打并摧毁了可萨汗国的都城。斯维亚托斯拉夫这一鲁莽的举动开启了一扇大门，使骁勇好战的突厥部族如洪水般涌入了此前被可萨人控制的黑海草原。最先进入的是佩切涅格人。之后，11世纪是库曼人（波洛伏齐人），一个极具侵略性的民族，他们对从基辅驶向君士坦丁堡的船队进行猛烈的攻击，以至于最终使得这种交通陷入停滞。对库曼人的征讨和驱逐几无成功；最惨烈的一次战役发生在1185年，它在俄罗斯中世纪的史诗作品《伊戈尔远征记》中得到了纪念。12世纪中叶，俄国的王公停止了铸币，这表明他们陷入了严重的财政困境，国家的经济统一濒临瓦解。1204年，第四次十字军东征攻占并洗劫了君士坦丁堡，同时打开了东地中海至基督教世界的航线，基辅的灾难因此而加剧。换言之，在1200年左右，那些四个世纪以来致使东斯拉夫人所居住的土地受控于一个单一政权的特殊情况不复存在了。

内部趋势与外部趋势虽然各自独立产生作用，但都是朝向同一个结果，释放出了强有力的破坏性力量，致使这个国家分裂成了若干独立的、实质上的主权公国。当然，这种力量也不全是作用在同一个方向上的。国家像以前一样，继续被原来的王朝成员所统治，信奉同一种信仰——一种将其与天主教和穆斯林邻居截然分开的信仰。这些向心力最终使俄罗斯得以重获统一，但这是几个世纪之后的事情了。于此际，离心力是主导力量。在这种动力的作用下，出现了一个由经济上自给自足的公国构成的地区联合体，而每一个公国在其内部逻辑的作用下，趋于无休止地分裂和再分裂。

西北部：诺夫哥罗德

在基辅罗斯瓦解的最初阶段，国家分裂成了三个主要地区：一个在北方，以诺夫哥罗德为中心；一个在西部和西南部，不久就被立陶宛和波兰占领；第三个在东北部，奥卡河与伏尔加河之间的区域，其政权最终被莫斯科公国接管。

这些区域中最富足、文化最先进的地区位于西北部。拜占庭灭亡后，所剩无几的俄罗斯对外贸易转向了波罗的海，诺夫哥罗德及其属地普斯科夫取代了基辅，成为国家的商贸中心。如同之前的可萨人和诺曼人一样，诺夫哥罗德的商人也同样销售原料以及进口奢侈品。由于其所处的极北地理位置，诺夫哥罗德本身无法产出足够的粮食满足自身需求，不得不从德意志地区和伏尔加-奥卡地区的平原地带购买粮食。奴隶——俄国传统上的主要出口商品，在欧洲西部没有市场。因为此时的西欧，对人的束缚已经绝迹。因此，俄国还保留着奴隶，由此而产生的重要的经济与社会后果将在后面的篇幅中进行讨论。诺夫哥罗德的繁荣，在于其与汉萨同盟的紧密合作，诺夫哥罗德本身也成为同盟中的一个活跃成员。日耳曼商人在诺夫哥罗德、普斯科夫和其他几个俄罗斯城市建立了永久定居点。他们被要求必须承诺只通过俄罗斯的中间人与生产者接洽；作为回报，他们得到了整个对外贸易的全部控制权，包括运输和销售。在搜寻可与日耳曼人进行贸易的商品的过程中，诺夫哥罗德人对北方大部分地区进行了探索和拓殖，把他们的国界一直扩展到了乌拉尔山。

在政治上，诺夫哥罗德大约是在12世纪中叶将自己与其他基辅公国分离开来。即使在基辅国家处于巅峰时期时，诺夫哥罗德仍然享有一定程度的特权地位，也许因为它是诺曼城市中的元老，并因其距离斯堪的纳维亚较近，得以在一定程度上较好地抵御了斯拉夫化。在诺夫哥罗德发展起来的统治制度，在所有要素方面都类似于中世纪西欧的城邦。主要财富并非集中于王公之手，而是集中于大商人和地主家族之手。公国领土扩张的任务，在别的地方都是由王公负责的，在诺夫哥罗德则是由实业家和农民来完成。因为在诺夫哥罗德的财富积累和领土扩张方面，王公所起到的作用是次要的，所以他们拥有的权力也相对较小。他们的主要作用是主持公道和指挥城邦的武装力量。所有其他的政治功能都集中于市民大会，在公元1200年之后，市民大会成为诺夫哥罗德的主权所在。市民大会推选出王公，并制定出王公必须遵守的规章。这类契约式规章最早可以追溯到1265年。规章非常严格，尤其是涉及财政事务方面。王公由此获得了某些特定财产的用益权。但是王公及其家臣被明令禁止在诺夫哥罗德的领土上囤积财产和奴隶，甚至没有市民大会的许可连开发副业的权力都没有。王公无权增税、宣战或媾和，或者以任何方式干涉诺夫哥罗德的制度或政策。有时王公会被特别禁止与日耳曼商人建立直接的关系。这些限制绝非空文，经常有王公因违反其权限而被逐出诺夫哥罗德；在一段长达102年的动荡时期里，诺夫哥罗德一共有过38位继位王公。市民大会还控制着城市及其各省的民政管理机构，遴选教会的领导人。市民大会的实权掌握在诺夫哥罗德波雅尔（боя́рин，即大贵族）的手中。波雅尔是一种贵族身份，是从旧德鲁日纳那里继承而来的，由40个显要家族构成，每一个家族都围绕一个主保圣人及其教堂而组建为一个团体。这些家族垄断了所有高级职位，并在很大程度上决定着市民大会的审议过程。他们的自信感是俄罗斯其他城市学不来的，无论在当时还是后来。然而，尽管满怀自信，诺夫哥罗德大君主城还是无雄霸天下之心，而只是满足于自己的商贸活动和宁静无扰的生活方式，没有尝试过取代基辅成为国家政治生活的中心。诺夫哥罗德经济上的紧迫需要，对与拜占庭的贸易来说是国家统一，但是对于与汉萨同盟城市之间的贸易来说则无这种需求。

　　在已经瓦解的基辅国家中，西部和西南部地区的情况则有所不同。由于佩切涅格人和库曼人的长期袭扰，定居在黑土带和与之相连的森林地带的斯拉夫人终于不堪忍受，不得不放弃大草原，退回安全的森林地带。1169年苏兹达尔王公安德烈·博戈柳布斯基（约1110—1174年）拒绝迁往已经被他征服了的基辅去接受大公的头衔。他宁愿把基辅交给自己的弟弟，而自己留在森林深处。由此可知，在1241年基辅城被蒙古人摧毁之前，这座城市就已经落得如此微不足道。

立陶宛和波兰

在13世纪和14世纪，第聂伯河及其分支流域，这片基辅国家曾经的主要领土，落入了立陶宛人的掌控之中。基辅瓦解后，立陶宛人乘虚而入，几乎没有受到什么抵抗，很快便成了俄罗斯西部与西南部的主人。对于已被其征服的公国，立陶宛大公不去干涉他们的内部生活，允许当地的制度与传统继续发挥功效。那些小的王公成了立陶宛大公的封臣，向其缴纳税贡，在战时为其服役，在其他方面则不会受到滋扰。大公所拥有的地产，在数量上不及王公与其家臣共同占有的地产。这种对其不利的财富分布迫使大公不得不密切关注由他的主要封臣所组成的议会"拉达"（Рада）的意愿。如果把诺夫哥罗德的王公比作选举产生的行政长官的话，那么立陶宛罗斯的大公则更像是一位宪政君主。

1386年立陶宛和波兰建立了王朝联盟，此后立陶宛和立陶宛罗斯的领土逐渐合并。随后在行政管理上出现了一定程度的中央集权化，立陶宛原有的制度逐渐消失了，但即便如此，也完全不能说由两个民族构成的君主制政府是中央集权政府。波兰王国的持续衰落，使得东部各省的上层阶级从中受益，他们为自己争取到了各种形式的自由与特权，例如：获得了对他们所占有的土地财产的产权，减轻了为国家效力的义务，获得了担任行政职务的权利以及参与波兰国王选举的权利。立陶宛贵族成为真正的贵族统治阶层，他们中有一部分是天主教徒，有一部分是东正教徒。若非宗教因素，立陶宛-波兰是完全有可能吸纳绝大部分俄罗斯人口的，进而也就没有建立独立的俄罗斯国家的必要性了。在16

世纪初，波兰摇摆在新教的门槛之上，天主教会及其修会耶稣会的巨大努力最终阻止了它背叛罗马。为了避免后患，罗马决心不仅要坚决破除立陶宛-波兰君主国的统治阶层中新教残余的影响力，并且还决心迫使居住在那里的东正教徒认可其权威。罗马的努力取得了部分成功。1596年，在立陶宛的领土上，一部分东正教教徒建立了东仪天主教，保留着东正教的宗教礼节，但是听命于罗马。然而，大多数东正教居民拒绝效仿，并开始向东方寻求支持。这种因反宗教改革运动而加剧的教派分裂局面，导致波兰人和俄罗斯人之间产生了极大的仇恨，也因此排除了立陶宛-波兰国家被俄罗斯人看作其立国志向的潜在可能。

因此，无论诺夫哥罗德还是立陶宛-波兰，尽管都比较富足且文明程度较高，但都不具备重新统一东斯拉夫人的条件。一个是因为其狭隘的、商业本质的眼界；另一个是囿于宗教分裂的问题。由于没有其他的选择，所以统一东斯拉夫人的任务就落在了俄罗斯最贫穷、最落后的地区之上，即位于东北部、在奥卡河和伏尔加河交汇处的所谓"低地"。

4. 东北部地区的封地（世袭）公国

伏尔加-奥卡地区的殖民化

在基辅国家处于巅峰的时代，伏尔加-奥卡地区系次要的边境地带。当时其人口仍然主要是芬兰人；时至今日，该地区几乎所有的河流、湖泊都还保留着芬兰语的名称。该地区的兴起始于12世纪初，当时该地区的主要城市大罗斯托夫（Ростов

Великий）成为基辅大公弗拉基米尔·莫诺马赫旁系家族的世袭财产。莫诺马赫的儿子、王公尤里·多尔戈鲁基（约1090—1157年）是罗斯托夫第一位独立统治者。事实证明他是一位富有进取心的拓殖者。他建立了许多城市、村庄、教堂和修道院，通过慷慨配发土地和免除税收的方式，吸引了其他公国的居民来到他的地盘上定居。这项政策被他的儿子安德烈·博戈柳布斯基继承了下来。俄国历史学家柳巴夫斯基在对罗斯托夫地区历史上的地理状况进行仔细分析后发现，在12世纪末期，该地区已经是俄罗斯人口最密集的地区。[1]免除赋税、免遭游牧民族袭扰的安全感和相对较好的土壤质量，这些因素吸引了拓殖者从四面八方——诺夫哥罗德、西部疆域和大草原流向这里。（伏尔加-奥卡地区跨越了一条腐殖质含量为0.5%—2%的黑土带边缘地区。）拓殖者在这里的行为方式正如同几个世纪之前进入俄罗斯的拓殖者一样，先建造围栏，再在围栏周围分散形成由一户或两户居民构成的小型定居点。当地的芬兰土著淹没在了斯拉夫拓殖者之中，并最终因通婚而被同化。两个民族的混合产生了一个新的民族——大俄罗斯族。由于具有芬兰-乌戈尔族的血统，大俄罗斯族呈现出了其他斯拉夫人所没有的某些东方人特征（例如，高颧骨和小眼睛）。

罗斯托夫公国成了一个新的俄罗斯国家——莫斯科公国的摇篮。俄国历史编纂学传统上认为，莫斯科国家与基辅罗斯一脉相承，曾经由基辅大公们所执掌的政权从他们的手中被完整地传递至莫斯科的统治者手中了。

大部分西方学者也都接受这种基辅-莫斯科继承说。然而，这绝非一个想当然的问题。俄国著名历史学家克柳切夫斯基是第一位强调东北部公国和基辅罗斯之间存在根本差别的学者。后来，米留可夫指出，传统的观点起源于15世纪晚期和16世纪早期的莫斯科政论家的著述中。这些政论家希望为莫斯科统领整个俄罗斯，尤其是统领那些当时在立陶宛政权控制下的领土提供论证。沙俄帝国时代的历史学家则不加批判地将这种观点全盘采纳。[2] 乌克兰学者米哈伊尔·赫鲁舍夫斯基以克柳切夫斯基和米留可夫的批评观点为基础，向前更进了一步。他辩称，基辅的正统继承者应当是在后来被立陶宛所占据的西部两个公国——加利奇和沃里尼亚——之中。因为正是在这两个公国，基辅的传统与制度得到了最好的保存。在赫鲁舍夫斯基看来，莫斯科是一个新的政治建构。[3]

新的政治观

在不去尝试解决历史学家关于"大俄罗斯或乌克兰，到底谁才是基辅遗产最好的继承者"这一争议的情况下，人们不能忽视基辅-莫斯科继承说的批评者所提出的一个重要问题。事实上，莫斯科大公国的确采用了根本性的政治创新举措，这使其与基辅在构造上有着很大的不同。这些创新的根源，许多都可以追溯至莫斯科大公国的形成方式。在基辅罗斯以及所有其衍生出来（不包括东北部地区）的公国中，都是先有居民后有王公，定居点形成在先，政治权威随其后而至。相比之下，东北部地区在王公的发起和支持下，殖民化已达到了相当高的程度。因此，这里的政权要早于定居点。结果是，东北部的王公们所享有的权力和威望，是诺夫哥罗德和立陶宛的王公们所无法想象的。他们认为并宣称土地归他们所有，包括城池、森林、耕地、牧场和航道。因为正是由于他们的活动而使城池得以拔地而起，森林得以耕垦为田，河流得以开辟通航。由于这种思想的延伸，居住在这片土地上的人要么是他们的奴隶，要么是他们的佃户；在任何情况下，这些居民都不能谋求拥有土地，也没有与生俱来的个人"权利"。因此，一种财产专有的观念就这样覆盖了东北部边疆地区。这种观念贯穿于政权的整个体系之中，使这一地区的政权与俄罗斯其他任何地区，或者就此而言的欧洲大部分地区都有着本质的差别。

封地公国：一种财产形式

在中世纪的俄罗斯，用来表示财产的术语是"沃特齐纳"（вотчина）。这一词语常见于中世纪的编年史、遗嘱以及王公之间签署的协约中。该词语与俄语中的"父亲"（отец）一词系同根词（即 от）。"沃特齐纳"实际上相当于拉丁语词 patrimonium，两者内涵相同，意为从父亲那里继承过来的物品和权力。在那个既对财产没有明确的法律定义，也没有法庭来维护个人对财产诉求的时代，通过继承的方式获得财产被认为，即便不是唯一的，也一定是最好的所有权证明方式。"这件物品是我父亲留给我的"这句话意味着"这件物品无可争议地属于我"。如此言语在一个父权制非常活跃的社会是很容易理解的，尤其是在底层人群中。财产虽然形式各异，但没有被做出区分。地产是世袭财产，奴隶和贵重物品也是，捕鱼和开矿的权利同样也是，甚至一个人的血统或出身也都属于世袭财产。更重要的是，被视为商品的政治权威也同样是世袭财产。如果考虑到俄罗斯早期的政治权威本质上是由外族征服者集团所操控的征收税贡的权力，即一种经济特权而非其他任何东西，那么这就根本不足为奇了。因此，很自然地，许多保存下来的东北部地区王公的遗嘱，读起来就像是普通的商业财产清单，清单中将城市及其领地毫无区分地与贵重物品、果园、磨坊、养蜂场或是成群的马匹混为一谈。莫斯科大公伊凡一世在其遗嘱中将莫斯科公国称为其世袭财产，因而认为自己完全有权将公国传给其子。伊凡一世之孙德米特里·顿斯科伊在其遗嘱（1389 年）中，不仅将莫斯科公国定义为世袭财产，而且还将大公的头衔也定义为世袭财产。在正式性和合法性方面，罗斯王公的遗嘱完全符合普通的民事文书，甚至在某种程度上还得到了第三方的见证。

作为私人财产，东北部地区（也仅仅是在东北部地区）的公国，是被依照与财产相关的俄罗斯习惯法传统遗赠的。也就是说，在为妇女、通常也为教会机构预留出生活必需品后，公国被分为价值大致相等的若干份，在男性继承者中进行分配。对于现代的观念来说，这种做法或许是奇怪的。现代观念习惯性地认为国家是不可分割的，认为君主制国家遵循的是长子继承制，但长子继承制其实是一种相对现代的现象。尽管有些原始社会也偶尔采用这种制度，但是其古老的程度仍然未知；这种制度既不为罗马人和日耳曼蛮族所知，亦罕见于伊斯兰文化中。它最先出现在一些特定的地方，在这些地方，财产绝不仅仅用于维持其所有者的生存，而是使其所有者有能力实施军事或其他活动，即意味着财产不能被缩减至某个能保证其功效的最低值以下。长子继承制的流行可以追溯到由查理大帝赐予的圣俸。随着封建制度和有条件的土地所有制的蔓延，长子继承制在欧洲被广为接受。关于有条件的土地所有制度与长子继承制之间的联系，英格兰的例子最为引人注目。在英格兰，自主产权最不发达，长子继承制最发达。在西欧，长子继承制在封建制度中幸存下来，原因有二：一个是因为罗马法越来越为人们所熟知，而罗马法中完全没有关于"有条件的所有权"的规定，并倾向于扫除封建习俗强加在年龄最长的继承人身上的诸多限制，把原本作为一种托管的形式转变为彻底的所有权；另一个原因是随着资本主义的发展，年龄较小的儿子得以在不必继承父亲的一份地产的情况下，也能维持生计。然而，长子继承制在俄罗斯从未扎根，因为在这里，对长子继承制来说所有必需的条件全都缺失，包括对罗马法的了解和制造业或贸易方面的发展机会。俄罗斯习惯法的一条稳固原则，是在男性继承人中平均分配全部财产，统治者试图改变这一传统的所有努力皆以失败而告终。

在东北部地区，一个王公死后，其公国即被他的儿子们所瓜分。每人可以获得一份，在俄语中称为"分地"（удел）。在私人领地上也遵循完全相同的做法。俄语"分地"一词在英语中的对应词通常是"appanage"，该词是借自法语关于封建主义词汇中的一个术语。一位比利时的中世纪史专家亚历山大·艾克对这一用法给予了十分中肯的批评。理由是：尽管这两个词皆是指统治者遗赠给其子嗣的财产或是"生计"，法国的规矩是这种遗赠以受赠者的寿命为期限，受赠者死后要将财产归入国库，而俄罗斯的"分地"则是一种永恒的、世代相传的财产。[4]不幸的是，"appanage"的概念已经根深蒂固，尝试替换它似乎是并不可行的事。

俄罗斯的王公从其父亲那里继承下来的财产，成了其祖传的财产或世袭财产，即"沃特齐纳"。一旦到了拟定遗嘱的时候，他也会照旧把自己所有的财产，包括从其父亲那里继承下来的世袭财产和自己获得的财产，在自己的子嗣中进行分配。这种世袭制度导致东北部地区的公国面积不断缩小，其中一些到了最后在规模上甚至缩减至小块地产的尺寸。这种细分发生的时代，即12世纪中叶至15世纪中叶，在历史文献中被称为"封地时代"（удельный период）。

历史研究中经常出现的风险之一是难以将理论与实践区分开来，这种情况在其他地方的案例没有比在俄国更甚，在那里，人的雄心总是远远地跑在了事情的可行性前面。尽管在理论上，公国属于王公，但是在现实中，没有哪个统治者拥有足够的财力和管理能力，来执行自己的所有权。在中世纪的俄国，对土地及其他自然资源的有效所有权（不同于理论上的所有权）的建立，恰如洛克与其他一些古典理论家所想象的那样，即把物体从其"原始状态"中"剥离"，并将他们与某人的劳动相"混合"。一个典型的公国，其领土的90%是荒地，因此属于无主财产。克柳切夫斯基以如下文字描述了封地罗斯时期所有权是通过宣示获得而非继承获得的程序：

> 这块土地是我的，因为是我的人开垦了土地，他们是被我束缚在这块土地上的——这就是第一批俄罗斯地主获取土地私有财产的辩证过程。在罗斯时期，占有无主的荒地是获取土地财产的主要方式，因此这种司法上的逻辑在当时是很自然的。[5]

王公们无力亲自去开拓广袤的疆土，但他们非常希望看到自己的土地上人丁兴旺，因为拓殖活动可以富饶一方土地，为他们带来收入。他们招揽富足的军人、修道院和农民家庭来到自己的土地上定居。在这种情况下，每一个封地公国都出现了三种主要的土地占有形式：1. 王公的私人领地，由其直接开发；2. 地主以及修道院的庄园；3. 由自由农开垦的土地，即所谓的"黑地"。从经济的角度看，这三种土地占有形式除了面积大小之外并无太大的差别。封地罗斯时代是没有大庄园的。甚至最大的地产也只是由数量众多的小单元构成，这些小单元包括：由一两个家庭构成的小村落、渔场、养蜂场、果园、磨坊、矿场，所有这些都沿河岸和孤立的森林空地凌乱分布着。

王公的领地

王公是公国中最大的土地所有者。他收入的大部分来自对其私人领地的开发利用；王公的经济实力依赖于他的家族和家族财产。其运行和管理靠的是一支以被称作霍洛普（холоп）的奴隶为主要劳动力的队伍；在某些公国中，这样的劳动力队伍几乎全部是由奴隶构成。奴隶主要有两方面来源。一方面是战争。许多奴隶都是在攻打邻近的公国时抓获的战俘以及战俘的后代，这在封地时代是非常普遍的，又或是在开拓莽林的过程中俘获的人员。奴隶的另一个来源是穷人，他们或是因无力偿还债务而被迫为奴，或是为寻求帮助和庇护而自愿为奴。历史经验表明，基于奴隶劳动的经济，其决定性因素通常不在于需求而在于供给。也就是说，奴隶制经济成形于大规模奴隶供给的条件下，而这些奴隶还必须有工作可做。[①]同对奴隶需求量巨大的拜占庭之间的贸易中断，造成了12世纪和13世纪俄罗斯出现了奴隶这种人口商品过剩的情况。有记载证实，在一场胜仗之后，5个奴隶被以1只山羊的价

————————
① 美洲的奴隶制经济不适用于这条规则。——原文注

格出售。这种过量的奴隶供给，给封地王公与地主转向开发土地资源提供了一个强烈的诱因。

对封地王公来说，其家庭的经济重点不在于谷物种植。王公的家庭对谷物的需求很容易得到满足，且盈余并无太大的用途；虽然诺夫哥罗德会购买一部分粮食，但其需求量也同样有限；至于将其用于酿酒，俄罗斯人直到16世纪才从鞑靼人那里学会这门手艺。王公家庭的主要精力是在副业上，对于副业的精力投入使得一些王公家庭转型成为热闹而繁忙的商业企业。下列描写的虽然是稍晚时代的现象，但其主要概况与封地时代是一样的：

> 王公的府邸……不仅仅是国家的政治中心，亦是王公家族企业的中心……在莫斯科王公们的遗嘱中，莫斯科是一个农场，这甚至常常遮蔽了莫斯科作为首都的显耀身份。在15世纪，莫斯科周边环绕着一系列大大小小的村落和空地，散布在莫斯科河和亚乌扎河流域，都是大公和封地王公的财产。在商贸区和城镇中坐落着他们的庄园、果园和犬舍，及其手工工匠和园丁居住的社区。沿着亚乌扎河、涅格林纳亚河、克利亚济马河排成一列的是王公们的磨坊。莫斯科河和霍登卡河低岸辽阔的草场也是王公们的财产，有一些是没于水下的。莫斯科郊区居住着王公的佃农和奴隶，以及猎户、驯鹰手、驯犬手、放马童。距离莫斯科河较远的地方分布着养蜂场（即所谓的多布利亚京斯基蜂林），养蜂场星罗于村落之中，这里居住着养蜂人。克里姆林宫正是坐落于这些小村庄、果园、苗圃、犬舍和磨坊之中，半遮蔽于王公的庭院及其仆从的宿舍、仓库、粮囤，以及放鹰人、裁缝、工匠

的屋舍群落中。这种万花筒般的图景映射出了王侯经济所建
立的大型农业格局的鲜明印记。其他王公的府邸也是如此景
象。在梁赞公国的首都佩列斯拉夫尔，我们发现了同样排列
的王公庭院；在城市的范围中有王公的磨坊、田地、牧场；
在商业聚集区有渔民和驯鹰人，这些都是王公的财产，更远
一些的地方有他们在郊外的养蜂人。[6]

王公领地内外的管理

这些综合性区域的管理任务被交给了王公庄园（двор）的
家丁。这些家丁同样主要是由奴隶构成。不过即便身处这些岗位
的是自由人，也大都处于一种半依附地位，即没有雇主的允许是
不能轻易离开的。王公庭院中级别最高的官位是"德沃列茨基"
（дворецкий），即"管家"或者说"总管"。德沃列茨基手下有各
种不同角色的侍从，每一个角色都负责一项特定的经济收入。有
专门负责掌管养蜂场的官员，也有专门负责掌管果园的官员，还
有专门负责掌管驯鹰事务的官员（驯鹰的目的不是取乐而是狩
猎）。能够产生收入的财产被称为"布特"（путь）。负责掌管"布
特"的官员被称作"布特波雅尔"（Путные бояри н 或 путник）。
布特波雅尔会分得一些村庄和产业，所得的收入用于维持自身及
其下属的生计。王公庭院的管理行为是按经济原则来组织的：也
就是说，布特波雅尔在其特定的经济产业中对奴隶和其他雇佣农
民拥有管理权和判决权。对于分配给他个人的村庄和产业，他也
享有对其中居民同样的权威。

在王公的领地之外，管理的职权则降至最低。世俗和教会的
土地所有者皆享有广泛的豁免权，从而得以对其庄园的人口征税

并行使判决权，而那些黑农①则通过公社组织实施自我管理。然而，至此，由于需要履行特定的公共职能（例如：收税以及在蒙古人统治时期收缴贡物），这些事务被委托给了管家及其下属。因此，王公的庭院管理具有双重性质。其主要任务是管理王公的产业，一旦有需要就会扩展至管理整个公国，这是所有世袭类政权的一个本质特征。

正如人们所预料的，那些被赋予了管理职权的奴隶，不久就会将自己与那些从事体力劳动的奴隶区分开来，从而形成一个介于自由人与奴隶之间的社会群体。在一些文档中，这两类人通过分别被称为"命令者"（приказные люди）与"劳动者"（страдные люди）来加以区分。因管理职责以及被赋予的权力，"命令者"组成了一个低阶贵族群体。尽管如此，他们仍然没有任何受官方认可的权力，他们的行动自由也受到严格限制。在封地王公之间签署的条约中，常常会有一些用来保证缔约方不相互诱骗各自宫廷侍从人员的条款，并用专用名词"слуги под дворским"（宫廷管家手下的侍从）、"дворные люди"（宫廷中人），或简写成"дворяне"来指代这些侍从。这一群体后来成为莫斯科公国和沙俄帝国官僚阶层的骨干。

对封地王公个人领地的介绍已非常多。在其领地之外，封地王公所享有的权威可谓稀缺。大多数居民仅仅对其有纳税的义务，他们可以自由地从一个公国迁移至另外一个公国。自由人在罗斯土地上享有迁移权的观念牢固根植于习惯法，并在王公间签署的

---

① 黑农（черные крестьяне），直译为"黑色的农民"，指没有人身依附关系的自由农。——译者注

条约之中得到正式承认。这种情况的存在当然是反常的。因为，尽管大约在公元1150年之后，俄罗斯王公逐渐转变成为具有强烈专权意识的地域统治者，但是从他们的军事扈从以及生活在他们领土上的平民的行为方式上看，罗斯似乎仍旧是整个王朝的公共财产。前者属于公职人员，后者则只租种他们认为条件最理想的土地。解决这对矛盾成为俄罗斯近世的主题之一。直至17世纪中叶，这一对矛盾才得以解决，那时莫斯科的统治者，即全罗斯的沙皇最终得以成功地迫使军事扈从阶层和平民阶层保持了稳定。而在此之前，罗斯的统治者是定栖的，而人口是流动的。封地王公可以对居住在其公国范围内的所有人口征税，但是无法左右这些纳税者们的生活方式；他们因缺少臣民而无法形成公共权威。

波雅尔及其土地

除王公之外，中世纪东北罗斯地区仅有的土地拥有者是神甫和波雅尔。关于神甫财产的问题将在关于教会的一章（第九章）中进行讨论，本章仅涉及世俗财产问题。在封地时代，术语"波雅尔"指的是世俗的土地拥有者或者"领主"。[①] 这些波雅尔的祖先曾供职于基辅国家王公们的德鲁日纳中。与他们的主人一样，这些波雅尔发现从国际贸易与劫掠中获得财富的机会越来越小，因此在11世纪、12世纪他们逐渐转向开垦土地。王公们无法再为波雅尔带来收入或是赐予他们劫掠而来的战利品，于是就从自己所拥有的大片无人耕种的荒地中拨出一部分，分配给波

---

① 在17世纪初期，"波雅尔"成了一种名誉上的官位，主要授予沙皇最显要的仆从，总数不超过30个。该官位的获得者有权参加沙皇的杜马会议。在此，波雅尔一词将沿用其原始含义。—— 原文注

雅尔。这些土地成了世袭财产，拥有者可以将其传给自己的继承人。12世纪初的法典《罗斯真理》（*Русская Правда*）第91条规定，如果波雅尔没有子嗣，他的地产在其死后由其女儿继承，而非上交国库。这项规定表明，当时波雅尔是其财产的绝对拥有者。波雅尔对奴隶劳动的依赖显然低于王公。他们把自己大部分的土地都租给了佃农，有时会给自己留出一小部分，由奴隶耕种或者由佃农以劳役支付地租的方式耕种（这种方式在俄语中称为"боярщина"，后来简写为"барщина"）。规模较大的庄园则模仿王公产业的管理方式，按照"布特"的类别进行内部组织，且交由专人进行管理。比较富有的波雅尔实际上拥有主权。王公产业的管理者很少去干涉其手下的人，有时还会有正式的禁令禁止他们这么做。

世俗的世袭领地是完全拥有自主权的财产。领地的拥有者临死之时，在为其妻子和女儿预留出生活保障之后，其世袭领地会在男性继承人之间进行平分。世袭领地还可以被自由出售。后来，在16世纪中叶，莫斯科公国实施了一项法律，授权世袭领地拥有者宗族内的成员，可以在规定期限内（40年），赎回卖给外人的地产。在封地时代不存在这样的限制。尽管波雅尔几乎一直在服军役（在很大程度上是因为其产业收入不足），但由于其对位于王公领土范围内的世袭领地具有完全所有权，因此并未被要求为该王公效力。在基辅罗斯，王公的德鲁日纳中的成员是自由人，他们自主推选首领并根据自己的意愿为首领效力。该传统可追溯至古日耳曼的习俗，按照这种习俗，首领在自己身边拢聚了一帮临时志愿军。自由选择首领的现象在包括诺曼人在内的日耳曼人中非常普遍，直到受到附庸关系的限制。在俄罗斯，自由效力的传统在基辅国家分裂后仍然存在，并持续了整个封地时代。现代国家中的公民，如果在其身处的社会或国家中持有地产，则需向该社会或者国家支付地产税，但是可以自由建造合法住宅并可以在任何地方找工作，而波雅尔的情况与现代国家中的公民没什么不同。习惯法保障了波雅尔依照他们自己的选择为俄罗斯王公服务的权利；他们甚至可以服务于外国统治者，例如立陶宛大公。王公之间所缔结的条约通常会包含确认该项权利的条款，且常常采用标准的措辞："波雅尔与自由仆从可在我们之间自由选择。"通过行使其"断绝关系"或"拒绝（отказ）"的权利，服务者可以随时离开他的王公。这一事实解释了为什么封地王公在管理他们的私人领地时更愿意使用奴隶或半依附的人员。

"黑地"

"黑地"是指那些既非被王公所占用，亦非被世俗和宗教世袭者所占用的耕地，即属于应纳税的土地（区别于教会和侍臣阶层的"白地"，无须纳税）。"黑地"大部分是农民在林中自行开垦的耕地，但是城镇和贸易点也常常被包含在这一类别中。农民组织成自治社区，社区成员共同完成大量的田间耕作，并分担纳税义务。"黑地"的法律地位含糊不清、模棱两可。虽然农民表现得好像那是自己的财产一样，将其出售或遗赠给子女，但"黑地"在法律上并不属于农民，关于这一点有一个事实可以证明：没有男性后代的农民，在死后其土地会被并入王公的地产，波雅尔的土地则不会被并入王公的地产，而是直接传给女性后代。"黑地"农民在各方面都是自由人，可以自由迁移到各地；当时流传着一句有趣的话：在"黑地"农民的面前，是通向俄罗斯全境的"畅通而没有边界的道路"。"黑地"农民向王公缴纳的税，从本质上看是某种形式的租金。他们居住在自给自足的社区中，偶尔也会有王公的仆从前来造访。与波雅尔一样，他们不隶属于王公，而是王公的佃农。他们与王公的关系属于私人（经济）性质而非公共（政治）性质。

从上述所有关于封地公国的内容来看，显而易见的是，中世纪时期罗斯王公的公共权威，即他的统治权或者司法权是极其微弱的。除了奴隶和家仆之外，他无法强制任何人遵从他的意愿行事；任何其他人员——军士、农民和商人——都可以舍其而去，离开他的公国前往其他王公的领地。豁免文书最初是为了吸引殖民者而发布的，然而其最终的功效是使得生活在世俗和宗教世袭领地上的大部分人口得以摆脱王公的管辖。封地王公所享有的现实权威都源于其对土地财产和奴隶的所有权，即来自罗马法所界定的统治者的地位。正是由于这一原因，可以说俄罗斯作为一个国家组织，从一开始就具有了明显的世袭性质。其根源并非来自君主与臣民之间的关系，而是来自领主与其领地上的依附及半依附劳动力之间的关系。

5. 封地罗斯时期的封建体制

封地时代的东北罗斯地区在许多方面类似于封建体制下的西欧。在此可以看到国家分解成小的、内向型的（封闭型的）、半主权的实体，以及公共秩序被私人协议所替代。我们也可以发现一些熟悉的封建制度，如豁免权和采邑法权。受这些相似点的影响，巴甫洛夫-西里万斯基认为：在12世纪—16世纪，尽管存在微小差异，俄罗斯也还是处于完全意义上的封建体制之下。[7]这一观点对于苏联的历史学家来说是必须接受的，但是对于大多数不受审查制度束缚的当代学者而言，这一观点是不被接受的。正如在诸多争论中一样，问题很大程度上取决于人们对关键用词的定义，而这反过来又取决于一个人是否碰巧对探求异同感兴趣。近几十年来，历史学术语常常被赋予尽可能宽泛的意义，以便使其适合于将极为多样化的民族与时代的历史置于一个共同的标题下。在以历史社会学或历史典制类型学为研究目的的领域，将"封建主义"用来宽泛地指代任何以政治上的非集权化、私法和使用非自由劳动力的自然经济为特征的体制确实是非常有用的。从这个意义上来说，"封建主义"是一个普遍存在的历史现象，许多社会都可以说在某个时期经历过封建主义制度。然而，如果想要确定现代社会中纷繁复杂的政治与社会形态的成因的话，如此宽泛的用法就几乎没有什么意义了。特别是，要了解为何西欧所形成的一整套制度在其他地方是没有的（通过移民植人的除外），这就需要将封建制度下的西欧与其他的"封建"制度区分开来。一旦如此就会发现，西方封建主义实践中的一些基本要素在别的地方是找不到的，甚至在日本、印度和俄罗斯这样经历过长期的中央权威孱弱、私法盛行、市场经济缺失的国家也没有。

西方的封建制度具有三个本质特征：一是政治的分权化；二是封君封臣关系；三是有条件的土地占有。我们注意到，在俄罗斯要么根本不存在这些要素，要么即使存在也是在完全不同的历史背景下，引发的后果也是完全相反的。

政治的分权化

在查理曼之后，西方的政治权威虽然在理论上属于国王，但实际上已经被伯爵、侯爵、公爵、主教以及其他具有实权的封臣所篡夺。在法律上，中世纪西欧国王作为唯一的受膏统治者，其地位仍然没有受到挑战，即使是在封建割据论盛极顶峰之时也是如此。国王可以依其意愿履行名义上的、已孱弱无力的权威。"在理论上，封建制度从未废除国王的权力，但是实际上，领主们已经将王权置于了括号之中，如果可以如此比喻的话。"[8]

在俄罗斯则与之不同，原因有二。首先，基辅国家与加洛林王朝不同，没有中央集权的经历。因此，在封地罗斯的时代，没有一个谋求独断政治权威、统一天下的国王。相反，这里是一个由大大小小的王公组合而成的王朝，每一个王公对于皇位都有着等同的权利。这里不存在需要"置于括号中"的东西。第二，在中世纪的俄罗斯，波雅尔和主教都没能成功篡取王公的权威。分权化是由于王公数量众多，而不是因为实力雄厚的封侯分享了王公的特权所造成的。上述两种相互关联的因素对于俄罗斯皇权形成的过程以及俄罗斯专制体制的性质有着深刻影响，我们将在第三章里详述相关内容。

封君封臣关系

封君封臣关系代表了西方封建制度中个人的一面（而有条件的土地占有制则是其物质的一面）。封君封臣关系是一种契约关系，在这种关系中，封君要为封臣提供生存维持与保护，封臣则以宣誓忠诚和奉献作为回报。这种相互间的义务关系，在赞誉仪式（commendation ceremony）中被正式确立下来，受到相关各方以及整个社会的严肃对待。如果任何一方违反这种关系中的条款，这种契约即失效。从西方制度发展的角度看，封君封臣关系中的四个方面需要强调。首先，这是两个个人之间签订的私人契约，仅以两人的生命为时限。任何一方死亡，契约即终止。其中隐含了个人意愿；后代不继承封臣的义务。世袭的封君封臣关系在封建时代末期才出现，而且被认为是封建体制衰落的有力助推因素。第二，尽管封君封臣关系最初是两个个体之间的安排，但是通过分封的实践，这种制度催生了一整套人身依附网络。其副产品是一个将社会和政府联系在一起的强有力的社会纽带。第三，封君封臣关系中的义务对强势方（封君）的约束力并不低于对弱势方（封臣）的约束力。封君若未能履行其义务，则封臣的也相应解除其义务。马克·布洛赫在将西方封建制度与日本同名事物进行比较时写道："（西方封建体制的）独创性就在于它强调了能够约束统治者的协议的观念。这样一来，即便西方的封建体制对穷人实施了压迫，但是这种体制还是将某种我们生活中依然想要的东西，真实地遗传给了我们的西方文明。"[9] 这种东西当然就是法律，法律作为一种思想，适时地催生了法庭的建立。起初，法律是一种裁决封君与封臣关系中相关各方争议的方式，最终演化为公共生活中的常规形式。宪法，从根本上讲是一种普遍的封建契约的形式，即来自封君封臣关系的制度中。第四，封建契约，除了具有法律的一面，还有道德的一面。除了具体的义务之外，封君和封臣会相互承诺诚信，这种诚信也许无法衡量，但却是西方公民概念的重要来源。没有封君封臣关系的国家，或者是封君封臣关系仅体现弱势方对强势方单方面的义务承担的国家，很难培育其官员和民众的公共利益观念，而西方国家正是从这种观念中汲取了很大的内生力量。

那么，俄罗斯的情况又如何呢？真正意义上的封君封臣关系在俄罗斯是完全不存在的。[①] 俄罗斯的地主阶层波雅尔，可以拥有武装，但是不对任何特定的王公负有义务。在王公与波雅尔的关系中没有任何相互承担义务的迹象。在西方的赞誉仪式中，封臣跪在封君的面前，封君合掌做出象征保护的动作，并将封臣扶起拥抱。在中世纪的俄罗斯，与西方的赞誉仪式相对应的是宣誓（亲吻十字架），波雅尔向王公行叩拜礼。尽管一些历史学家宣称王公与波雅尔之间的关系是通过契约确定下来的，但事实是俄罗斯境内我们没有发现一份这类文献流传下来（这与立陶宛不同），从而令人十分怀疑王公与波雅尔之间是否存在过这种契约关系。没有证据表明，在中世纪的俄罗斯存在过约束王公和仆臣的共同义务，因而臣民也没有类似法律与道德上的"权利"，对法律和法庭的需求几乎没有。对现状不满的波雅尔无处获得满足，对其开放的唯一权利就是行使放弃权，进而另投他主。无可否认，可以说自由离开是波雅尔所享有的一种"权利"，这种权利是个体自由的基本形式。从表面上看，这应当能够促进俄罗斯自由社会的显现。但是不以法律为基础的自由是无法进化的，并会逐渐走向自身的对立面。这是一种赤裸裸的否定行为，其中隐含着对共

---

① 封君封臣关系确实存在于立陶宛罗斯。来自伏尔加-奥卡地区的一些王公和波雅尔利用选择封君的权利将自己置于立陶宛大公的保护下，与其达成了契约，成为封臣。梁赞大公伊凡三世·费奥多罗维奇与立陶宛大公维陶塔斯之间大约在1430年签订的契约即是这类契约中的一个例子，在切列普宁编纂的《14世纪至16世纪封地大公的遗嘱与契约文献》（莫斯科-列宁格勒，1950年），第67—68页。在罗斯东北部地区，这类契约似乎闻所未闻。——原文注

同义务的否定，或者甚至是对持久的人际关系的否定。[①] 波雅尔可以随意离弃王公，这种权利迫使王公的行为方式同样也变得具有任意性。从长远来看，随着王公实力的逐渐增强，波雅尔则越来越多地痛惜他们曾经非常看重的"权利"。当莫斯科征服整个罗斯后，就不再有独立的王公让波雅尔可以随意投靠了。此时，波雅尔发现他们已经没有任何权利了。他们不得不承担非常繁重的义务，而得不到任何互惠。俄罗斯的法律缺失，尤其是在政权与臣服者之间的关系中，毫无疑问主要是因为缺失整体上的契约传统，而整体上的契约传统正是通过封君封臣关系根植于西欧的。

还有一点值得注意的是，俄罗斯对分封体系的忽略。波雅尔一味效忠于王公，尽管富裕的波雅尔有时也会有自己的"封臣"，但是由于缺失体系上的忠诚纽带来连接王公、波雅尔以及波雅尔的封臣，因而无法形成相互依赖的网络，而这种网络恰是西方封建体制中的显著特征，对西方政治进程具有极其重要的影响。

有条件的土地占有

采邑（поместье）是西方封建体制中物质的一面。采邑，即财产，无论是土地还是职位，都是作为封臣效劳封君的回报临时性给予的。虽然现代学者不再坚持"欧洲封建时代几乎所有的土地都是有条件持有的"这种观点，但是无人会质疑采邑是当时最

---

① 1917 年之后，俄国人和后来的苏联人在付出了巨大的代价后才了解这一点。列宁向农民、工人和少数民族做出慷慨承诺，允许他们掌握土地和工业，实行无限制的民族自决权，他在这么做时，对自由的承诺达到了极致，然而却没有在法律中做出界定，也不受法庭的保护，这些承诺最终产生了适得其反的结果。——原文注

主要的土地占有形式。有条件给予仆从财产在其他地方也有，但是采邑与封君封臣关系的结合却是西欧独有的。

直至最近人们都还普遍认为，至少自14世纪30年代开始，在封地罗斯就存在某种有条件的土地占有形式，当时莫斯科大公伊凡一世（"钱袋"伊凡）遗嘱中的一段话暗示了这种土地占有制的形式。然而，俄罗斯中世纪土地所有制方面的权威专家维谢洛夫斯基认为，上述观点是基于对文本的误读而得来的，实际上，俄罗斯最早的采邑出现于15世纪70年代的被征服的诺夫哥罗德的土地上。[10] 在那之前，无须承担义务的世袭领地是俄罗斯唯一的土地占有形式。在封地罗斯时期，土地占有与承担义务之间没有任何正式的联系纽带，这表明俄罗斯的封建体制不具备西方封建体制的基本特征。有条件的土地占有制于15世纪70年代出现在俄罗斯时，不仅不是一种封建制度，反而是一种反封建的制度，是专制君主为摧毁"封建"的王公和波雅尔阶层（详见第三章）而引入的。"当他们（俄罗斯的自由人）成为封臣，他们得不到来自君主的任何补偿，或者至少他们没有封地，即他们主要依靠自己的世袭财产（即世袭领地）来维持生活，"彼得·司徒卢威写道，"而当他们开始获得以庄园为形式的封地时，他们就不再是封臣，即契约仆从了。"[11]

封地罗斯时期有一个与西方的采邑职位相对应的职位，即所谓的"卡尔姆列尼"（кормление），或者说"食邑"，是一种地方行政管理职位。但是，这类职位的任期是有限制的，最多两年，且不允许成为任职者的世袭财产，而西方的采邑职位一般都是能够世袭的。实际上，这种职位是罗斯王公们给予信臣的一种红利，以代替该付给他们的钱财，因为罗斯的王公在钱财方面一直处于极度缺乏的状态。

封建传统缺失的政治后果

中世纪时期的俄罗斯没有像西欧那样的封建制度，这对俄罗斯政治发展道路产生了深远的影响，使其偏离了西欧的发展道路。封建体制通常被认为是一种与国家体制相对立的秩序。通常所说的"封建"意味着"内向的"（封闭的）、无组织的、公共精神缺失的。这种用法通过法国大革命和19世纪自由主义政论家的鼓吹而广为流传，但却不为现代的史学家所认可。现代的史学家深受西方封建主义所固有的隐蔽向心趋势以及这种趋势对现代国家体制形成的巨大贡献的影响。事实证明，随着加洛林王朝崩溃而导致公共权威衰落并在一些地方消失之后，封君封臣制是公共权威的绝佳替代品。当西方的国王无力再作为领土的统治者而使用公共权威的时候，他们至少还能够通过个人对封臣的留置权来强制使用权威。起初，封建权威仅可延伸至那些向国王宣誓效忠的封臣；但在一些西方国家，封建权威最终拓展到了封臣的封臣。这样一来，借助封建等级制度，一条命令链条就形成了，尽管最初是私人的和契约的性质，但却类似于通过公共的和义务的方式发挥作用。现代国家中出现的一些极为重要的政治制度也起源于封建制度。封建体制下的御前会议（curia regis），起初是由皇室的封臣聚集而成的一个为国王出谋划策的议事机构，这是国王作为封君有权提出的要求。在13世纪的法国，该机构变为皇家政府的一个中央机构，雇用受薪官员。13世纪时，法国和英格兰的三级会议，从国家紧急状态时的临时召集演变为议会，将其曾经必须履行的义务转变成了权利。英格兰和法国的司法体系同样脱胎于封建制度，即封臣有接受由其封君之外其他人主持的公开法庭的权利。因此，尽管封建体制显示出了全面的无政府倾向，但还是为西方的君主贡献了一套极好的工具以巩固自己的政权并组织中央集权形式的国家。对于封臣人身和采邑进行凌驾与控制的君权，可能、且在一些地方已经在事实上变成了一种构建主权的方式，使其得以凌驾和控制所有人以及这些人所居住的领土。事实证明，德国和意大利的统治者没能正确利用这套工具；英格兰、法国和西班牙的统治者在这方面则是成功的，自1300年以来，他们为打造一个强有力的中央集权制国家奠定了坚实的基础。在这三个国家中，封建体制皆成为孕育现代国家的摇篮。[12]

缺乏封建制、也不存在有条件土地占有制的俄罗斯封地王公，与西方的国王相比处于很大的劣势。只有在自己的私人领地上，他们才是主人。因此，他们对囤积地产表现出强烈欲望是很自然的事情。他们购买土地，交换土地，通过联姻获取土地，通过暴力强占土地。这种欲望所产生的后果是，封地王公中的那些更有抱负者逐渐蜕变成了普通的商人，进一步强化了他们头脑中原本就十分强烈的占有本能。

基于这一背景，当"国家"与"主权"的概念一来到俄罗斯（发生在17世纪），俄国人就会本能地透过世袭传统这面棱镜去看待这两个概念。莫斯科的沙皇们以地主的眼光来看待他们那地跨从波兰到中国的辽阔疆域的帝国，与其祖先看待小小封地并无二致。以私有财产的方式对待领土及其居民的思想观念，在俄罗斯统治者和官僚阶层的头脑中根深蒂固。19世纪的俄国沙皇，尽管接受的是完完全全的西式教育，但仍固执地拒绝在自己的国家中推行宪法，他们的行为方式无异于普通的财产所有者，担心一些法律先例危及自己的地位。从气质上看，俄国末代沙皇尼古拉二世是立宪君主的理想人选。然而，他也没能使自己主动走上宪政之路。或者说，当他被迫通过宪法后，他也没去遵守宪法，因为他把绝对权威视为某种信托财产，他有义务将这份信托财产完整地传给自己的继承人。世袭心态构成了威权主义的智力与心理基础，这是大多数俄罗斯统治者的共同点。而威权主义的本质即在于拒绝赋予"土地"这一世袭财产以离开其拥有者（即统治者和他的"国家"）而单独存在的权利。

6. 蒙古人的征服与统治

早期的俄罗斯国家体制，其内部发展具有两个显著特征：一是政治权威与社会之间存在着一道超乎寻常的鸿沟；二是以专有的、世袭的方式行使着主权。这两个显著特征又被一个令人震惊的外部事件所强化，即1237—1241年的蒙古征服。

入　侵

从斯拉夫人来到东欧定居时起，他们就学会将游牧民族的骚扰视为生活中一个无法避免的现实来应对。诚然，在13世纪早期，斯拉夫人甚至设法与曾经令他们惧怕的库曼人共建一种生活方式：与库曼人通婚并与他们进行军事合作。不过，他们还是为自己预留了在紧急情况下用以退避的森林。游牧民族很少会冒险进入森林，而在伏尔加-奥卡地区进行农耕的斯拉夫定居者，更不必说远在诺夫哥罗德的定居者，对他们来说是相当安全的。因此，在 1236—1237 年的冬天，蒙古骑兵出现在俄罗斯森林深处，这成为俄罗斯人集体记忆中难以磨灭的冲击。这是一支由成吉思汗之孙拔都率领的庞大军队的先锋队。拔都从其祖父成吉思汗那里继承了他在全球蒙古帝国中的份额，即位于日落的方向上的所有领土。拔都的兵马绝非那些打完就跑的劫掠者，而是一支优秀的军事力量，他们以征服和占领土地为目的。拔都大军主力于 1237 年春天杀入俄罗斯森林，"犹如一股黑暗的追云"，一位在别处见识过蒙古大军侵略的阿拉伯人如此言道。在 1237—1238 年间以及后来的 1239—1241 年间，他们洗劫了俄罗斯的城市与村庄，屠杀了所有敢抵抗他们的人。俄罗斯的主要城市中，只有诺夫哥罗德免遭毁灭，这得益于春季洪灾阻断了蒙古骑兵向诺夫哥罗德行进的松软道路。将基辅焚为平地后，侵略者继续向西推进。1242 年夏，蒙古大军在匈牙利安营，此时大汗窝阔台的死讯传来，大军随即返回蒙古未再重来。若非如此，西欧很可能也会被蒙古人所征服。

罗斯东北部地区与诺夫哥罗德此时已经沦为所谓金帐汗国的朝贡国。（拥有大量俄罗斯人口的立陶宛躲过了这一厄运。）[①] 作为蒙古帝国的一个分支，金帐汗国建都于伏尔加河下游的萨莱（Sarai）。蒙古人对土地不感兴趣，尤其不喜森林。他们想要的是钱财和兵源。他们没有像占据更加富裕和文明的中国与伊朗那样对待罗斯，而是只图征收税贡。1257 年，蒙古人利用从中国带来的专家对俄罗斯人口实施了首次普查，在普查的基础上分摊税贡

---

① 征服俄罗斯的军队虽然是由蒙古人率领的，但是部队中的普通士兵主要是由突厥族裔（俗称鞑靼人）构成。金帐汗国逐渐发生了突厥化或者说鞑靼化，人们常常说的"鞑靼的桎梏"正是缘于此因。——原文注

义务。与中国一样，家庭成了基本的课税单元。此外，所有参与贸易交换的商品都被强制征收流转税（тамга）。每个城市都驻扎有蒙古官员和从属的武装卫队，他们的任务是征收贡物、上交税款和招募新兵（以儿童为主），同时看护其主人的利益。没有任何东西可以约束这些行政官员和他们的卫队恣意横行、虐待民众的行为。俄罗斯的编年史中充满了大量记述蒙古人野蛮暴行的描述。民众也时常发生暴动（例如，1257—1259 年诺夫哥罗德的暴动，以及 1262 年若干城市的暴动），不过，这类反抗活动往往会以最野蛮的方式受到惩罚。①

统治的特征

蒙古的可汗成了这个国家第一个无可争议的君主。在 1240 年之后的俄罗斯文献中，君主通常用"沙皇"或"凯撒"来指代，这是以前指代拜占庭皇帝的头衔。罗斯王公如果没有从可汗那里获得授职特许状札儿里黑（ярлык）的话，是不能掌权的。为了得到札儿里黑，王公不得不去萨莱进行朝拜，有时甚至要去蒙古境内的哈拉和林（蒙古帝国的都城）。他们要在那里完成一套特殊的仪式。他们需要身着蒙古服饰通过两堆篝火，然后跪在君主前

---

① 我并非在暗示金帐汗国的蒙古人和突厥人除了野蛮而一无是处。在当时，从文化上看，他们在任何一个方面都要优于俄罗斯人。直到1591年，英国旅行家贾尔斯·弗莱彻仍在用这样的措辞来描述他们。然而，正如二战期间德国人和日本人的行径所充分证明的，在自己的故土拥有高文化水平的民族，在他们所征服的领土上也会有十分可憎的行为。征服者与被征服者之间的文化差异越大，就越可能出现征服者将受害者视为低等人，并以此来对待他们。正如日语中有句谚语所说：远离家乡的人便没有邻居。——原文注

乞求将世袭领地册封给自己。有时，他们会遭受非常恶劣的侮辱，一些王公甚至在萨莱丢掉了性命。札儿里黑是通过事实拍卖的方式进行分配的，奖励给那些承诺上贡最多钱财、人员以及最能够为控制和稳定民众提供保障的人。事实上，那些可以说是与民族利益相悖的行为，成了王公获得权威的先决条件。可汗的眼线遍布俄罗斯全境，密切监视着俄罗斯人的动向（直至15世纪末，他们仍在莫斯科保留着常驻代表团），王公不得不挤榨出税贡和兵源，而不考虑这些措施对民众产生的影响。他们任何伪造的举动和逾期行为都意味着将被密告至萨莱，札儿里黑会被给予其他更顺从的对手，他们甚至有可能被处决。也有那种胆敢站在民众一边，与民众一起对抗蒙古征税官的王公，他们会立刻招致可汗的惩罚。在这种环境下，发生了一些类似于自然选择的过程，在这种过程中那些最具投机性和冷酷的人生存了下来，其余的人则被淘汰。与敌合作或如卡拉姆津所言的"奴隶制的低劣狡诈"，对俄罗斯人而言成了最高的政治德行。在罗斯东北部地区向来软弱无力的市民大会，在经历了12世纪的一个短暂活跃期之后便骤然衰落。蒙古人因看到市民大会集中了民众的不满而不喜欢这一机构。他们敦促王公取缔这一机构。到14世纪中叶，除了诺夫哥罗德和普斯科夫之外，已经没有地方保留市民大会了。故而能够在一定程度上抑制政治权力的机制也随之消失了。

对俄罗斯政治的影响

关于蒙古人的统治对罗斯产生的影响这一问题，史学界存在相当大的争议。一些学者认为，这种影响是决定性的，另一些学者则将其视为仅仅是封地或"封建"体制内部发展过程中的一个背景而已。然而，毫无疑问的是，外族政权的统治，以其最恶劣的形式持续了150年，对俄罗斯的政治气候产生了极具破坏性的影响。这种影响驱使王公与民众渐行渐远，比封地体制给两者造成的隔阂更甚，使他们变得缺乏政治责任意识，而更加渴望利用权力去积累自己的私人财富。同时使他们习惯性地认为，权力在本质上就是专断的。王公在面对民众的不满时，仅仅使用召唤蒙古人的方式来威胁民众以维持他们的服从，这是一种很容易形成习惯的行事方式。由此俄罗斯人的生活变得非常残酷，这一点可以从俄语中大量与镇压有关的蒙古语或突厥鞑靼语的派生词中得到证实，例如：кандалы 或者 кайдалы（镣铐、枷锁），нагайка（一种鞭子），кабала（一种奴役形式）。在基辅罗斯的法典中不存在的死刑，也是随着蒙古人而来的。在这些年代里，大部分民众首次了解到国家是什么。在他们看来，国家是专断的和暴力的，国家可以拿走所有其能够拿走的东西，而没有任何回馈，而人不得不服从于国家，因为国家太过强大了。所有这些因素为一种特殊类型的政治权威奠定了基础。这种特殊的政治权威融合了俄罗斯本土的以及蒙古民族的元素，在金帐汗国对罗斯的桎梏松动之时，悄然崛起于莫斯科。

第三章

世袭制的胜利

1. 莫斯科的崛起

专制政治与独裁政治

在俄国，将众多具有半主权的、小的政治实体合并成为一个由绝对君主统治的统一国家，这一过程是通过与西方历史上所熟悉的那些方法完全不同的方式完成的。如前所述，封地体制在多个方面都不同于西方的封建制度，其中有两个方面直接关系到俄罗斯的政治统一进程。一是俄罗斯从来没有一个单一的国家主权者（如果必须有一个例外，也只能是蒙古可汗）；有的只是一个单一的王朝，但是这个王朝被分割成了许多相互竞争的支系。二是国家政治权威的分散不是因为封臣的篡夺，而是因为王公之间的自行分配造成的。鉴于这些相互关联的因素，事实证明：在俄罗斯，统一国家的建立要比西方复杂得多。这里涉及到一个基本任务：就是要压制封建篡权者，并以君主的名义从篡权者手中收回君主在理论上的、但实际上无法行使的权力。在俄罗斯，达到这样的目标需要两个步骤。首先，必须以一种明确的方式，从留里克家族众多的王公中确定一个人选，使其成为皇权的专享者，即俄罗斯的"唯一君主"（единодержец）。因为习惯法中没有对此给出指导，所以这个问题不得不用暴力来解决。问题解决后，获胜者在此时，也只有在此时，能够将注意力转向一个更加常见的任务上——镇压内部的竞争者以获得"独裁者"（самодержец）的地位。换句话说，在俄罗斯，从封建的离散状态向统一国家转变的过程，需要的不是一个阶段而是两个阶段。第一阶段是王公之间的相互争斗，第二阶段是获胜的"大公"与贵族和（在较小程度上）教会之间的争斗。当然，在实践中，"君主专制"（monocracy）与"独裁政治"（autocracy）的建立不会像这两个概念本身所表达的含义那样具有清晰的界限。然而，出于史学分析的需要，分辨这两个过程的不同是有道理的，因为对俄罗斯所特有的"君主专制"权威的争夺，为后来该国政治体制的发展提供了重要的线索。

俄罗斯的国家统一进程始于1300年左右，也就是说与英格兰、法国以及西班牙基本同步。当时，俄罗斯能形成统一的国家，或者说莫斯科能够成为这个国家的中心，绝非已成定局。没有什么比证明已经发生了的事情都是必然更容易的了。况且这也是一个非常令人满足的过程，因为这似乎是在证实一种观点，即所有的事情都是向着最好的方向发展，这能够令普通人感到欢欣鼓舞，亦能够使更优秀的人得到满足。然而，"历史必然性"这个概念中包含着一个缺陷：它在回顾的时候才适用，即对于历史的书写者而非创造者来说它才是适用的。如果把封地王公的行为看作是某种迹象的话，那么当罗斯统一的序幕开启之时，并没有那么强烈的感觉认为统一是合乎人们意愿的，更谈不上不可避免了。能为这一过程提供依据的神学和史学理论很晚才被提出。事实上，很难证明，俄罗斯不能沿着德意志或意大利式的道路发展，在完全离析的状态下步入现代。

弗拉基米尔大公国与涅夫斯基家族

然而，如果说俄罗斯注定会被统一，那么在前述因素的作用下，统一的任务既不可能由诺夫哥罗德来实现，亦不可能由立陶宛来实现，能够实现这一任务的只能是东北部地区的某一封地公国。在这里，分割继承无休止地上演，最初的大罗斯托夫公国分裂成了大大小小的众多封地。在1169年后，安德烈·博戈柳布斯基做出决定，拒绝放弃自己在这一区域的封地，并迁往基辅接受大公的王位（参见52页），大公的封号逐渐与他所钟爱的城市弗拉基米尔联系在了一起。博戈柳布斯基的兄弟们及他们的子孙，与其直系后代轮流统治着弗拉基米尔。蒙古人对这一传统保持了尊重的态度，他们所扶植的大公人选同时也继承了弗拉基米尔王公的封号，尽管按照惯例大公实际上是不迁往那里的。在封地体制下，大公的封号为其继承者所带来的是略微高于其同胞兄弟们的很少的权力，但是它确实承载着声望以及征收弗拉基米尔城及其周边土地赋税的权利，因此这一封号仍然是令人垂涎的。蒙古人喜欢用此封号来扶植那些他们认为最能够为他们效劳的王公。

在对弗拉基米尔城和大公封号的争夺中，亚历山大·涅夫斯基王公的后代成为最大的赢家。作为当时弗拉基米尔现任大公的长子，涅夫斯基在蒙古入侵时期是诺夫哥罗德和普斯科夫的王公，在那里他带领军队在与日耳曼人、瑞典人和立陶宛人的战斗中崭露头角。1242年，在其父死后，他前往萨莱向征服者宣誓效忠，并极有可能是去索求弗拉基米尔大公称号的札儿里黑。不知为何，蒙古人将弗拉基米尔给了涅夫斯基的弟弟，而给了涅夫斯基基辅和诺夫哥罗德，但是涅夫斯基并未就此罢休。他等待了十年之后，终于在1252年成功说服可汗改变了决定。涅夫斯基利用可汗调拨给他的军队占领了弗拉基米尔城，把他的弟弟赶下了台，自己承接了大公的封号。他后来的行动充分证明了蒙古人对他的信任是有道理的。1257—1259年，他平息了诺夫哥罗德爆发的民众反抗蒙古人口普查员的暴乱。在随后的几年中，他又相继平息了另外几个城市的叛乱，这些举动必定赢得其主子的欣赏。在涅夫斯基于1263年去世之后，蒙古人数次从他的后代手中收回弗拉基米尔，利用这座城池相继扶植了特维尔、梁赞和下诺夫哥罗德的王公。但是，涅夫斯基的后人们总是能够将这里夺回来，最终将弗拉基米尔和大公的封号变成了他们家族的世袭财产。

　　涅夫斯基及其后代的成功归功于他们对征服者所采取的精明的政治策略。他们所效忠的金帐汗国，基于一个由成吉思汗为发动战争而联合起来的游牧部族联盟所形成。甚至在金帐汗国已经变成了一个拥有众多定居人口的大国之后，仍然缺少必要的机构来管理俄罗斯这样一个地广人稀的国家。金帐汗国的征税官（即八思哈）与人口普查官有军事护卫相伴，他们非常不受欢迎，引发过许多的起义，而那些起义在受到蒙古人残酷镇压的情况下仍然不断出现。如果俄罗斯像中国和波斯那样富有和文明的话，毫无疑问，蒙古人会占领并对其进行直接的统治。但由于事实并非如此，蒙古人没有动机移居森林；他们更愿意留在草原上，那里有肥沃的牧场和有利可图的商贸路线。起初，蒙古人尝试利用穆斯林的包税人帮助他们管理罗斯，但是这种方法不奏效。最终他们得出结论：只有让俄罗斯人自己进行管理才是最合适的选择。涅夫斯基及其继任者们恰好满足了蒙古人的这一需求。他们代表汗国承担了管理俄罗斯土地并对其课税的职能。作为回报，他们为自己的公国赢得了相对的、不受蒙古人干涉的自由，为他们自己则赢得了在萨莱的影响力。事实证明这种影响力对于击败其竞争对手，即其他王公，是极具价值的武器。只要钱财能够准确送达并且国家保持稳定，蒙古人就没有理由随意更改这种安排。

"钱袋子"伊凡

在玩弄这种合作策略方面，没有人能够媲美13世纪涅夫斯基家族中一个盘踞在莫斯科封地的支系。当时的莫斯科只是一个无关紧要的封地，于1276年为涅夫斯基的儿子丹尼尔·亚历山德罗维奇（1261—1303）所开辟。丹尼尔的儿子尤里于1317年迎娶了可汗的妹妹为妻，弗拉基米尔王公的封号也随之而来。八年后，尤里因鼓动蒙古人处决了特维尔王公而遭其子谋杀。于是,（在没有弗拉基米尔和大公封号的情况下）莫斯科被传给了尤里的弟弟伊凡·达尼洛维奇，即后来的伊凡一世。事实证明，新的统治者是一个天赋超凡的，同时也是不择手段的政治操纵者。据一位学者估算，他任上的大部分时间都花在了萨莱或是往返萨莱的途中，由此可以想象他是如何忙于密谋的。[1]伊凡一世是一位精明的商人[在民间被戏称为卡利塔（Калита）——"钱袋子"]，他所积累的财富按照当时的标准是相当可观的。他的收入主要来源于通行税，即对通过其地盘的人和货物强行征收过路费，而碰巧的是，有若干条商贸道路都经过他的领地。这笔钱不仅能使他及时缴纳自己那份税贡，而且还能够补足其他王公拖欠的税款。他将钱借给那些拖欠蒙古人税贡的王公，令他们用自己的封地作为抵押，而他则时常废除被抵押封地的赎回权，逼迫债务人用封地来抵债。俄罗斯农业的贫瘠与收成的不稳定性使得那些普通的、需要缴纳税贡的王公们的生活非常不稳定，这让他们不得不受到这个最富裕的亲戚的摆布。

在讨好蒙古人方面，伊凡最强有力的竞争对手是特维尔王公。伊凡的哥哥尤里死后，特维尔王公成功地从莫斯科夺取了大公封号。1327 年，特维尔爆发反抗蒙古人的民众暴动，屠杀了从萨莱派来监督税贡收缴的高级别使团。在经过一番犹豫之后，特维尔王公决定站在叛乱者一边。刚一得知这个消息，伊凡就立刻动身前往萨莱。返回的时候，他已经成为蒙俄联合征讨大军的首领。这支军队给特维尔和俄罗斯中部大片地区造成了严重破坏，以至于这一地区半个世纪之后都没能完全恢复。作为对其忠诚的奖励，伊凡被蒙古人给予了大公的封号，并任命其为全罗斯的总包税官。这无疑是个非常昂贵的特权，因为这使得伊凡要对其他王公拖欠和拒缴税贡承担责任，但这一特权也给了他独一无二的机会，使得他能够干预其他王公，也就是他的竞争对手的内部事务。控制税贡意味着实际垄断了通向可汗宫廷的途径。伊凡与其继任者利用这一优势禁止其他王公与别国（包括汗国）发生直接的联系，所有联系都只能通过莫斯科来实现。如此一来，莫斯科逐渐孤立其竞争对手，并作为蒙古征服者与其俄罗斯臣民之间的中间人走到了最前沿。蒙古人没有理由后悔他们给予伊凡的大量恩惠。在其生命剩余的 12 年中，伊凡一直为蒙古人效劳，他的干练不逊色于其祖父亚历山大·涅夫斯基。诺夫哥罗德、罗斯托夫、斯摩棱斯克及其他敢于抬头的城市都臣服于他的管束，在必要的时候，伊凡也会使用武力逼他们臣服。被苏维埃政权视为权威历史学家的卡尔·马克思，将伊凡一世这一莫斯科世系的首位杰出代表描述为"鞑靼的刽子手、谄媚者和奴隶长形象"的混合体。[2]

莫斯科在多个方面都从萨莱的恩惠中受益。蒙古人时常袭扰俄罗斯其他地区，劫掠财产，抓捕囚犯，却倾向于尊重他们的主要代理人的财产，这使得莫斯科公国在这个被暴力蹂躏的国家中成了唯一一个相对安全的岛屿。波雅尔和他们的家臣们很乐意来为莫斯科王公效劳，因为只有这位显要人士能够为他们提供保护，为他效劳可以让波雅尔和他们的家臣从中受益。"蒙古治下的和平"（Pax Mongolica），尽管有其黑暗面，但是它将亚洲和近东地区的富饶土地纳入了一个单一王朝的主权之下，罗斯成为其附庸。这种政治上的统一为商贸带来了相当大的机遇。正是在蒙古治下，俄罗斯商人首次开始了向里海和黑海的探险，与波斯人和突厥人展开了贸易，也正是在那时，东北部的公国开始发展出原始的商业文化。

莫斯科还从对教会的支持中获益匪浅。基辅大主教——罗斯最高级别的神职，发现自己置身于人烟稀少的城市中，便于1299年将其圣位迁至弗拉基米尔。他有充足的理由与金帐汗国维持紧密的关系，因为在蒙古治下，教堂与修道院享有不用缴纳税贡和各种强加于俄罗斯民众的其他义务的豁免权。这个宝贵的特权在每一位新可汗登基时都会下诏重新确认授予。为了保住这些特权，教会显然需要在萨莱安置得力的代理人。1299年，特维尔与莫斯科之间的恩怨尚未了结，尽管大主教支持莫斯科，但他更倾向于以安身弗拉基米尔的方式来正式采取中立立场。不过，在1327年特维尔因起义而遭到伊凡一世毁城后，结果不言而喻。在紧接下来的 1328 年，大主教圣位即从弗拉基米尔城迁至莫斯科。从那以后，莫斯科便成为俄罗斯东正教的中心和"圣城"。在后来的每一场大公封号争夺战中，教会都始终不渝地支持莫斯科。出于感激，莫斯科赠予教会大片享有豁免权的地产。

虽然所有的封地王公都具有强烈的占有欲，但是莫斯科的历代王公似乎继承了一种超凡的商业敏锐力。事实证明，在那个用财产的标尺去衡量政治权力的时代，这种敏锐力就是一笔巨大的财富。他们以现代垄断者专注于垄断商品的决心，将村庄、城镇以及各种副业据为己有。他们不放过任何盈利的机会，商贸范围涉及了东方毛毯、宝石、皮毛、石蜡以及其他已经具备成熟市场的商品。甚至在他们已经获得了帝王头衔之后，商贸活动仍然如此进行着，这每每令来访克里姆林宫的外国人大为惊讶。正如后面的章节（第八章）将会探讨的，16 世纪—17 世纪，莫斯科的历代沙皇掌握着国家大宗商品贸易以及制造业和采矿业方面的实际垄断权。然而他们中某些人的贫穷程度也达到了令人惊愕的地步。例如，伊凡三世曾经送给外国使节供食用的绵羊，但执意要求其返还羊皮给他。[3] 做生意让沙皇们逐渐富裕了起来，他们非常在意自己的财富，采取一切警示措施来防止自己的后代挥霍自己的积蓄。所幸的是，莫斯科的王公都比较长寿，自 1389 年瓦西里一世登基至 1584 年伊凡四世亡故的大约 200 年间，莫斯科仅经历了五位君主，在那个时代确实是不寻常的长寿纪录。

长子继承制

想必一定是他们的商业敏锐力而非任何政治上的设计（对此缺乏证据），使得莫斯科王公们成功地化解了俄罗斯继承法中最不利的因素。俄罗斯的传统规定每个男性继承人都应得到同等份的世袭遗产。对于这一传统，莫斯科的王公们不可能完全忽略，但是他们会设法巧妙地规避它。他们的遗嘱读起来就像是地主做出的分家产的安排，甚至就连莫斯科城和大公封号也像是普通财物一样被遗赠给后代。但是莫斯科的财富与权力在很大程度上取决于它与金帐汗国的关系，如果不是通过一些特别的条款来保住莫斯科王室的某种优先地位的话，无论财富还是权力都必定会即刻消失。因此，莫斯科的王公早已开始差别对待自己的继承人，在拟定他们的遗嘱时长子总是受到偏爱，其继承份额呈现逐代增长的趋势。到16世纪初期，长子已经成为王室中毫无争议的首领。死于1389年的德米特里·顿斯科伊，将其财产传给了自己的五个儿子。长子瓦西里一世获得了大公的称号，财产总数的约1/3，同时还让他负担34.2%的蒙古税贡。瓦西里一世碰巧仅有一个儿子存活下来了，即后来的瓦西里二世，他将所有财产都留给了瓦西里二世。似乎是为了确保瓦西里二世作为自己唯一继承人的地位而不会受到自己兄弟的威胁，瓦西里一世还在自己活着的时候就安排瓦西里二世登上了王位。瓦西里二世在临死前，分给其长子（即伊凡三世）的城池数量是其余四个儿子获得数量的总和。伊凡三世也沿用了这一传统，将自己拥有的99个城池中最好的66个传给了自己的长子瓦西里三世；其余的四个儿子只能在剩下的33个小城中划分自己的封地。这种分配方式对长子继承份额的增长幅度产生了多大的影响，可以从以下事实中了解到：瓦西里一世在1389年登基时，因继承其父的地产而要承担34.2%的蒙古税贡，到了其曾孙瓦西里三世于1505年登上皇位时，理论上瓦西里三世的税贡份额应该上升至71.7%（实际上不再缴纳）。因此，到了 16 世纪初期，分给次位继承人的封地仅为终身而非世袭，因而对家族财产的集中和统一已无威胁。此时，封地在持有者死后要归还给大公已成为一种习惯，如同封建时代的法国一样。这种封地分配形式一直存在到 1598 年留里克王朝的谢幕。采用基于长子继承制的王位继承是一场至关重要的政治改革，这场改革悄无声息地、几乎是偷偷地在财产法范围内通过财产继承制度完成了。莫斯科王公的竞争对手们此时仍然延续着等分遗产给所有继承人的老规矩，这种制度的实行使得他们相对于对手来说获得了巨大的优势。

2. 世袭公国

如前所述，莫斯科在罗斯获得无可争议的支配地位主要经历了两个过程——外部过程和内部过程。外部过程的目标是同其他封地王公以及诺夫哥罗德和立陶宛展开竞争，使他们认可莫斯科的君主地位；内部过程的目标是使君主获得世袭或领地权力的属性，也就是说对领土及其人口具有完全的所有权。这两个过程的根源都是世袭思想。

所有权与统治权的混淆

历代弗拉基米尔大公，无论其来自莫斯科、特维尔还是其他封地公国，都将他们治下的疆域看作自己的世袭领地，即纯粹的财产。他们对于这些疆域的权力可以比得上罗马法中"所有权"拥有者的权力，这是一种被定义为"排他性的绝对所有权，包含了任意地使用、滥用和毁灭的权利"。[4] 起初，王公们的世袭诉求仅限于他们祖上传承下来的和个人获取的城镇，但自 15 世纪中叶，随着莫斯科的王公们实力的增长，他们开始公开觊觎整个罗斯的主权，范围广至罗斯的每一块土地。"属于我们的世袭领地不仅仅是那些我们现在所拥有的城镇，"伊凡三世的使者曾经对立陶宛人说，"所有罗斯的土地，基辅、斯摩棱斯克以及其他在立陶宛土地上的如今被（立陶宛大公）占据的城市，也都是依照上帝的意愿，自古以来就是我们的世袭领地，是从我们祖先那里传承下来的。"[5] 后来，当伊凡四世入侵从未加入过基辅国家的利沃尼亚时，也毫不犹豫地宣称利沃尼亚为自己的世袭领地。

把王国作为王公个人世袭财产的观念，与西方政治思想并非完全格格不入。在腓特烈二世与两位法学专家的谈话记录中包含了一段相关的对话。腓特烈二世问两位专家："君主是否有权主宰其臣民所拥有的一切？"那位有胆量的答话者一口否定了问话，言道："君主是政治意义上的主宰，但在所有者的意义上不是。"[6] 但是，世袭思想从未真正在西方扎过根。西方的理论家坚定地认为所有权与政权之间、所有权（dominium）与统治权（imperium）或司法管辖权（jurisdiction）之间是有根本差别的。对于私有财产所有者来说，"用统治权的方式行使政治权力"这种观念的危险性是显而易见的。西欧有如此众多有影响力的私产所有者，足以使得这种观念不被接受。罗马法在 12 世纪的传播为上述差别提供了强有力的理论支撑。现代国家主权学说的奠基人让·博丹在其著作《国家六论》（1576—1586 年）中提出，除了两种传统的单人执掌的政权——君主政权及其堕落形式僭主政权之外，还有第三种——"领主"政权（1606 年有英语译者将其译为 lordly，即

"主子"政权）。在他看来，这种类型的君主制是经武力征服而形成的。领主君主制的显著特征是"王公成为其臣民之财产和人员的主宰，对其臣民的管制如同一家之主管制奴隶一般"。博丹补充道，尽管这种政权在亚洲和非洲很普遍，但在欧洲这样的政权只有两个，一个是土耳其，另一个是莫斯科。他认为，西欧的人民是不会容忍这种统治的。[7]

问题当然不仅在于概念与称谓。世袭制基于一种假设——统治者的财产与国家的财产不相区分，而西欧国家坚持认为这两者之间必须要划清界限。在法国，大约始于1290年，习惯上要求国王要将王室地产作为一项不可侵犯的财产来捍卫。自1364年之后，法国国王在登基时必须宣誓不抢占任何一部分王室领地，只有税收、个人财产和征服的土地例外。在16世纪，进一步明确了国王的战利品土地仅能供其支配10年，10年后这些土地就被归入王室领地。[8]作为西欧最有权势的人，法兰西的统治者就这样不得不放弃对王室遗产所有权的诉求；即使他们在实际中违反了原则，也不会去挑战其普遍的合法性。一位15世纪的西班牙法学家，简明扼要地阐述了西欧对"领主"或世袭统治的态度："国王只是受信管理国家，而非主宰国家，因为国家的财产和权利是公共的，不可能成为任何人的私人世袭财产。"[9]关于私有财产的神圣性，在中世纪及后来的西方政治理论和法学中，被视为公理；尽管偶尔被滥用，但在社会主义学说在现代盛行之前从未受到严重质疑。在西方思想中，区分合法国王与独裁暴君的一个普遍标准是：是否尊重臣民的财产。

在俄罗斯，对这种领地统治的反对是不曾出现的。一位著名的波雅尔安德烈·库尔布斯基在立陶宛避难时曾与伊凡四世有过一系列通信，他在这些信中对将国家视为领地的一整套理论进行了质疑和抨击。但是，近来有研究对上述两者往来信件的分析显示，其真实性存在疑点，以至于不能再作为一个可靠的依据来使用。[10] 俄罗斯在中世纪和近代早期的经济条件下，私产制度既得不到习惯法的保障也得不到成文律例的保障，同时对罗马法的无知为从外部推行私产制度造成了巨大的障碍。因此，君主作为财产所有者与主权所有者的两种身份之间没有区别。随着莫斯科的扩张，新获取的土地立刻被并入大公的领地之中且被永久占有。通过这种方式，俄罗斯的君主制从封地公国的领主权中直接衍生出来，即从一种主要利用奴隶劳动的经济剥削安排中产生。

俄罗斯行政机构的领地起源

俄罗斯国家起源于王公的领地，这在其行政机构的起源中有所体现。不幸的是，1626年的莫斯科大火毁掉了中央行政机关的大部分档案，因此很难确定俄罗斯的中央行政机构是何时、在何种环境下建立起来的。然而，现有的、可以确信的资料充分表明，俄罗斯的中央行政直接脱胎于最初负责管理封地王公私人领地的机构。莫斯科王公的宫廷（двор）在很长一段时间里（大约直到16世纪中叶之前）一直发挥着双重功能——管理王公的产业以及公国其他的事务。该问题的一位权威学者写道："在1550年代—1560年代的改革之前，掌控整个（莫斯科罗斯）地方行政体系的正是王公的宫廷……时存国家行政机关的几乎所有主要部门都集中在它的手中。"[11]

尤其引人注目的是莫斯科的行政执行机构，即"衙门"普利卡斯（приказ）①，经历的演变。术语"普利卡斯"的词源可追溯至封地公国时期的用语：如前面提到过的"命令者"（参见64页），是指行使行政管理职能的家奴和侍从，他们主要管理大的领地，无论是公国的还是私人的。普利卡斯即是这些人所掌管的机构的名称。除了个别可能的例外，最早的莫斯科普利卡斯似乎是在16世纪下半叶才建立起来的，即莫斯科在成为帝国首都100年后。在那之前，服务于王公的管理者（即德沃列茨基和布特波雅尔）继续根据需要在王公领地以外的地区履行着公共行政职能。随着其他封地被莫斯科所征服和吞并，那些被废黜王公的宫廷仆从被调往莫斯科组建新的行政管理机构。因此，莫斯科就出现了一些新的行政机构，专门管理梁赞、诺夫哥罗德和其他地区。这类地区性普利卡斯每个都是一个独立的管理机构，对于其管辖的地区来说具有全权。在16世纪被征服的喀山公国以及17世纪的西伯利亚，也采用了类似的安排。如此一来，伴随着这些纯功能性管理机构的发展，莫斯科出现了以地域划分为原则的管理机构。这种管理机构的存在，阻碍了国家中任何一个地区发展出自治机构，甚至阻碍了地方政治认同感的发展。正如米留可夫所言：

> 在我们的国家机构成立之初，我们就与西方产生了巨大差异。每一个地区都建立了严密而独立的、通过特权纽带联系起来的整体……我们的历史没能创造出任何持久的地方性

---

① 俄汉词典一般将приказ译为"衙门"，该词还有"命令"的意思。——译者注

关系或是地方组织。一旦被莫斯科吞并，被吞并的地区就立即解体成原子，政府能够将它们塑造为想要的任何形态。但是，从一开始，政府就满足于将这些原子彼此孤立，并通过行政联系将每一个原子与中央连接起来。[12]

所有这些自然而然地对沙皇俄国时期缺少任何能与中央政府抗衡的、有效的地方权力支点产生了深刻影响。

为了代替转移至莫斯科的地方行政机构，莫斯科王公的宫廷在被其征服的公国中设立了行政分支机构。这些机构发挥着私人和公共的双重职能，与王公宫廷在自己的封地公国之内发挥功能的情况一样。在商贸扩张的压力下，由于莫斯科的领土不断增长，莫斯科宫廷行政机构改组为"宫廷衙门"，这是第一个有可靠信息的普利卡斯，毫无疑问也是最为重要的。即使如此，莫斯科扩张的速度还是超过了王公内务机构的处理能力。因此，随着时间推移，独立于宫廷的、原始的国家行政机构开始逐渐显现。其中最早独立出来的就是财政衙门，随后其他各种不同职能的管理机构也相继出现。[13]

莫斯科的行政机构是从旧的领地体制上发展起来的，在其整个演变历程中保留了领地体制的强烈印记。如同封地"布特"（参见63页）一样，莫斯科的普利卡斯是按照收入来源而不是按照公共责任的原则进行组织的。造成这一状况的原因在于，就像领地的管理一样，普利卡斯是以获取商品和服务为目的而设置的。和以前一样，每个普利卡斯都赋予它自己有自身的财政支持手段，每个普利卡斯都在其职权范围内对其人员进行执法。这些封地时代的遗迹一直深嵌于俄国的政府管理体制中，直到彼得一世才开始学习西方模式，在行政管理中采用理性主义原则，并制定了国家预算。

在西方，国家行政管理机构同样也是脱胎于王室领地的管理机构。但是，对于俄国而言引人注目的是，领地体制下的机构转变为公共机构的时间过于滞后。在法国，这种转变完成于14世纪，而俄国则到了18世纪才开始。如果考虑到这两国几乎在同一时间，即1300年左右开始构建民族国家，那么这种滞后就具有相当的重要性值得重视。再者，在俄罗斯，领地范围与公共范围之间的差别非常模糊，这一实际情况不可能不影响到行政管理机构的行为。西方封建体制创造了一系列的机构（法庭、御前会议、三级会议），这些机构拥有独立于国王宫廷的身份，这一事实虽小，但强化了人们关于公共秩序的意识。16世纪的英国宪法理论家托马斯·史密斯做出了非常好的解释，即把主权描述为国王与国家在议会召开时融合的结果。在俄罗斯，国家行政机构的形成不是因为承认"王公和国家是分离的，需要相互独立的机构"，而是因为王公的宫廷仆从不再能够应付全部管理任务。"统治者与国家是相互分离的两种身份"，这种认识对于任何一个具有封建历史的国家来说都是很自然的，但这种观念直到18世纪作为西方知识分子影响的结果才传播到俄国。然而此时，该国的政治思想与实践已经完全成形了。

关于莫斯科的国家机关脱胎于领地管理机构的另一项证明，与俄罗斯官员的薪酬支付方式有关。在封地公国中，王公的宫廷仆从须在封地之外（例如在"黑地"）履行职责的情况相对不常见，如果发生这种情况，据推测其工资可能是由地方居民负担的。这种用钱或实物支付的报酬被称为"食邑"（字面意思是"供养"）。莫斯科的沙皇将这一制度保留了下来。居住在莫斯科的普利卡斯及其他机构的官员和直属于君主的官员，其工资报酬从沙皇财政中支出。但是，国家根本没有资金用于拨付给地方行政机构，这些机构中的工作人员以定期供款以及完成特定工作后收取报酬的形式获得食邑。这种制度同样保留了下来，直到彼得一世引入了国家官员定期薪金制度；然而，因财政困难迫使彼得的直接继任者暂停了薪金支付，彼得之后的俄国官僚阶层再次在很大程度上回归到了靠土地吃饭的境地。

　　由此看来，无论是在组织形式还是在对公务人员的报酬支付形式上，莫斯科国家都沿用了封地公国的习俗。这一事实是对领地体制起源说的有力证明。

未能区分的王室财产与国家财产

　　关于该论点进一步的证据还有：俄罗斯人无论在理论上还是实践中都没能把三种类型的财产区分开来——属于君主个人的财产、属于国家的财产、属于公民私人的财产。在封地时代，土地的私有财产权是以世袭领地的形式得到认可的。但正如下一章将讨论到的，在15世纪—16世纪，莫斯科的君主制成功地消灭了保有绝对所有权的财产，把世俗范围内的土地占有变成了以为国家服务为条件的占有形式。直到叶卡捷琳娜二世时期的1785年，俄国的土地所有者获得了对其土地财产的明确法律权利，土地的私有产权才再一次显现于俄罗斯。鉴于这一背景，早在中世纪晚期时法国就进行了的对国王私人财产和王室财产的区分，在很晚才被俄国认可就不足为奇了：

　　无论是在莫斯科的封地还是在由莫斯科历代王公建立的弗拉基米尔大公国，乃至莫斯科公国，我们都没有发现任何迹象能够表明国家财产的存在与王公财产有所区别。在莫斯科只存在大公的土地财产，而非国家的土地财产。大公的土地财产分为黑地和王室土地，后者属于大公的家庭财产并承担着供养王室家庭的特殊责任。但是两类土地都同样属于君主，就土地的责任来说甚至并不总是能够区分开来。大公对待这两类土地的方式并无两样。黑地可以划归王室土地，王室土地也可以变成黑地。二者皆可作为领地或世袭领地进行分配，或是移交给儿子、王后、夫人、女儿、僧侣等。我们的资料没有对王公购买的财产、从私人手中没收的土地，以及其他一些获取手段不明的财产进行区分。所有这些财产被不加区分地称作"君主的土地"（государевые земли），并以相同的原则进行管理。[14]

　　在俄罗斯，沙皇保罗一世是第一个尝试将王室的土地与国家的土地区分对待的。他成立了一个名为封地署（Департамент Уделов）的机构，专门负责管理罗曼诺夫家族的财产，其收入用于维持皇室家庭成员的开销。在尼古拉一世时期，该机构于1826年升格成为沙皇政府的一个部——宫廷与封地部（Министерство Императорского Двора и Уделов），享有免于被参议院（Сенат）和所有其他国家机构管控的权利，仅对沙皇本人负责。1837年沙皇政府成立了国有资产部（Министерство Государственных Имуществ）管理国家资产。在此之前，国家与皇室资产的收益是混为一谈、不加区分的。同在此前，俄国历代沙皇可以随心所欲地将大片国家土地附带数十万农民移交或出售给个人。然而，即使经过这些改革之后，皇室财产与国家财产之间的区分仍然得不到严格遵守。国有资产部的成立并非为了满足法律规范，而是因为不满于对数百万国有农民的管理方式。建立上述两个部的沙皇尼古拉一世，可以毫不犹豫地将农民从皇室土地转至国家土地，反之亦然。事实上，在18世纪初期之前俄国都没有国家预算，且在1700年后的预算直到1862年仍属于被高度严守的国家机密，这也为沙皇的上述做法提供了便利。

作为全俄罗斯的领主，莫斯科的统治者对待他的王国就像其祖先对待自己的土地财产一样。在17世纪中叶之前，俄罗斯一直缺失国家的观念，即使在引入了国家观念之后，也处于未能很好地消化吸收的状态。正是因为国家观念的缺失，其必然结果——社会，亦不为人知。[①]现代俄语中的"社会"一词是общество（一个18世纪时的新词），而莫斯科罗斯时期则是用земля一词来表示社会。在现代俄语中，该词的意思是"土地"，中世纪时期该

---

① 　一些学者，如约翰·基普（John Keep）在《斯拉夫与东欧评论》（*Slavonic and East European Review*, April 1970, p.204）上的观点，以及汉斯·托克（Hans Torke）在《加拿大斯拉夫研究》（*Canadian Slavic Studies*, winter 1971, p.467）上的观点认为：在俄罗斯，社会的出现早至17世纪（基普的观点），甚至早至16世纪中叶（托克的观点）。基普教授的观点基于俄国公职阶层躁动不安的论据，但他的结论是，那是公职阶层试图从国家获得一些自由的尝试没有成功。托克教授的论据表明，16世纪的俄国政府意识到可以利用各种社会财产来助其管理国家。我所理解的"社会"这个概念，也是西方对"社会"概念通常的定义，是蕴含着国家对社会群体的法律地位及其合理范围内自由活动权利的认可。这种认可是在叶卡捷琳娜二世统治时期才出现在俄罗斯的。——原文注

词意指"能够创造收入的财产"。[15] 换句话说，这一概念不是被看作对君主，即沙皇的抗衡，而是被看作沙皇所剥削的对象。俄罗斯世袭政权的用途与其他地方的一样，都是为了榨取国家能够提供的全部收入和劳动力。君主政体没有互利互惠的观念，不认为应该对国家有所回馈。贾尔斯·弗莱彻，伊丽莎白时代的诗人和国务活动家，曾于1588—1589年间到访俄罗斯，留下了现存的，从很多方面来说都是最好的有关俄国的第一手资料。他谈到伊凡四世曾把他的人民比喻成胡须或是绵羊，为了使其很好地生长就要经常修剪。[16] 无论这一比喻是真实的还是由英国商人虚构的，都准确反映出了莫斯科政府对内政策背后的精神，或者说就此而言，任何世袭或领主类政府的本质。

3. 莫斯科世袭统治者的政治化

在莫斯科历史上的某个特定时刻，根植于纯粹经济观念的世袭心态发生了政治化的改变。世袭地主转变成了世袭沙皇。虽然他们的精神是一样的，但是获得了新的表现形式和理论外衣。现有证据尚无法准确判断这种转变是何时以及如何显现的，但有强烈的迹象表明，伊凡三世统治时期是一个关键的时期，就在这一时期，并发的两起事件将莫斯科及其控制下的公国从外部依赖的束缚下解脱了出来，使得东北罗斯第一次有了自己是一个主权国家的感觉。

金帐的瓦解与拜占庭的陷落

其中一个事件是金帐汗国的瓦解。盛行于"白色的骨头"（指成吉思汗的后裔）中的王位继承制，其复杂的长尊体系（更适合由部落组成的游牧民族而非帝国政权）引发了无休止的内部冲突。14世纪60年代，王位争夺战使金帐汗国陷入内乱；在接下来的20年里，萨莱经历了超过14位可汗。莫斯科则利用这种分歧怂恿他们之间相互内斗。1380年，莫斯科王公德米特里甚至敢于动用军事力量反抗蒙古人。诚然，他所挑战的可汗仅仅是一个克里米亚的篡位者，同样他在库里科沃打败可汗的胜仗也几乎没有什么军事意义，因为两年后蒙古人为了复仇而围困了莫斯科。不过，库里科沃的胜利还是显示出俄罗斯人已经能够与他们的主人相抗衡了。

本已因内乱而元气大伤的金帐汗国又遭到了帖木儿的致命一击。这位突厥征服者以中亚为基地，在1389—1395年间对金帐汗国发动了三次战役。在最后一役中，萨莱城被突厥的军队摧毁。在经历了这些动荡后，金帐汗国从此一蹶不振，并于15世纪中叶分裂成了几个部分，喀山汗国、阿斯特拉罕汗国和克里米亚汗国是其中最重要的三个汗国。这些金帐的后继汗国，尤其是克里米亚汗国仍然可以随意进犯罗斯的土地，但是已经不再能对其实施控制了。实际上，到15世纪末，谁能够获得喀山的王位是由莫斯科决定的。在伊凡三世统治时期（传统上认为该事件发生在1480年），莫斯科不再向金帐汗国或其后继国缴纳税贡。

另一起有助于莫斯科领主政治化的事件是拜占庭帝国的没落。俄罗斯与拜占庭的关系从未有过明确的界定。自罗斯受洗开始，就自然而然地存在一种假设，即俄罗斯对于君士坦丁堡有着某种依赖。这一点常常被希腊统治集团所强调，他们喜欢谈及查士丁尼的"和谐"论或者"交响"论。该理论认为，教权与皇权不能在缺失任何一方的情况下单独存在。其中隐含的诉求是，俄罗斯东正教徒应当成为拜占庭皇帝的臣民，但是这一诉求永远无法实现，而且这一诉求在蒙古统治时期变得毫无意义，因为当时统治俄罗斯的皇帝是非基督徒的蒙古可汗。拜占庭对罗斯实施的某种控制是通过神职人员实现的，即通过任命君士坦丁堡设置或认可的高级别教会官员来实现。但即便是这样的联系也在1439年后突然中断，因为俄罗斯教会拒绝了佛罗伦萨大公会议所达成的拜占庭与天主教的联合。自此之后，莫斯科大公将君士坦丁堡在佛罗伦萨的举动认定为背叛，开始任命他们自己的大主教，不再费心去获得希腊统治阶层的许可。拜占庭皇帝和拜占庭教会对罗斯施加的权威终在1453年随着君士坦丁堡落入突厥人之手、帝国灭亡而消失。

拜占庭帝国灭亡后，东正教会有了在罗斯建立强大帝国权威的重要理由。这一话题将在论述教会与国家关系的章节（第九章）中详细探讨，这里仅需强调其重点。东正教会在建立之时，面临穆斯林的压制、天主教的挑战、异教徒改革运动的破坏，只得不断为生存而战。君士坦丁堡陷落后，莫斯科的统治者成为世界上唯一一个信奉东正教的、能够保护东正教会免遭众多内外敌人侵扰的君主。因此，支持莫斯科的统治者、给那些掠夺土地者与牟取暴利者灌输一种有助于将他们的目光超出其领地范围之外的政治意识，对东正教来说成了一个纯粹的生存问题。1453年起，希腊和俄罗斯的教会团体尽其所能将莫斯科的王公变成了护教者，担负起了维护东正教福祉的责任。这一过程的高潮之一是在 1561 年，主教公会（синод）在其决议上附加了一封来自君士坦丁堡宗主教的书信，称伊凡四世为"整个世界东正教的沙皇和主人"。[17]

金帐汗国和拜占庭帝国的崩溃使莫斯科不再屈从于两个帝国的权力，而这种权力宣示着某种形式的宗主权。因而，在此时，即 15 世纪下半叶，莫斯科大公以一种试探性的方式开始了对帝国王位的诉求。伊凡三世是第一位间或自称为"沙皇"的俄罗斯统治者。"沙皇"这一头衔最初适用于拜占庭皇帝，自 1265 年起也保留给金帐汗国的可汗。在迎娶了拜占庭末代皇帝的侄女后，伊凡三世采纳了拜占庭帝国的双头鹰标志。他的儿子瓦西里三世更经常地自称为沙皇，他的孙子伊凡四世在 1547 年正式将"全俄罗斯沙皇"（царь всея России）用作俄罗斯统治者的称谓。此时，一种非常令人陶醉的言论开始在东北罗斯的城镇和村庄中流传。那些祖先曾不得不四肢着地爬行以供可汗及其朝廷取乐消遣的王公，如今却将其家族血统追溯至奥古斯都大帝，将他们的王位追溯至拜占庭的授权。人们开始谈论关于莫斯科是"第三罗马"，注定要永远取代已堕落了的、彼得的罗马和已沦陷了的、君士坦丁的罗马。神奇的传说开始在无知的民众中流传，将莫斯科河畔的木头城与圣经和古典历史中的懵懂事件联系在了一起。

王权观的蒙古鞑靼起源

就是在这样的环境下，世袭观变得政治化了。接下来出现的问题是，在寻求专制皇权的过程中，莫斯科的王公们效仿什么榜样呢？他们比较熟悉的两个榜样是拜占庭的巴赛勒斯和蒙古的可汗。西方国家的"国王"不会成为他们的模仿对象。部分原因是他们的天主教教义，还有部分原因是他们至少名义上是罗马帝国的封臣，所以就莫斯科对"君主"这一术语的理解而言，西方国家的"国王"不是真正的君主。1488 年腓特烈三世派遣的使者来到莫斯科，为抵御突厥人而向莫斯科求助。他以帮助伊凡三世获得皇位作为诱饵。然而，莫斯科对于这一条件的答复，不仅显示出莫斯科王公对自己的高度赞誉，而且还间接表现出他对普通欧洲皇室的看法："承蒙上帝的洪福，我们从最开始，从我们最早的祖先起，就是我们这片土地上的主人（государи），我们拥有上帝的授权，就像我们的祖先一样……至于授权，因为我们以前并不想要来自任何人的授权，所以现在也不想要。"[18]

拜占庭的模式几乎是完全通过神职人员和教会文献传入俄罗斯的。莫斯科与君士坦丁堡之间没有直接的联系，无论是外交上的还是商业上的，因此没有办法从中了解"国王是什么样的人"或者"国王做些什么"。由于上述原因，教会对建立一个强而有力的俄罗斯君主体制更加感兴趣。教会不断怂恿君主的野心，帮助其炮制绝对主义的信条，并精心设计了加冕仪式。但是很难看出教会是如何向莫斯科王公们传授政治技巧的。

如果我们想要探究莫斯科是从哪里了解到"王权"的，这里不是指王权作为一种理念，而是作为一套管用的政治制度，我们就必须要转向从金帐汗国入手。对俄罗斯人来说，受到蒙古的影响是一个非常敏感的话题。如果暗示他们的文化遗产以任何方式留下了某种东方印记，尤其是被这个以其骇人听闻的暴行以及对伟大文明中心的破坏而最为人所知的东方专制政权留下印记，很快就会招致俄罗斯人的反感。尽管如此，这个问题仍然是不能回避的。除了少数例外，俄罗斯史学家已经愿意将蒙古的影响视为莫斯科公国形成过程中的主要、甚至是决定性的因素。关于蒙古统治对俄罗斯政治在精神与道德上的冲击已在前面的一章探讨过，这里我们将探讨一下制度方面的影响。

金帐汗国是俄罗斯王公面对面接触的第一个中央集权政体。在一个半世纪的时间里，可汗是俄罗斯命运的绝对主宰。他的权力与威严几乎将拜占庭巴赛勒斯的形象从人们的记忆中抹去。巴赛勒斯是很遥远的事物，一个传说：没有一个封地王公曾经踏足过君士坦丁堡，而他们对通向萨莱的道路则太熟悉了。正是在萨莱，他们得以有机会近距离观察到绝对君主制的运行，观察到"一种不容人们协商而必须无条件服从的权威"。[19] 在这里，他们学会了如何强征家庭税和商业税，如何开展外交关系，如何运营邮递业务以及如何处置不服从的属民。这种影响在俄语词汇中留下了非常明显的痕迹。"国库"（казна）一词源自蒙古鞑靼语中的直接对应词；"钱"（деньга）与"关税"（таможня）两词都来源于"印章"（тамга）一词，而"印章"一词在蒙古统治时期，是指盖在商品货物上的政府印鉴，作为该货物已经缴纳税款的证明。连接莫斯科与外埠的邮政机构——驿站（ямская служба），亦来自蒙古语中的驿站一词。前面我们已经讨论过俄语中表示镇压的词汇所体现出的蒙古–鞑靼影响（参见81页）。最重要的，或许是俄罗斯人从蒙古那里学到的一种政治概念，即把国家职能限定于收缴税贡、维持秩序和保障安全上，但是完全没有对公共福祉的责任感。

在担任金帐汗国在罗斯的代理人期间，莫斯科不得不建立起一个能够与其所服务的内容相适应的行政机构。鉴于政治机构固有的保守主义，即便是在莫斯科成为一个主权国家以后，这种行政架构的大部分仍然被完整地保留了下来也就不足为奇了。因此，在俄罗斯人从蒙古的统治下获得解放后，曾经由莫斯科大公为可汗收缴的税贡仍然没有被废除，而是变成了为大公征收的税。同样，蒙古人的邮递业务也被保留了下来转而为大公服务。[20] 通过这种方式，莫斯科几乎是在悄无声息中接管了许多蒙古人设立的机构。莫斯科国家诞生自封地公国，而由于封地公国的经济导向以及相应的政治机构发展不健全，俄罗斯人很自然地倾向于从蒙古那里借用自己所不具备的东西，包括中央财政机构、通信方式和镇压手段。

有迹象表明，早期的沙皇将自己视为蒙古可汗的继承人。尽管在教会的影响下，他们有时会提及拜占庭的先例，但在承担帝国头衔时，他们并不称自己是拜占庭皇帝的继承人。萨瓦发现，俄罗斯的统治者在为自己的沙皇或帝国头衔寻求国际认可时，并未将他们的权威回溯至拜占庭。[21] 另一方面，不乏证据表明他们非常重视征服金帐汗国的后继国 —— 喀山和阿斯特拉罕。在对喀山和阿斯特拉罕发动最后一击时，伊凡称它们为自己的世袭领地，这种说法正意味着他将自己视为金帐汗国的继承人。一名逃往瑞典的莫斯科使馆官员格里戈里·科托希欣，于1666—1667年在瑞典写下一部关于莫斯科政府的极有价值的记述，在记述开头便称伊凡四世从征服了喀山、阿斯特拉罕和西伯利亚的那一刻起，就成为"全罗斯的沙皇和大公"。[22] 16 世纪俄国统治者偶尔使用的"白色沙皇"（белый царь）称号，很可能是指"白色的骨头"（White Bone），即成吉思汗的后裔，也可能是代表着与蒙古统治王朝联系起来的另一种尝试。

关于俄罗斯王权形成阶段的政治理论的可靠文献资料是非常缺乏的。不过，已有足够多经过证实的有关莫斯科朝廷政治观念的文献资料，能够对此问题做出一些概括。在16世纪—17世纪期间，到访过俄罗斯的西方人往往会对他们在莫斯科遇到的傲慢感到震惊。罗马教皇派遣拜谒伊凡四世的耶稣会大使安东尼奥·波塞维诺发现，伊凡四世深信自己是世界上最强大、最英明的统治者。在回应这些自夸的话时，当波塞维诺巧妙地向他提起其他杰出的基督徒王公，伊凡轻蔑而非怀疑地问道："世界上有几个这样的王公呢？"波塞维诺发现，莫斯科的民众也赞同他们的统治者对自己的看法，因为波塞维诺听到他们如此说：

> 知晓这些的，只有上帝和我们伟大的君主（即我们的王公）。我们伟大的君主无所不知。他能一语解开所有死结、解决所有的困难。没有哪个宗教的礼俗与教义是他所不知的。无论我们拥有什么，无论我们是否正确地骑行，或是我们是否健康，所有这些我们都归功于我们伟大君主的宽厚仁慈。

波塞维诺还补充道，沙皇孜孜不倦地在民众中培育这种信仰。[23]

对于外国使节，尤其是对于来自西方国家的使节，莫斯科的朝廷喜欢表现出刻意的粗鲁，似乎在展示：在其眼中，他们代表的是较低等级的统治者。在莫斯科看来，真正的主权必须符合三个条件：必须源自古老的血统；必须是通过世袭权登上王位的；必须不受制于任何其他权力，不仅是内部的，外部的也是如此。[24] 莫斯科对自己的古老血统倍感自豪，因为通过与奥古斯都的罗马皇室搭上关系，大大抬高了自己。从这棵臆造出来的家谱树的高度看，它可以俯视几乎当时所有的皇室家族。至于继位的方式，也非常强调世袭的原则。真正的国王必须是世袭的，而非选举的。当波兰王位被世袭君主西吉斯蒙德·奥古斯特所占据，伊凡就对其以"兄弟"相称。但是他拒绝以同样的方式称呼其继任者斯特凡·巴托里，因为他是被选举出来的。在所有条件中，"不受制于任何其他权力"被赋予了最为重要的意义。只有当一个统治者能够随心所欲地处置自己的王国时，才是真正的主权者或者说专制君主。受限的皇权被称作"乌洛克"（урок，意为"教导"），受限的君主被称为"乌梁德尼克"（урядник，意为"契约者"或"被授权者"）。每当莫斯科面临与某个新的外国政权建立关系的时候，他们都会十分仔细地了解和打探，其统治者是否确系在各个方面都能做主，不仅是在涉及别国的问题上（这也是西方外交的标准程序），而且对本国的国内事务也要能够说了算。早在1532年就出现过这样的例子，新建立的印度莫卧儿王朝的皇帝巴布尔曾派遣使团出使莫斯科希望与莫斯科大公瓦西里三世建立"友好的、兄弟般的"关系，而莫斯科对此却给予了否定答复。大公"没有下令与他（巴布尔）结为兄弟，因为大公不熟悉这个国家，不知道他是个主权者还是个契约者"。[25] 这种态度在伊凡四世于1570年给伊丽莎白女王的信中也有所体现：

> 我们本以为你是自己国家的主宰，能够自己统治国家，追求自己的荣誉，为自己的国家牟利。正是因为这些原因，我们才希望与你就这些事务展开合作。但［现在看来］有人

在你身边统治着国家，不仅是这些人，还有一些从事商贸的粗人，［他们］不关心我们主权者的安全、荣誉和我们的土地收入，而是在谋求自己的商业利益。[①]

最终，仅有两个君主符合莫斯科设定的高标准：土耳其的苏丹和莫斯科自己的大公。这两个统治者也正是博丹所指出的欧洲的"封建"君主。我们现在可以理解当波塞维诺提起那些"杰出的"基督徒国王时，伊凡四世的不屑与轻蔑反应了。

"所有者"为君

在讨论近现代早期的俄罗斯世袭王权时，须特别关注一个很有意思的词源学现象。早期的斯拉夫人用语中，有两个可以互换使用的词"господин"（或"господ"）与"государь"（或"господар"），这两个词用来表示家长，他拥有对家庭财产和未成年成员生活（可以将未成年的家庭成员卖去做奴隶）的完全权力。这两个词具有同一个词根"гос"，来源于印欧语词根"ghes"，意思是"打击"。欧洲词汇中也有不少该词根派生出来的与"家"及其相对概念——"外来者"有关的词，例如：拉丁语词汇"hostis"（陌生人、敌人）和"hostia"（牺牲品、祭

---

① Юрий В. Толстой, *Первые сорок лет сношений между Россиею и Англией 1553–1593*, С П б . 1875. стр. 109. 对于这篇文章的开篇句，当时的英语译者不知该如何处理，这种世袭语言对译者来说太奇怪。译者略去了"自己统治国家"这句话，把"государство"（国家）及其派生词译为"统治"（rule）、"土地"（land）和"国家"（country），我们很快就发现这些词根本无法达意。——原文注

品），以及英语中的一对反义词"host"（主人）与"guest"（客人）。[26] 在基辅时期以及封地时代早期的文献中，"господин"与"государь"两词往往被不加选择地任意用于指称"统治者"和"所有者"。这并不奇怪，因为在俄罗斯历史进程中的那个阶段，政权与所有权之间根本没有清晰显著的区别。这里有一个重要的例外现象，即奴隶主一直被称为"государь"。临近封地时代末期，两词之间的区别开始显现，"господин"逐渐被用于公共场合下以指"政权"，而"государь"则用于私人场合。封地王公通常被自由人称呼为"господин"。诺夫哥罗德亦自称为"Господин Великий Новгород"，意思是"伟大的君主城（城邦）诺夫哥罗德；另一方面，"государь"一词逐渐被限制在古希腊语中所称的"despotes"以及拉丁语中"dominus"的意义范围内。王公是居住在其领土上的自由人的"господин"，而他对于其所拥有的奴隶则是其"государь"。世袭领地的所有者在其领地上也被称为"государь"，甚至直到 17 世纪都还在使用这种称呼方式。

在莫斯科上升到在全国占据优势地位之前，上述两词的用法还一直在被普遍沿用。沙皇消除了两个术语之间的区别，同时坚持将"государь"作为对自己的专有称谓，这无疑是罗斯王公政权的私人专有性质的一种反映。这一习俗在 15 世纪初开始采用，也可能是故意模仿蒙古人的传统。伊凡三世将"государь"这一称呼铸于钱币和印鉴上，并要求以此来称呼他。到伊凡四世登基后，"государь"成为俄罗斯君主正式封号的一部分，用于所有的官方文件中。显而易见的是，现代俄语中指代"主权者"意义的术语来源于私法中的词汇，来源于一个意为"所有者"的词，尤其是指拥有奴隶的所有者。尽管我们将俄语中的"государство"
（国家）一词，翻译为英语中的"state"（国家），但实际上更加
准确的对应词应该是"domain"（领地）。"state"一词蕴含了公共
与私有之间的区别，所有权与统治权之间的区别。"государство"
一词则没有承载这种内涵，仅有所有权的意思，纯粹而简单，如
前所述，代表着"排他性的绝对所有权，包含了任意地使用、滥
用和毁灭的权利"。①

　　与其他历史学家一样，在追溯俄罗斯君主专制的演变时，我
们把目光聚焦于莫斯科，因为莫斯科成了俄罗斯帝国的首都，且
其历史是所有公国中最为人们所知的。但是世袭的心态与制度并
不囿于莫斯科，它们根植于封地制度以及东北罗斯的整个地缘政
治情势中。特维尔公国的一部编写于1446—1453年间的文学作
品《修道士托马斯语录》（Слово инока Фомы），赞颂了特维尔王
公，与后来莫斯科用于赞唱沙皇的、歌功颂德的文学作品的语言
大致相同。作品称特维尔王公为"沙皇""主公""独裁者""帝王
的继承人"，把特维尔说成是新的东正教信仰首都。27 这一片段暗
示着，如果历史向另一方向发展，史学家们可能要把特维尔作为
俄罗斯世袭制度的本源来进行讨论了。

---

① 　如同莱昂纳多·夏皮罗（Leonard Schapiro, *Totalitarianism*, London 1972,
p. 129）指出的，英语中的"state"一词及其对应词，从词源学上看，来源
于拉丁语词 *status*，该词表达了"社会地位""秩序""机构"的内涵。
换句话说，这是一个蕴含着法律的概念。而"государь"概念中则没有上述
内涵。——原文注

4. 莫斯科公国的扩张

心理作用

　　15 世纪中叶，莫斯科公国以高度自信的态度开始拢聚它所声称的大片"世袭领地"。理论上，莫斯科公国的扩张以拢聚所有罗斯的土地作为其目标，因此，立陶宛的大部分土地也被包含在内。但是，如前所述，喀山、阿斯特拉罕和利沃尼亚这些从未被归为基辅国家的地方也都被包含在内。鉴于这一地区没有自然边界，即便是带着最好的意愿，也不可能去划一条边界把罗斯的土地和其他种族与宗教人口居住的土地划分开。当民族国家刚刚开始形成时，在俄罗斯统治下的还有芬兰人和突厥人。后来，其他的一些民族也加入了进来。因此，民族国家的建立与帝国的打造，这两个在西方无论是时间上还是空间上明显分离的过程，在俄罗斯是同时进行、连续发生的，实际上几乎是无法区分的。一旦一个地区被并入莫斯科，无论它以前是否是基辅的一部分，也无论其人口的种族与宗教归属，它都会被立刻并入统治者家族的"世袭领地"中，所有后继的君主都会将其视为一种神圣的、在任何条件下都不能放弃的托付。带着一种根植于世袭心态的韧性，俄罗斯的统治者，无论对外宣称何种意识形态，都会坚守每一寸曾经属于他们的土地。正是遵循着与领土问题中体现的同一原则，俄罗斯统治者拒绝自愿出让给其臣民一丁点政治权力。①

---

① 在苏联历史教科书中可以发现一些关于这种心态的有趣例子，把近一千年里俄罗斯把自己对任何一块领土的吞并视为"联合"。把其他国家实施的完全相同的行动称为"侵占"。例如，俄罗斯帝国政府（自 1917 年被苏联政府宣布为非法政府）将突厥斯坦与俄罗斯"联合"了起来，而维多利亚时代的英格兰则是"侵占"了埃及。——原文注

1300 年，莫斯科公国的面积大约 2 万平方千米，在当时只是一个小小的封地。在接下来的一个半世纪中，这块封地逐渐崛起，而为此付出代价的却是其东部和东北部的邻居。对莫斯科来说，在 1392 年吞并下诺夫哥罗德公国具有非常重要的意义，这是金帐汗国的可汗送给莫斯科的，以此换取其在与一个对手的竞争中的援助。拥有这一处于奥卡河与伏尔加河交汇处的具有重要战略意义的地区，为莫斯科的下一步扩张提供了绝佳的基础。1462 年伊凡三世登基时，继承了 43 万平方千米的土地，面积略大于《凡尔赛和约》缔结后的德国领土。这些土地大部分是通过购买和抵债得来的。伊凡三世的最后一次购地是在 1474 年，购买的是罗斯托夫公国的一部分土地。从那以后，莫斯科就靠武力征服来扩大地盘；从金帐汗国的束缚下解放出来后，莫斯科便开始以金帐汗国教它的那种权力运作方式行事了。

伊凡三世对诺夫哥罗德的征服

伊凡三世获得的最重要的领土是诺夫哥罗德，这个城邦的领土涵盖了俄罗斯北部大部分地区。诺夫哥罗德虽然富足、文明，但是在军事上无法与莫斯科抗衡；其地处极北地区，境内沼泽遍布，使得农业收成极低。据现代的计算显示，15 世纪中叶，有 77.8% 的诺夫哥罗德地主无法从其地产上获得足够的收入以装备自身来满足战争的需要。[28] 早在 14 世纪末期的时候，莫斯科就已经开始向诺夫哥罗德施加政治压力。在其获得了白湖城后，势力已经扩展到了几近奥涅加湖岸的位置，从而形成了腰斩诺夫哥罗德的态势。

莫斯科对诺夫哥罗德的征服始于 1471 年。这一年两个公国之间爆发了一场冲突。莫斯科轻而易举地挫败了不堪一击的诺夫哥罗德的弱势军队，尽管如此，伊凡三世并未去干涉城邦的内部事务，而是暂时满足于诺夫哥罗德承认自己是其领地。6年后，这种名义上的主权转变成为实际上的控制。如编年史所言，1477年3月，诺夫哥罗德的一个使团抵达莫斯科接受大公召见。在会谈的过程中，诺夫哥罗德人似乎是在无意间称呼伊凡为"господарь"（государь，即"君主"一词的变体），而没有使用他们通常的称谓"господин"（即王公）。伊凡迅速捕捉到了这一用法，于次月派遣官员前往诺夫哥罗德，询问"他的这块世袭领地想要什么样的'国家'？"万分恐慌的诺夫哥罗德人答复道，他们没有授权任何人称呼大公为"государь"。作为回应，同年11月，当阻断通向诺夫哥罗德城道路的沼泽地被冻硬之时，伊凡集结大军兵临城下。诺夫哥罗德人只能向不可避免的情况低头，他们竭尽所能请求伊凡做出承诺，以求如果认可伊凡为君主不会导致诺夫哥罗德自由传统的终结。他们要求：沙皇任命到城中的代理人要与本城的地方官员共同主持司法公正；诺夫哥罗德应缴纳的税贡额度应固定下来；居民不应遭到驱逐或被没收财物，也不应被要求在超出自己领土范围之外的地方为沙皇效力。伊凡不耐烦地拒绝了这些条件："大公告知你们，我们希望诺夫哥罗德的'国家'与（我们）在莫斯科河畔的低地建立的'国家'一样；而现在你们是在教我应该如何统治你们吗？（字面意思是：你们是在教导我'国家'应该如何存在的吗？）那么我将拥有一个什么样的'国家'呢？"[29]

北极圈

白海

瑞典

瑞典

诺夫哥罗德公国

乌拉尔山脉

沃尔霍夫河

拉多加

斯德哥尔摩

诺夫哥罗德

莫斯科公国

雅罗斯拉夫尔

普斯科夫

特维尔·罗斯托夫·下诺夫哥罗德

利沃尼亚

苏兹达尔·

弗拉基米尔·

喀山

喀山汗国

波罗的海

维鲁

莫斯科

普鲁士

华沙

波

兰

河

立陶宛大公国

基辅

聂伯河

荒原

阿斯特拉罕汗国

伏尔加河

示意图线：划分森林
地带与草原黑土带

克里米亚汗国

阿斯特拉罕

黑海

高加索山脉

里海

奥斯曼帝国

2.伊凡三世即位莫斯科王位时的东欧（1462年）

最终，诺夫哥罗德不得不屈服并放弃了所有的自由。它同意废除所有的自治机构，包括市民大会：那口几个世纪以来用于召集民众议事的钟被取下运到了莫斯科。在执意取消市民大会的问题上，伊凡的举动正如两个世纪前蒙古人征服俄罗斯时的举动一样。诺夫哥罗德人设法从他们的外来君主手中争取到的唯一让步，是承诺他们不必在诺夫哥罗德之外的地方为沙皇效力。然而，这只是沙皇的一个恩赐，而不是一项权利，不久便被撤销了。

在他的新领土上，伊凡不断在进行着系统性消除潜在对手的实践，他所采用的手段被500年后斯大林的匈牙利领事称为"萨拉米战术"。上任伊始，莫斯科派来的总督即下令，将那些社会地位以及反莫斯科的声誉似乎会危及莫斯科对被征服城邦统治的家族陆续驱逐出境。1480年，伊凡以诺夫哥罗德人蓄意谋反为由，下令军队占领城邦。超过7000名市民被捕，其中主要是贵族阶层。被捕的人中，一部分人被处决，剩余的人连同家眷被驱逐，安置在莫斯科附近地区，在那里，他们没有任何根基与影响力。他们的世袭领地被以大公名义没收。同样的情景在1484年、1487年、1488年和1489年被重演。如此大规模的驱逐被称作"导出"（вывод），后来也出现在其他被征服的城市，例如在普斯科夫于1510年被伊凡之子瓦西里三世征服后。在这些实例中，世袭原则赋予了王公权力，使其能够将其臣民从王国的一处调遣到另一处，就好像在自己的领地范围内随意调遣奴隶一样。

就这样，诺夫哥罗德的自由权利被一个接一个地剥夺，那些名门望族也因其名望而被处决或流放。1494年，莫斯科借口一名俄罗斯商人在汉萨同盟城市雷瓦尔（即现塔林）被谋杀而下令关闭了汉萨同盟在诺夫哥罗德的仓储站，逮捕了其成员，没收了货

1. "看一看俄国的农民：在其言行之中能看出奴隶般卑微的痕迹吗？"（普希金）：19世纪下半叶，奥廖尔地区的俄罗斯农民。

2. （下）针叶林中的空地。

3. （右）农民木屋的建造。斧子是唯一用到的工具。

4. (上) 1800年前后的一个位于俄罗斯中部的村庄。

5. (下) 约1800年的一个村议会。

6.（上）农民木屋的外观。

7.（下）一间农民木屋的内部。后方的右边是一家人睡觉的土炕。农民们穿的是一种名为 Лапти 的家庭自制韧皮鞋。左后方是家中的"美丽角落"，挂有圣像。

8. 1870 年前后的一个俄国村庄。

Ledrince 176

9/10. 叶卡捷琳娜二世统治时期的俄国农妇（1782 年）。

11．沉浸在节日欢快气氛中的村庄。右边是一个讲故事的人，左边是一群刚从卡巴克回来的饮酒狂欢者。

12. 在村里的小酒馆或卡巴克里，一个风笛手吹奏着乐曲，店主在向他的顾客敬酒。

13.（上）19世纪流行的一幅名为"歌"的印刷画。

14.（下）一个农奴号角乐团，每个号角只能吹一个音。

15. 一个农奴正在向一名贵族叩头（1789年）。

16/17. 惩罚:（上）一个农奴被用棍子责打，地主和他的家人则在一旁观看；
（下）一个农奴女孩被用桦条鞭打。

18.（上）出售冷冻肉的市场，常客大多是城市里的穷人（约1800年）。

19.（下）一个店主正在用着他的算盘（1838年）。

20. 一个流动兜售圣像的货郎。

物。这一举措不仅对于诺夫哥罗德，而且对于整个汉萨同盟的繁荣都造成了灾难性的后果。[①] 如此境况一直持续到1570年，当时伊凡四世疯狂地将诺夫哥罗德夷为平地，对其居民的屠杀持续了数周之久。在遭受了这一野蛮行径之后，诺夫哥罗德从此彻底沦为一个地方小镇。

城邦印鉴的演变，为莫斯科吞并诺夫哥罗德提供了图像证据。起初，印鉴的图案是一段台阶，代表了市民大会的讲坛，以及一个长长的"T"形杖杆，显然象征着这个城市的主权。在莫斯科的设计者手中，台阶逐渐变成了沙皇的皇冠，杖杆的尺寸也缩小了，并配上了适当的装饰，变成了沙皇的权杖。

后续的扩张

伊凡的继任者不断向莫斯科以西及西南方向扩张领土，直至触及强大的波兰立陶宛联邦的边界方止。自伊凡三世1462年登基，至其子瓦西里三世1533年驾崩，莫斯科的领土扩大了6倍之多（从43万平方千米增至280万平方千米）。但是，最伟大的征服行动还未到来。1552年，伊凡四世在日耳曼军事工程师的协助下占领了喀山，从而消除了俄罗斯向东扩张的主要障碍。从1533年伊凡四世继位到16世纪末期，莫斯科公国的面积扩大了一倍，从280万平方千米增至540万平方千米。他们在所有被征服的领土上都进行了大规模的土地没收。17世纪上半叶，俄罗斯的皮毛

[①] 在1628年汉萨同盟召开的一次会议上谈到，欧洲所有大型商业企业均建立在与诺夫哥罗德的贸易基础之上。Иван Андреевский, О Договоре Новгорода с Немецкими городами и Готландом, СПб., 1855, стр. 4. ——原文注

贩子几乎可以畅通无阻于整个西伯利亚，在相当短的时间内抵达中国边境和太平洋沿岸。政府官员则接踵而至，宣称这些领土是沙皇的财产。就这样，俄罗斯在大约50年的时间里又为自己添加了1000万平方千米土地。

到17世纪中叶，俄罗斯沙皇统治的国家已经成为世界上最大的国家。沙皇所拥有的财产则以史无前例的速度飞快增长。可以说，从16世纪中叶至17世纪末，莫斯科以平均每年获取3.5万平方千米土地（相当于现代荷兰的面积）的速度持续了150年。1600年，莫斯科公国的面积已等同于欧洲其他部分的总面积。17世纪上半期征服的西伯利亚，则两倍于欧洲的面积。即便按照当时的标准，这个拥有广袤领土的国家人口也可谓稀少。在人口最为密集的地区——诺夫哥罗德、普斯科夫和伏尔加–奥卡河地区，16世纪时的人口密度平均每平方千米至多3人，甚至可低至每平方千米1人。而在西方国家，相对应的数字则为每平方千米20人—30人。俄罗斯的大部分领土被原始森林所覆盖，且其中很大一部分是完全的荒野。据估计，从乌拉尔山脉到750千米以外的西伯利亚首府托博尔斯克之间仅有1万居民。如此稀疏的人口密度，在很大程度上解释了莫斯科公国的贫穷和有限的机动能力。

不过，这些因素并没有给国家的主权者造成大的麻烦。他们意识到自己所拥有的权力是无限的，并乐于从西方人那里了解到他们的世袭遗产在规模上已经超过了月亮表面的总面积。在通过积累土地来扩大政权方面获得了非同寻常的成功后，他们趋向于通过领土的增长来确定政治权力，同时通过绝对的、领主的权威确定领土的增长。西方17世纪形成的国际国家体系的概念及其相应的权力平衡概念，对于他们的思维方式来说仍然是陌生的，国家与社会之间的互惠关系的概念亦然。他们按照当时所理解的，成功培育了莫斯科政府极为保守的思维模式。

第四章

世袭政权剖析

所有的人都认为自己是"霍洛普",即是他们王公的奴隶。

——西吉斯蒙德·赫伯斯坦

16世纪赴俄的德国旅行家[1]

莫斯科如此非凡的扩张是如何实现的？只有从莫斯科国家的内部结构中，尤其是在其君主与其"土地"之间的联系纽带中，方求得最佳解答。在全民都付出了巨大努力和沉重代价后，沙皇终于得以成功将俄罗斯变成了一个巨型的皇家领地。曾经施行于沙皇私人财产的管理体制，如今发生了政治化并逐渐强加于国家的其他地区，直至渗透到帝国的每一个角落。在这个无疆的王国中，沙皇是领主，人民是他的奴仆，土地和所有能够产出利润的东西都是他的财产。这种安排并非没有严重缺陷。但是，它确实给予了莫斯科的统治者一种调动人力和物力的机制，而这对于欧洲或亚洲的任何一个政府来说都是无法复制的。

俄罗斯转变为统治者世袭财产的过程经历了两个世纪，开始于15世纪中叶，完成于17世纪中叶。在这期间，曾经有过一段

即使对俄罗斯来说也是前所未有的内乱时代，当时国家与社会陷
入了无休止的冲突中，前者力图施加其意志，后者则竭尽全力躲
避它。

封地王公的领地，代表了一种利用奴隶劳动力进行经济剥削
的安排，这是其最为显著的特征。民众被委以任务，他们不是为
自己劳动，而是为王公或者主人劳动。此时的民众可以分为两种
基本类型：从事低微劳动的奴隶和从事管理或其他受托职位的奴
隶。在王公的领地之外，社会结构则大大不同。这里的居民大部
分为自由民：波雅尔与平民可以自由迁徙到任何他们想去的地方，
以寻求更好的工作条件、处女地或有利可图的副业。实际上，他
们对王公的义务仅限于缴税。

为了按照分封领地的模式塑造其帝国，即把整个罗斯变成不
仅是名义上更是事实上的自己的领地，沙皇们都需要完成若干任
务。他们必须废除自由民可随意流动的传统权力：所有的地主被
迫向莫斯科的统治者效力，这意味着要把他们的领地变成封地；
所有平民必须被束缚在他们的劳动地点，即沦为奴隶。这样一来，
民众就必须被分为职业型群体或功能型群体，且各自都有明确的
义务。必须建立起一个以封地宫廷为蓝本的、扩大的行政管理机
构，以确保各个社会阶层都能切实履行自己的职责。不过事实证
明这些义务非常难以执行，它们与国家的习惯和传统格格不入。
在这个曾经拥有无限行动自由和一定程度社会流动性的地方，现
在这两项权利都消失了。无论是通过继承获得的，还是通过垦荒
获得的，一切对土地的全权所有都要让位于皇室支持下的有条件
占有。一个几乎未被统治过的国家，将要被置于官僚体制的监控
之下，并向整个国家大规模推广领地秩序，无异于一场自上而下

强加的社会革命。遇到的反抗也是相应的。

1. 侍臣与平民

　　莫斯科的统治者们沿用领地中的方式把帝国的臣民分为两个主要阶层。那些为统治者们在军事或行政管理方面服务的群体构成了侍臣阶层（служилое сословие），其他人员——农民、工匠、商人、猎户、渔民以及各式各样的体力劳动者，形成了"赋役承担者"阶层。在俄语中有专门的一个词тягло，该词意为平民应向沙皇缴纳的赋税或劳役的额度。这两个群体有时用"大人物"（мужи 或 люди）和"小人物"（мужики）来区分。在封地时代，神职人员形成了一个独立的、与世俗社会相平行的社会结构。他们既不用纳税，也不用服役。①

　　侍臣与平民的差别对于莫斯科和俄罗斯帝国的社会史来说具有至关重要的意义。侍臣是直接为君主卖命的，他们构成了所谓"宫廷"的一部分。他们不是西方意义上的贵族，因为他们缺乏西方那种区分贵族与平民的共同特权。即便是莫斯科最显要的侍臣，也可能因其君主一时的念头而被剥夺生命和财产。然而，总的来说公职阶层享有非常实在的物质利益。其中最具价值的就是对土地和农奴的垄断。直到1861年，除了少数例外，只有登记在册的公职人员可以持有地产和使用农奴劳动力（神职人员则一直是这

----

① 莫斯科也保留了从过去继承下来的奴隶（霍洛普）阶层，该阶层的成员完全生活在社会结构之外。本章后面的内容将对此进行讨论。——原文注

一规则的例外）。另一方面，"小人物"除非利用非法手段获得权益，否则既不享有个人权利、亦不享有经济利益。他们的工作就是生产商品、贡献劳动以供养和维持君主及其侍臣的生活。

两个阶层之间的鸿沟几乎是不可逾越的。在早期，莫斯科默许了一定程度的社会流动，甚至在其利益范围内鼓励这种流动性。但是，历史发展的潮流指明了等级制度的发展方向。莫斯科国家的利益关切只在效忠和收入上，它想要的是一切归于其合适的位置。官僚阶层的构建与其所掌管的社会相匹配。它想要的是一种刚性最大化的社会，即人员从一种类型的赋税或徭役向另外一种类型流动的可能性最小。因为每一次这样的流动都会搞乱他们的账本。在16世纪和17世纪，颁布了一些法律禁止农民离开他们耕作的土地，禁止商人变更他们的居所。神职人员被禁止辞去神职；教士的儿子必须继承其父辈的神职。在重罚的威胁下，平民百姓无法进入侍臣阶层。公职人员的儿子在年近青春期时必须去专门的机构进行登记。这些举措产生的积累效应导致了社会地位在莫斯科国家也成了世袭性的。

我们接下来要分别探讨一下莫斯科公国的侍臣阶层与平民阶层的历史，看看他们是如何被束缚在君主专制体制上的。

2. 侍臣阶层

波雅尔自由离去权的丧失

在一般的历史书写中有时会说，俄罗斯的波雅尔失去了自由离去的权利，是因为莫斯科吞并了所有的封地公国，波雅尔已无处可去而导致的。然而，实际上这一权利早在莫斯科吸收封地罗斯其他地区之前就已经名存实亡了。这一习俗从未受封地王公待见过。它不受欢迎的原因在于，有时会有心存不满的波雅尔大批请辞，在战争前夕离开王公使其缺兵少将，莫斯科大公瓦西里一世就曾遇到过两次这样的情形，一次是在1433年，另一次是在1446年。诺夫哥罗德早在13世纪就采取过措施，对在其境内拥有世袭领地的波雅尔发布禁令，阻止他们另投他主。莫斯科也在14世纪70年代就已经开始干涉波雅尔的自由离去权。[2]起初，莫斯科的王公们试图通过人身骚扰和洗劫他们的庄园田产来威胁那些想要叛逃的波雅尔。然而，这些手段没有达到预期的效果。在伊凡三世统治时期，莫斯科采用了更加强有力的措施。1474年，伊凡三世因怀疑强大的特维尔封地王公丹尼尔·霍姆尔斯基的忠诚，强迫他立下誓言，无论他本人还是他的孩子都不得辞去莫斯科的公职。沙皇令大主教与另外1名波雅尔见证立誓。之后，作为进一步的补充，沙皇还要求8名波雅尔拿出8000卢布作为保证金，一旦霍姆尔斯基或其后代违背誓言就要没收这8000卢布。这一方式后来被反复使用，担保人的数量有时甚至过百。由此形成了一种束缚高级公职阶层的集体责任。对于低级的公职人员，则采用更加严苛的手段。波雅尔若要离去需要有许可文件，文件中登记有其官阶和职务。如果莫斯科想要阻止波雅尔离去，负责掌管官员履历档案的部门就会拒绝给其签发许可文件，或者在给其签发许可文件时故意降低其职位和官阶，而无论哪种情况都会损害其仕途。莫斯科也会对其他封地王公施压，令他们将离去的波雅尔退回莫斯科，有时还会使用武力。随着莫斯科领土的扩张，只有立陶宛是唯一能安全避开莫斯科王公威胁的地方。不过在 1386 年之后，任何人只要投奔了立陶宛就会自动被划为叛徒，因为立陶宛在这一年皈依了天主教，这意味着沙皇认为自己不仅有权没收叛徒本人的财产，还有权没收其家庭和宗族的财产。奇怪的是，在与其他封地王公缔结条约时，莫斯科总是会坚持将波雅尔有权选择王公的传统规则加入条约中，尽管它自己已经不再遵守这一规则。这实际上是一种策略，以确保其他独立公国中的波雅尔能够畅通无阻地流向莫斯科。而每当波雅尔向着莫斯科的反方向流动时，无论条约中怎么写，莫斯科都非常清楚该如何阻止它。

自由离去权在名义上沿袭至 16 世纪 30 年代，但实际上早在数十年前就被废除了。几乎与俄罗斯历史上所有转折点的情形一样，法律文本完全不足以反映社会变革的过程。没有任何禁止波雅尔自由流动的一般法规，就如同没有禁止变农为奴的法规一样。自由离去权的名存实亡源于一系列阻止波雅尔离去的具体措施和一些临时性法令。例如伊凡三世的遗嘱中关于雅罗斯拉夫尔公国的内容："雅罗斯拉夫尔的波雅尔以及波雅尔的子嗣……与他们的世袭领地和买来的土地，不得离开我的儿子瓦西里（三世）而去任何地方投奔任何人；收走离去者的土地给我的儿子。"在伊凡三世订立遗嘱的那个时代，在莫斯科境内拥有土地者必须要在其境内服役——不是为沙皇本人，就是为沙皇的仆从服役。如果拒绝服役，那么至少在理论上就意味着土地丧失。实际上，有许多地主得以逃避官役，在自己与世隔绝的领地上静度时光。一系列严惩拒服兵役或擅离职守者的法令可以为证。一份偶然保存下来的特维尔地区的资料显示，16 世纪下半叶，该地区超过 1/4 的世袭领地拥有者没有为任何人服役。[3] 不过强制服役制已经建立，剩下的就是强制执行了。土地所有权和服役，在俄罗斯原本是相互分离的，如今却成了相互依存的关系。一个以前仅存在自由土地所有权的国家，从此之后则仅剩下有条件的土地所有权。采邑，在中世纪的封地罗斯，是不为人知的，但是在绝对君主制的扶持下出现了。

将义务兵役强加到土地所有者身上，代表着俄国君主制的一次大胜利，"欧洲再无第二个君主能够将为他效力作为非教会进行土地占有的条件"。[4] 不过，这场战斗只赢了一半。尽管波雅尔无法再拒绝为他们的王公服务，他们仍然有许多方法阻挠其意志。在独裁与专制君主制的外表下，还存留着封地时代强大的残余力量。尽管公国已经被莫斯科兼并，王公们也已经加入沙皇的仆从行列，但是以前较为富有的王公仍然在其领地上如同小君主一般行事。兼并常常只是个仪式；莫斯科可能会通过设置代理机构的方式管理主要城镇，但会把乡村留在王公及其波雅尔手中。一些被废黜的王公仍然保留着原来的具有准政府结构的"宫廷"，给教会和世俗地主颁发豁免特许状，并率领自己的私人军队参与战争。还有一些人，如上所述，选择拒绝服役。这些地主以自己的祖先为荣，有意识地将自己与那些新兴的官僚家族区分开来。15 世纪中叶他们开始收藏详细记载着自己祖先的书籍，其中最负盛名的是1555—1556 年间编纂的《君王谱牒》（Государев родословец）。该书以沙皇的家庭为开篇，一直追溯至古罗马皇帝，然后继续介绍留里克家族的其他成员，即喀山、阿斯特拉罕和克里米亚以及其他封地王公，最后以一些最显要的波雅尔家族作为结尾。包含在这部族谱以及类似名单中的家族、宗室被认为是"有血统来历的"（родословные），他们形成了一个自觉而强大的圈子，即便是最恣意的沙皇也不得不对其有所顾忌。

这些有血统来历的家族与宗室建立起了一个类似于工会准入制工厂（closed shop）的团体。他们且只有他们有资格进入沙皇的最高官员阶层，即波雅尔、御前侍臣（окольничий）和杜马贵族（думный дворянин）。17 世纪初期，有 19 个最为显要的宗室享有特权，能够将他们的高级代表几乎是自动地晋升到统治集团的顶层中。17 世纪中叶，科托希欣（参见 108 页）在其著作中谈到，有 30 个宗室享有高级职位的独占权，包括御前会议的席位、主要城市的高层行政职位、司法部门的法官职位以及重要的外交职位。未列入族谱的侍从则必须在骑兵团和低级行政职位上服役。君主不得不遵从这一体制，否则就要承受与大家族带领的联合反对派发生冲突的风险。沙皇虽然可以随心所欲，但是却无法改变一个波雅尔家族在族谱中的地位；这种地位被认为是"世袭财产"，甚至超越了皇权的管辖范围。

波雅尔最后的武器：门第选官制

有血统来历的波雅尔不仅将获得高层行政职位的权力限制在他们自己构建的圈子里，而且在指定他们之中谁将担任高层职位的人选方面也具有很大的话语权。他们是通过一种按贵族的门第出身来委任官职的制度来做到这一点的。这种制度在 15 世纪早期被采用，于 1682 年被正式废除。莫斯科公国的官僚阶层，甚至其中的高层，都是一群不同背景和地位的人组成的：留里克家族的后代，血统与当权者家族的血统一样地显赫，若非命运之轮的翻转，他们可稳坐皇位；受洗后的可汗及鞑靼王公的后代；祖先曾为莫斯科王室服务过的波雅尔；领土被兼并了的原封地王公的波雅尔；一个名为"波雅尔之子"（дети боярские）的团体，类似于西班牙贵族（Spanish hidalgos），通常是身无分文且没有土地的军人。即便是在那些有血统来历的人中间，也有巨大的社会差异。为了避免失去地位进而淹没在大众之中，有血统来历的家族与宗室建立了一个极其复杂而精巧的等级体系，并迫使君主在任命高级官员和订立宫廷或教会礼仪时要充分考虑这一等级体系。

每一个有血统来历的宗室都有自己内部的基于尊长原则的优先秩序。父辈先于子辈，子辈先于孙辈。尊长原则存在于兄弟、叔伯舅、侄甥、堂表、姻亲之中，就和宗室的家庭组成中一样，都被以复杂的规则加以约束。每当某个家族的多名成员受到供职任命时，都会非常谨慎地确保位次低者不能高于位次高者。

不过，更为重要的是这种规范家族与宗室间人际关系的位次说明。所有的侍臣供职记录（17 世纪时，有约 3000 个宗室，分为 15000 个家族）都保存于职官部（Разрядный приказ）的文卷之中。时至今日，这些资料累计有数以千卷，是莫斯科选官制度的历史见证。从这些资料记录中可以判断某个家族的祖辈和亲属曾经担任过哪些公职，或是在宫廷和宗教礼仪中处于何种位置，以及谁在其位之上，谁在其位之下。这些都会进入专门的贵族门第官职委任册中。波雅尔使用这些记录来确保沙皇在任命官职时，能充分考虑和尊重其宗室的相对等级，以及他相对于其他成员的个人位次。宗室的荣誉要求其成员必须拒绝担任有辱其祖先地位的职衔，例如，若他的职位隶属于某人，而此人祖先或亲属的职位隶属于其祖先或亲属，即意味着耻辱。若不拒绝，就等同于永远贬低了其宗室及所有成员的官位，无论是在世的还是未出世成

员。[1]从这种观念出发，职位本身的性质与其内在的重要性无人
在意，唯一令所有人都在意的只是：谁在谁的手下供职。每逢战
争前夕，沙皇都会被来自侍臣的请愿所包围，内容无外乎抗议自
己的指挥头衔被置于他们应有的"位置"之下。如果不是为某些
战役设置"外部职位"（即这些职位不做记录也不作为以后的门第
选官依据），很难想象莫斯科该如何进行战争。但是在行政工作
中，甚至在宫廷仪式上，极为幼稚的请愿和诉讼是司空见惯的事
情。以下文本被认为是涉及贵族门第选官制争吵的最后一个案例，
可以作为一个例证：

> 1691 年 4 月 15 日，列夫·基里洛维奇·纳雷什金、王公
> 格里戈里·阿法纳西耶维奇·科兹洛夫斯基……费多尔·季
> 莫费耶维奇·济科夫以及叶梅利安·伊格纳托维奇·乌克兰
> 采夫等波雅尔被告知要与阿德里安主教共进晚餐。王公科兹
> 洛夫斯基出于贵族门第选官制中某些规则之由，认为自己参
> 加这次晚宴是不妥的，并称病拒绝了。但是在宫中，沙皇
> 周围的人可能都知道他拒绝参加的原因，于是便有人给他传
> 递消息告知他，如果他身体有恙可以乘坐四轮马车来，但是
> 务必要来。得到该消息后，科兹洛夫斯基仍然不愿前往。之
> 后，便有政令正式告知他如果不乘坐四轮马车前来，就会被
> 用货运马车强制送入皇宫。然而，面对这样的威胁，科兹洛
> 夫斯基仍未现身。后来，他被强制装入货运马车送至红阶。

---

[1]　莫斯科以故意降低波雅尔官位记录的方式来阻止其离去，这种方式能
够产生非常有效的威慑，原因就在于此。——原文注

因其不愿从马车上下来，就被强行拖到了牧首的房中，安置在餐桌前。科兹洛夫斯基故意跌倒在地板上，还躺了很长时间。虽然随后有令强行将其安坐在餐桌前，但由于他不愿意坐起来，而是不断倒在一侧，在场的侍从受命挽着他坐好。餐后，在红阶前的广场上，科兹洛夫斯基接到一道命令，称因其"抗命不遵而被剥夺了荣誉和波雅尔头衔，并记录在塞尔佩斯克城的案卷中，以便通过这个例子让其他人知道如此行事不会有什么好处"。[5]

为了解决门第选官制产生的各种分歧，成立了波雅尔特别委员会。特别委员会做出的决定常常不利于请愿者。为了震慑其他人，还常常会对请愿者处以鞭刑或其他方式的羞辱。

贵族门第选官制很显然从未被严格遵守；相反，如果该制度被严格执行，莫斯科的统治者则定会将其终止。该制度实际上是一种滋扰和刺激，用来不断提醒君主，自己并非宫廷中的绝对主宰。尽管那些强势的沙皇能够想方设法将波雅尔控制在自己的手中，但每当王朝陷入困境，如摄政统治时期或者空位时期，波雅尔家族之间的矛盾冲突都会威胁到国家的统一。所有这些因素迫使君主国在那些古老的名门望族之外建立起另外一个侍臣群体，他们不那么宗族化，更具依赖性、更顺从，对自由离去或者领地所有权毫无概念。

服役贵族的崛起

我们在前面（参见64页）曾谈到封地王公雇佣过一些被称为"宫廷中人"的内侍，他们在封地王公的领地上履行着各类行政管理职能。这些人大部分是奴隶，但即便是他们中的自由人也会被限制离去。他们十分类似于封建德意志和奥地利的"家臣"（ministeriales）。随着因缺乏土地而依附于王室、通过效力的方式换取报酬的"波雅尔之子"不断增多，这一阶层规模稳步膨胀。16 世纪初期，莫斯科储备有一大批这类低级侍臣供其差遣。由于这一群体总体上依附于沙皇，他们可以很好地为沙皇效力，成为沙皇制衡有血统来历的家族与宗室的有效力量。

波雅尔与服役贵族[①]的基本区别是，前者拥有世袭领地，而后者没有。正是世袭领地的土地所有权决定了侍臣是否享有（即使只是理论上享有的）自由离去权。随着莫斯科的扩张，沙皇的土地储备大增，对侍臣的需求也随之增加，因为没有足够数量的波雅尔来驻守为了保护国家绵延的边境线而建造的要塞城池。因此莫斯科出现了一种想法，建议把这些城市的部分土地作为封地（或 15 世纪 70 年代所称的庄园领地）分给服役贵族。伊凡三世在征服诺夫哥罗德，并或屠杀或驱逐了城邦中的领导人物之后，在那进行了一次重大的土地改革。他将 81.7% 的耕地收归己有，其中超过一半的土地交予皇室产业直接开发利用；其余的土地大部分都作为领地分配给了服役贵族。[6]诺夫哥罗德的贵族在被驱逐出城邦后，重新安置到了莫斯科公国的中部地区，伊凡三世给他们分配了新的土地作为庄园领地。庄园领地与世袭领地不同。庄园领地是沙皇的法定财产，赋予侍臣使用。他们以及他们的后代可以持有这些土地，但条件是他们务必要一直提供完满的服务。

---

① 中文语境中习惯上称波雅尔为"大贵族"，称宫廷侍从演变而来的贵族为"贵族"。原文直接使用了俄语词 дворяне 的拉丁写法，为体现该群体的服务义务，故此处和后文皆译为"服役贵族"。——译者注

既然从伊凡三世统治时期开始，占有世袭领地必须以为沙皇服务为先决条件，那么就产生了一个问题：如何区分两种土地占有形式？[①] 首先，也是最重要的是，世袭领地作为一种财产可以在其继承人中进行分配或者出售，庄园领地则不能。第二，如侍臣膝下无子，其亡故后世袭领地仍保留在宗室之内，而庄园领地则须归还皇家国库。第三，从16世纪中期起，宗室有权赎回其成员在40年以内出售给外人的世袭领地。基于这些原因，世袭领地被视为比庄园领地更高级的有条件的土地占有形式。富裕的侍臣往往同时拥有这两种土地财产。

皇室则有着不同的偏好。世袭领地所有的那些在侍臣看来是颇具吸引力的特征，在君主眼中都是对它们的玷污。伊凡三世和瓦西里三世在被其征服的土地上对世袭领地展开了系统性的没收，就和他们最初在诺夫哥罗德做的那样，把这些土地的所有权收归自己名下，并或整体或部分地将它们作为庄园领地进行分配。这一政策使得世袭领地的数量直线下降。瓦西里三世亡故时（1533年），世袭领地这种土地占有形式在莫斯科公国的中部地区仍然占据主导地位，那里是莫斯科王朝的发源地，在庄园领地这种土地占有形式出现之前王朝就已经从这里开始扩张和攫取土地。在莫斯科的周边地区——诺夫哥罗德、普斯科夫、斯摩棱斯克、梁赞以及其他在1477年之后被莫斯科征服的地区，大部分侍臣的土地都是以庄园领地的形式存在的。

对土地占有者课以服役义务的方式，对俄罗斯历史后来的发

---

① 在莫斯科公国历史的晚期，"вотчина"这一术语不仅包括某人从其父那里继承而来的财产，还包括购买而来的和因出色的服务而获得的土地财产。——原文注

展道路产生了深远的影响。它无异于消除了土地形式的私有财产。由于土地一直是俄罗斯主要的财富来源，这种方式所带来的直接后果是生产资料私有制的消亡。而此时正是西欧社会朝着相反方向发展的时候。1300 年后，随着封君封臣制的衰落，西欧的封地所有权逐渐过渡为完全所有权，同时贸易与制造业的发展以资本为形式创造了新的财富来源。在近现代早期，西方的大量财富逐渐积累于社会之中，使社会拥有了抗衡君主权力的强大力量。而在俄国，则可以说是君主权力征用了社会。正是绝对的政治权力与对国家生产资料近乎完全的控制的结合，使得莫斯科的君主体制成了一个令人生畏的国家机器。

为了将征用的过程进行到底，莫斯科仍需要铲除在公国中部地区掌握着大量世袭领地的波雅尔。这是由伊凡四世完成的。这位沙皇无疑是精神错乱的，若要把他所有的政策都赋予理性的目标，那将是错误的。他施行杀戮和酷刑不是为了要改变俄罗斯历史的发展方向，而是为了驱除令他不快的思想。然而，偏巧那些阻挡了他、与他作对、令他怒不可遏的人，都是在莫斯科及其周边地区拥有世袭领地的世家大族。通过对这些家族中多人的打压，伊凡四世不经意间改变了俄国社会的力量平衡，对后来的历史产生了深刻的影响。

1550 年，伊凡四世采取了一项史无前例的措施：将莫斯科附近的庄园领地赐予 1064 个"波雅尔之子"，他们大多数是贫困的服役贵族，还有不少是奴隶的后代。通过这一举措，伊凡四世授予这些新贵以"莫斯科贵族"的称号，而这一尊称以前是只由有血统来历的家族专享的。这是对那些名门望族的明确警告。在接下来的几年里，伊凡四世专注于行政管理体制改革与对外政策，而未敢继续挑战波雅尔。不过一旦他决定要动他们，其残暴和施虐的程度是无可比拟的。

特辖制

1564 年伊凡四世将国家分成了两个部分，一部分称为"普通区"（земщина），即"土地"，这部分构成了国家本身；另一部分由沙皇个人直接管理，称为"特辖区"（опричнина）。对于俄国历史上的这段二元制时期（1564—1572 年），由于缺乏记录，很难确切知晓到底发生了什么。但是，特辖区的政治意义是相当明了的。伊凡四世暂时推翻了其祖辈的方法，因为其祖辈的方法似乎有些操之过急过激了。他彻底退出了王国中那些仍然需要皇权与强大的、根深蒂固的利益集团相抗衡的地区，在这些地区"领地化"进程推进得不是很成功。而后，伊凡四世把这些地区直接划入自己的家院中；也就是说，他将这些地区合并后归入自己的私人管辖之下。这样一来，他终于可以自由地铲除封地时代留下来的大片的波雅尔世袭领地。莫斯科的个别街道、小镇、市场，以及一些大型的世袭领地，在沙皇颁布法令将它们收入特辖区之后，就都成了沙皇的个人财产，并被转交给一支特殊的军队——特辖军（опричники）进行管辖。这支军队是由一些来自本地和外国的流氓组成的，他们被允许在自己管辖的地区里肆无忌惮地虐待或屠杀居民并抢掠他们的财物。那些侥幸在恐怖行动中活下来的波雅尔，则得到了位于其他地区的庄园领地，作为对他们世袭领地的补偿。这些手段基本上无异于伊凡三世最初对诺夫哥罗德所采用的手段，只是这一次是用在了莫斯科公国最古老的发源地以及最早吞并的土地上。历史学家普拉托诺夫的研究表明，特辖区管辖下的地区基本上位于这个国家的中心地区，而"普通区"则主要集中在伊凡三世和瓦西里三世所征服的边缘地区。

特辖制于 1572 年被正式废止，国家的两个部分再次合并。此后，任何关于特辖制时期的话题都被严禁提及，否则会被处以死刑。一些特辖军成员受到了惩处；各地大量被没收的土地得以物归原主。但是，木已成舟，波雅尔的权力中心被摧毁了。不过，在至少一个世纪里，或者在某些方面数十年的时间里，那些有血统来历的波雅尔仍在宫廷中发挥着强大的影响力。实际上，贵族门第选官制最为兴盛的时代是在 17 世纪，即伊凡四世统治之后。然而，波雅尔的大部分经济实力与地方根基已经被削弱了。波雅尔终将由服役贵族所取代。16 世纪末期，在特辖制被废止之后，这个曾经遭受鄙视的低等侍臣阶层在宫廷礼仪中的位次开始逐渐超越普通的波雅尔，只屈服于那些最显赫家族的代表。

特辖制之后，土地形式的私有财产在莫斯科罗斯不再扮演任何重要的角色。虽然随着那些元老家族的世袭老巢的消亡，世袭领地变成了比庄园领地更优越的采邑，但它终究还是采邑。[1]

服役的条件与形式

"君主的役民"以世袭领地和庄园领地的形式得到他们的主要报酬。不过，职位和薪水也都用于此目的。

杰出的文职和武职人员有机会通过获得地方的职位来积累财

---

[1] 1477—1572 年间的大规模土地征用运动的后果之一，是私人拥有城市的消失。在封地时代和莫斯科罗斯早期，许多城市，尤其是贸易城市是建立在波雅尔的私人领地之上并归波雅尔所有的。这些城市也一同被皇室没收了。——原文注

富。如前所述，莫斯科公国的地方行政管理与司法方面的开销由民众承担，采取的形式即"食邑"。若对这种形式利用得当，在地方就职能够快速致富。莫斯科公国主要的地方官员——地方总督（воевода），是一种集行政、军事、财政税收、司法职能于一身的实权官位，而每一项职能都可以帮助他攫取财富。沙皇的朝廷并不关心地方总督如何行使自己的权力，只要求他们能够维持地方的秩序，并按时按量上缴税贡与劳役份额，这和蒙古人曾经对罗斯采取的治理方式在本质上并无两样。然而，与蒙古人不同的是，莫斯科非常谨慎，不允许任何地方总督坐拥政权。地方总督的任职基于严格的临时性，一般来说为期一年，若能够任职一年半即说明受到特殊待遇，两年则是上限。地方总督绝不会被派到自己拥有地产的地区任职。这种情形的政治寓意无外乎贾尔斯·弗莱彻于1591年所述："公爵与迪亚克（书记官）[①]……通常在每年年底的时候都会换人……在他们所统治的地方，他们只能过着自己的生活，他们既不得当地民众的认可，亦不得民众的爱戴，他们既不是在当地出生，也不是在当地长大，亦没有遗产可继承。"[7]

在莫斯科城供职的高级文职侍臣可获得定期发放的薪水。普利卡斯的长官一年的收入可高达1000卢布（价值相当于1900年的3万至4万美元）。书记官与抄写员的收入相对低一些。与此形成鲜明对比的是，普通的服役贵族在重大战役前夕也不过只能得到几个卢布，以支付马匹和武器的花费，甚至就连这一点钱他们也不得不去恳求才能得到。

世袭领地和庄园领地的持有者从15岁起开始服役。服役期为

[①]　14世纪前古罗斯王公的侍从兼文书，俄语дьяк。——译者注

终生，只有在身体有残疾或年迈的时候才能终止。其中大部分人都在骑兵部队服役。武职侍臣通常会在自己的领地度过冬季，春季的时候返回部队报到应遣。在1555年或1556年，沙皇曾经试图制定一个细化的服役义务制度：每125英亩耕地须提供一名装备齐全的骑兵，每增加125英亩耕地须提供一名全副武装的士兵。显然这一标准被证明是不可能执行的，因为在17世纪这一标准遭到了摒弃，新标准是基于侍臣拥有的农户数量来确定的。青少年服役算在其父亲拥有的土地上，如果不够，他们就会获得自己的庄园领地。争夺空缺的庄园领地占据了服役贵族们的大量时间，他们永远都在寻求追加土地配额。

服役的形式也包括了文职形式，尤其是对于那些有血统来历的家族来说。这些家族的高级代表参加了沙皇杜马（Царская дума）。沙皇杜马是克里姆林宫的常驻机构，其成员被要求全天都要处于待命状态。那些担任行政岗位的职员也属于侍臣阶层，例如外交官。一般来说，高级文职官员都拥有大量土地财产。

为确保侍臣阶层不逃避其责任，16世纪下半叶莫斯科成立了两个机构实施监督。一个是前面已经提到过的职官部。起初，职官部既保存着人事档案也保存着财产持有情况的记录。但是，后来第二个任务转交给了一个专门的办事机构——庄园领地衙门。该机构使用职官部中保存的记录，来确保侍臣阶层所持有的全部土地都能够提供相应的为国服役额度。这些机构的运行效率必须非常高。据估计，在16世纪60年代，职官部收藏了至少22000名遍布俄国各地的侍臣档案。有时，正如伊凡四世统治时期的后半段，当该机构的控制权落入了某个家族（安德烈·谢尔卡洛夫和瓦西里·谢尔卡洛夫兄弟）的手中时，职官部就在官僚体系中提供了独特的个人权力基础。

莫斯科公国的侍臣体系于17世纪完全形成，对其组成部分进行罗列后，人们可以理解其结构的复杂性。任何级别的任命都需要考虑候选人背景中三个不同的因素：血统来历、服役的职级以及曾经担任的职位。[8]

16世纪中叶，俄罗斯有大约22000—23000名侍臣。其中有2000—3000人登记于莫斯科的侍臣名录中，构成了有血统来源的家族中的精英阶层。他们拥有大量财产，土地面积有时达到数千英亩。还有约20000人登记在各个地方城市的侍臣名录中，他们中绝大多数人都非常贫穷，平均土地持有量为100—200英亩。在16世纪末，每300名纳税者和神职人员中就有1名是侍臣。这一比例在17世纪略有上升；1651年，俄国人口约为1300万，侍臣数量为39000人，即每333名居民中有1名侍臣。很显然，这一数字代表了当时的经济水平所能够承担的上限。

莫斯科公国的侍臣阶层代表了社会制度发展史中的一个特殊现象，与其一脉相承的是帝俄时期的贵族阶层与苏俄时期的共产主义组织。从西方历史词汇中借取的任何术语，例如"nobility"（贵族）或者"gentry"（士绅），都无法赋予其一个圆满的定义。它是一个熟练人力资源的储备库，供国家差遣以履行各种国家所需职能，包括军役、行政管理、立法、司法、外交、商业和制造业方面。该阶层的生活几乎完全来源于对土地以及（在16世纪90年代之后）对抵押劳工（质役）的剥削，这种情况是由于俄国历史的偶然性特征——缺乏资本导致的。到了18世纪和19世纪，侍臣阶层中的文官群体改为薪金制，但该群体的性质和职能并未发生显著的变化。由此，就像世界上其他地方的贵族一样，该群体的生存不再依赖于土地，而是依赖于为皇室供职。从某些方面看，俄国的侍臣阶层是一种非常现代的社会成分，是一种典型的精英政治。该群体的成员只有在对其雇主有实用价值时才享有优越地位。无论他们相对于普通民众来说是多么的优越，在皇权面前，他们的地位都完全谈不上稳固。

3. 平民阶层

赋　役

关于侍臣阶层的内容就讲到这里。有99.7%的俄国人并不属于这一阶层，除了神职人员之外，其他人都需要以金钱或劳动的形式为国家承担各种义务，在俄语中统称为"赋役"（тягло）。就像与它有许多共同之处的法语词汇"taille"[①]一样，该词出自庄园领地。"赋役"来源于动词"тянуть"，意为"拖、拉"。在封地时代，人们说村庄是被"拉"向他们需要缴纳赋税或地租的某个庄园或城镇。后来，这一术语获得了普遍意义上的"赋税"的词义。在莫斯科罗斯，非侍臣阶层被称为赋役人口，字面意思为"拖拉着的人口"，他们所拖拉着的重负就是"赋役"，即"拖拉"。但直到19世纪，国家已经不再使用"тягло"这个词之后，在私人领地中该词仍然被广泛使用，意指农奴劳动力单位，通常包含一对农民夫妇和一匹马。

赋役的额度由莫斯科根据征税登记簿来确定。在农村地区，

---

① 指法国封建时代君主及领主征收的租税。——译者注

应税单位有时是耕地面积，有时是家户，有时是两者的结合。居住在城镇和定居点的商人和工匠群体则以家户为单位进行征税。地方行政当局还享有额外的权利，可以对居民强加各种劳动义务，用以作为"赋役"的一部分。赋税与劳役的分担比例由纳税者自行决定。莫斯科的执行机构确定了国家赋税需求总量之后，再按比例分配至各地区和各纳税群体。然后，由地方官员和地主负责在赋役承担者中平摊份额。用米留可夫生动的语言来说，政府"很大程度上把确定纳税人的任务交给了赋税去决定"。[9]这一规则所暗含的是一种集体责任。所有赋税承担者共同形成了一个团体，团体成员共同对该团体所背负的税金和劳役负责。这种体制阻碍了俄国个体农业和大规模私营经济的发展。

赋役制度中应缴纳的税金和劳役的额度不是固定不变的，政府会根据自身需求和对民众承受能力的预估进行调整。如果遇到外来入侵或严重干旱发生，赋役就会减少；如果在繁荣时期，赋役就会增加。这一体制具有很大的不确定性。每当国家需要额外收入，它就会在现有税收的基础上设计出一种新的税目。为了从鞑靼监狱中赎回俄罗斯囚犯、装备新成立的射击军（стрельцы）、维持邮递服务，国家会征收专门的税目。莫斯科的税收做法给人留下的印象是，政府总是通过新的税目进行搜刮，以防止民众手中积累盈余财富。

赋役的一个尤其专横的特征是：以国家的名义征收劳役。地方总督可以要求民众帮助修建防御工事，维护道路和桥梁，为军队提供食宿。由于没有任何报酬，因此为履行赋役而做的工作是某种形式的强制性劳动。在 17 世纪末期，政府向一些外国企业颁发许可开办工厂和矿山，政府毫不费力就能召集到为此所需的工人；他们只需将那些不隶属于任何赋役群体的壮丁驱赶至此，或是在邻近村庄免除一些家户的货币支付，换为壮年男丁的全职劳役。正如后面将要论述的（第八章），彼得一世所建立的制造业和采矿业中的工人群体也是以同样的方式召集起来的。在17世纪初期，当莫斯科决定组建由西方指挥官领导的步兵团，以作为由贵族骑兵团构成的正规军的补充力量时，根本无须采取新的招募措施。早在15世纪末，就有数以千计的应征者在武装部队服兵役。1631年颁布的一项法令规定，凡不能提供侍臣的土地，如教会、寡妇、未成年者、退役侍臣的土地财产，以及自由农的"黑地"，每500英亩须定期提供一名步兵。这些"有纳税或兵役义务者"（даточные люди）是欧洲最早的定期招募军。有时，依靠国有土地生存的赋役承担者会被集体迁往国家的偏远地区。例如，在17世纪，整个村庄的"黑地"农民被迁往西伯利亚，为由贵族组成的守军提供补给。通过赋役体制，莫斯科政府获得了一套极其灵活的利用普通人力的方法，正如政府通过国家强制服役制度，建立了完善的高技能人员招募机制一样。

赋役承担者阶层大部分是由农民、商人、手工业者构成。同时也包括一小部分全职服役的军事人员，但他们不属于侍臣阶层。这些人包括：射击军、哥萨克、炮手，他们形成了一个世袭阶层。这里所谓的世袭是指他们的子孙必须沿袭他们的职业，但他们并不享有特权。他们的职业对外人完全开放，而且他们无法获得土地。他们主要依靠在战争间歇时期进行的贸易活动来维持生活。

事实证明，限制平民自由流动似乎比限制侍臣阶层要更加困难。通过上述任何措施都可以阻止土地所有者改投他主；其土地财产或者其宗族的土地财产往往成为抵押品。但是，要设法留住农民或商人，则是另一回事了。他们没有自己所耕种土地的所有权，没有需要担忧的职业地位，而且对他们来说，悄无声息地消失在漫无边际的森林中是再容易不过的事情了。解决这个问题唯一的办法，就是把他们永久束缚在他们的居住地和他们的赋役群体中，换句话说，就是让他们沦为奴隶。

农奴制：起源与推广

在谈及俄国的封地问题时，我们注意到，俄国的封地并非像西欧一样出现在"封建"割据时期，而是出现在君主集权达到顶峰的时期。农奴制也是如此。在西欧，农奴制就出现在中世纪早期公共权力崩溃之后。在13世纪和14世纪，随着封建秩序的终结，农奴制也在西欧大部分地区消失了，因为曾经的农奴变成了佃农。在俄国则恰恰相反，在大约1550—1650年间，大部分农村人口从佃农变成了农奴。这一时段恰是君主专制摆脱了封建割据主义残余的束缚，成为国家绝对主宰的时期。就像强制服役制度之于土地所有者阶级一样，农奴制象征着俄国进入皇家领地的阶段开始了。

俄国非侍臣阶层的农奴化不是一夜之间完成的。曾经有观点认为，1592年莫斯科颁布了一道通用法令禁止农民自由流动，但是这一观点已经被摒弃。现在看来，农奴化是一个渐进的过程，持续了一个多世纪甚至更长的时间。一种方式是把"黑地"上的和贸易群体中的农民捆绑在土地上，另一种方式是将农民束缚在私人领地上。起决定性作用的有时是经济因素，有时是政治因素。

直到16世纪中叶，农民自由迁移的权利都很少受到干涉。少数记录在案的这类干涉事件都是为回应有影响力的修道院或波雅尔的投诉。例如，在 1455 年和 1462 年，大公授权谢尔盖圣三修道院，禁止其指定的所属村庄里的农民迁往他处。这样的措施都是个别情况。不过，早在 15 世纪中叶，莫斯科已经开始对农民行使自由离去权的时间做了限制。针对地主因农民在农忙时节离去而提出的抱怨，政府颁布法令，规定了农民自由离去的时间段，通常是在秋季圣乔治节（旧俄历 11 月 26 日或新俄历 12 月 4 日至 7 日）的前一周和后一周，通常到这时所有的农耕工作都已完成。1497 年的法典将这一时间段的适用范围推广至莫斯科治下的所有领土。

16 世纪中后期发生的两起事件迫使政府采取了严厉措施来阻止农民的进一步流动。其一是对喀山和阿斯特拉罕的征服，使得大量以前在游牧部族控制下的黑土带向俄罗斯拓殖者敞开了大门，农民们立刻抓住机会成群结队地离开林带，涌进东部、东南部和南部未开垦的地界。1564 年，伊凡雷帝开始推行特辖制，而这时，莫斯科公国中部地区的人口流失已经开始了。尽管特辖制针对的是波雅尔阶层，但该政策和其他恐怖政策一样，主要受害者还是平民百姓。在这种情况下，生活在原来属于波雅尔、后被国家没收了的庄园中的农民被交由特辖军管理。为了躲避特辖军的魔掌，越来越多的农民逃往了新近被征服的地界。这样大规模的人口外流持续了 30 年，导致的结果是俄国一直以来人口最为稠密的中部和西北部大片地区变成了半荒之地。据 1581—1592 年间的土地清册记载，许多村庄被荒废，重新变回了森林，耕地变成了草场，曾经回荡着赞美诗之音的教堂变得空无一人。如此大规模的人口流失给国家及其侍臣阶层带来了重大危机。无人居住的村庄既无法向国库缴税，亦不能为侍臣阶层提供战时所需的劳动力。在这之中尤其受到影响的是最受君主体制喜爱的阶层——基层服役贵族（рядовые дворяне）。随着越来越多的农民逃离中部省份，对劳动力的争夺愈加激烈，服役贵族往往会输给那些开出更加优厚条件以吸引农民的教会和波雅尔。面对着自己的财富与权力的根基遭到动摇，君主政权绝不会置若罔闻，于是它开始颁布法令，以阻止农民继续流失。

最先被束缚到土地上的是"黑地"人口。自16世纪50年代开始，政府就颁布了禁止这类农民自由迁移的法令。从事贸易的农民和工匠也被认为属于"黑地"人口，一同被束缚于土地之上。正如将在关于中产阶层的章节中所描述的那样，在莫斯科罗斯，商贸活动主要安置在被称为"波萨德"（посад）的专门地点。这些地方有时是独立的城区，有时是在郊外，偶尔也会在乡村定居点。获准从事贸易或生产待售物品的人口集聚在所谓的"工商社区"（посадские общины）内，该社区则为其成员承担着赋役的集体责任。最早在16世纪中叶，政府就颁布了一系列法令禁止工商社区的成员迁往他处。

之所以束缚"黑地"农民、商贩和工匠，在很大程度上是出于对国库利益的保护。在束缚世袭领地和庄园领地上的农民的问题上，政府首先考虑的是其侍臣阶层的利益。在经济负担与法律条文的双重压迫下，这些农民逐渐沦为了农奴。至于是这两个因素中的哪一个起到了决定性的作用，仍是俄罗斯史学界的一个存在争议的问题。

除了居住在与世隔绝的极北地区的农民外，俄国农民从未获得过对自己所耕种的土地的合法所有权。土地资源被皇室、教会和侍臣阶层所垄断。传统上，俄罗斯农民属于佃农。在一个自然条件不利于农业耕种的国家，作为佃农的俄罗斯农民在经济上处于不稳定的状态。当他们在私人领地上定居后，这些农民通常会与地主达成协议（在莫斯科公国早期是口头协议，后来转变为书面协议），规定农民需要作为租金支付的钱数和劳役形式。作为此类协议的一部分，地主通常会以给予贷款（利息为20%或更高）、种子、家畜和农具的形式向其佃户提供协助。在农民离开领地迁往他处的时候，会被要求偿还这笔援助的费用，并支付他及其家庭的住房租金，赔偿地主因其未能完成冬季杂务而遭受的损失，有时还要支付"离去费"。如果农民没有结清债务就离开的话，则可能会被行政当局作为违约的债务人对待，如果被抓住就会被作为奴隶移交给债权人。负债累累的农民实际上是难以自由流动的。他们负债的时间越长，解脱的机会就越渺茫，因为他们的债务不断增加，而收入却或多或少总是一成不变的。如此债务缠身的农民，虽然理论上可以在圣乔治节前后自由离去，但几乎没人能够利用这一机会。更糟糕的是，1580年，政府临时取消了农民在圣乔治节前后自由离去的权利；1603年，这种临时性的取消变成了永久性的终止。自此以后，除非地主愿意给予他们机会，否则一年中就再也没有任何时段可以让农民行使自由离去的权利了。与此同时（16世纪晚期），莫斯科当局开始记录农民对地主所欠的债务情况。

一些需要劳动力的富裕地主有时会通过赎买债权的方式获得欠债农民，将他们安置在自己的地产上。通过这种方式迁移的农民为数不少，这种流动通常是从小的庄园流向大的世袭领地和修道院。但是对农民来说，以这种方式解除原有债务并不能给他带来什么好处，因为他很快就会背上新地主的债务。赎买债务人更像是贩卖人口，而非行使自由迁移的权利。

对于负债的农民来说，摆脱困境唯一的方式就是逃跑。逃跑的农民可以去投奔那些强大到足以保护他躲避追捕的地主，或者逃往殖民者新开辟的草原地区，或者加入位于顿河畔和第聂伯河畔的"哥萨克"自治社区（由逃离俄国和波兰的逃亡者群体组成）。为了防止农民逃跑，政府于1581—1592年间进行了土地调查，土地清册成了农民住址的官方记录。通过这些记录，可以确定逃亡农民原来的住址。1597年，政府颁布法令，规定自1592年以来逃亡的农民，如果被抓获就要被遣返给他们原来的地主；那些在1592年之前成功逃脱的农民则是安全的。负债的农民与其他农民之间没有划分任何区别；根据1581—1592年间的土地清册，其中登记的地址被认为系对农民归属地的证明。（正是因为这一法令已经遗失而误导了早期的历史学家，使他们认为在1592年通过了一项将农民束缚于土地之上的一般法律。）17世纪初，在定期更新关于遣返逃亡者时效的法令时，总是会追溯至1592年这个基准年。最终，《1649年法典》废除了追逃离去农民的时限。该法典规定任何人不得窝藏逃亡的农民，无论他们何时逃离，逃亡者将被遣送回原籍。那些藏匿逃跑农民者须赔偿地主可能遭受的任何损失。通常认为，俄国全面推行农奴制就是从这时开始算起的，尽管在此之前它已经事实上存在了50年。

严格来讲，被束缚在土地上的农民并不属于地主。他们是"被固定在土地上的农民"（glebae adscripti）。在莫斯科公国时期的文件中，"农奴"（крепостные）与"奴隶"（холоп）一直都有所区别。从政府的角度看，这种区分是有意义的；奴隶不用缴税，在法律上不承担任何赋役责任，也不是任何社区的成员。奴隶制度不符合政府的利益，于是政府颁布了许多法令禁止臣民将自己卖身为奴，结果是让莫斯科公国的奴隶数量持续下降。然而，从农奴的角度看，其与奴隶之间的差别则并不那么重要。因为，俄罗斯的君主体制没有地方行政机关可言，俄罗斯地主传统上对其庄园人口享有非常广泛的特权。历史学家维谢洛夫斯基首先提请学界关注俄国中世纪作为农奴制序幕的庄园司法的历史作用。他认为，即使是在封地时代，人们也已经普遍认为地主如何处置其佃农是他的私事。[10] 这种观念当然是得以保留了下来。尽管不再颁布豁免条例，但16世纪和17世纪的莫斯科很乐意把农民留在私人地产上任由地主摆布。一旦农民被束缚于土地之上，地主就要对他们农奴的税负责：这种责任不可避免地强化了他们的庄园权威。

这种趋势为农民群体带来了恶果，因为君主不断地将大量宫廷土地和"黑地"转交给了侍臣阶层。在16世纪60—70年代，莫斯科把从喀山和阿斯特拉罕征服的南部和东南部边疆地区的大片"黑地"作为庄园领地移交给了侍臣阶层。罗曼诺夫王朝在1613年接掌皇权后，为了巩固自身地位，也大量地分配土地。到17世纪初，"黑地"几乎已经从莫斯科公国的中心地区消失，随之而消失的还有绝大多数生活在自治社区的独立农民。据克柳切夫斯基估计，在17世纪下半叶，在888000户赋役家户中，有67%生活在波雅尔和服役贵族的领地上（比例分别为10%和57%），13.3%生活在教会的土地上。换言之，有80.3%的赋役家户处于私人的掌控之下。由皇权直接控制的数量则只占9.3%。其余部分包括"黑地"农民（约50000户，其中绝大部分生活在北部地区，是曾经的俄国农民主体阶层的一小部分残余）和贸易区（波萨德）

的人口（约43000户）。[11] 就实际情况而言，到了17世纪末，每5名俄国人中有4个已不再是国家的臣民，这意味着国家把对农民的权力几乎全部让渡给了地主。这种状况在《1649年法典》中被正式确定下来。在数百条界定地主对农民权力的条款中，没有任何一条对这种权力作出丝毫的限制。该法典将农民认定为动产，规定农民个人在法律上有义务清偿破产地主的债务，禁止农民向地主提出诉讼，除非事关国家安全（在他们被要求这么做的时候），并剥夺了他们在民事纠纷中出庭作证的权利。

从前述关于地主强制服役的全部内容来看，显而易见的是，农奴制在俄国不是某种特殊现象，而是将全民与国家联系在一起的全面体系中的一个组成部分。与古代世界或美洲的奴隶不同，莫斯科罗斯的农奴不是生活在自由人中的非自由人、生活在公民中的黑劳士（农奴）。农奴身处一个不允许任何人自行支配自己的时间和财物的社会制度之中。在西欧看来，莫斯科罗斯社会地位的世袭属性以及缺少能够保障社会成员权利和特权的章法这两个特点意味着俄罗斯全民皆为奴隶。[①] 米哈伊尔·斯佩兰斯基从他所受的西方教育背景角度对当时的俄国进行审视后得出结论认为，俄国只有两个社会阶层：君主的奴隶和地主的奴隶。前者只有在与后者相对而言时才能称得上是自由的。[12] 这些话语写于1805年，

---

① 按照马克·布洛赫的观点，在封建时代的法兰西和勃艮第，"人们认为，如果一生中连一次自由的选择都没有做出过，自由即已失去。换言之，所有世袭关系都已经被打上了奴隶性质的烙印"（*Feudal Society*, London, 1961. p.261）。至于第二点，在西方普遍认为，只有那些获得了皇家特许状的群体才构成了社会阶层，而农民没有获得这样的特许状，因此认为农民不构成社会阶层（Jacques Ellul, *Histoire des institutions* (Paris 1956), II, p. 224）。——原文注

当时服役贵族的法律地位与 16 世纪和 17 世纪相比已经有了极大的改善。

诚然，农民处在社会的金字塔底层，在某些方面（虽然不是全部）遭受的苦难最为深重；但是，农民隶属于一个普遍的体系，其奴役身份应视为这一体系的内在组成部分。"农民既非受土地奴役，亦非受人（地主）奴役，如果可以如此表达的话，他是受国家奴役着。农民通过地主这一中介沦为国家的工人。"[13] 至少在一个方面，莫斯科公国的侍臣阶层与他们的农奴相比处于劣势，那就是他们不能常年在自己的家中，与自己的家人居住在一起。至于侍臣阶层的负担有多沉重，可以从《1497 年法典》和《1550 年法典》的条文中得知。法典规定，地主不得卖身为奴以逃避为国家服役。从事贸易和手工业的人口也同样被自己的职业和居住地所束缚。换句话说，农奴仅仅是最广泛和最显而易见的奴役形式，它已渗透至莫斯科社会的每个阶层，形成了一个没有个体自由空间的连锁体系。

4. 行政管理体系：杜马、缙绅会议、官僚

莫斯科公国的行政管理机构相当简单。沙皇有一个理事会，称为"杜马"或"波雅尔"（人们熟知的术语"波雅尔杜马"是 19 世纪的历史学家采用的一个新词）。其前身可追溯至诺曼时代，当时的王公通常会与其亲卫队中的长者一同议事。在封地时代，这种理事会大多由负责掌管王公领地和税收的侍臣组成，被称作"领署波雅尔"（путные бояр）。随着君主国规模的扩张，莫斯科

大公的理事会也被扩大，除了大公的近亲和高级官员之外，还加入了名门望族的代表。在 14 世纪、15 世纪以及 16 世纪上半期，杜马都具有显著的贵族色彩，但随着大家族势力的衰落，他们在杜马中的代表席位逐渐被普通的侍臣所取代。到了 17 世纪，功绩逐渐取代了血统成为获得杜马席位的决定性因素。

俄国历史学家对于杜马是否享有立法权和行政管理权，抑或杜马是否仅仅对他人的决定做批准这个问题着墨甚多。似乎后一种观点更有依据。杜马缺乏一些已知具备有效政治权力的机构的重要特征。其人员构成极为不稳定，不仅代表资格变动快，而且代表数量的变化也极大，有时高达 167 人，有时低至 2 人。没有固定的会期，没有辩论的记录，杜马参与决策的主要证据是附在许多法令上的一句套话："沙皇做出指示，波雅尔确认通过。"杜马没有对活动范围做出明确规定。1711 年，杜马以平静的、几乎不为人知的方式消失了，这表明它没能培养出一种公共精神，而且对侍臣精英阶层也没有多大意义。鉴于这些原因，杜马最好不被视为皇权的制衡力量，而应视为皇权的工具；它是内阁而非议会的雏形。它的主要意义在于，可以赋予高级官员参与制定他们必须执行的政策的机会。每当政府面临重大外交决策时，杜马就会非常活跃，这里产生了数位俄国知名外交家。在 17 世纪末，杜马存在的最后阶段，该机构越来越多地承担了管理政府部门以及司法事务的责任。(《1649 年法典》即是由杜马下属的一个分委员会起草的。)此时，杜马所发挥的职能已经趋向于参议院，并于1711 年被参议院所取代。

在某些特定情况下，通常是在国家面临危机的时候，君主当局需要来自"土地"的支持，此时杜马会扩大成一个代表大会

（Собор）。（就像波雅尔杜马一样，通用名称是"土地代表大会"，即"缙绅会议"，系19世纪创建的。）当这种情况发生时，杜马的所有成员都会收到个人参会邀请（这一极具特色的细节也表明杜马缺乏法人地位），高级神职人员也会收到参会邀请。此外，邀请函会派发至地方行省，要求侍臣阶层和赋役缴纳者派遣代表参加。不存在规定代表选举的程序或是代表名额的限制。有时上级的指示会要求，有多少想来的代表就来多少。已知的首届会议召开于1549年。伊凡四世于1566年召集过一次会议，以求帮助自己解决因利沃尼亚战争失利而导致的财政和其他方面的困难。缙绅会议的黄金时期是在混乱时期（Смутное время，1598—1613年）之后。1613年，会议代表范围非常广泛，甚至包括了"黑地"农民。大会通过选举将米哈伊尔·罗曼诺夫推上了皇位，由此开启了罗曼诺夫王朝的时代。此次会议的会期一直持续到了1622年，帮助官僚机构恢复了受战乱破坏的国家秩序。新王朝的位置得以稳固之后，会议的召开就没有那么频繁了。在1648—1649年，即严重的城镇骚乱时期，会议被要求批准新的法典。最后一届缙绅会议召开于1653年，此后该制度就从俄国的生活中消失了。

　　莫斯科的缙绅会议与欧洲近现代早期的三级会议，从表面上看有太多相似之处（包括暂停的时间），以至于难免要对两者进行类比。然而，如果说俄国史学界对杜马的历史作用问题存在分歧的话，在对缙绅会议的历史作用问题上则几乎没有什么争议。即使是将杜马视为10世纪—18世纪间俄国真正有效政府的克柳切夫斯基，也认为缙绅会议是绝对主义的工具。他对1566年缙绅会议的看法是，那是"政府与其代理人之间的一次会商"[14]。这种观点也适用于其他全部届期的缙绅会议。西方的三级会议与俄国缙绅会议的主要差别在于，西方的三个等级是受法律认可的公共实体，其成员享有相应的权利和待遇，而俄国不存在这样的"等级"。俄国仅有"官阶"（чин），而且以此来确定的当然是个体与沙皇的关系。缙绅会议是"莫斯科公国各级官员"的聚会。缙绅会议的参加者被认为是在履行对国家的义务，并享受国库俸禄。参会是职责所在，而非权利。与杜马一样，缙绅会议没有程序和规则，没有选举参与者（代表）的制度，没有日程安排；有些会议只持续几个小时，有些持续几天，还有的会期则长达数月甚至数年。

总之，杜马和缙绅会议应当被视为国家所必需的权宜措施，直到国家能够支撑一个有效的官僚体系为止。杜马为皇权和中央行政之间提供了联系的纽带，缙绅会议为皇权和地方之间提供了联系的纽带。当官僚体系逐步得到完善，这两个制度便被悄然取消了。

官僚机构的人员规模仍然小得令人惊讶。按照新近的估算，17世纪末，俄国中央行政机构的人员职数在2000人左右（抄写员除外），其中有一半以上在四大主要机关中供职：庄园领地衙门、两个管理国家财政收入的机构（宫廷衙门和财政衙门）以及职官部。[15]普利卡斯的机构管理一部分按照职能进行划分，一部分按照地域进行划分。上述四大机构属于前一种类型，而管理西伯利亚、斯摩棱斯克和小罗斯（乌克兰）的，则属后一种类型。地方行政授权于地方总督（参见139页）。司法机构不独立于行政体系。在一些特定情况下，尤其是在16世纪中期，政府鼓励建立地方自治机构。然而，对这些机构的进一步分析表明，它们实际上是原始的国家官僚机构的附属品，而非服务于民众的利益，这些机构对莫斯科负有责任即是证明。[16]

5. 管控与镇压机制

一个对社会有着极端需求的政治体制，管控机构是其不可或缺的附带品。在莫斯科公国数百万平方千米的范围内，侍臣履行职责，平民被束缚于自己的社群中，商贩缴纳流转税。国家索取得越多，社会就越发逃避，而国家，用索洛维约夫的话说，就不得不展开系统性的追捕：

> 对人、对劳动力的追捕，在莫斯科国家全境范围内大面积铺开。捕捉的对象包括逃避赋役的城市市民，无论他们身在何处，以何种方式隐藏自己，无论是卖身为奴，还是出家为僧；捕捉的对象还包括那些背负着重税的农民，他们或独立流浪或结队迁移至"巨石"（乌拉尔山）之外的地区。地主也对与其有依附关系的农民展开搜寻，无论他们是逃散、是藏匿于其他地主之处，抑或是逃往乌克兰、投奔哥萨克。[17]

在理想情况下，莫斯科公国需要一支具备各种技术条件的现代式的警察部队。但因无力维持哪怕是最原始的监控机构，他们不得不依赖于粗暴的手段。

检举揭发：公民之义务

检举揭发是诸多手段中最为有效的、使用最广泛的一种。前已述及，《1649 年法典》禁止农民诉讼地主的规定中设置了一个例外：当地主的活动危害君主或国家时。这类危害国家的罪行范围很广，包括了现代极权主义法学语言中所指的"经济犯罪"，例如：藏匿农民以躲避户籍调查，对庄园领地衙门瞒报或谎报土地占有量。法典非常依赖检举揭发这种方式，以此作为确保国家获得适当数量的服役和赋役的手段。其中一些条款（如第 2 章第 6、9、18、19 条）规定，对反政府的"阴谋"知情不报者将被判处死刑。法典还规定，"叛徒"的家属（包括其未成年的子女）有可能因未及时向政府报告以阻止犯罪行为的发生而被判处死刑。[1]在 17 世纪，反国家罪（即反沙皇罪）被称为"言行罪"（слово и дело государево），即表达出的意图或是实际行为有害于君主。任何人以这些可怕的言语状告他人，都将导致被告被捕并遭受严刑拷问；通常，原告也会遭受同样的命运，因为当局会怀疑其隐瞒了某些内容。"言语和行为"常常被用于解决个人恩怨。这种做法的两个方面需要强调，因为它们在很大程度上预示着俄国后来关于政治犯罪的判例。一是在涉及君主利益的问题上，对犯罪意图和犯罪行为本身之间没有做出任何差异性的划分。二是国家几乎不关心臣民个体之间的犯罪行为，而仅对损害国家利益的犯罪

---

[1]　这种法制暴政在 1934 年被斯大林准备实施恐怖统治的时候再次启用。刑法第 58 条补充条款中规定，对"反革命罪行"知情不报最低判处六个月监禁。对于反国家罪情节特别严重者，例如叛逃国外，其家属也要面临严厉的惩罚（5 年监禁），即便他们事先对犯罪者的意图不知情也是如此。这是斯大林更甚于《1649 年法典》订立者的一个方面。——原文注

行为制定了非常严厉的惩罚。

若非赋役制度中固有的集体责任，检举揭发作为一种控制手段的效力未必能够过半。任何逃离赋役集体者，其所应承担的赋役将落在集体中其他成员的头上（至少在下一次土地清查之前如此），因此政府实际上具有了一种保证，即赋役承担者之间严密地相互监督。商贩与手工业者尤其热衷于留意和告发其邻居任何隐瞒收入的企图。

国家如此监视臣民，臣民如此相互监视。这种相互监视对俄国社会的集体意识所产生的影响可想而知。没有人能允许其所在的集体或阶层中，有其他成员改善自己的生活，因为这很可能是以牺牲别人为代价的。个人的利益需要社会的平均。① 俄罗斯人被要求去检举揭发别人，而且他们自身也渴望这么做。实际上，在18世纪早期，农奴获得自由的唯一合法途径就是告发地主藏匿农民以躲避户籍调查。在这种情况下，社会无法培育出任何健康的公共意识，也无力联合起来制衡政府。一种警察心态被深刻地根

---

① 这是安德烈·阿马尔里克关于现代俄罗斯人的一种观点（*Will the Soviet Union Survive Until 1984* (London ,1970), P. 33）："尽管公平的概念具有表面上的吸引力，但是当仔细研究这一问题时，就会发现这恰恰代表了俄国人心理中最具破坏性的一面。实际上，'公平'这一概念涉及人内心的一种愿望：'没有人应该过得比我好。'（但并非对被大肆炒作的工资平均化概念的一种愿望，因为许多人生活得更差是一个被人乐于接受的事实。）……就像我所观察到的一样，许多农民对他人的成功比自己的失败更加感到痛苦。通常来说，普通的俄罗斯人如果看到自己邻居的生活比自己好，他不会把注意力放在如何努力改善自己的生活上，而是把注意力放在如何将邻居的生活水平降低到与自己一样的水平上。我的推理在某些人看来可能很幼稚，但是无论是在农村还是城市，我都观察到了许多例子。我把这看作是俄罗斯人心智的典型特征之一。"——原文注

植在了国家机构和民众之中，以至于后来像叶卡捷琳娜二世这样的开明统治者，试图想要根除这种心态的努力也远没有取得成功。

封锁的国境线

没有人被允许逃脱这一体制。国境线遭到严密封锁。所有通向国外的道路都被边防人员封锁住边境点，凡是不能提供规定的官方许可文件的旅行者皆不得通过。这种官方许可文件称为通行文书（проездная грамота），只有向沙皇申请才能得到。在没有这种文件的情况下，企图前往国外的商贩将被没收财物，其亲属将遭到严刑拷问以获取其出行的原因，然后被流放至西伯利亚。《1649 年法典》第 6 章第 3、4 条规定，俄罗斯人如未经许可前往国外，在返回之后被揭发，须接受对其出国动机的询问。如有发现犯叛国罪，将被处决，而如果出国目的是赚钱，将被处以鞭刑。实行这种严酷措施的主要原因是担心侍臣和收入的流失。经验表明，俄罗斯人在熟悉了国外生活后便会不愿再回到祖国。"俄罗斯人被禁止和（波兰）国王的人一同供职，因为他们会上当受骗。"这是伊万·戈利岑在 17 世纪所表达的观点。"在一同服役了一个夏季之后，第二个夏季，俄罗斯人中能干的人剩下不到一半——不仅是波雅尔，他们中能留下来的仅仅是那些年迈到难以服役的或是不想服役的人，而且还有穷人，他们没有一个人会留下来。"[18] 令人难忘的是，鲍里斯·戈东诺夫派往英国、法国和德国去学习的十几个年轻的俄国贵族，没有一个人选择返回。

所有希望进入俄国的外国人也都面临着很大的困难。边防警卫在严格的命令下劝退了所有没有入境许可的外国人。依自己的意愿来莫斯科公国经商或办理某项事务是绝对没有可能的。即便是那些具备所需的全部文件的外国人，在俄罗斯逗留的期限和居住地点也是受到严格限制的。当地人也被禁止与外国来访者建立联系：

> ［莫斯科公国的］俄罗斯人与外国人的任何谈话都会招致前者受到严重怀疑，不仅怀疑其对俄罗斯宗教和传统习俗的忠诚，而且还会怀疑其政治立场。按照当代的说法，也许有夸大的成分，但一个外国人难以在街道上驻足而观却不被当作间谍。[19]

在1703年1月以前，所有的国内与国外新闻在俄国均被视为国家机密，也许没有什么能比这一事实更好地表现出莫斯科公国对其民众的态度。新闻通过被称为"库朗特"（куранта，源于荷兰语词：krant，意思是报纸）的报道来传递。"库朗特"由外交衙门根据国外信息编制而成，供沙皇及其高级官员专享，其他任何人都无法接触到这些信息。

第五章

世袭国家的局部瓦解

　　我们所探讨的体制，对于来自下层的压力具有极强的免疫性，以至于至少在理论上，其应当能够长久地延续下去。皇权对政治权力的垄断，对几乎全部的土地、商业和手工业资料的占有，对社会各个阶层的牢固掌控，以及隔绝非其所好的外国影响之能力，所有这些条件合并起来似乎预示着其江山永固。无人会相信莫斯科的民众有撼动这一体制的能力；况且，如前所述，民众有很好的理由抗拒变革。希腊化世界中那些与莫斯科公国有着诸多共同之处的、庞大的世袭制国家，它们的崩溃往往是由于外敌入侵，而非内因所致。亚洲和中美洲的那些"东方专制"（oriental despotic）型体制的国家也同样如此。

1. 世袭体制的危机

　　然而，在俄国，世袭体制确实经历了巨大的变化，尽管这种变化首先是由上层，即政府自身引发的。俄国君主之所以发现有必要对于自己煞费苦心才建立起来的这种封闭且能够自我巩固的体制进行变革，是缘于俄国与西欧的关系。在所有世袭和东方专制型体制的国家中，俄国是地理位置上最接近西欧的国家。此外，因其基督教和斯拉夫国家的身份，俄国在文化上对来自西欧的影响表现得最为敏感。在同西方（尤其是在军事和战争方面）更灵巧而"科学"的管理体制发生碰撞之时，俄国首先意识到了自身僵化的、约束式的体制所存在的弊端。俄国是最早经历自信危机的非西方国家，而其他非西方国家后来也相继经历了同样的危机。这种危机来源于他们意识到无论西方文明看上去是多么的低劣和可憎，它都掌握了权力和财富的秘诀，若要在与其竞争中立于不败之地，就必须要得到这一秘诀。

17世纪下半叶，俄国领导层开始产生这一意识，这比另一个非西方的、未被殖民的强国日本经历类似的冲击要早200年。在克服了初期的混乱之后，俄国启动了内部改革的进程，这一进程从那时起在起起落落中延续至今。首先经历改革的是军队。然而很快问题就显现了出来：仅仅复制西方的军事技术是不够的，因为西方实力的源泉根植于社会、经济和教育；这些领域同样需要俄国学习和追赶。随着与西方的频繁接触，俄国的统治者们意识到他们的权力仅仅是表面上的；皇权拥有和控制一切的体制极大地限制了他们所能达成的目标，因为这种体制使他们丧失了社会自由发展所带来的支撑力量。相应地，皇权开始谨慎地推行体制变革。最初，皇权所希望的仅仅是将西方体制中的个别内容移植入世袭体制中，从而实现两全其美。彼得大帝曾向他的同僚吐露心声道："我们在几十年的时间内需要欧洲，然后我们就应该背弃它。"[1] 然而，改革的进程一旦启动就不可能随意停止，因为一旦社会精英从政府的改革活动中获得了力量和独立，就会为了自身的利益向君主施加压力，从而博取体制原本不打算出让给他们的权利。最终的结果是，世袭政权四大支柱中的三个被逐渐消解，部分是自行的，部分是被迫的。自1762年2月18日贵族正式豁免强制性国家服役，至1861年2月19日农奴获得自由，在这99年间，皇权约束下的社会等级体系逐渐消解。官员阶层（чины）获得了自由，并转变为可以谋求自身利益的社会阶层（сословия）。同时，皇权放弃了对国家经济资源的独占权。在18世纪下半叶，皇权放弃了对土地资源的垄断，将庄园领地的完全的、无条件的所有权转移给了贵族，并取消了几乎所有对贸易和工业的垄断。最后，该国还敞开了大门，各种外国思潮得以畅行无阻。

　　这些进展似乎也预示着俄国最终的政治西化，即达到一种国家与社会共存于某种均势之中的秩序安排。一个失去了社会、经济与文化支柱的世袭体制似乎是注定要灭亡的。或者说，在大多数俄罗斯帝国问题的观察家看来，无论是俄国本土的还是外国的，大概都是这么认为的。然而，历史告诉我们，这样的结局并未出现。沙皇政府实施的改革没有达到其预期的目标。在愿意出让给人民相当可观的经济利益、公民权利以及思想自由的同时，君主政体坚持保留其对政治权威的垄断。世袭观念纵然已经遭到了沉重打击，但仍然存活于帝国的背后，只有那些最具洞察力的观察者如斯佩兰斯基、恰达耶夫和屈斯蒂纳才能不被"历史趋势"的假象所蒙蔽，认识到这一事实。沙皇政府为何没能采取最后的、具有决定意义的一步，"为大厦封顶"（这是19世纪的一种委婉表达），是一个复杂的问题，将在适当的地方进行探讨。这里我只想说，沙皇统治集团坚决拒绝与社会分享政治权力；即使在1905

年受革命形势所迫而最终立宪，其做出的让步也是形式多于本质。

不彻底的改革给俄罗斯的国家与社会之间的关系注入了致命的矛盾。为了提升国家的实力与威望，民众被鼓励去接受教育、充实自身、培育公共精神，并且在被召唤的时候，去帮助"自己的"政府。与此同时，民众被期望要忍受一个家长式的政权，该政权对自身没有任何限制和准则，不仅将公民排除在立法活动之外，甚至连公开讨论此类活动也会被严厉惩罚。

贯穿于彼得大帝之后整个俄国历史进程的紧张关系的主要根源即在于此。一个旧制度，尽管有其局限性，但至少在逻辑上是连贯和一致的，而旧制度被摒弃了，换上了某种新旧参半的制度。这种制度安排逐渐剥夺了俄国统治者曾经享有的权力，但并未给他们带来任何因自由和民主治理而带来的益处。

最终的结果是沙皇的权威受到侵蚀，并且由于皇权是俄国合法权威的唯一来源，因此政治上也出现了普遍的混乱与无序。为了转移精英阶层对政治的注意力，皇权充分满足了他们物质上的需求。叶卡捷琳娜二世实际上将俄罗斯帝国分成了两半，每一半都以利用为目的，被交给了服役阶层中的两个群体：拥有土地的宫廷贵族群体和官僚群体。这两个群体只要能够向皇权上缴足额的赋税和壮丁，并且不干涉政治，便会被允许可以不受干扰地对国家资源进行利用。此时的俄国，出于实用的目的，已经完全被承包给了私人利益。作为保留（已经没有意义的）专制特权的代价，皇权不得不在很大程度上出让对国家的所有权。

由此而产生了极为奇特的结果。在18、19世纪，俄国君主的权力形式和以前一样令人印象深刻，沙皇一旦决定去达成某个具体目标，就没什么能够阻挡；他们可以任意立法，任意创立、改革或是废除某些制度，以及宣战、议和、处置国家税收和国有资产，提拔或是贬低某个臣民。然而，他们对国家的整体掌控，以及他们干涉日常事务的能力是微弱且不断衰退的。在帝国时期的俄罗斯政治发展史上，君主无力将自己的意志作用于基本政策的例子比比皆是。就好像他们是一艘航船上的船长，对船员和乘客拥有全部的掌控权，却没有操作航船或者选择航线的权力。这种发展模式频繁显现于俄国君主（叶卡捷琳娜二世、亚历山大一世和亚历山大二世）的生活中，无论他们奉行的是自由主义还是保守主义路线，这不是因为他们缺乏真正的改革愿望，而是因为先前累积的经验使他们领悟到，他们没有能力把自己的帝国引向他们想要的和他们能够预期的最好的道路上来，他们能做的只是防止国家陷入混乱。"专制政治"越来越多地代表着消极的矢量，即：将社会排除在政治决策之外；它不再意味着皇权对国家的控制。自相矛盾的是，因坚持对政治权力的垄断，俄国专制君主实际拥有的权力比西方的立宪君主更小。

以上内容只是对出现在18世纪和19世纪上半叶俄国国家结构及其与社会关系之变化做出的概要。在此我们将对其发展变化的情况做进一步的审视。

2. 彼得一世的军事改革

莫斯科国家是为战争而组织的，在这方面更甚于近现代早期的西方君主国。没有哪个欧洲国家具有如此绵长而无屏障的边境线、为寻求土地和物产而不断向外扩散的流动人口以及如此广袤的疆土需要驻防。沙俄帝国的主要资源几乎都用在了军事目的上。当我们谈到，在 17 世纪下半叶，67% 的赋税人口生活在世俗经营者的土地上（参见 150 页），这实际上意味着全国 2/3 的劳动力都在直接支持或"喂养"军队。如果考虑到皇室把从税收及其私有财产和商贸活动中获得的大部分资金也都用在了军事上，那么这一数字会更加惊人。

旧军制的缺陷

尽管支出如此巨大，但效果却远远不尽如人意。在 17 世纪，不断有证据显示，俄国传统的作战方式不再有效。这一时期，俄国军队的骨干力量仍然是由波雅尔和服役贵族组成的骑兵。这支部队则被由平民组成的步兵支持着。骑兵与步兵的比例是 1∶2，是军中的高级武装。与中世纪的西欧一样，除了大公家院的私人武装之外，莫斯科的军队到了秋季就会复员并被遣散回家，待到来年春季再重新集结。来报到服兵役的男丁带着他们能拿到的任何武器：各类火器、斧子、长矛、弓箭。军中没有常规建制、没有指挥系统、没有战术策略。骑兵通常被分为五路纵队，有大群的步兵尾随其后。骑兵按照既定的信号冲入战场，之后便各自为战。这种基本上属于中世纪的作战方式，是俄国人在蒙古军中作战时学会的，在面临采取同样作战方式但装备较差的鞑靼人时，这种方式已经足够有效。俄罗斯士兵与其东方敌手一样强悍、存活能力强。按照 16 世纪的旅行家赫伯斯坦的说法，俄罗斯人在战场上仅靠自己携带的一袋燕麦和几磅腌肉生存。在面对波兰、奥斯曼帝国、瑞典这些强国的军队时，尤其是在进攻性的战役中，莫斯科军队发现自己根本没有任何取胜的希望。这是伊凡四世在

1558 年付出了沉重代价后得到的教训，当时他刚刚取得了对鞑靼人的胜利，转而向西去挑战波兰和瑞典，从而爆发了利沃尼亚战争。经过了 25 年的征战，巨大的战争投入将国家消耗殆尽，伊凡四世不仅没能控制利沃尼亚，反而被迫交出了自己的数座城池。在大混乱时代（1598—1613 年），俄罗斯的军队在对外国军队的战绩上并没有什么好的表现。

俄军在西部战线遭遇的困境主要缘于他们无法跟上军事技术变革的步伐。在 16 世纪晚期和 17 世纪早期，西欧国家逐渐发展出了"科学的"作战方式，淘汰了招募拥有土地的贵族及其卫队的传统征兵方式。战争逐渐变得职业化，雇佣军成为战场上的主力。一个极为重要的事件是燧发枪与刺刀的发明，这使得以往用来掩护低速滑膛枪士兵的长矛兵退出了历史舞台。此时在西方，步兵已经代替了骑兵成为军队中的主力。伴随着技术创新的是战术上的深刻变革。为了能够最大限度地发挥新式武器的优势，士兵们被训练得如同机器人一般，毫无畏惧地向敌人推进，交替射击和装弹，直至短兵相接、刺刀肉搏。军中的指挥系统得以建立，每个作战单位的长官负责其部队在战场内外的行为；军队被编成了旅、团、营；炮兵独立成为一个专门的兵种；成立了特种工程和工兵部队执行围城任务。在这一时期军装开始被采用，这象征着中世纪战争向现代战争的过渡。如此职业化的军队必须由国家财政提供常年的支持。由此耗费的成本是巨大的，从而最终在很大程度上引发了整个欧洲范围内绝对君主制的毁灭和崩溃。

莫斯科国家曾经有过一支常规步兵射击军，主要职能是保护沙皇和驻守城市。但是这支部队既不懂得阵型也不知晓战术，无法与现代军队相提并论。更何况，在战争的间隙期，他们还要从事商贸活动来养家糊口，而不是参加军事训练。大混乱时代之后，俄国统治阶层被外国军队在俄国领土上的表现所震惊，他们开始从国外聘请军事指挥人员，按照西方的模式组建和训练"新"军。在1632—1633年间，由部分新军（其中一部分由西方雇佣军指挥）和部分旧式骑兵组成的一支庞大的俄国军队，奉命从波兰人手中夺取斯摩棱斯克。战役以俄军的败降告终。在后来与波兰人的战争（1654—1667年）中，尽管波兰当时还在与瑞典进行着殊死搏斗，俄军也没有获得胜利。在1676—1681年间，俄国与土耳其人和克里米亚鞑靼人之间经历了数场无果之战，尽管土耳其人和克里米亚鞑靼人的军队亦不能称得上现代化。虽然有过这些令人失望的经历，但是俄国组建西式军团的步伐仍然很快，到了17世纪80年代，新军的数量已经超过了骑兵部队。然而，打胜仗对俄国人来说仍然是件可望而不可即的事情。1681年，俄国成立了一个波雅尔委员会，专门研究俄军表现不佳的原因。最后，该委员会给出的主要建议是取消贵族门第选官制度（1682年），但是这一举措收效甚微，因为在1687年和1689年，俄军在与克里米亚的战争中再遭失利。问题之一在于：作为俄军中坚力量的侍臣阶层蔑视步兵和由外国军官指挥的部队，顽固坚持在传统的骑兵部队服役。因此，新军中要么是那些最为贫穷的、没有能力为自己买马的贵族，要么是在地主和统治阶层看来可以牺牲的农民，换句话说，他们大概拿不了剑，也用不了犁。此外，新军与传统部队一样，到了秋季就会解散，以免政府还要在冬季的闲散月份供养他们，这使得外国军官根本不可能将他们训练成纪律严明的战斗单位。

如果考虑到俄国在17世纪末就已经是世界上最大的国家，从战略上是最不易受到攻击的国家之一（上述已有的军队已经足够守卫东部和南部绵长的边界），那么人们自然会问，为什么俄罗斯还需要一支庞大而现代化的常备军。从广义上来说，这是一个哲学问题，可以同样对波旁王朝治下的法国或瓦萨王朝治下的瑞典提出这一疑问。17世纪恰好是一个狂热的尚武时代，此时的俄国与西方的接触日渐频繁，根本摆脱不了时代风尚的感染。然而，当我们寻找更加具体的答案时，我们发现俄国的历史学家，无论是革命前的还是革命后的，给出的所谓标准答案都是没有说服力的。尤其令人难以接受的一个主张是，俄国需要一支强大的现代化军队是为了完成所谓的"国家任务"，即从波兰人那里收复曾经属于基辅国家的土地，并取得不冻港。历史记录表明：18世纪，这两项国家任务的完成并没有满足俄国对土地的欲望。俄罗斯将波兰的部分土地视为其合法的世袭领地，在得到了这些土地后，在1815年又更进一步，吞并了华沙公国，而华沙公国从来都不是俄罗斯的领土。俄国人甚至还想得到萨克森。当俄国人得到了有着不冻港的黑海北岸后，他们就立刻要求得到君士坦丁堡和黑海海峡所处的黑海南岸；在得到波罗的海出海口之后，他们随即占领了芬兰。因为俄国总是可以证明，需要以新的征服来保护旧的土地（这是所有帝国主义的典型理由），而这样的解释可以完全不予理会：如果照此推理的话，其逻辑结果就是掌控全球。因为只有掌控了全球，这个国家才可以说被完全保护起来，不用再害怕外部的威胁。

抛开为战争诉求寻找理由的哲学问题，我们可以对俄国沉迷于军事力量和领土扩张提出两种解释。

一种解释与俄罗斯民族国家的形成方式有关。莫斯科的统治者在追求绝对权威的过程中，不仅必须获得专制权力，还必须获得我们所定义的独裁统治（参见84页），从那时起，他们就本能地将主权与获取领土画上了等号。于是，沿着地球表面的领土广度扩张与对臣民在政治权力意义上的深度扩张，这二者在他们思想意识中结合了起来，成为俄国主权的基本要素。

第二种解释与俄国固有的贫困和俄国人对新资源，尤其是对耕地那种无限的渴望相关。俄罗斯国家在每一次大的征服行动之后，会即刻伴随着大规模的分发土地，对象为侍臣阶层和宗教人士，同时将新获得的土地对农民开放，以吸引农民前来拓殖。在18世纪瓜分波兰的问题上，我们使用了大量统计信息来阐明这种联系。众所周知，叶卡捷琳娜二世喜欢以赏赐土地的方式来巩固其在俄国的地位。在其执政的第一个十年（1762—1772年）中，她分配了大约6.6万个农奴。在1772年第一次瓜分波兰时，她将获得的土地赏赐给了宠臣；在1773—1793年间，她所分配的20.2万个农奴中，绝大部分都是来自第一次和第二次瓜分波兰时所获得的领土。这种做法使得资源很快被耗尽。她曾经向在俄土战争中立下功绩的将军和外交官们许下馈赠的承诺，然而在1793年，由于资源被耗尽，她不得已只能违背当时的承诺。那些承诺直到第三次瓜分波兰后才得以兑现。1795年8月18日，叶卡捷琳娜二世分配了约10万名农奴，其中的大部分仍然是来自波兰地区。[2] 叶卡捷琳娜二世在其统治时期赐予贵族大约80万名男女农奴，其中有超过半数来自被俄国人武力夺取的波兰联邦的领土。在此我们有清晰的证据表明，隐藏在"国家任务"这一崇高口号背后的是最为世俗的现实：攫取他人财富以满足俄国自己对于土地的贪婪欲望，并在这一过程中稳固君主体制在国内的地位。这种状况时至今日都未改变。例如，在拉脱维亚和爱沙尼亚，这两个地区因纳粹与苏联间的协定而于1940年被苏联占领，有统计数据显示，在随后的30年间（1940—1970年），有相当数量的俄罗斯人涌入这两个地区定居。伴随着俄罗斯人的移入，大量拉脱维亚和爱沙尼亚人被驱逐至俄罗斯腹地，使得这两个被征服的共和国中俄罗斯族居民的数量增至原来的三倍（从32.6万人增至104万人），同时也使俄罗斯人的人口份额升至近三成（从原来的10.8%升至28%）。[3]

常备军的诞生

彼得大帝，近代俄国军事力量的缔造者，他对军事的热衷还有着额外的因由。尽管在世人看来，彼得是一位改革者，但是在他自己的眼中，他首先是一名战士。他那旺盛的精力从一开始就引导他热衷于和竞争、危险相关的活动。他在六个月大时就开始走路，十几岁的时候，他最喜欢的事情就是和真正的士兵一起玩耍。待到身形健硕之时，他则喜欢与普通士兵一同征战的生活。当他的儿子出生之时，他兴高采烈地向他的臣民宣布，上帝赐予他又一个"新兵"。彼得坚信，军事力量对于每个国家的福祉来说都是至关重要的。他在给自己那完全没有军人气质的儿子的信中，强调了战争在历史中的主导作用。[4]无怪乎在彼得统治的36年间，俄国只有一年是真正的和平年。

彼得很快意识到，他从其祖先那里继承下来的是一支新旧混杂的军队，这样的军队根本无法帮助其实现军事上的抱负。令俄国人痛心疾首的一次教训发生在1700年，一支由瑞典国王查理十二世指挥、8500人组成的瑞典军队，击溃了包围纳尔瓦城（今爱沙尼亚城市）的4.5万俄军，用查理十二世自己的话说，就像打"野鹅"一样将他们射杀。9年后，彼得在波尔塔瓦得以报仇雪恨，然而他的胜利实际上并没有传说中的那么辉煌，因为此时的瑞典军队在举止乖戾的国王的指挥下深入敌境，待决战之日已成疲惫之师，且在数量和装备上寡不敌众。波尔塔瓦之役两年后，彼得因其军队被土耳其人围困于普鲁特河而再次蒙羞。最终，在一个改信东正教的犹太人沙菲罗夫的外交努力下，才得以解困。

在彼得的发起下，一支庞大的常备军队得以建立，这成为俄罗斯国家历史中的关键性事件之一。到彼得临终时，俄国已经拥有了一支由21万现役人员和11万后备人员（哥萨克和外国军团等），以及2.4万水兵组成的强大军队。18世纪西欧诸国普遍认为，一个国家能够维持的军队数量的标准是每100名居民中有1名士兵，俄国如此规模的军队建制相对于其当时的人口（1200万或1300万），几乎是西欧标准的三倍。[5]维持如此庞大的军队，对于俄国这么一个贫穷的国家来说，无疑是极其沉重的负担。为了使国家能够承受这一重负，彼得不得不对国家的税收、行政和社会结构进行改革，并在一定程度上改变了国家的经济和文化生活。

对平民的影响：人头税与征兵制

对彼得来说，资金是其最迫切的需求；军费开支通常要消耗掉俄国国家收入的80%—85%，有一年（1705年）竟高达96%。在尝试了各种财政手段之后，1724年彼得决定将几个世纪以来复杂的钱、物和劳动力缴纳体系整个废除掉，取而代之的是对每一个成年男性征收人头税的简单方式。原来的"赋税"名义上被取消，但实际上到18世纪末还偶尔会被采用。在彼得一世改革之前，农村的纳税单位是规定面积的播种土地或者（在 1678 年后）是家户。旧的征税方式使纳税人有避税的可能，例如：削减耕种面积即可降低按耕地面积征收的赋税；尽可能让更多的亲属纳入一户即可降低按户征收的赋税。人头税，这种对每一名成年男性征税的方式排除了上述避税的可能。这种方法的另外一个优点是能够激励农民扩大耕种面积，因为农民不会再因为扩大耕种面积而被征收更高额度的赋税。彼得一世还通过消除介于赋役阶层与侍臣阶层之间的中间阶层人群的方式来扩大纳税群体的范围，那些人之前往往能够躲避各种国家义务，例如奴隶、破落贵族（其劳动状况与普通农民无异，但仍然被认为是侍臣阶层的成员），以及未被分配教区的教士。这几类人此时都被并入农民阶层，并逐渐沦落到农奴的地位。如此社会阶层的重新划分使得纳税人口增长了数十万。最为典型的是，人头税的额度不是取决于纳税个体的支付能力，而是取决于国家需要收缴的总量。政府估算其军费开支为 400 万卢布，这一总数便按比例分摊到各个纳税群体。以此为基础，人头税的额度最初定为：私人所有者的农奴，每人每年 74 戈比；国家和皇室土地上的农奴，每人每年 114 戈比，两类农奴的差异在于后者不用承担对地主的义务；工商业者每人每年 120 戈比。这些钱可以在一年内分三次付清。直到 1887 年大多数农民头上的赋税被废止前，人头税一直是俄国财政收入的主要来源。

　　新的税制令国家收入增长了三倍。如果说 1724 年之后，政府从农民和商贩手中榨取的钱财是之前的三倍的话，那么很显然，纳税人口的财政负担也是之前的三倍。从那之后，花在维持彼得一世所建立的常备军上的钱，基本上都是由纳税群体来承担了。

不能忘记的是，纳税群体还通过租金和劳动供养侍臣阶层间接对国家的军事做出了贡献。

纳税群体所承担的这些代价不仅仅是以钱和劳役的方式。1699 年，彼得下令征召 3.2 万名平民入伍。这一举措并不是创新，因为如前所述，莫斯科公国政府自 15 世纪起就宣称并行使了征召权，即征召所谓的"有纳税或兵役义务者——差丁"（参见 144 页）。然而先前的这种提高辅助劳动力资源的手段此时已经成为政府扩充兵源的主要方式。1705 年彼得一世确立了固定的征兵配额，要求无论农村还是城镇，每 20 户每年出兵丁 1 名——这一配额相当于每千名居民中有约 3 名兵丁。自此之后，俄国大多数武装部队都是从纳税阶层中征召新兵。这些措施可谓是具有重大历史意义的创新。17 世纪时，西欧国家军队的兵源几乎完全靠志愿兵，也就是雇佣兵；尽管各处的男丁都是以近乎强制征兵的方式被迫入伍的，但是在俄国之前没有哪个国家实施过系统的征兵制度。西班牙于 1637 年采用过强制征兵的措施，瑞典在三十年战争时期也是如此；但这些都是应急性的措施，法国在西班牙王位继承战争期间也同样采用过这种征兵方式。在西欧，强制征兵在法国大革命后才成为常态。俄国领先于这一现代社会的发展现象近一个世纪。从农民和工商业者中实施年度征兵（即税民兵役制），是彼得一世在其执政早期便开始推行的政策。这种征兵体制一直维持到 1874 年俄国军事改革之前，是为俄军提供人力资源最常见的途径。因此，完全有理由认为俄罗斯是第一个实行义务兵役制的国家。尽管应征入伍的士兵与其直系亲属可以自动获得摆脱农奴制的自由身份，但俄国农民仍然将应征入伍视为实际上的死亡判决，他们被要求剃掉胡须，离开自己的家庭度过余生。

他们的未来要么是客死遥远的异乡，要么最好的结果是，年迈后拖着伤残的躯体，回到那早已将其遗忘的家乡，在这里他甚至无权索取一份村社的集体土地。在俄国的民间传说里，有一种类似于葬礼挽歌的文学体裁"新兵悲歌"（рекрутские плачи）。此外，在新兵入伍前夕，其家庭为其举办的告别仪式也与葬礼非常相似。

就俄国社会结构而言，人头税与征兵制的推行所带来的主要后果是将传统上相当松散且多样化的平民阶层（从破落的贵族到普通的奴隶），整合成了一个单一的、同质化的纳税者阶层。人头税与（在贵族从国家服役中得到解放之后的）义务兵役制成为社会底层的印记。社会底层与精英阶层之间的反差比以往更加鲜明。

彼得的后继者们责成地主收缴其农奴的人头税，并让地主为拖欠款承担责罚。这使得地主进一步承担了监督其村落输送新兵的责任（选拔新兵的事宜被授权给了村社，尽管这一权力逐渐转移到了地主的手中）。通过这些措施，国家将地主变成了税收和征兵的代理人，这一事实不由自主地强化了地主对普通民众的权威地位，超过一半的普通民众生活在私人的、世俗的土地上。农奴制最严苛的时代就是自彼得一世改革开始的。此时，对属于私人拥有的农奴，政府则愈加放任地主的专断。到 18 世纪末期，农民已经不再保留有任何民事权利，至于其法律地位（而非社会与经济状况），则与奴隶几乎没有什么分别。

对侍臣的影响：义务教育与"官秩表"

侍臣阶层亦未能逃过这位改革者的重手。彼得想要绝对确保他能够从这一群体中尽可能地获取最好的成果。以此为目的，他在促进教育和服役方面采取了一系列创新性措施，并亲自监督其强制实施。这些措施加重了侍臣阶层的生活负担。

彼得之前的俄罗斯没有学校，侍臣阶层绝大多数都是文盲。除了高层官僚和书记官之外，侍臣阶层中甚至几乎没有识字的。彼得一世对这种状况完全不能容忍，因为他的现代化军队需要有能够承担管理责任和解决复杂技术问题（例如导航和炮兵测绘）的人才。因此，除了为服役阶层开办学校并保证他们就学之外，彼得别无选择。一系列法令规定，贵族必须公开家中的未成年男性供政府核查，随后这些未成年的贵族男性要么被送去服兵役，要么被送进学校学习。自此，一批批的男童被从乡村的藏匿处揪出，送进城市进行定期核查，接受查看（有时是沙皇亲自查看），并由承接原来职官部的行政功能的贵族铨叙局对他们进行登记。1714 年的一项法令规定，在贵族能够出示算术和几何学基础的合格证明之前，禁止神甫向其签发结婚证明。义务教育为期 5 年。青年人 15 岁开始服兵役，通常是在他们接受学校教育所在地的同一支近卫军。彼得教育改革的影响之一就是将强制性国家服役的年龄界限前推到了童年期的开端。这是彼得一世改革中最常被人们忽视的内容之一。

彼得的另一项对侍臣阶层生活产生深刻影响的改革，涉及侍臣阶层的晋升条件。传统上，俄国侍臣阶层的晋升更多取决于血统而非功绩。尽管贵族门第选官制度在彼得继位之前就已经被废除，但是贵族的因素在整个侍臣阶层的结构中仍然根深蒂固。莫斯科贵族名册中的宗族成员与外省的贵族相比，在获得最好的职位方面具有明显的优势，而平民则完全被阻隔于侍臣阶层的职位之外。即便这种出身上的歧视符合自己的个人利益，彼得也一样对此十分反感。鉴于在彼得看来，莫斯科的执政阶层是愚昧无知、盲目保守和排外的，他迟早都会尝试消灭这种贵族特权。

在深入研究了西方的官僚制度之后，彼得于1722年颁布了帝俄历史上最为重要的法规之一——所谓的"官秩表"（Табель о рангах）。这项法规摒弃了莫斯科公国传统的职衔等级体系，取而代之的是一整套以西方模式为基础的全新体系。官秩表由三列相互平行对应的国家职位（武职、文职、宫职）构成，每列有14个等级，一级最高，十四级最低。武职与文职首次被正式分开，分别给予各自专有的名录与晋升规则。官秩表中所列的职位，其任职者同时拥有与该职位相对等的军衔或官阶，如同现代军队中一样。比如，连长通常拥有上尉军衔。彼得的意图是，每一名贵族，无论其社会背景如何，都应该从底层做起，通过自己的努力向上提升，提升的高度取决于其才能和功绩。在军队中，贵族要从普通士兵做起。较为富有和身体较为强壮的贵族被允许进入两支近卫军部队普列奥布拉任斯基团（Преображенский лейб-гвардииполк）和谢苗诺夫斯基团（Семёновский лейб-гвардии-полк）中的一支，在军中经过几年的历练后，他们被任命为军官，或留在近卫军中，或被派往常规野战部队；其他贵族以士兵的身份从常规部队中开始做起，但是会很快被任命为军官。在文职序列中，贵族要从带有官阶的最低级的职位做起。普通书记员，与士兵和士官一样，在官级序列之外，因此不被认为属于贵族群体。

彼得不满足于建立一个仅仅能够激励地主阶级发挥才能的体制。他还希望给予平民进入公职的机会。为此他规定，凡能够在自己的岗位表现出色并有能力担任官秩表中所列出职位者的士兵、水手和文员，有权获得相应的官阶。如此一来，这类平民立刻就能够跻身贵族的行列，因为在彼得时代的俄国，所有具有官阶的人，同时也只有具有官阶的人，才能够享有贵族身份。一旦进入贵族的行列，这些平民就与那些世袭贵族产生了竞争。根据官秩表，平民如果在军中获得最低级的军官职衔，就自动升入世袭贵族的行列，即意味着为其子赢得了进入国家第十四级官阶服役的权利以及贵族所拥有的其他特权。在宫职和文职岗位供职的平民要获得世袭贵族的身份需要达到第八级官阶，在此之前他们被认为是"个人贵族"（该术语出现在叶卡捷琳娜二世统治时期），这种身份不能拥有农奴，也不能将贵族身份传给自己的后代。① 通过这种方式，以能力和功绩为基础的晋升机制得以建立，这是与另外一种加剧社会分化趋势截然相反的意图。正因此，就像后面将要阐明的，这种意图只是部分得到了实现。

官秩表很快便成为服役阶层名副其实的"特许状"。因为在那时的俄国，想要获得权力和财富，基本上只能通过为国家效力的方式，获得官阶能够给其拥有者带来相当优越的特权地位。官阶的拥有者自己，以及在大多数情况下还有其后代都可以确保有一份公职。他还可享受所有经济特权中最有价值的权利，即拥有由农奴进行劳作的土地的权利。用十二月党人尼古拉·屠格涅夫的话说，没有官阶的俄国人等同于法语中的"en dehors de la nation officielle ou legale"，即：处在官方的或法律意义上的国家范围之外的人。[6] 进入官场以及能够在官场中得到晋升，对俄罗斯人来说已经成为一种民族性痴迷的事情，尤其是对于那些中低阶层的人

---

① 1845 年，世袭贵族的门槛被限制在最高的 5 个官阶内，而在 1856 年又进一步限制在最高的 4 个官阶内。在 19 世纪上半叶，个人贵族、非世袭贵族比例占到了全部贵族的 1/3 至一半。——原文注

来说更是如此；神职人员、小商贩、文员逐渐产生了一种强烈的追求，为了自己的儿子而去争取获得军中的骑兵少尉军衔，或者成为警察，或者成为文职记录员，这些职位都附带着第十四级官阶，通过这种方式也获得了捞油水的权利。那种在重商国家注重积累资本的驱动力，在帝俄则变成了对官阶的追求。官阶彼时与茶、白菜汤一起组成了俄国人大部分生活所围绕着的三件事。

回顾前述，彼得通过输入新鲜血液的方式改变了精英阶层的品质，这种尝试对低级服役阶层的作用似乎比对高级服役阶层的作用更加有效。对于最高的四个级别的官员，即所谓的将军职级的人员构成进行分析后可以发现，在1730年（彼得死后的第5年），将军职级中93%的成员来自莫斯科罗斯时期占据高级职位或等同于高级职位的家族。[7]与之相对的最低的五个层级，即从第十至十四级的官员，变化最为显著。官秩表制度使得侍臣阶层的社会基础得到了相当大的扩展。服役阶层作为一个整体发展得令人印象深刻，其主要原因包括：在军事机构的大面积扩展过程中，一部分平民被提拔为军官；地方行政机构的低级职员被授予官阶；乌克兰、伏尔加流域鞑靼地区以及新征服的波罗的海沿岸等边疆区域的地主群体都被列入贵族阶层。

到目前为止所描述的改革措施，其目的都是为了挤榨出更多的钱财与劳动力。从这一意义上讲，改革不过是对莫斯科公国体制的一种改良，而远没有其在当代人面前所显现的那么具有革命性。当代人往往被彼得的干劲及其改革的外国形式所折服，而未能看到改革措施的前因。从本质上看，彼得不过是将莫斯科体系变得更加合理化，使其更加有效率而已。

3. 圣彼得堡的筑就

　　相对于革命性而言，通过俄国新都圣彼得堡的建设过程，彼得改革的传统性可以窥见一斑。虽然在涅瓦河口筑立一座城的决定，最早是在 1702 年做出的，但在俄国通过波尔塔瓦战役打败瑞典人、确保自身安全前，筑城的进展微乎其微。[8] 1709 年，彼得开始认真着手筑城事宜。严酷的气候与贫乏的生活设施使得贵族与商贾不愿来新城定居，彼得因此而诉诸强制措施。1712 年，彼得下令将 1000 名贵族和同等数量的商贾与工匠迁往新城。政府为这些新的定居者提供了建造新居所需的劳动力和建筑材料，但是建筑的费用却须得由他们自掏腰包。居所的设计受到严格规定。拥有农奴数量在 3500 人以上者，必须建造石质房屋；富裕程度不高的贵族可以建造木质或泥质房屋。所有私人建筑的规模与外观，必须符合经过城市总建筑师授权的设计方案。只有在内部装饰方面，房屋的所有者才可以自由发挥想象——这是一个对于西化的俄国上流社会的未来具有意想不到的象征意义的举动。被选中搬迁的人中也包括了最为显要的波雅尔宗族。在所有这些举措中，世袭背景是最明显的。如同一位历史学家所言，这种用政令的方式对贵族进行重新安置与"将农奴按照地主的意愿，从一块土地迁往另一块土地上进行重新安置，具有很大的共同之处"。[9]

　　在极其不利的气候与地质条件下，建造新城需要不间断地供应体力劳动者。强制性劳动成为解决这一问题的方式。在莫斯科罗斯时期，以建筑为目的的强制性劳动力通常是从附近的村庄或波萨德雇佣的。然而，由于圣彼得堡周边地区几乎没有原住民，彼得一世不得不从国内其他地区抽调劳动力。因此，每年都会发布要求4万名农民在圣彼得堡劳动数月的征召令。与俄国的新军一样，壮丁的征募也是以官方设定的配额为基础的，每9至16户须出一名壮丁。被征召的壮丁带着自己的劳动工具和食物被成群驱赶至数百英里之外，通常还会有武装人员押解，有时为了防止壮丁逃跑，还会给他们戴上锁链。即便有如此的防范措施，按照现在的估算，逃跑的人仍然数量众多。每年应征的壮丁数量从来没有超过2万，且这个数字中还包括了很多死于严寒与疾病的人。

就是用这样的亚细亚的方式，俄国的"开向西方的窗口"建造起来了。

4."公共福祉"的观念及其内涵

彼得一世改革中真正的革命性因素一直未被当代人所认识，恐怕连彼得自己也未必理解。这一因素在于国家作为服务于公共利益这个崇高理想的组织之理念，以及随之而来的社会作为国家的伙伴之理念。

在17世纪中叶之前，俄罗斯人既没有"国家"的概念，也没有"社会"的概念。"国家"的概念对他们来说意味着君主、首领，或者主宰者，即沙皇本人、他的随从和他的世袭财产。至于"社会"的概念，它不是被作为一个整体去认识，而是将其作为相互分离的"等级"去认识的。在西欧，"国家"和"社会"这两个概念自13世纪起，在封建主义实践和罗马法的影响下，都得到了很好的发展，即便是最为独裁的国王也没有忽视这些概念。^①虽然"国家"的概念作为一个不同于"君主"的实体，在 17 世纪就已进入俄语词汇，但直到 18 世纪初，在彼得统治时期才开始被广泛使用。"社会"概念的出现则更晚。总而言之，俄语中的"社会"（общество）一词，似乎源起于叶卡捷琳娜二世时期。

正如人们所想的，俄国人所理解的国家概念主要是来源于西方的书籍。然而，这一概念最初的传入并不是直接的。将其传入俄罗斯的，是来自乌克兰的东正教神甫。在乌克兰，自反宗教改革以来，东正教会一直受到来自天主教会的强势压力。为了应对这一压力，乌克兰东正教会被迫去熟悉和了解西方神学及其分支的相关知识，但莫斯科公国的兄弟教会却因自闭于一方而对这些知识仍然处于"幸福的无知"的状态中。1632 年，乌克兰的神职人员在基辅（当时还处于波兰治下）建立了一所培养东正教神甫的学院，学院的课程是按照波兰和意大利的耶稣会学校的模式设置的，学院的许多教职人员也都曾在那些学校学习过。基辅归顺俄国后（1667 年），这些乌克兰人开始以强势的知识力量影响着俄国。与莫斯科公国的僧侣相比，彼得更喜欢这些乌克兰人，因为他们更加开明、教化，对其改革的态度更加积极。彼得治期的主要政治理论家、将"主权"概念引入俄罗斯的费奥凡·普罗科波维奇即是其中一员。格劳秀斯、普芬道夫、沃尔夫的著作在彼

---

① 路易十四的名言"朕即国家"（*L'Etat, c'est moi*），渗透着与整个西方传统完全背离的精神，其出处可疑，有可能是杜撰的。相对而言，更具典型性的，同时也是真实表达的，则是路易十四临终时的话："我将离开，但国家永存。"（Fritz Hartung and Roland Mousnier in *Relazioni del X Congresso Internazionale di Scienze Storiche* (Florence 1955), IV, P. 9.）——原文注

得令下得以翻译成俄语，进一步推动了西方政治思想及概念在俄国的传播。

如前所述，彼得所致力于的是国家的强大，尤其是军力的强大，而非西化。从某种意义上讲，其17世纪的先辈亦是如此。但不同于他们的是，彼得曾亲赴西欧，并与西欧诸国建立了密切、友好的关系，对现代权力的本质有所了解。他认识到：无情地搜刮民脂民膏以充国库，有碍于积累更有价值的、潜藏于事物表面之下的财富——经济与文化的财富。而他的先辈们没有认识到这一点。这些资源应当被给予发展成熟的机会。借用另一门学科的术语，我们可以说，彼得之前的俄罗斯统治者们对待他们的国家就像处于文明的狩猎阶段的人一样，而从彼得开始，他们转变为了农耕者。瞬间抓住视野范围内任何理想目标的冲动现在逐渐让位于发展的习惯（但偶尔反复）。彼得只是模糊地意识到他在这一方向上所采取的措施的意义，那更多的是源于一个天生的政治家的本能，而非哲学上的先见。彼得对俄国手工业者的大力支持，是因为他渴望俄国的军队摆脱对外国供应商的依赖；然而，这实际的长期影响是极大拓展了俄国工业的基础。彼得的教育改革措施首先旨在培养射击学专家和航海家。彼得自己所受的教育十分肤浅，只重视技术类和应用类知识的学习。但是从长远来看，他所建立的学校为俄国所做的不仅仅是培养技术类人才，还创造了一个受过教育的精英群体，最终这一群体变得高度精神化，甚至转而极力反对整个以服役为导向的价值观体系，而最初让该群体存在的也正是这一体系。

正是在彼得治下，"国家"作为某种不同于"君主"且优于"君主"的概念在俄罗斯出现了。狭隘的财政关切让位于宽泛的国家视域。自执政起，彼得就开始论及"共同利益""公共福利"以及"全民族的利益"。[10] 他是俄国第一位言及"公共物品"（bien public）概念并对改善臣民境遇表现出兴趣的君主。在彼得的统治下，公共利益与私人利益在俄国首次关联了起来。彼得从事的大量内政活动都是旨在让俄罗斯人意识到公共福利与私人利益之间的联系。他对从生活琐事（如禁止在圣彼得堡大道上放牛）至国家大事（如1722年修改皇位继承法）的诏令附以解释的举动意即在此。彼得之前，没有一个君主认为有必要进行这样的解释，他是首位待民以信的君主。1703年他创办了俄国第一份报纸《圣彼得堡新闻报》（*Ведомости*）。这份报纸不仅对俄国的文化生活做出了重要贡献；它也标志着一种富有戏剧性的宪政创新，因为在这一行为中，彼得摒弃了莫斯科公国时期将各类国内、国际新闻列为国家机密的传统。

这些举措及其相关措施假定了一个与国家协同合作的社会。但是，这种假定未经过深思熟虑，而近现代俄罗斯政治的悲剧也正在于此。对彼得及其继任者来说，没有必要待民以信，没有必要把他们当作合作伙伴而不仅仅是臣民，也没有必要向其灌输一种共同命运的观念。许多世袭或专制类型的政权，不采取这样的激烈变革也成功延续了数百年。但是，一旦确定国家利益要求公民意识到其集体认同以及其在国家发展中的作用，那么就不可避免地会产生一些特定的后果。一边呼唤俄国人民的公共情感，一边又否认他们在面对强大的国家时有任何法律或政治上的保障，这显然是矛盾的。当只有一方掌握全部的权力，并按照自己的规则去行事时，这样的伙伴关系显然是难以维系的。然而，这正是俄国从彼得大帝时代开始并延续至今的统治方式。当权者拒绝正视因邀请公众参与而产生的明显后果，从而导致俄国出现了长期的政治紧张状态，历任政府有时通过放松管制、有时通过加强管制来试图缓和这种紧张状况，但从未邀请过社会共同分享领导国家的权位。

5. 彼得一世治下政治警察的建立

与"国家"概念相伴而来的是"政治犯罪"的概念，这相应地又导致政治警察机构的建立。虽然《1649 年法典》首次定义了"反沙皇及其国家罪"，归类于"言行罪"的罪名之下，但是一直没有设立查办政治异见者的专门机构。那时，沙皇政府是依靠普通公民的检举揭发来获取与谋反活动相关的消息。这类案件一般都委托给独立的普利卡斯去处理，只有最严重的案件才会呈交至沙皇及其杜马面前。

彼得一世仍然在很大程度上依靠通过检举揭发来获取谋反相关的信息。例如，在 1711 年，彼得下令，任何人（包括农奴）检举揭发逃避服役的贵族，都可以获得被告发者的村庄作为奖赏。但此时因为他的敌人众多，且都分散在社会各个阶层，他已经不再能够将政治犯罪作为一种偶发性事件来应对了。因此，他建立了一个独立的警察机构——普列奥布拉任斯基衙门（Преображенский Приказ），全面负责处理政治犯罪案件。该机构的建立极为隐秘，以至于历史学家至今都找不到授权其建立的法令文件，甚至连法令可能颁布的时间都无法估计。[11] 关于该机构的第一条确切的信息见于 1702 年，这一年出台的一项法令详述了该机构的职能与权力。该法令规定，普列奥布拉任斯基衙门的负责人有权自行决定调查任何机构与个人，无论被调查者的级别有多高，并有权采取任何他认为有必要的措施去发现相关信息并预防煽动性活动的发生。与彼得统治期间所建立的其他行政分支机构形成鲜明对比的是，该机构的职能被定义得非常模糊，这更有助于强化其权力。任何单位，甚至连彼得为监督国家行政机构所设立的参议院，都无权过问该机构的事务。数以千计的人在它的刑讯密室中遭受折磨甚至被处死，其中包括抗缴人头税或拒服兵丁役的农民、宗教异见者以及被人偷听到恶语中伤君主的醉汉。然而，警察的使用并不限于这些被广泛定义的政治犯罪。每当政府在运行过程中遇到各种困难时，便倾向于动用警察机构帮忙。因此，像管理圣彼得堡城的建设这样复杂的任务，在各种尝试失败后，最终被委托给了该城的警察局长。

普列奥布拉任斯基衙门似乎是历史上第一个为专门处置政治犯罪而设立的机构。其职权范围和行政上的完全独立性标志着它是所有现代警察国家的基本机构的原型。

6. 贵族的从服役中解放

历史上可靠的规律为数不多，其中有这么一条：如果时间足够，私人利益将完胜公共利益。因为私人利益的倡导者比公共财产的守护者更患得患失，从而更机智得多。

由圣彼得堡贵族铨叙局登记在官秩表中的贵族，即便在彼得的半精英体制下仍是享有特权的，占有着该国大量可耕地及其附带的劳动力人口。然而他们对这些财产的占有并非稳固的，而是以他们的服务能否令君主满意为条件的，并受到了许多法律限制。贵族也不享有任何保障，能够使自己免受国家及其官员武断专横的统治。正如人们所能想到的，他们最渴望的就是把他们对土地和农奴的有条件占有转变为完全占有，并获得对人身权利不受侵犯的保障。他们还希望能获得比在僵化的国家垄断体制下更多的商业机会。最后，在接受了教育并对外部世界充满好奇的情况下，他们想要获得自由旅行和获取信息的权利。在彼得死后（1725年）的40年里，这些愿望多数都得到了实现；其余的则在18世纪末之前全部实现。叶卡捷琳娜二世统治时期经历了重要的转变。因为尽管人们对叶卡捷琳娜二世的印象以其情史为主，但正是她而非彼得，使俄国的体制发生了革命性的变化，将俄国带上了西化的道路。

世袭体制的瓦解呈现出了惊人的急速。不幸的是，历史学家们对世袭体制的衰落远远没有对它的起源那么重视，其结果就是许多这方面的历史被掩盖。我们必须将解释限制在若干假设上，这些假设的有效性只有在进一步的研究中才能得到确定：

（1）在帝俄时代，贵族的数量增长得非常快。从17世纪中叶至18世纪末，贵族中的男性数量增长到近3倍，从18世纪末至19世纪中叶，又增长到4倍多；即从1651年的约3.9万增至1782年的10.8万，再到1858年的46.4万。[12]

（2）彼得一世对贵族群体采取的一系列措施对于巩固贵族地位产生了作用：

a. 官秩表规范化了晋升程序，帮助贵族群体摆脱了对沙皇及其幕僚个人喜好的总体性依赖。官秩表使侍臣阶层变得更具自主性，这是一个皇权没有能力逆转的发展进程；

b. 对年轻贵族实施的义务教育将他们聚拢在一起，加强了他们的阶级团结意识；为贵族精英群体提供教育和军事训练的近卫军团则获得了巨大的权力；

c. 人头税和征兵制的实施加强了地主的权威，从而使贵族变成了自己庄园上真正的主人。

（3）1722 年，在与皇太子阿列克谢发生冲突后，彼得废除了原来的以长子继承制为基础的王位继承法，授权每位君主选择自己的接班人。自此到 18 世纪末，俄国君主变成了一个选任的职位；从彼得一世死后至 1796 年保罗一世继位，俄国的最高统治者都是由高官显贵与近卫军上层军官合谋选出来的。这些人偏爱女性，尤其是名声轻薄的女人，她们被认为不会对国家事务有太多的兴趣。这些女皇则将大量农奴、地产和各种特权赠予那些助其取得皇位的人作为回报。

（4）彼得及其继任者的军事改革使俄国拥有了东欧地区首屈一指的强大军队。波兰、瑞典和土耳其已经不能再和俄国相提并论了，况且这些国家正身陷各自国内政治危机的阵痛之中；此时，轮到他们害怕俄罗斯了。在 18 世纪，草原上的游牧民族也终于被征服。随着国力的增强和边疆日趋安宁，人们越来越渴望享受生活，并相应地不再重视服役。

（5）军事改革通过将兵役的负担转嫁到应征入伍者身上，降低了国家对贵族的潜在需要。此后，贵族的主要职能是在军中担任指挥。

（6）有人说，彼得治下的俄罗斯，学习的是西方的技术；伊丽莎白治下的俄罗斯，学习的是西方的礼节；叶卡捷琳娜治下的俄罗斯，学习的是西方的道德。俄国的西化无疑在18世纪得到了巨大的进展，从宫廷和精英阶层对西方简单的模仿，发展为对西方文化精髓最紧密的认同。随着西化进程的推进，对国家和贵族阶层来说，维持旧的服役体制变得非常尴尬。贵族阶层希望仿效西方的贵族阶层，能够享有他们的地位与权利；渴望站到欧洲启蒙运动最前沿的俄国君主体制，在一定程度上迎合了贵族阶层的要求。

在18世纪，皇权与贵族阶层逐渐达成了一个共识，即旧制度已经过时。正是在这样的环境下，世袭制度的社会、经济以及思想支柱被移除了。我们将在第八章讨论经济自由化问题，第十章讨论思想禁锢的解除，在此只对该进程的社会层面，即服役体制的衰落予以概述。

在军中服役的贵族是彼得死后所发生的君主制全面弱化的最早受益者。1730年，一批地方贵族挫败了一场由几个老的波雅尔家族策划的、对新拥立的安娜女皇施加宪法限制的行动。作为报答，安娜逐步放宽了彼得强加在贵族身上的服役条件。同是在1730年，安娜废除了彼得制定的地主只能将其土地遗赠给一个继承人的法律（参见253页）。次年，她为贵族建立了一所贵族武备学校，使他们的后代在这里与自己同辈、同身份的人一起开始服役，从而避免了与平民接触。1736年安娜颁布了一项重要的诏令，将贵族服役的起始年龄从15岁提至20岁，同时降低了服役年限，从原来的终身服役降至25年。这些规定使得贵族在45岁退休成为可能，不过也有退休更早的情况，因为有些贵族两三岁时就已经登记进入近卫军，还在奶娘怀抱中的时候就已经开始积累退休年数了。1736 年，规定允许有数名男子（儿子或兄弟）的贵族家庭留一名男子在家打理家庭财产。从 1725 年开始，贵族可以获准休长假探视自己的庄园，并形成了约定俗成的习惯。尽管政府仍然坚持对贵族儿童进行教育，并要求他们在 20 岁正式入职服役之前要通过若干次测试，但强制性核查青少年的制度逐渐开始松动了。

彼得三世于 1762 年颁布的《贵族自由宣言》(Манифест о вольности дворянства) 将上述措施推向了高潮。宣言的颁布为俄国贵族"为所有后代永远地"摆脱了所有形式的国家劳役。宣言同时赋予了贵族获取护照以出国旅行的权利，即便他们出国的目的是要为外国统治者效劳，这无意间恢复了被伊凡三世取缔的古代波雅尔的"自由离去权"。在叶卡捷琳娜二世时代，参议院至少三次确认了这一宣言，同时给予贵族其他的一些权利与特权（例如，1783 年赋予贵族拥有私人印刷机的权利）。1785 年，叶卡捷琳娜二世签发了一份诏令，重申了该阶层自彼得一世死后获得的各项自由权利，并增加了一部分新的权利。贵族拥有的土地此时被承认是他们的合法财产。他们还获得了免于体罚的权利。这些权利至少在名义上使他们获得了等同于西方最发达国家上流阶层的社会地位。①

①　按照此处所述的观点，俄国专制体制面对贵族阶层的压力做出了让步，不仅解放了贵族阶层，还把他们转变成为一个特权与有闲阶层。这是革命前后大多数俄罗斯历史学家所持的观点。但近来，该观点受到两位美国学者的质疑：马克·拉伊夫［Marc Raeff, *Origins of the Russian Intelligentsia: The Eighteenth Century Nobility* (New York, 1966), especially pp.10–12,（转下页）

从法律的角度看，这些措施同等适用于在军中服役的地主和在政府担任执行性文职的受薪官员，因为所有身处官秩表中所列职位的人员，理论上说都是贵族。然而，实际上在 18 世纪，上述两类人由于各自非常不同的社会背景而产生了巨大的差异。对于地主、军官和世袭贵族常使用"贵族"（дворянин）一词称呼，对于政府中的文职人员，即拥有官阶的人，则用"官吏"（чиновник）称呼。对于比较富裕的地主，尤其是宗族背景深厚、被委以高级行政职务的，如总督或圣彼得堡的部长级大员，从不用"官吏"一词来称呼。另一方面，若一个破落的地主家的儿子，被迫去做一份文职人员的工作，在社会的眼中则已失去了贵族的地位。这种差异在叶卡捷琳娜二世所建立的名为"贵族大会"的法人组织中被进一步强化。在贵族大会中，只有地主具有投票权。这两类贵族之间不断加深的鸿沟与彼得的预期背道而驰。由于担

（接上页）and an article in the *American Historical Review*, LXXV, 5, (1970), pp. 1291–1294.］与罗伯特·琼斯［Robert E. Jones, *The Emancipation of the Russian Nobility, 1762–1785*, (Princeton, N. J. 1973)］。这两位作者认为，并非贵族将自身从国家中解放了出来，恰恰相反，是国家将自身从对贵族的依赖中解放了出来。国家拥有的服役者数量已经多于其实际需要。国家发现贵族在管理地方行政事务方面毫无用处，更愿意用职业官僚取而代之。这种观点尽管不无道理，但整体上还是不足以令人信服。如果专制体制确实已经拥有过多的服役人员（完全未得到证实），那么它通过临时遣散服役人员的方式就应该能够解决这个问题，而无须用"永久永世"的方式来解决。况且，因为很少支付工资，所以不可能通过大规模的遣散服役人员的方式节约主要开支。"出于官僚化的需要而解放贵族"的观点也是令人费解的，毕竟官僚也属于贵族阶层。这种观点的问题是它忽略了俄国社会"去农奴化"的整个过程，解放贵族只是这个过程中的一个篇章。用为了达到省钱的目的或其他狭隘的国家利益的角度去解释该过程是不可能令人信服的。
——原文注

心许多贵族通过加入文职的方式逃避军役，彼得对每个家庭中能够选择文职的人员数量施加了配额限制。实际上，贵族回避的是文职工作，尤其是在他们从强制性的国家服役中解脱出来之后，就不需要再钻空子逃役了。由于总是缺乏能够胜任的官吏，政府被迫任用神职人员的儿子与公民担任各级各类文职，这进一步降低了文官职业的社会地位。当文官短缺的问题变得严重时，正如叶卡捷琳娜推行地方行政改革期间所发生的那样，政府会诉诸强权去征募神学院的学生。

7. 脱离王室控制的官僚机构

与拥有土地的贵族一样，18 世纪中期的官僚阶层也开始对国家施压，要求国家做出让步。他们希望取消国家服役制度中最不合理的部分，尤其是官秩表中规定的官阶晋升须取决于相应的职位。他们更倾向于原莫斯科公国时期的体制，尽管这种体制只局限于一小撮高层文官。在这种体制下，官阶赋予其拥有者获得相应官职的权利。这一莫斯科公国传统的力量是如此强大，以至于甚至在彼得在世的整个期间，官秩表的基本前提就已经遭到了严重的违反。这对官秩表中最高的四个级别的拥有者是必然的，即前面提到过的将军职级，1730 年时，几乎所有的将军职级成员都出身于莫斯科公国时期的显贵家族。在彼得之后的各继任者统治下，对功绩的要求进一步降低。例如，为了鼓励接受教育，伊丽莎白允许高等教育机构的毕业生跳过低级官阶。然而，至少就官僚体系中的低层而言，彼得的基本原则还是得以保留，普通官员不得不等待一个合适的空缺才能晋升到下一个更高官阶。

　　这一原则在叶卡捷琳娜二世执政早期被摒弃，几乎与君主专制取消强制性国家服役同时，这在很大程度上也是为了赢得支持。1764 年 4 月 19 日叶卡捷琳娜颁布诏令，所有高级文职官员凡不间断地在某一级官阶任职 7 年及以上者，将被晋升至高一级官阶。[①]3 年后，参议院向女皇询问她希望如何对待那些仅差几个月不满 7 年任职条件的官员，他们还停留在原来的级别上，而他们的同伴却幸运地高升了一级。叶卡捷琳娜给出了一个非正式的回答，然而这个非正式的回答却导致了一个重大的后果。她下令对所有在一个级别上任职最少满 7 年的文职官员予以普遍和自动的晋升。这项于 1767 年 9 月 13 日做出的决定，成为一个被严格遵照的先例；此后，它成为俄国文职官员以资历为基础的晋升法则，无须过多地考虑个人的任职资格、工作业绩或是否有空缺的职位。后来，叶卡捷琳娜的儿子保罗将大多数级别的提拔年限缩短至 3 年。这样一来，由于跳过第十三和第十一级已约定俗成，一个文职官员即有理由确信，一旦达到最低的官阶，只要守住岗位并与上级相安无事，便很快就能达到梦寐以求的第八级，进而为其后代赢得世袭贵族的地位。（由于对这类被授予贵族头衔的官吏大量泛滥有所担心，尼古拉一世与亚历山大二世对进入世袭贵族的门槛限制在最高的五级、四级，参见 178 页。）叶卡捷琳娜的政策将官秩颠倒了过来，原来是级别随着职务走，如今是职务随着级别走。

----

① 这条对于俄罗斯帝国的历史具有极其重要意义的诏令，既未收入《法律全集》之中，也没有在参议院档案［Сенатский Архив (XIV С П б., 1910)］的相关卷宗中找到。似乎没有历史学家见过其真面目，对其所知仅来源于参考文献。——原文注

1762 年的宣言，在 1785 年的《俄国贵族权利、自由和特权诏书》的强化下，使君主制失去了对土地财产的掌控。1767 年的诏令又使其失去了对官僚体系的掌控。从此，皇权除了将在某一级上待够了规定年限的官员传送至自动晋升阶梯外，便无事可做了。如此一来，官僚体系成了国家机器的绕颈绳。通过国家机器，这根绕颈绳又缠绕在了生活在国家与皇室土地上的居民的脖子上，因为国家机器正是这些土地和人员的管理者。在当时已经有敏锐的观察家记录到了这种体制所带来的灾难性后果。其中有一位出身于显贵豪门的政治侨民彼得·多尔戈鲁科夫，在 1860 年代的大改革前夕，他敦促将取消官阶作为俄国任何有意义的改良的先决条件，他写道：

> 全罗斯的皇帝，自封的君主，发现自己完全被剥夺了无论是立宪君主还是共和国总统所主张的权利，丧失了选择自己的公职人员的权利。在俄罗斯，获得一个职位需要先获得相应的级别。如果君主发现了一个诚实可靠、能够胜任某个职位的个人，却因其级别够不上该职位，就不能任命他。这种制度是碌碌无为、卑躬屈膝和贪污腐败的行为最有力的保护伞。在所有的改革中，这一项是与全能的官僚体制最格格不入的。在所有的恶行中，官阶是最难以根除的，因为它有太多的且如此有影响力的庇护者。在俄罗斯，功绩是人提升的最大障碍……在所有的文明国家，有人花费其生命中的 10至 15 年时间致力于学习、旅行，致力于农业、工业和商业；有人获得了专业化的知识，对自己的国家了如指掌；这样的人将会担任一个能够发挥其才干的公共职位。在俄罗斯，情

况却完全不同。一个离开了公职岗位几年的人如果想要再次
回到公职岗位上，只能担任与其离职时同级别的岗位；一
个从未担任过公职岗位的人，如果想要进入公职岗位只能
从最低的级别做起，无论其年龄和能力如何；然而，一个
恶棍或者一个愚蠢的人，如果他一直不离开公职岗位，那
么最后将达到最高的官级。一种绝无仅有的怪象由此而生：
可以说，在拥有如此智慧和可敬品质的俄罗斯民族中，智识
流浪于江湖之远，蠢钝高升于庙堂之巅，理政之高层终沦为
呆傻愚痴。[1][13]

这种慷慨激昂的评判无论有多么苛刻，其控诉的本质并不失
公正。这一评判无意中揭示了俄国受教育阶层疏离于国家的一个
至关重要的原因。纠正这种状况的尝试自然是有过的，因为19世
纪的每一位君主都想重新掌握被叶卡捷琳娜二世那么轻率地就丢
掉的对侍臣阶层的控制权。在所有尝试中最著名的，是1809年
亚历山大一世根据斯佩兰斯基的建议颁布诏令，要求官员在晋升
第八级之前必须通过资格考试，并允许官员以通过考试的方式直

----

① 这一通过资历而自动晋升的体制后来渗透入军队中，导致了军官阶层
的素质下降。索尔仁尼琴将俄国在第一次世界大战中的灾难归咎于此："俄
国军队毁于论资排辈和按照资历晋升的规则。只要你不犯错误，只要你不
冒犯长官。时间会在一个合适的时候自动将你带入你想要的高一级的军
衔，有了军衔就有了官职（随军衔而来的还有职务）。人人都乐于接受这
一明智之选……这个上校急于去了解那个上校的，这个将军急于去了解
那个将军的，不是其参加过哪场战斗，而是其资历是从何年、何月、何日
算起的，也就是说，他什么时候还能晋升什么军衔。"《1914年8月》，第
12章。——原文注

接从第八级晋升至第五级。然而，这一尝试以及其他类似的尝试在官僚集团的顽固抵抗下一直未能成功。

8.1762 年之后的俄国二元宪政

从18世纪60年代起，俄罗斯引入了一种二元政治，此前俄罗斯处于一个严格的一元等级治理体系之下。在对外政策领域，君主继续享有无限的权威，并可以随其所好地处置纳入国库的部分税收。然而，在内政方面，君主受到其曾经的侍臣——贵族与官僚的严格制约。实际上，俄国的人口被交予这两个群体的手中加以利用。他们各自的管辖范围被清晰地界定。一位历史学家将叶卡捷琳娜二世之后的俄国划分为两个部分，其中一个部分被他称作"贵族的"（дворянский），另外一部分被称作"官僚的"（чиновный），以两个群体在地区人口中的份额为标准进行划分。前一个部分包括了28个省，聚集在国家的地理中心地带，也是农奴制的心脏地带。离中心地带越远、越靠近边疆地区，则官僚集团的势力就越大。[14] 曾两次被流放于外省的赫尔岑，记述了非常类似的现象。他在其回忆录中写道："省长的权力通常和到圣彼得堡的距离成正比，在那些没有贵族的省份，省长的权力则呈现几何速率的增长，例如在彼尔姆、维亚特卡和西伯利亚。"[15]

把对国家的直接利用权转让给10万地主与5万官僚及其亲信、食客，这种方式给人的感觉是，俄国君主制对国家的关系整体上更像是一个外来的征服者，而非西方意义上的绝对君主制。它不再代表平民去针对精英阶层的滥权予以调解，即便只是在有限的意义上，这也像在莫斯科公国时期那样。确实，彼得一世在立法之时，将地主的农奴称为他们的"臣民"（подданные），使用公法词汇中的术语来描述一个看起来是纯粹的私人关系。同时，如后面将述及的（参见259页），贵族在处理与皇权的关系时，惯于自称为"奴"（рабы），"如果奴隶被称为臣民，那么臣民也被称作奴隶"，一位俄罗斯历史学家如此评价，以唤起人们对在看似西方化的时代仍然存在的严格世袭关系的注意。[16] 皇权通过其代理人从国家那里榨取的钱财不是花在了百姓身上，而是花在了宫廷和军队上。"它花在地方省份上的钱不比用于剥削地方省份所必需的花费更多。"[17]

1762 年之后，俄国君主制在很大程度上变为其自己创造的群体的俘虏。在帝国强大的盛装下，隐藏的是极度的虚弱，同时也伪装着由贵族阶层和官僚集团掌控的实际权力。

在这种情况下，对精英阶层来说夺取皇室所主张的政治特权的时机似乎已经足够成熟。若要解答这种情况为何没有发生，则需研究主要社会群体的状况和政治态度。

第二部分

社 会

第六章

农　民

1. 农民的日常生活

　　对于旧制度下的俄国，研究其社会阶层应以农民为起点，其原因无须详细解释。直至1917年，全国仍有4/5的人口被官方界定为农民，尽管这部分人口不一定全都从事农业活动。即便在今日，虽然人口普查数据显示俄罗斯大部分居民为城市人口，但是农民的历史印迹仍然非常清晰地保留在这个国家中。这是因为绝大部分苏联的城市居民都曾经是农民或是农民的后代。如后所述，纵观俄国历史，城市人口与农村保持着紧密的联系，并将农村的习俗带入城市。革命反映出国家城市化进程的脆弱。几乎是在革命爆发后的即刻，城市人口就开始了向农村的逃散。1917—1920年，莫斯科市流失了一半的人口，彼得格勒则流失了2/3。矛盾的是，尽管1917年革命以城市的文明开化为名，并反对"愚蠢的农村生活"，但革命实际上加剧了农村对俄国人生活的影响力。在旧的、西化的精英被推翻和驱逐之后，统治阶层主要是由伪以各种不同外表的农民群体所取代，包括：农耕者、小店主和产业工人。由于缺少真正的资产阶级可供效仿，新的精英阶层本能地以农村中的强者——富农为榜样来塑造自己。直至今日，他们也没能摆脱自己身上的农民痕迹。

16 世纪中叶，农民被逐渐束缚于土地上，他们开始放弃"刀耕火种"的农耕方式，转向三圃制的农耕方式。在这种农耕方式下，耕地被划分为三部分，一部分用于在春季播种夏季作物，一部分用于在 8 月份播种冬季作物，另一部分则置于休耕状态。来年，在播种冬季作物的那部分土地上换种春季作物，休耕的那部分土地上播种冬季作物，春播的那部分土地留作休耕。如此这样，每三年完成一个循环。如果考虑到总是有 1/3 的耕地处于闲置状态，那么三圃制不是一种非常高效的土地利用方式。早在 18 世纪，就有农业专家对此制度进行了批评，农民也被要求放弃这种耕作方式。但是，正如马克·布洛赫在法国的实例中展示的那样，而且迈克尔·孔菲诺也在俄国的实例中进行了确认：农业技术不可能孤立于整个农民阶层的复杂体系而独立存在。放弃三圃制的要求受到了农民的强烈抵制，直到 20 世纪，三圃制仍然是俄国普遍的耕作方式。[1]

夏季月份与一年中其他月份在生活节奏上的强烈反差，常常成为关注俄国农村问题的研究者评论的对象。俄国的生长季极为短暂，这种自然条件要求农耕活动必须以最高的强度，在几个月的时间内完成，之后便迎来漫长的休憩期。在 19 世纪中叶，俄国中部省份一年中有 153 天的时间被留作假期，其中大部分时间介于 11 月至来年 2 月之间。与此相对，从约 4 月开始至 9 月则全都是劳作时间。实证主义时代的历史学家对每一种文化或心理现象都要找出一种符合自然法则的缘由，他们在这种气候因素中为俄罗斯人厌恶持久性、纪律性工作的恶名找到了解释：

> 大俄罗斯人相信，应当珍惜明媚的夏季工作日，大自然给予人们适宜耕作的时间非常少，大俄罗斯短暂的夏季还可能因非季节性的恶劣天气而进一步缩短。这迫使大俄罗斯的农民争分夺秒，奋力耕作，以便能够在短时间内完成更多的工作，得以及时离开农田，然后在秋冬季节便无事可做。就这样，大俄罗斯习惯了使自己在超短的时间内爆发出能量，他们学会了快速、忙乱、粗放地劳作，在接下来闲散的秋冬季节休息。欧洲没有哪个民族能够像大俄罗斯人这样，在短暂的时间内从事如此高强度的劳作。同时，在欧洲可能也找不到哪个地方像大俄罗斯那样，在工作习惯上毫无均衡、温和、分配得当可言。[2]

俄罗斯的春天突如其来。一夜之间，河面解冻，获释之流推着浮冰顺水而下，一路所向披靡，溢漫两岸。白荒化为绿野，大地再现生机。这种俄罗斯式的"解冻"（оттепель），虽说只是一种自然现象，但因其来得极为突然，以至于一直被用作形容精神、思想或者政治生活的复苏。"解冻"来临之时，意味着农民高强度体力劳动的季节开始了。在农机设备引入之前，一天劳作18个小时的情况司空见惯。这种在短时间内高强度完成耕作任务的状况，成为农奴制最恶劣的方面之一。农奴不会把他欠主人的义务列入自己的劳作时间表中，这样他才能有时间不受干扰地完成自己的农活。但是，农奴必须同时干两份农活。地主有时会要求农奴先耕种主人的土地，然后才允许他们耕种自己的土地。当这种情况发生时，农民常常不得不昼夜耕作，白天耕种地主的土地，晚上耕种自己的土地。8 月往往是工作强度达到峰值的时候，此时既需要完成春季收成的收割工作，还需要完成冬季的播种工作。农耕季节的短暂几乎没有给农业实验留下任何余地，所以不必惊讶于俄国农民的保守，任何改变农耕惯例的尝试，如果走错一步，损失几天时间，造成的后果就是来年会挨饿。

冬季的土壤硬如岩石，一旦开始变软，农户就会立刻进入田间进行春季耕作。在北部和中部地区，主要的春季作物是燕麦，冬季作物则以黑麦为主。黑麦主要用来制作俄国农民的主食——黑面包。在 19 世纪，一个农民平均每天消耗 3 磅黑面包，在收获的季节会增至 5 磅。小麦在北部和中部地区种植较少，部分原因是小麦对气候较为敏感；还有部分原因是，与黑麦相比，小麦在种植过程中需要更多的照料。在南部和东部地区，黑麦的种植则不如燕麦和小麦，而燕麦和小麦主要用于向西欧出口。土豆被引入俄国的时间较晚，直至 19 世纪仍然没有成为主要的粮食种植作物，在 1875 年，土豆的种植比例仅占 1.5%。19 世纪 30 年代伴随着土豆的引入，俄国发生了一场大规模的霍乱疫情，尽管这只是一个巧合，却仍然引起了一系列与之相关的禁忌。农民在其居所附带的院子里主要种植卷心菜和黄瓜，这两种蔬菜与面包一同构成了俄国农民的主要食谱，食用方法以腌制为主。蔬菜对于俄国农民来说非常重要，因为东正教规定每周三和周五为斋戒，同时每年还有三次持续数周的大型斋戒，信徒不仅要禁食肉类食品，而且包括奶和奶制品在内的所有取自动物的食品都在禁食行列之中。俄国有一种名为格瓦斯的国民饮料，是用发酵后的面包所制成的。茶是直到 19 世纪才开始流行的。俄国农民的食品虽然粗糙、单调，但很健康。

　　农民居住在用原木建造的木屋（изба）中。家具较为俭省：一张桌子、几张长凳，仅此而已。他们睡在占木屋面积1/4的土炕上。这种木屋通常没有烟囱，烧火时会弄得满屋黑烟。每一个木屋里都设有一个"红色的"或者说"美丽的"角落[①]，这里会悬挂至少一幅圣像，即守护神的肖像画。最常见的是圣尼古拉。客人来的时候，一般要先向圣像致敬以及在自己胸前画十字后才会开口说话。[②]俄国农民的卫生条件较为简陋。每个村庄设置一个浴室，照搬芬兰桑拿浴的模式。农民每周六下午会来这里洗浴，并换上干净的亚麻制衣裤。一周中的其他时间则都不洗澡。农民的日常着装非常简单。较贫困的农民身着斯拉夫人和芬兰人的混合装束，包括一条亚麻制的长衫，束于腰部，和一条亚麻裤子，一双树皮或毛毡制成的靴子，这些穿戴都是家庭自制的。有能力购买服装的农民一般倾向于东方风格。冬季，农民身穿羊皮袄。女性头系头巾，这可能是蒙头面纱的遗风。

　　大俄罗斯的村庄一般都是线形布局。一条宽阔的、未经铺设的道路，两边都是农舍，带有私人菜地。耕地环绕在村庄周围。耕地中间有私人农庄的现象主要见于南部地区。

----

①　俄语称为"红角"（красный угол），即圣像角，俄语中"红色的"隐含有"美丽的"的意思。——译者注

②　有趣的是，共产主义者将农民的这一象征为己所用。"红色"（красный）一词对农民意味着"美丽的"和"红色的"，同时也是共产党的标志和喜好的形容词。再加上 Большак（大路、家长）与 большевик（布尔什维克）两个词之间的巧合。这两个例子都被用来说明其权威是毋庸置疑的。——原文注

2. 农民社会的结构

地主农民与国有农民

现在我们把话题转到农奴制上。农奴制与家庭和村社一同构成了旧制度下俄国农民社会的三个基本结构。

研究以统计数据为起点。如果认为，在1861年之前，大部分俄国人都是农奴，那将是严重错误的。在废除农奴制之前所做的最后一次人口普查，即1858—1859年的人口普查显示：俄罗斯帝国人口总数为6000万，其中有1200万是自由人：贵族、神职人员、市民、个体农民和哥萨克等。剩下的4800万基本上等分为两类农村人口：国有农民（государственные крестьяне），尽管他们被束缚于土地之上，但他们不是农奴；地主农民（помещичьи крестьяне），生活在私人拥有的土地上，人身受到束缚。后者为真正意义上的农奴，占全国人口总数的37.7%，约2250万。[3]地图3展示了农奴密度最高的两个地区：作为莫斯科公国摇篮的中部省份，那里是农奴制的发源地；西部省份——瓜分波兰得到的土地。这两片区域中超过一半的人口是农奴。一些省份的农奴比例甚至高达近70%。越是远离中部和西部地区，农奴制越不盛行。在大多数边疆地区，包括西伯利亚，农奴制并不为人所知。

国有农民的成分非常复杂，其核心由皇室领地上的居民和剩余的"黑地"农民构成，绝大部分"黑地"农民被君主分配给了侍臣阶层。上述两个群体在16世纪下半叶就已经被束缚于土地之上。18世纪加入他们行列的有：来自还俗的修道院和教会土地上的农民；各类非俄罗斯族群体，包括鞑靼人、居住在俄国中部的

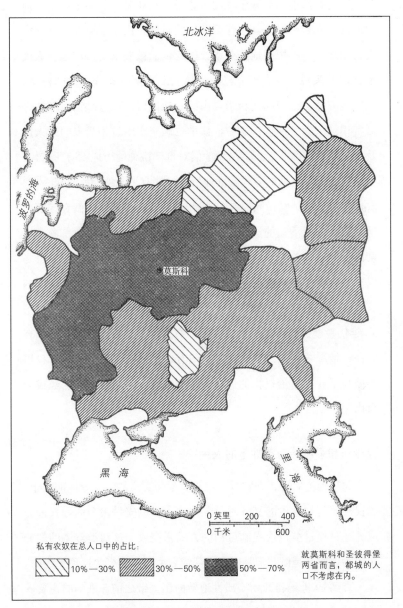

北冰洋

波罗的海

莫斯科

黑海

黑 海

0 英里　　200　　400

0 千米　　　　　600

私有农奴在总人口中的占比：

10%—30%　　30%—50%　　50%—70%

就莫斯科和圣彼得堡
两省而言，都城的人
口不考虑在内。

3. 解放前夕的私有农奴（1858—1859 年）

芬兰族裔、西伯利亚和中亚的游牧民族；还有一些不隶属于任何
领地的独立耕种者，其中包括破落的贵族。由于国有农民既无须
支付租金，也不用替地主劳动，因此他们被要求支付比地主农民
更高的人头税。没有官方授权，他们不得擅自离开自己的村庄。
在其他方面，他们则是相当自由的。他们可以通过缴纳所需的许
可费用加入商贸群体，这一群体中也确实产生过相当多的商人以
及手工业者和产业工人。尽管他们对自己耕种的土地没有所有权，
但是他们处置土地的方式就同他们已经拥有了土地的所有权一样。
农民投机者的活跃使政府在18世纪中叶颁布了严格限制在国有土
地上进行商业活动的法令，不过这些法令有多大的效力是令人怀
疑的。此时，各级政府也强制国有农民加入村社，而此前农民是
以家户为单位持有土地的。国有农民生存的噩梦就是压榨他们的
官员，而他们没有任何办法能对抗官员。这种状况一直到19世纪
30年代晚期，尼古拉一世设立了国有资产部，专门负责管理国有
农民，情况才得以改变。此时，国有农民被赋予了土地所有权以
及获得了建立自治机构的许可。从那时起，他们实际上已经成为
自由民。

代役租和强制劳动条件下的农民

关于地主农民，即农奴，也是有不同类型的。区分标准在于，
农民在履行对地主的义务时是仅以或主要以支付租金的方式来完
成，还是通过劳役或强制劳动的方式来完成。这两类群体的划分
在很大程度上是以北部林区和南部或东南部黑土带为地理界线的。

直到19世纪初开始实质性地转向黑土带之前，俄国的主要农
业区都位于针叶林带的中心区域。我们前面提到过，这里的土壤

和气候条件允许居民能够维持正常的生活，但是积累不了多少盈余。由于这一原因，大量生活在林区的农民，尤其是莫斯科附近的农民，都只是名义上的农民。虽然他们一直与出生地的村社保持着关联，同时缴纳人头税和自己的租金份额，却不再耕种土地。这类农民游走于各地务工，谋求收入，在工厂和矿山里打工，充当雇工和商贩。例如，城市中的许多车夫和娼妓都是农奴，他们把部分收入交给自己的地主。缴纳租金的农奴常常会成立合作社，名为"阿尔得利"（артель），以合约的方式为私人客户工作，利润在成员中进行分配。在泥瓦匠和木匠群体中存在大量这样的合作社。其中最著名的一个是银行信使的协会，其成员在组织的担保下经手大量资金，显然具有很高的可靠性。在19世纪40年代，在俄国东北部地区，25%—32%的男性农民常居住于自己所属的村庄之外。[4] 在一些地方，农奴将土地出租给邻村的其他农奴或者四处游走的雇工，自己则转向全职手工业。由此，在19世纪上半叶，俄国北部地区出现了许多村庄，整村的农奴人口都从事各类商品生产，其中以棉纺织行业为首，该行业逐渐成为被农奴制造商实际垄断的一个行业。

在北方，由于农业带来的回报太小，地主更愿意对农奴课以代役租。经验表明，让农民自由发展，他们很清楚如何能够赚到钱；富有的农民即意味着丰厚的租金。对于富裕的农奴商人和农奴手工业者，我们将在有关俄国中产阶级的章节中加以探讨，他们的主人则以租金为外衣对他们强征个人所得税，税额可以高达每年数千卢布。在农奴制改革前夕，在7个中部省份，有67.7%的农奴属于代役租农奴；在这些省份，强制劳役这种形式局限于男性农奴数在100人或低于100人的较小的庄园。北方的农奴可供自己支配的土地更多，因为北方的土壤产出效率较低，地主对土地的兴趣也不大。除非非常富裕，否则这里的地主往往将领地交给农奴以获得固定的租金，而他们自己则迁入城市或加入侍臣行列为国家服务。在北方，每名男性平均可分得11.6英亩土地，而在黑土带则只有8.6英亩。

在南部和东南部，地主农民则面临不同的境遇。在这里，肥沃的土地促使地主安心管理自己的庄园。这种趋势开始于18世纪下半叶，但直到19世纪才变得显著。北方的地主越是缩减农业生产，就越能刺激南方增加农业生产。因为北方省份的需求创造了一个不断扩大的粮食产品市场。随着国外市场的开放，这一刺激更加强烈。在俄国击败奥斯曼帝国、控制了黑海北岸之后，敖德萨和其他几个暖水港的建成，打通了俄国向西欧出口粮食的通道。在英国废止了《谷物法》（1846年）后，南俄地区的小麦出口出现了显著增长。这些变化带来的净效应是劳动的地区分工；在19世纪50年代，黑土带成了俄国的粮仓，生产了全国70%的谷物，而北方省份则承担了全国3/4的工业商品生产。[5] 南方的地主开始按照英国和德国的模式合理规划自己的田产，引入三叶草和萝卜的种植，并尝试使用科学的方法饲养牲畜。这类农奴主对租金不感兴趣，而对劳动力感兴趣。在19世纪60年代，在南部地区仅有23%—30%的农奴是代役租农奴，其余的，即全部农奴人口的2/3都属于服劳役的农奴。在理论上，通过劳役的方式耕种的土地分为两部分，一部分是农民替地主耕种的土地，另一部分是农民为自己耕种的土地。然而，其中的规则没有通过法律固定下来。存在许多种可能的方案，包括各种各样的代役租与劳役的混合方式。最苛刻的劳役形式是农奴

"月粮"（参见25页）^①。

3. 农奴的境遇

俄国农奴的境遇如何？这是一个与其略知一二，倒不如一无所知的问题。"人占有人"的观念，在现代人看来是非常恶劣的，以至于几乎很难不带着情感去评判。伟大的经济史学家约翰·克拉彭是研究该问题最权威的学者。他着重强调了培养"所谓的统计观念"的重要性，"即对于任何制度、政策、群体和运动提出相关的问题的习惯，诸如：规模有多大？持续的时间有多久？频次如何？代表性如何？"[6] 如果用这一标准去衡量工业革命的社会效应，则可以发现，尽管本就有着根深蒂固的神话，但工业革命从一开始就已经提升了英国工人的生活水平。至今还没有关于俄国农民生活水平的研究。然而，我们已知的内容足以对目前关于农奴及其境遇的主流观点提出质疑。

首先需要强调的是，农奴不是奴隶，领地不是种植园。将俄国的农奴制与奴隶制度相混淆的错误至少已存在两个世纪之久。18 世纪70 年代，一位来自俄国的年轻而敏锐的贵族亚历山大·拉吉舍夫在莱比锡大学学习时，读到了雷纳尔的著作《东西印度欧

---

① 在南方，由于农业更加有利可图，所以这里的大型农场比北方更多。1859 年，在4 个典型的北部省份（弗拉基米尔、特维尔、雅罗斯拉夫尔和科斯特罗马），只有22% 的农奴依附于拥有过千农奴的地主。而在黑土带（沃罗涅日、库尔斯克、萨拉托夫和哈尔科夫）这一数字则是37%。——原文注

洲人殖民地和贸易的哲学与政治史》。在这部著作的第11册中，对加勒比海奴隶制有令人痛心的描述，而这些内容令拉吉舍夫联想到了自己在家乡的见闻。拉吉舍夫在其《从彼得堡到莫斯科旅行记》（1790年）中对农奴制的暗喻，是最早通过强调那些农奴制与奴隶制确实存在的共同特征（例如没有婚姻的权利）来含蓄地将两者进行类比的。在之后的数十年中，这种类比在受西方文化精神影响的作者所写的废奴主义文献中成了普遍现象；这种类比从而进入了俄国和西方的主流思想中。然而，即便是在农奴制最为兴盛的时代，这种肤浅的类比还是受到了更具洞察力的思想家的质疑。在读了拉吉舍夫的书后，普希金写了一篇仿文《从莫斯科到彼得堡旅行记》，其中就有这样的片段：

> 曾经［在18世纪晚期］游历法国的冯维辛有言，平心而论，俄国农民的境况在他看来似乎比法国农民更加幸运。我相信这是真的……
>
> 读一读英国工厂工人的怨诉，会令你毛骨悚然！多少极端恶劣的压迫，不可思议的苦难！一方面是如此冰冷的残暴，另一方面是如此可怕的贫困。你会以为我们正在谈论的是金字塔的建造过程，是在埃及人皮鞭下干苦力的犹太人。事实上全非如此，我们谈论的是史密斯先生的纺织工厂或是杰克逊先生的缝纫车间。请注意，所有这些不是虐待、不是犯罪，而是在严格的法律限制下发生的现实。这个世界上似乎没有比英国工人更加悲惨的生物了……
>
> 在俄国则没有类似的情况。劳动义务完全没有那么繁重。人头税由村社支付，徭役依法设定，代役租不致人穷困

潦倒（莫斯科与圣彼得堡地区除外，因为在这两个地区，工业门类的多样性强化刺激了业主的贪婪）。地主只管设定好代役租，不管农民选用何种方式去完成。农民可以从事任何他能想得到的事业，有时可能会远赴 2000 千米以外的地方赚钱……到处都有许多不法行为，到处都是可怕的刑事案件。

看一看俄国的农民：在其言行之中能看出奴隶般卑微的痕迹吗？关于俄国农民的胆魄与聪慧无须多言；他们的创业精神是众所周知的；他们的灵活机敏是令人惊讶的；一个从俄国的一端游历至另一端的旅行者，一句俄文都不懂，但是所到之处都能被人理解，他的要求都能得到满足，也能与人达成契约。在俄国人民中，你永远找不到法国人那种所谓的"无所事事、游手好闲之徒"（un badaut）：你永远看不到俄国农民对外国人粗鲁的惊异或无知的蔑视。在俄国，没有一个人不拥有属于自己的居所。只有那些流浪在外的赤贫者才会离开自己的木屋。这种情况在其他国家是没有的。在欧洲任何一个地方，拥有一头牛已是奢侈的象征；而在俄国，连一头牛都没有则是极度赤贫的象征。[7]

即便是普希金的权威，也无法取代统计学的证据。不过，他的判断非常值得深思，因为他对俄国农村的了解来自其亲身经历，况且，他具有与生俱来的远见卓识。

如普希金所言，与北美和中美洲的奴隶不同，俄国农奴居住在自己的房子里，而非奴隶宿舍。俄国农奴在田间干农活时很少受到监工的监督，而是受自己的父亲或兄长的监督。在许多庄园，所有者将土地划分成狭窄的地带，将其与农民的份地间杂在一起，由此产生了与典型的种植园完全相异的情形。最重要的是，农奴的劳动成果归他们自己所有。尽管从法律上讲，农奴无权拥有财产，但事实上在整个农奴制时代，农奴一直拥有财产——这是一种在俄国普遍存在的违法却有利于穷人的罕见现象。

地主和农奴的关系也不同于奴隶主和奴隶的关系。对农奴来说，地主拥有的权力首先在于其作为国家税收和征兵代理人的职责。地主因此能够行使大量不受约束的权力，在叶卡捷琳娜二世统治时期，地主对农奴的主宰权的确近似于奴隶主。不过，地主在法律上从未拥有过对农奴的所有权，他只是拥有束缚着农奴的土地。在废除农奴制时期，地主也没有因解放农奴而得到补偿。法律严禁买卖农奴。虽然一些地主违法从事着这种交易，但基本上可以确信的是，俄国农奴只要自己愿意，就可以在自己的木屋里与家人一起度过一生。彼得一世推行的兵役制对农民来说是一场灾难，因为它打破了根深蒂固的传统，年复一年地迫使数以千计的年轻人离开自己的家庭。农民还将参军仪式视为死刑判决。后来，农民可以通过寻找替身或是花钱赎买的方式免除兵役，但是只有很少一部分人有能力采用这种解决方式。

如前所述，全国大约一半的农奴（粗略估计，南方占1/4，北方占3/4）属于缴纳租金的佃农。这些农民可以自由来去，根据自己的意愿从事各类职业。他们的生活不受地主的干涉。对这些农民来说，农奴制实际上意味着向自己所属的贵族缴税，或是按定额缴纳，或是根据收入情况缴纳。无论这种税收的道德性如何，它都不是一种与奴隶制有关的制度；相反，它更像是"封建制度"的残余。

从各项实际意义上看，农奴制仅限于那些完全或主要以劳役的方式履行地主义务的农民，尤其是那些依附于农奴数量在千人以下的中小地主的农民。据粗略估计，有700万—900万以劳役方式履行义务的男女农民属于后一种类型。这一群体在1858—1859年间占整个帝国人口数量的12%—15%，属于传统意义上的农奴；他们被束缚于土地之上，臣服于地主的直接权威之下，被迫为地主履行任何所需的劳役。

当然，对数量如此庞大的群体的状况进行概括是完全不可能的，加之我们还要考虑大约5万人的地主群体（这是拥有劳役农奴的地主的大概数量）。在对该课题更具学术性的研究出现之前，我们所有的判断依据都是印象和观感。这并不能对主要从文字资料中得出的关于广泛的苦难和压迫的画面提供证据支撑。尽管农奴制本身的不公正之处是显而易见的，但绝不能戴着有色眼镜去看待这种体制的现实情况。几位英国人曾描绘了自己在俄国旅行时的经历。他们发现，俄国农民的实际处境比他们在自己的家乡，尤其是爱尔兰了解到的情况要好，因而从一个侧面证实了普希金的判断。以下是从这类描绘中节选的两个片段。第一段出自一位英国船长之手，他于1820年开始了一场历时四年的徒步穿越俄罗斯和西伯利亚的旅行，这使他得以有亲眼目睹俄国农村生活的独特机会：

> 我可以不假犹豫地说，这里的农民处境远远优于爱尔兰的农民。在俄罗斯，生活必需品供应充足，且物美价廉；而在爱尔兰则供应匮乏、质次价高，最好的货品都拿去出口了。相比之下，在俄国，由于地方的阻碍使得生活必需品值不了那么多钱。在这里，每一个村庄都有良好舒适的木屋，

大量的牛群散落在广袤的草场上放养，可以从整片森林轻易获得燃料。俄国农民只需稍稍勤劳和节约便可致富，尤其是那些位于都城要地之间的村庄。[8]

第二个片段出自一位英国旅行家，他去俄国的目的非常明确，就是为了寻找比当时文献所能找到的更有过之而无不及的资料：

> 总体上说……至少仅仅［！］在食宿方面，俄国农民并不像我们这里的穷人境况那么差。俄国农民也许是粗鲁无知的，易受到其主人的虐待，以及放纵自己的习性，外表肮脏邋遢；但是他们从未体会过爱尔兰农民所处的那种赤贫境遇。他们的食品虽然粗糙，但是非常充足。他们的小屋虽然简陋，但是干爽温暖。我们倾向于想象，即便我们的农民是贫困的，我们至少可以自信地进行自我安慰，认为他们的生活远比外国人要舒适得多。但这纯粹是错觉。不仅仅是在爱尔兰，而且是在大英帝国的其他地方，在那些人们通常认为远离爱尔兰式的苦难的地区，我们仍在目睹着悲惨的处境。与之相比，那些不管是居住在拥挤的大城镇上，还是最为偏僻的小村庄里的俄国粗人的处境，可谓奢华。例如，在苏格兰的一些地方，人们的居住条件，如果在俄国农民看来，甚至会觉得不如他们的牛棚。[9]

这些见证者对农奴制或其他绝大多数俄国农民生活的不利条件都没有给予任何同情，所以他们的评判更有分量。

纠正所谓的"地主残暴对待农奴"的说法显得尤其重要。去过俄罗斯的外国旅行家几乎从未提到过体罚，这与去过美洲奴隶种植园的探访者十分不同。① 20 世纪，暴力的蔓延与随之而来的性幻想的"解放"，促使现代人通过投射到过去的方式来放纵自己的施虐冲动；然而，现代人渴望虐待他人的事实与那些可能的情况下实际发生的事情毫不相关。农奴制是一种经济制度，而不是一个为了追求性欲的满足而建立的封闭世界。个别的残暴案例不足以证实相反观点。引用声名狼藉的萨尔特奇哈案例是不足为证的，这是一个被历史学家标本化了的残暴的地主婆，用虐待家佣的方式消磨自己的闲暇时光，致数十名家佣死亡。她展示给我们的帝俄的情况，就好比开膛手杰克展示给我们的维多利亚时期伦敦的情况一样。在一些统计数据较为可靠的地方，从中可以看出惩戒措施的使用是适度的。例如，每一个地主都有权把不守规矩的农民交给官府，进而将他们流放到西伯利亚。在 1822—1833 年间，有 1283 名农奴受到了这样的惩罚，在总数为 2000 万的私人农奴中，被流放的人数仅为年均 107 人，这并不是一个惊人的数字。[10]

对农奴来说，地主权威最严苛之处莫过于干涉他们的家庭生活和劳动习惯。地主非常希望农奴年轻时就结婚，这既是因为希望其早日生儿育女，也是希望通常在出嫁之前免除劳役的年轻女性能尽快投入工作。许多地主强迫他们的农奴一到适合的年龄就立刻结婚（甚至更早），有时甚至为他们选择配偶。纵欲的现象亦不少见。有相当多关于地主将农奴女子纳为妻妾的真实事件。

---

① 不可忽视的是，俄国农民并不像现代人一样有对这类惩罚的恐惧感。在 19 世纪 60 年代，俄国的乡村法庭有权对农民处以罚金或体罚，人们发现，在可以选择的情况下，大多数农民更愿意选择挨揍。——原文注

所有这些都令农民深恶痛绝，有时会以纵火和谋杀来报复地主。地主对农民日常耕作活动的干涉则会激起更大的不满。意愿在此不起作用：善意的地主，即使希望通过自费去改善农民的境遇，也仍会被当作一个残酷的剥削者而被憎恶。哈克斯特豪森称："对地主来说，如果要求农民耕犁土壤的深度再多1英寸，就足以招致农民们的抱怨：'他不是一个好主人，总是折腾我们。'如果他也住在这个村子里，他就有祸了！"[11] 实际上，一个热心肠的地主，因为倾向于较多地干涉农奴的日常耕作活动，要比他的邻居——一个只关心如何能够获得更高租金的冷漠的地主，更容易受到蔑视和厌恶。

人们形成了一种印象：农奴接受了与其宿命相同的社会地位，这种宿命还使他们承受了农民生存的其他负担。农奴勉强地留出一部分工作时间和一部分收入作为税贡献给地主，因为从他们的祖先开始就一直是这么做的。农奴还要有耐心地忍受地主的各种怪癖，只要这些怪癖没有触碰到农奴最重要的东西：他的家庭和耕作。农奴最主要的不满情绪来自土地。他们深信，所有的土地——耕地、牧场、森林，按理说都是属于他们的。从最早期的拓殖开始，农民就带着这样的信条：未开垦的处女地不属于任何人，已开垦的土地属于开垦者。在1762年之后，贵族已经从强制性的国家服役中解放出来，这种信条得到了加强。农奴以某种本能的方式将贵族为国家服役的义务与他们自己受奴役的地位联系了起来。农村中有着这样的传言：1762年，在彼得三世签署《贵族自由宣言》的同时，还发布了另外一项将土地交予农民的法令，但是贵族将这项法令压了下来，并将彼得三世投入了监狱。自那年之后，农民都生活在期待之中，期待着对全国所有私人拥有的土地进行大规模的所谓"黑色重分"，而说服他们，让他们知道自己是错的，则是根本不可能的。更糟糕的是，俄国农奴脑子里完全是错误的观念，他们认为农奴自身是隶属于地主的，但是土地，所有的土地，都是属于农民的，然而事实上这两点都是不对的。这种信条强化了农村中的紧张关系。值得一提的是，这种情况表明，就农奴制本身而言，农民对它并没有强烈的反感。

4. 农奴制对农民心智的影响

上述分析未将农奴制度的残酷性作为重点，且坚持将农奴制与奴隶制区分开来，并非有意为农奴制开脱，只是为了使人们将对其的注意力从想象转至其真正的邪恶上。农奴制是一种可怕的体制，这一点是无可争议的，它就像是一种恶疾，给俄国造成的创伤遗留至今。一位纳粹集中营的幸存者曾谈到，那里的生活不像人们普遍认为的那么坏，但却无止境地恶化，意即身体上的恐惧远不及非人化的生活日积月累所产生的效应。如作适当变动，在不拿集中营去和农奴体制下的俄国农村进行恶意比较的情况下，我们可以说，同样的原则也适用于后者。某些致命的东西伴随着"人主宰人"的体制，即便有着慈善的外衣，仍在缓慢地侵蚀着主宰者和受害者，并最终将他们生活的社会瓦解。我们会在下一章研究农奴制对地主的影响，在此集中笔墨讨论其对农民的影响，尤其是涉及农民对待政权的态度问题上。

在现代学者中存在着广泛的共识，认为农奴制最恶劣的特征，不在于对权力的滥用而在于权力本身所固有的恣意性，即农奴永久服从于他人肆无忌惮的意志。前文引用到罗伯特·布雷姆纳描述了俄国农民生活水平比爱尔兰和苏格兰农民优越，而在这之后他接着谈道：

> 然而，不要认为，我们承认了俄国农民在许多方面要比我们自己的某些农民生活安逸，就会认为俄国农民的命运从整体上要比我们这样的自由国家的农民更加令人羡慕。其实，两者之间的差距仍然大到了不可估量，用一句简单的描述就是：英国农民拥有权利，而俄国农民一无所有！[12]

从这一层意义上讲，国有农民的命运与农奴没多大区别，至少在1837年国有农民开始由一个专门的机构（参见100页）负责管理之前，情况是如此。俄国农民确实享有许多各种各样的惯有的权利。尽管这些权利总体来说是受到尊重的，但在法律上是没有约束力的，这就意味着可能即使侵犯这些权利也不会受到惩罚。农民被禁止向地主提起诉讼并且不被允许出庭作证，因而农民在权威面前完全是无助的。如我们所知，地主极少使用将农奴流放至西伯利亚的权利，但是事实上他们可以这样做且必定会起到有效的震慑作用。这仅仅是凌驾于农奴之上的权力的恣意性的表现形式之一。例如，在19世纪40到50年代，地主预见到农奴制可能要被废除，并希望减少下地干活的农民数量以便更少的人参与分配土地，于是将超过50万的农奴转变成了自己的家仆。农奴对于此类措施束手无策，也没有办法阻止那些出于善意的地主强迫农民使用他们不熟悉的外国进口农机设备，或是强令他们改变轮作方式。更为典型的是，当尼古拉一世政府用了最正当的理由去迫使一些国有农民留出自己的一部分土地改为种植土豆时，换来的却是农民暴动。在农民看来，主人的动机无关紧要，无论是好的意图还是坏的意图都是要强加在他们身上的外部意志。没有能力辨别好坏的农民，常常用最为残酷的方式来回报他们的恩人。

由于完全缺失受法律认可的人身权利，农民认为一切权威在本质上都是异类和敌人。在强力面前，尤其是决定性的力量面前，农民就会遵从。但是在他们的意识中，他们从来不认可自己村社之外的人对自己发号施令。

在俄罗斯帝国，农民暴动实际上并没有人们所普遍认为的那么多。与20世纪大多数国家的社会相比，帝国时代的俄罗斯农村是法律与秩序的绿洲。当然，计算农村的"暴动"事件并据此证明暴动不断增加并非难事。然而，问题的关键在于如何定义"暴动"。在帝俄时代，地主针对其农民提出的任何类型的控告都被当局归类为"暴动"，无论其是否真实发生，也不考虑犯罪行为的性质，而是将拒绝服从一项命令、懒散、酗酒、盗窃、纵火、过失杀人和谋杀不加区分地混为一谈。对于这类事件有一个类似于警察工作日志的专门记录，在犯罪统计数据的计算方面具有一些价值。实际上，大多数所谓的农民"暴动"与暴力事件无关，而只是普通的不服从行为（неповиновение）。[13] 这相当于现代工业社会中罢工所起的作用，将他们作为衡量社会不稳定或政治不满的标准则同样是不可靠的。

俄国农民大约一个世纪爆发一次真正的起义，杀死地主和官员，焚烧庄园，夺取财物。第一次大规模的农民起义发生在17世纪70年代，由斯捷潘·拉辛所领导，第二次发生于一个世纪后的

1773—1775 年间，由叶梅利扬·普加乔夫领导。两次起义都发端于国家的边疆，哥萨克居住的地区。地方政府力量薄弱致使起义犹如野火一般迅速蔓延。19 世纪，俄国没有发生大规模的农民起义。但是到了 20 世纪，则接连发生了两次，一次是在 1905 年，另外一次是在 1917 年。这些大规模的起义和暴动，与那些更具地方性特征的起义暴动的共同点，是缺乏政治目标。俄国农民几乎从不反对沙皇权威：事实上，拉辛和普加乔夫都自称是真正的沙皇，要从篡位者手中夺回皇位。农民将仇恨都直接指向专制政权的代理人，即在当时二元政治条件下为了自己的私利而盘剥国家的两个阶层。列夫·托尔斯泰，依其对农民的深刻认识，预见到这些"小人物"是不会支持颠覆专制的运动的。1865 年，他在日记中指出："俄罗斯的革命是不会反对沙皇和专制主义的，而是针对土地的所有制。"

虽然有时会采取极度暴力的手段，但是在日常生活中农奴更加倾向于使用非暴力的方式解决自己的问题。说谎的艺术在他们那里已经达到了登峰造极的高度。如果不想做某些事情，他们就会装傻；如果被识破，他们就会再装出痛悔的样子。"农民于地主面前几乎在所有生活场景都表现出其本性中最阴暗的一面，"尤里·萨马林，一位斯拉夫派的俄国农村问题专家如此写道，"当着主人的面，聪明的农民则装出一副笨拙的样子，不善伪装的农民则不知羞耻地直接对着主人说谎，性格耿直的农民则干脆偷盗主人的财物，而这三类人都称呼主人为'父亲'。"[14]农民这种对待上级的方式与他们对待平级那种诚实和正派的态度形成了强烈的反差。虚伪并非农民性格中的主要部分，而是能够用来对抗强势的唯一武器，除此之外别无他选。

其他人的权威，尽管非常严酷，但并不是约束农民和阻碍他们意志的唯一力量。他们还要面对并受制于大自然的"暴政"，以至于小说家格列布·乌斯宾斯基称之为"土地的权力"。土地将农民牢牢地把控在手中，时而给予，时而不予，永远都是那么高深莫测和反复无常。农民急切渴望摆脱它，如同渴望摆脱地主和官僚一样，他们转到城市做买卖、做工匠、打零工或从事其他任何能够使自己脱离田间苦力的工作。没有证据能够证明俄国农民热爱自己的土地，那种情感只是上流人士在美妙的夏日时节参观自己的田庄时萌发的浪漫想象。

如果认为，农民受制于其主人的专断意志和较此稍逊一筹的大自然的专断意志，这种制约力量农民自己也不甚理解，且不能左右，那么也就无怪乎他们最美好的愿望就是获得完全的、不承担任何责任的自由。他们称这种理想状态为"沃利亚"（воля），该词的意思是"随心所欲"。获得"沃利亚"就意味着享有狂欢、畅饮、放火的许可。这完全是一个消极的概念，是对那种自古以来一直压迫农民的力量的报复行为。非贵族出身的知识分子、文学批判家维萨里昂·别林斯基，比自己的那些贵族出身的朋友更了解农民，当他质疑农民梦想中的"民主俄罗斯"时，直言不讳地谈道：

> 我们的人民把自由理解为"沃利亚"，而"沃利亚"则意味着胡作非为。被解放的俄罗斯民族不会前往议会，而是会走进小酒馆喝酒、砸玻璃，绞死那些剃了胡须的、穿着欧式长礼服而非粗布农民装的贵族。[15]

实际上，最简便的逃避方式是酗酒。《往年纪事》在关于俄国皈依基督教的描述中有这样的解释：基辅的王公们之所以拒绝伊斯兰教是因为伊斯兰教禁酒。传说在穆斯林的使者前来游说争取之时，基辅大公弗拉基米尔言到"罗斯乐于饮酒，生活中不可无酒"（Руси есть веселие пити, не может без него быти）。当然，这是一个杜撰的故事，但这个故事却将饮酒神圣化为民族嗜好。在16世纪之前，俄罗斯主要饮用蜂蜜酒和果酒，之后，他们从鞑靼人那里学会了酒精蒸馏工艺。到了17世纪中叶，酗酒已经成为一个严重的问题，以至于尼康牧首及其领导的宗教改革派曾尝试强制推行全面禁酒。俄罗斯人饮用伏特加是没有规律的，量也不大，在禁欲期间和纵酒之时是不同的。一旦农民前往小酒馆，即名为"卡巴克"（кабак）的由政府颁发许可的销售酒类饮品、不卖食品的商店，往往会快速地喝上几杯伏特加，为的是尽快地达到醉酒状态。就像俗语说的那样，真正的纵酒需要三日：一日喝，二日醉，三日醒。复活节是纵酒的高峰期。此时的俄国乡村，在度过了漫长冬日之后即将进入艰苦的农作时节，却醉倒在酒精的氛围之中。与酗酒做斗争总是会遇到种种障碍，因为政府要从酒类饮品的销售收入中抽取很大的份额，系酒类消费中的既得利益者。在19世纪末，酒类消费收入是帝国预算中最大的一项财政收入。

5. 农民心态的若干特征

旧制度下的俄国农民，有着像列维-布留尔这类老一代人类学家所谓的"原始意识",其最突出的特质就是不能抽象地思考。农民只会思考具体的问题和个人个案的问题。例如,农民很难理解"距离"的概念,除非将距离换算成俄国的长度单位"俄里",因为他们只能想象出用俄里表示的长度。对时间概念的理解也是一样,必须要把时间和特定的活动联系起来他们才能够理解。"国家""社会""民族""经济""农业",所有这些概念只有在与农民所熟知的人或他们所从事过的活动联系起来,才能被他们所理解。

这种特质解释了俄国农民的可爱之处。他们在与他人接触时,不带有民族、宗教或任何其他偏见。他们对陌生人表现出自发的善意,关于这一点有无数的证明。农民会对那些前往西伯利亚途中的被流放者给予非常慷慨的馈赠,不是对他们被流放的原因表达同情,而是认为被流放至西伯利亚本身是非常不幸的。在第二次世界大战期间,当曾来此征服和杀戮的纳粹士兵成为俘虏后也同样会受到类似的善待。那些激进的鼓动者在试图煽动农民进行"阶级斗争"时为何遇到相当大的阻力,原因就在于这种非抽象的、本能的人的礼貌。在1905年和1917年的革命期间,农村的暴动直接针对特定的目标:向某个地主寻仇,夺取觊觎已久的土地,砍伐一片森林。农民的目的并非颠覆整个"制度",因为他们对"制度"的存在并没有认知。

但农民思想意识中的这种特质也有其不利的一面。在抽象的概念中,农民所不能理解的还有法律。他们往往将法律和习俗或常识相混淆。正当的法律程序不为他们所理解。由村社强制推行的俄罗斯习惯法,将被告的认罪供词作为最可靠的证据。19世纪60年代建立的村社法庭,旨在处理各类民事纠纷并由农民自行管理。在大多数情况下，供词是提交法庭的唯一证据。[16] 农民同样很难理解"财产"的概念，常常将财产的使用权与所有权相混淆。在农民看来，不居住在自己土地上的地主对土地及其产物就没有合法的所有权。农民会很乐意占有某件物品，如果他们认为这件物品的合法所有人并不需要这件物品（例如地主森林中的木柴），但同时他们对其他农民的土地、牲口和农具表现出非常敏锐的所有者意识，因为这些物品都是谋生所必备的。在1864年的司法改革中所出现的律师职业群体，被农民们视为又一类腐败官员，否则的话律师帮助他人解决官司上的麻烦为什么要收钱呢？农民对各种手续与法律诉讼程序不耐烦，也根本无法理解抽象的法律文本和政府的各种规章制度。因此，除了威权政治或无政府主义，俄国农民根本无法适应任何其他类型的政治制度。

俄国农民与其他传统社会居民的相似之处在于：个人身份认同感微弱。个人的喜好与憎恶、个人的功利心与自我意识常常消融于家庭与村社之中——不管怎样，直到有机会获取大笔钱财之时，贪婪的本能才会从最为愚钝的外表下浮现出来。米尔——村社对他们来说意味着"世界"。村社制约着农民们反社会的神经，因为集体高于个人。霍米亚科夫曾说过："单独挑出一个俄罗斯人是进不了天堂的，但如果是整村的人就不能不放行了。"[17] 但是，将农村居民捆绑于一体并使其发生社会化的纽带却具有十分个人化的特性。俄国农民对外部世界的感知好比是隔着非常模糊的毛玻璃，在他们的印象中，外面的世界是遥远的、异质的、与他们毫不相干的。这个世界由两个部分组成：一个是广阔而神圣的东正教世界，另一个是异族的世界，分为东方人（басурман）和西方人（немцы）①。如果当时住在俄罗斯的外国居民的话可信，那么许多俄国农民直到 19 世纪都不知道也不相信，世界上除了他们自己的国家和君主之外还有其他的国家和君主存在。

农民对自己的平级与上级之间的差异表现得非常敏感。他们对任何非权贵中人都以"兄弟"（брат）相称，而对权贵中人则敬称以"父亲"（отец），或者使用更加亲切的表示父亲的称呼语"батюшка"。令人惊讶的是，俄国农民对待与自己地位等同的人也非常讲究礼节。来到俄国的旅行者对农民在相互打招呼时，以鞠躬或者轻微提帽表达敬意，这种彬彬有礼的举止感到惊讶。其中一人有言：在礼貌举止方面，俄国农民绝不输于漫步在意大利大街②上的巴黎人。在地位高于自己的人面前，他们则会叩拜（继承了蒙古人的习惯）或者深深地鞠躬。外国人也常常评论俄国农民喜好欢乐气氛、乐于载歌载舞以及待人和善的性情，即便在醉酒的时候也很少发生斗殴。

但是，当人们看完这些描述后，转而再去了解农民的谚语和俗话时，会惊奇地发现，里面既找不到智慧也找不到善心。他们的谚语和俗语反映了粗鲁的玩世不恭和社会意识的完全缺失。这些谚语和俗语的伦理道德粗暴而简单：操心自己，别管他人。例如谚语："别人的眼泪是水。"19 世纪 70 年代，社会革命派在"到

---

① "басурман"一词在俄语中的本义并非"东方人"，而是指异教徒，且多指伊斯兰教徒；"немцы"在俄语中亦非指"西方人"，原意为异国人，主要是指古代日耳曼人。——译者注

② 此处的"意大利大街"是指巴黎市内一条著名的大街，系巴黎四大名街之一。——译者注

人民中去"的运动中唤醒了农民对社会不公的愤怒之情。然而，令他们极为沮丧的是，面对如此的剥削，农民竟然认为没有什么不对的；他们只是想要从被剥削者变成剥削者。一位与农民一同工作多年的著名农业专家忧伤地总结道，每个俄国农民从内心里都是"古拉克"（кулак），即农村中的投机者和放高利贷者：

> 成为古拉克的梦想笼罩着整个农民阶层。每个农民都以成为能够吞食鲤鱼的梭子鱼而骄傲。如果条件允许，每一个农民都会以最典型的方式剥削任何人。无论农民还是贵族，只要成为他的目标，就会被榨出血以满足他的需要。[18]

因此，马克西姆·高尔基对此如是说：

> 在我年轻的时候［在19世纪80至90年代］，我非常努力地在俄国的各个村庄中寻找［寻找那心地善良、有思想的农民，寻找那孜孜不倦地探寻真理与正义的人，这些都是被19世纪俄罗斯文学如此令人信服、如此美丽地描绘给世人的内容］，可是我没有找到。我在农村中发现的是冷酷的现实主义者和圆滑世故者——在对自己有利的时候，他们会把自己完美地装扮成一个忠厚老实之人……他们知道，"农民不愚，但世界很笨"，以及"世界强如水，但却笨如猪"。他们常说"可怕的是人，不是鬼""打自己人，别人就会怕你"。他们对真理的看法相当不屑："真理不能当饭吃""只要能得到足够的吃的，说谎又何妨呢""诚实的人，如同傻瓜，而且有害"。[19]

考虑到高尔基所探究的是19世纪末的俄国农村状况，这一时期农民是在经济困境的重压下才沦丧了道德，况且我们知道，是农奴制的废除使得俄国农民的问题变得复杂化。然而，即便如此，事实仍然是：俄国农民在废除农奴制之前所表现出的许多特质也如高尔基所描述的那样。格里戈罗维奇于19世纪40年代创作的有关农村题材的小说以及1862年出版的达里农民谚语集，这些作品无论从何种角度看，所展现的都是令人反感的画面。

要解决两种形象之间的矛盾，只有一种可能的方案，即：假设农民对那些与之有着人际交往关系的人和那些与之有着可以说是"功能性"关系的人，态度是十分不同的。那些眼泪不值钱的、愚蠢的以及可以成为欺骗和挨揍对象的"其他人"，都处于他们家庭、村庄或是个人接触之外。但是，因为正是这些"其他人"构成了"社会"与"国家"，所以在19至20世纪间，农民的小世界与外面的大世界之间的藩篱被打破，农民陷入了完全的茫然之中而不知所措。他们没有做好准备去适应非人情式的人际关系，当被迫接受时，他们性格中最糟糕、最贪婪的特征就立刻表露无遗了。

在宗教生活中，农民表现出极大的外在奉献精神。他们总是频繁地在自己胸前画十字架，定期参加教会的服务，遵守斋戒。所做的一切都是出于一个信念：严守教会的清规戒律——斋戒、圣礼、画十字架——可以拯救自己的灵魂。但是，农民似乎对宗教的精神意义或宗教作为一种生活方式的理解甚少。他们不了解圣经，甚至不知道主祷文。他们对待乡村神甫非常鄙视。他们对基督教的追求总的来看是肤浅的，主要目的是借助清规戒律帮他们获得进入天堂的资格。别林斯基在给果戈理的那封著名的公开信中所做的判断很难被人驳倒：

> 　　按照您的观点，俄罗斯人是世界上最信奉宗教的民族。这是谎言！宗教性的基础是对上帝虔诚和敬畏，而俄罗斯人在口中呼出上帝名字的时候，还在给自己身上的某个位置搔痒。关于圣像，他们则说："如果不适用于祈祷的话，就当作锅盖。"仔细看看吧，你会发现他们本质上是一群彻底的无神论者。他们保留了大量的迷信思想，却没有一丝对宗教虔诚的痕迹。迷信思想随着文明的发展与进步而消失，宗教信仰则常伴其左右；在这方面法国就是一个鲜活的例子，即使在今天的法国，在受过教育的、文明的人群当中仍然有许多虔诚的天主教徒，同时也有不少人排斥基督教，顽固地膜拜某个神仙。俄罗斯人则不同，他们的本性中根本没有对神秘主义的追求，有的是太多的普通情感，过于清晰和积极的心智，也许其未来广阔的历史命运就在于此。对宗教的笃信甚至都没有根植于神职人员当中，因为个别孤立的、特殊的，以冷静的禁欲主义的沉思而出名的苦修者根本证明不了什么。但是，我们大部分的神职人员总是因他们的大肚子、故弄玄虚以及野蛮无知而出名。指责他们对宗教褊狭和狂热，难免有失偏颇，相反在信仰问题上，他们具有示范作用的冷漠态度倒是可以受夸奖。我们中的宗教虔诚仅出现在分裂教派中，他们在精神上与普通民众形成了鲜明的反差，但是在数量上则是微乎其微。[20]

共产党政权轻而易举地就将俄罗斯中心地区的基督教势力根

除，并以自己的信仰取而代之，证明了俄国民众对东正教的信仰是多么肤浅。而在天主教、穆斯林和其他宗教地区这一过程则困难得多。

宿命论才是俄国农民真正信仰的宗教。他们很少会将任何事，尤其是不幸的事归咎于自己的意志力。即使问题很显然是出在他们自己身上，他们也会认为是"上帝的旨意"，例如因粗心大意而造成了火灾或者牲畜死亡。俄语中的谚语充满了宿命论的情绪。在19世纪末，当俄国农民开始接触到圣经的时候，他们首先学会的是强调谦卑和被动接受自己命运的内容。

6. "小人物"的政治观

最后，谈一谈政治。俄罗斯农民是毋庸置疑的"君主主义者"，从这一意义上讲，他们无法想象除了沙皇之外的任何其他世俗权威。他们将沙皇视为上帝在人间的代理，由上帝创造的用来管理农民、关照农民的全俄罗斯的家长。他们把所有的好都加在沙皇身上，把所有的坏都归咎于上帝的意志或是地主和官员身上。他们相信沙皇认识他们，如果他们去敲冬宫的大门，就会得到热情的接待，他们的苦楚不仅会被聆听而且会被理解，即便是最微小的细节都会。正是由于这种家长制的观念，农民对自己的君主感到亲切，而这种亲切感在西欧是断然不存在的。德·塞古尔与叶卡捷琳娜大帝一同在俄罗斯旅行时惊讶地发现，普通的乡村居民在与女皇交谈时，言谈举止不受丝毫的影响，完全是自然的方式。

在农民的君主主义情感中，最为强大的一个因素是坚信沙皇希望他们拥有全部土地，但沙皇的这一愿望被地主阻止了，不过终有一天沙皇会克服这一阻碍。1861年农奴制的废除使得农民的这一看法变成了坚定的确信。19世纪70年代，社会革命派的宣传家们被农民不可撼动的信念——"沙皇会给的"（царь даст）——逼到了绝望的境地。[21]

因此，尼古拉二世突然退位之后，俄罗斯便陷入一片混乱之中；亦因此，当共产党政权面临危机，尼古拉二世又被反对派利用之时，列宁不得不决定将其全家处决；同样因此，在帝国王朝终结之后，新生政权则通过大规模的领导人偶像化的方式来不断努力填补民众的心理真空。

沙俄政府非常重视农民的君主主义情绪，许多国家政策的滞后，例如工业化进程或者铁路建设方面的迟疑、对大众教育的漠不关心等，原因都与农民有关，因为政府希望农民保持其原来的样子——简单而忠诚。农民对君主主义的忠诚信仰是19世纪沙俄政策的一块基石。政府对农民态度的理解并不完全正确。农民的忠诚是个人对一个遥远的统治者的理想化形象的忠诚，他们将其看作父亲和守护者。这种忠诚不是对君主体制的忠诚，当然也不是对体制的任何代理人——无论贵族还是官僚的忠诚。农民没有理由对国家有好感，因为国家用双手掠夺了农民，却没有给农民任何回报。对农民来说，权威最多只是生活中一种不得不承受的客观现实，就如同疾病、衰老或死亡，但是永远不会是"好的"东西，一旦有可能，每一个人都有权利挣脱。对沙皇的忠诚并不意味着承认任何形式的公民责任，并且着实掩盖了对政治体制与政治进程的深刻憎恶。所有人类关系的个人化成为俄国农民的独有特征，它催生了一种肤浅的君主主义，虽然外在表现为保守主义，但实际上却是彻底的无政府主义。

7. 1861：农奴制的废除

废除农奴制的起因

自18世纪末开始，越来越多的俄罗斯人开始明白，农奴制不符合俄罗斯成为文明国家或是强国的诉求。亚历山大一世与尼古拉一世两位沙皇皆对这种体制持严重的质疑态度，他们的主要幕僚也是同样。公众舆论、民族主义保守派和自由主义激进派也都转而敌视农奴制。的确，农奴制没有真正有利于它的论点，最好的理由不过是：农民经过了几个世纪的束缚之后，尚未做好准备去承担自由带来的责任，因此，自由对他们来说迟到比早来更好。尽管废奴主义情绪日益增长，但是如果说在1861年之前为何农奴制一直未被取缔，则主要原因只能是君主政权害怕其所依靠的十万蓄奴贵族（他们担任政府职务、统领军队、维护乡村的秩序）会与之为敌。然而，在狭小的可行范围内，政府采取了缩减农奴数量、改善农奴生活条件的办法。亚历山大拒绝将国有农民或皇室农民交给私人所有。他还推行了相关制度使地主能够解放自己的农奴，并下令使原属利沃尼亚德意志贵族的农奴（不带土地）获得自由。这些措施所产生的累积效应是，沙俄帝国人口中的农奴比例逐渐降低，从18世纪末期的45%—50%降至1858年的37.7%，农奴制被明显削弱。

亚历山大二世继位后很快就做出了解放农奴的决定，且该政策是在地主阶层的强烈反对下以及官僚阶层巨大的行政阻碍下进行的。学界一度认为解放政策的实施主要是由经济原因促成的，即农奴经济的危机所引发的。然而这种观点似乎没有足够的依据。没有证据表明政府在推行废奴政策时将经济方面的考量置于首要位置。即便接受这种观点，提高农村生产率到底是否需要解放农奴，是否需要以雇佣的劳动力来取代束缚的劳动力，仍然是个值得怀疑的问题。农奴制废除之前的几十年是农奴劳动力使用效率最高的一个时期，因为在这一时期，地主从国家义务中解放了出来，将更多的精力投入到了优化其农业生产上，为俄国的领土及其海外市场的扩大做出了贡献。彼得·司徒卢威在其开创性的历史研究中指出：农奴制在被废除之前，其经济效率达到了峰值。[22]

似乎更加可信的是，政府决策背后的决定性因素是政治性的。在那场令沙俄帝国蒙羞的克里米亚战争之前，即便是对绝对君主制最不友好的人也都普遍认为，这一体制至少保证了帝国内部的稳定和外部的强大。若农奴制不废，俄国极有可能再现一场新的普加乔夫起义，这恐怕是新任沙皇躲不过去的命运。尽管如此，内部的稳定在未受到挑战之前仍然得以为继。然而，一旦沙俄帝国被证实无力守卫自己的领土，抵御那些"堕落的"自由国度的军事袭扰，那么这个独裁国家的军事神话就会彻底破灭而无可挽回。在随战败而至的自信危机之中，所有的制度都受到了批判式的审查，农奴制则更是成为众矢之的。"在当前我们亟待解决的国内问题中，农奴制位居其首，它既是对未来的威胁，也是对现阶段任何发展与进步的阻碍，"萨马林在克里米亚战争时期如此写道，"我们内部体制的重构无论从何开始，农奴制都是我们必须面对的问题。"[23] 对人的束缚如今已经成为缠绕于俄罗斯脖颈上的重石，将国家拖进了无底深渊。大多数人都赞同这种观点，只有那些仅关注个人私利的人不认可。

1861 年 2 月 19 日法令

俄国农奴制在其历史发展过程中包含了两个迥然相异的元素：地主对农奴的权威和农奴对土地的依附。废除农奴制的法令经过了旷日持久的审议之后，于 1861 年 2 月 19 日颁布。该法律即刻剥夺了地主的权威。曾经的农奴变成了法律意义上的自然人，被允许拥有财产、提出诉讼以及参与地方自治机构的选举。然而，以前卑微低下的社会地位依然在他们身上留有痕迹。在许多民事性质的违法案例中，农民处于专门的村社法庭的司法监管之下，而这类法庭依照习惯法进行操作，可以施加体罚。农民依然需要缴纳人头税，而其他阶层已经得到了免除；此外，每当农民想要离开村社一段时间，都需要先向村社提出申请。①

沙俄政府对待农奴制的另外一个问题——农民对土地的依附问题，显得非常谨慎。在这方面，农民在半个世纪之后才获得完全的自由。保留农民对土地的依附关系，其原因有政治的，也有经济的。政府深知俄国农民一直希望能够离开土地，游走全国去寻找更轻松、收入更高的职业。令政府担忧的是：不受控制的大规模农民流动会引发社会动荡，并使税收成为不可能完成的任务。因此，最终的解决方法是，政府将农民与村社捆绑在一起，除了

---

① 这种情况在苏联时代仍然存在。在集体农庄里，成员没有常规的国内身份证件，未经授权不能自由流动。——原文注

原有的权力（例如，重新划分地块的权力）之外，村社还获得了以前只有地主才享有的一些权力。于是，原有的村社得以保留，同时在以前从未有过村社的地方也建立了村社。

政府很早就做出决定：在农奴制废除之后，以前的农奴可以分到充足的土地以供养活自己和他们的家庭。在与地主阶级代表进行了艰难的讨价还价之后，土地分配的最低与最高标准按照地区差异得以分别确定：原来隶属于地主的农民，如果其为自己耕种的土地面积高于最高标准时，地主可以要求降低分配额度；而分配额度低于最低标准的则必须增加。最终，俄国的地主阶级保留了大约2/3的土地，包括了绝大部分的牧场和林地；其余的土地被分配给了原来的地主农民。因为从法律的角度看，地主自己保留的和分配给农民的两部分土地都是地主的财产，所以农民必须为其得到的土地份额支付费用。土地的价格在经纳税官评估后，政府替农民向地主预付了80%的土地款，而农民须在49年的期限内以"赎金支付"（выкупные платежи）的方式偿还这笔债务。剩余20%的土地款须由农民直接支付给地主：如果有钱就付钱，没钱就用劳役代替。为了确保"赎金支付"如期到账，政府在分配土地时，并不是直接分配至家户，而是分配至村社。[①]

制度安排上的缺陷

1861年2月19日法令使农民陷入了矛盾境地。农民虽然从他们憎恶已久的地主权威下得以解脱，农奴体制中最恶的一面也因

---

① 1861年的废除农奴制法令允许农民自行决定是否要购买分配给他们的土地份额，直到1883年才变成强制性购买。——原文注

此被废止。但与此同时，农民阶层仍然在许多方面与其他阶层相区别，并继续被束缚在土地上。

　　在法令颁布时，解放农奴的事业似乎获得了成功。仅有一小部分激进的批评者认为该法令是错误的，理由是所有的土地都应该交给农民，并且不应要求他们为分配到的土地支付费用。美国的总统打了四年内战才消灭的奴隶制度，俄罗斯沙皇大笔一挥便废除了。回顾历史，这一成就似乎并不那么令人印象深刻。实际上，在1861年之后，俄国农民的经济状况变得更加糟糕，1900年俄国农民总体上要比1800年时更加贫困。对农村人口来说，尤其是居住在黑土带的农村人口，19世纪下半叶成了一个每况愈下的堕落时代。导致危机的原因是多方面的，一些可追溯为人祸，也有一些超出了人所能控制的因素。

　　首先，强加于农民头上的"赎金支付"被置于优先偿还的地位，与其他常规税目累加在一起，给农民造成了不切实际的负担。完成这些新的经济义务对农民来说是极其困难的，尤其是在那些以强制劳役（劳役制）为传统结算租金方法的地区，农民几乎没有其他赚钱的机会。为了租赁或是购买更多的土地，他们只能去借钱，先是去借村里的高利贷，后来从条件较为优惠的农民银行中借贷。如此举债，叠加在他们应履行的义务之上，使他们深陷债务困境之中。1881年，政府将1861年法令所规定的农民应付款额度减少了1/4，然而这仍然不足以解决根本问题。1907年，政府迫于不可避免的事态，彻底取消了"赎金支付"，并将欠款一笔勾销。但是，伤痛已无可挽回。回想起当年那些批评家们的激进言论——应当将土地免费给予农民，无论从道义还是实用的角度来看都是正确的。

保留村社看来也是个错误，尽管由于农民对村社的紧密依附关系，很难想象如何能够将二者剥离开来。村社的存在使俄国不可能出现一个充满活力的农民阶层，因为勤恳的、具有事业进取心的村社成员要为集体中那些懒惰的、愚钝的成员以及酗酒之徒承担经济义务。这种整体性的安排纵容了循规蹈矩，损害了开拓创新。由于在下一轮的土地重分中，农民注定会失去现有土地，所以，对改善现有耕作，他们毫无兴趣；他们有足够的理由尽其所能榨干现有土地中的全部油水，根本不顾及未来。废除农奴制的法令中包括了允许农民以家户为单位将耕地固定下来并从村社中分离出来的条款，但是需要办理的手续实在太多，以至于无人去利用这些条款。1893 年，政府索性取消了这些条款。通过保留和强化公社，政府无疑实现了某种程度的社会稳定和财政控制，但这是以牺牲经济发展为代价的。

政府不愿给予农民充分的公民权也是一个判断上的错误。可以理解的是，逐步地给予农民完整的公民权似乎是更加明智的选择。然而，后农奴制时代的国家治理体系所带来的实际后果是：由于农民受到过多法律法规的约束，使得他们在社会的特殊地位永久化，从而进一步阻碍了其原本就缺失的公民意识的发展。1889 年，地方行政长官（земский начальник）这一农村官职的设立使得问题进一步恶化。地方行政长官是由保守派地主官僚推选出来的，被赋予了对农民的广泛而专断的权威，与地主曾经对农奴的权威并无不同。

最后，土地分配问题中的不公正，从长远来看产生了非常有害的经济后果。废除农奴制法令最终使得大量草场和林地留在了地主的手中，而在农奴制时代这些土地是由农民自由分享的。在俄国，均衡而健全的农村经济要求每2英亩耕地须搭配1英亩草场。但是，在1900年前后，这一比率变成了3∶1，有些地方是4∶1。于是，木材便成了地主与农民纷争不休的焦点。

在废除农奴制的改革中，所有人祸之共性在于过分谨小慎微。制度安排上的考虑过于周密，也因此而过于僵化，几乎没有自我修正的余地。一个更自由、更灵活的安排最初可能会带来更多麻烦，但是从长远来看，它本能更好地消解超出人意志、最终动摇社会之基的力量，小革命可能有防止大革命之功效。

8. 世纪之交的农业危机

在所有的自然力中，最具破坏性的是人口的突然爆发性增长；它波及的不仅仅是曾经的农奴，还包括所有靠土地谋生的人口。1858年，俄国有6800万人口，1897年升至1.25亿。俄国19世纪下半叶的人口年复合增长率为1.8%，而同期西南欧的数字是0.4%—0.5%，西北欧为0.7%—1.1%。绝大多数新增人口自然而然是来自欧陆俄罗斯的农村地区，在1858—1897年间，那里的人口增长了大约50%，但是生存资源并没有出现相应的增长，因为农业产量仍然低得可怜。在19世纪与20世纪之交的俄国，1俄亩（约为2.7英亩）土地（耕地与草场）的平均净收入为3.77卢布，尚不足当时的2美元。在19世纪的最后十年，莫斯科省平均每俄亩土地的净收入为5.29卢布，农民人均持有7.5俄亩土地（大约20英亩），年净收入不足40卢布，合4英镑（20美元）。如果将农民的劳动核算为工资，加上其他额外收入，最乐观的估计，在19世纪90年代莫斯科地区一个农民家庭的净收入为130—190卢布（折合为当时的英国货币，相当于13—20镑），这显然是远远不能满足需要的。[24]尽管沙皇政府的财政收入大部分来自农村，但它还是将仅有的可用于改善农业生产的资本投在了铁路和重工业上。

过于沉重的税收负担、社会和经济障碍以及失控的人口增长，这些因素的叠加效应致使俄国农民愈加难以靠农业养活自己。据估计，在1900年，农业收入仅能弥补农民1/4至一半的生活所需，余下的缺口只能靠其他方式去填补。最简单的方式就是去给地主或富农当雇工，或者去租种土地，从土地收益中获得分成，或通过各种其他劳动获得回报；在后一种情况下，农民实际上已经退回了半农奴的状态。1905年，欧陆俄罗斯部分的农民全部（主要是以村社的方式）持有1.6亿俄亩土地，此外还租种着2000万—2500万俄亩土地，另有4000万—4500万俄亩可耕土地在非农人口手中。（国家和皇室另外拥有1.53亿俄亩土地，但是这部分土地几乎全部是森林和不适宜耕种的土地，耕地大部分租给了农民。）但是，农民手中的耕地数量仍然不够用。农民们知道，除了耕种更多的土地，没有其他的办法能够增加自己的粮食来源，并且根本没有足够的无主土地来供养如此快速增长的人口。农民们相信，一场全国范围内的"黑色重分"一定会到来，这种想法加剧了他们的困境，他们因此而常常拒绝购买以优惠条件提供给他们的土地。一些农民宁愿一直将土地耕种到地力耗尽也不愿去购买那些稍后就会免费给予他们的土地。

北方的农民还遭受着额外的不幸。传统上，他们从家庭手工业获得了很大一部分额外收入。随着现代机械工业的发展，这一收入来源逐渐枯竭。家庭作坊经过漫长的冬季生产出来的粗布、鞋子、器皿、日用五金，无论是在质量上还是价格上都无法与机器制造出来的产品相竞争。由此，正当农民急需额外收入之时，他们却被现代工业竞争所剥夺了。

最后，随着复合型家庭的瓦解，农村的危机在这一社会自然发展的进程中进一步加剧。当地主和官僚凌驾于农民之上的权威刚刚被解除，农民便急于划分家庭财产，开始分户独立生活。从农业生产率的角度看，这无疑是一个倒退。很显然，农民们明白这一道理，但是他们依旧不愿与自己的父母和亲属生活在同一个屋檐下，更不愿与他们一同劳作。家长的权威也逐渐弱化，这意味着农村中重要的稳定局面的力量也在随之弱化。

显而易见，要解决俄国农业危机绝非易事，因其出现在19世纪末期。正如人们通常认为的那样，问题的关键不仅仅是土地短缺；把土地从地主和国家那里转交给农民也还是解决不了问题。整个农业经济已经被相互关联的羁绊因素所交织缠绕。经济上的危机增强了农民的无政府主义倾向。18世纪末外国人眼中快乐、和善的"小人物"，在1900年前后的旅行家眼中则变成了阴郁而不友好的形象。

这种不好的情绪加剧了农民对外部世界本能的敌意，并在20世纪初造就了暴力的温床。农村的暴动情绪，只需要一些弱化国家权威的外在迹象就能点燃。在跨越1904年至1905年的那个冬季，自由派知识分子恰恰提供了这一信号。他们通过解放联盟（Союз Освобождения）发起了一场呼吁立宪的公开集会。此时，沙皇的军队正在远东前线与日本人作战，无奈之下政府只得拖延时间，却给人造成了政府并不反对建立某种宪政制度的印象。在随之而来的混乱中，官僚阶层以残酷的武力展示代替了让步。1905 年 1 月，在军队朝着向冬宫行进的和平示威的工人游行队伍开枪之后，城市陷入了混乱。被严冬紧锁的农村只能等待解冻之日的到来，一旦冰雪消融，河道化开，农民便立刻揭竿而起，纵火劫掠，抢占他们梦寐以求的地主的土地。在局势得到控制后（1906—1907 年），政府开始了迟到的农业改革。"赎金支付"制度被废除。由于对村社未能充当稳定农村局势的力量而感到失望，1906 年 11 月 9 日政府颁布了一项法令，允许农民将他们分散的土地合为一体，并可以不经允许离开村社建立个体农场。村社通过对身份证件的管控来限制农民流动的权力被废止。此时，政府拨出大量钱款帮助农民从人口过剩的黑土带省份向东迁移，进行重新安置。同时，还拨出一部分资金帮助农民向地主购买土地。这些举措所产生的结果确实令人满意。1916 年，欧陆俄罗斯部分的个体农民（即那些不使用雇佣劳动力的农民）以私人所有的形式共持有 2/3 的耕地；包括租赁的土地在内，有将近 90% 的耕地掌握在农民的手中。此外，他们还拥有 90% 的牲畜。[25]

　　1905 年的事件赋予了农民从未有过的力量。当 1917 年 2 月尼古拉二世突然退位的时候，已经没有可以约束他们的力量了。1917 年春，农民再次发起暴动，这一次是要完成第一次革命中的未竟之事。此时，他们的目标不再是土地，而是要砍伐国有和私有森林，收割别人种的粮食，抢占用于出售的储粮，当然，还要再一次劫掠和焚烧地主的庄园。1917 年的农民起义主要将矛头对准了大型的、富产的庄园。正是在这场农村革命（由农民组成的军队瓦解也是一个方面）的高潮，列宁及其政党夺取了政权。

　　最终，俄国君主专制还是毁在了曾经被视为其最坚定的支持

者 —— 农民的手中。情势阻止了俄国农村保守阶层的发展，农民潜在的无政府主义思想先是拖延了改革，然后影响其向着过于谨慎的方向发展，最终引发了混乱。农民，在德国与法国就好比是稳定社会的锚，而在俄国历史上则从未发挥这种作用。

第七章

贵　族

> ［在欧洲］人们相信贵族，纵然有人鄙视它，有人憎恨它，还有人是为了从它那里得到好处或是满足自己的虚荣心……
>
> 　而在俄罗斯这些都不存在，这里根本不相信贵族。
>
> ——普希金[1]

在西方，社会制约政府（事实上，这种制约作用确实是奏效的）的工具是贵族和资产阶级，这是两个分别掌握着土地和金钱的社会群体。这两个群体的作用在一些西方国家是协调一致的，而在另一些国家则是相离相悖的；两者时而一个引领潮流，另一个尾随其后。本书的下一章以中产阶级为主题，将阐释为何它对俄国政治进程几乎没有影响。即便不做细致的分析，也能轻易明了，在俄罗斯这么一个流通货币很少和没有商业信贷的农业国家，在19世纪60年代之前资产阶级就其自身属性来说不可能有太大的影响力。如果要去制约君主体制，那么这个任务只能由拥有土地的贵族阶层去完成。至18世纪末，俄国贵族阶层拥有全国绝大部分生产性财富，同时，皇权要依靠他们来管理国家、守卫疆土。

毫无疑问，贵族是俄国最有实力、最富有、最受法律保护以及受教育程度最高和最具政治意识的阶层。

然而，无论贵族阶层的潜力有多大，其实际上的政治成就却着实可怜。偶尔表现出来的抗命行为，要么毫不坚决，要么就是因为管理不善所致，或者两者兼而有之。在任何情况下，贵族这一阶层所涉及的都仅仅是极少数非常富有的大都市精英，地方的普通民众不信任这些大都市精英，也拒绝追随他们。大部分时间，俄国的贵族都在做着上层要求他们做的事情。他们从彼得三世和叶卡捷琳娜二世那里获得的个人自由曾经巩固其经济和社会特权，而不是获取政治权利。对于 18 世纪时来自皇权的慷慨赏赐，贵族阶层没有将这些财富积累起来，而是瓜分和挥霍掉了。最后，无论贵族为政治生活做出何种贡献，他们都不是作为一个代表特定利益的社会经济群体，而是作为一个超阶级的群体，为了争取他们想象中的普遍福祉而斗争：即不是作为贵族群体，而是作为知识分子群体。

与西方相比，俄国上层阶级何以在政治方面表现得如此无力？ 19 世纪的历史学家赫列布尼克夫成为探究这一疑问的先行者之一。他的研究是以"西方上层社会的权力来源于两个基础：地方政府的控制与大量的土地财富"为出发点的。这种情况在一些国家，例如英国，是非常有效的，贵族将两种权力结合起来，以行政管理者和财产所有者的双重身份主导着农村。赫列布尼克夫指出，俄国贵族的行政管理权与经济权都太小而不足以与君主专制抗衡。[2] 这种构思对于研究俄国贵族的政治观念与政治活动设置了一个非常方便的起点。

21. 卖活鱼和鱼子酱的货郎。

23. 农民的娱乐活动：节日里的小丑表演。

24. 伊凡四世于1576年向神圣罗马帝国皇帝派遣的大使团在雷根斯堡。前面
是五位大使，他们身着最新的波斯服装；后面是拿着貂皮的人，那是给皇帝的
礼物。

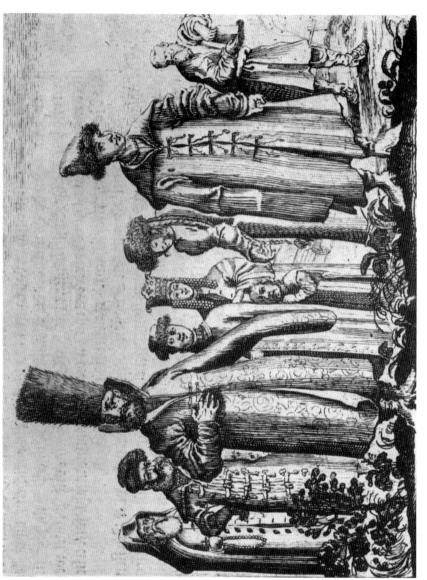

25. 17 世纪中叶的俄国波雅尔：他们的服饰显示出受到了波兰的影响。

26. 莫斯科的一个贵族住所（约1790年）。

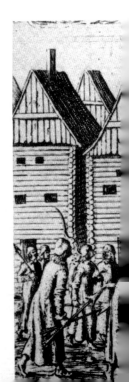

27.（左）17世纪的下诺夫哥罗德；波萨德在城墙内，朝向河流，斯洛博达则在墙外。图的上部是城镇的教堂和防御工事。

28.（下）17世纪的一个俄国城市，由相同的、紧密聚集着的农民木屋组成。

29. 18世纪90年代，在克里姆林宫附近的莫斯科河畔（左边的白色房子与图26中的房子相同）。虽然位于沙皇俄国人口最多的城市的中心，但这一场景很有农村特色。

30. 19 世纪中叶的喀山城。

31/32. 1800 年前后的一个
俄国商人和他的妻子。

33. 1905年，在下诺夫哥罗德的年度博览会上，一群古板的商人正在品尝东方风味的茶。

自뿜에서ュ플에쥬々써나티ㅅ~ㅆ 크ㅎ ㅣ추ㅇ 끼써ㅣ추ㅎ

1. 土地财富的分散与快速流转

在研究俄国贵族的历史演化时，必须要考虑的一个基本事实是：俄国缺乏土地所有权的传统。如前所述，在俄国，土地财产与国家成长两者间的关系，与西欧历史上的情况恰恰相反。在西方，有条件的土地占有先于皇权专制而出现；随着民族君主国和中央集权国家的逐渐成熟，有条件的土地占有转变为具有全权的财产。在俄罗斯，具有全权的财产只存在于君主专制尚未形成的时代。当君主专制体制形成后，便即刻开始消灭全权财产，取而代之的是以效力和服务为条件的产权。在从伊凡三世到叶卡捷琳娜二世的三个世纪中，贵族是在皇权的默许下持有土地的。俄罗斯国家在其形成与发展过程中没有遇过到来自地主阶层的强大阻力，这是其历史演进过程中最具本质意义的一个因素。

然而即使贵族阶层不具有土地和农奴这两项财产的明确所有权，他们仍然有能力保障自己坚实的经济基础；毕竟，财产的占有权与所有权之间的界限在现实中并不像法律文本中描述的那么明了。但是这需要特定的条件，而他们不具备这些条件。一切都是在合力迫使贵族依附于君主专制体制，将其注意力从谋求长远利益扭转至满足现实需要上。

从前述有关俄罗斯国家形态的早期状况来看，可以明确，君主专制体制为什么不允许其侍臣阶层扎根农村，而是希望贵族不断流动，不断更换职位和住所。在俄国，国家主权是通过无情地摧毁王公的封地或世袭领地的方式，建立在私有产权的废墟之上的。莫斯科的统治者在使对手臣服于自己后，就开始设法确保无论这些曾经的对手及其子孙，还是其他的波雅尔或是新兴贵族都不能再像领地时代那样掌控某个地区。我们前面讨论过，为了防止地方行政管理者割据一方，莫斯科煞费苦心地采用了两种预防措施：一是不允许侍臣阶层在其拥有田产的地方任职；二是按照每年一次或每年两次的频率进行定期轮岗。普鲁士的那种"原住民权利"（Indigenatsrecht），即行政官员必须在其任职的地方扎根，才能拥有土地财产，这在俄罗斯是根本不可想象的，而世袭官位在普鲁士则是未有所闻的。西方的王权也同样不愿看到地方权贵雄踞一方，但是在大多数国家都无法阻止这种情况的发生，因此他们就将注意力集中在削弱贵族对中央的政治影响力上，并逐渐用官僚制来取代贵族。在俄国，这一问题极受重视。拥有深厚地方根基的贵族是对独裁政治最直接的挑战，而独裁政治则是历史演化进程中形成的沙皇权力的基本要素，它是决不能容忍贵族雄踞一方的。伊凡三世、瓦西里三世和伊凡四世所实施的大规模驱逐行动收到了一劳永逸的实效，以至于实力最强的、拥有数百万英亩土地和成千上万农奴的显贵，从此再也未能掌控俄罗斯的任何一个地区。

　　莫斯科的统治者们关心的是要确保其侍臣阶层拥有的土地分散化。职官部和掌管土地资源的庄园领地衙门或称领地衙门在给侍臣阶层分配领地时，并不考虑他们的出生地或他们的其他土地财产所在地。如果申请人为自己或后代提出额外的土地要求，则无论分配给其什么样的土地，即便是离家千里之外，他也必须接受。俄国在不断地开疆扩土的过程中，新扩张的疆域对拓殖者敞开了大门，国家鼓励贵族，有时也会用命令的方式要求贵族携家眷和农奴一同迁往新的地方定居。在莫斯科罗斯时期，财产的流转率是非常高的。16 世纪，在莫斯科地区，有超过 3/4 的领地在

25 年的时间内更换过主人；同一时期，在科洛姆纳有一半的田庄在 16 年的时间内曾经易主。到了 17 世纪，在莫斯科公国的中部地区，在大约 50 年—60 年的时间内，仅有 1/3 的领地还保留在原主手中。[3]

土地财产的广泛分布与高流转率一直贯穿着整个帝国时代。叶卡捷琳娜二世与保罗一世的恩赐尽管非常慷慨，但是受益者所得到的土地并不是集中在一个地方的，而是细碎地分散在各个地区，就像 16、17 世纪的状况一样。如此一来，俄罗斯最大的财富不是大庄园，而是数量众多的分散土地。莫罗佐夫家族因与皇室的关系而成为 17 世纪中期俄罗斯最富有的大地主，其家族拥有 9000 户农民，但却分布在 19 个不同的省份。沃龙佐夫家族于 18 世纪从帝国赏赐中囤积了大量财富，其所拥有的包括 27000 名男性农奴的 5711 个农户居住在 70 万英亩土地上，但是这些人口与土地分散在 16 个省份；叶卡捷琳娜二世时代俄国最富有的大地主舍列梅捷夫的财产也是同样，18.6 万名农奴和 270 万英亩土地分散在 17 个省中。[4] 换言之，和莫斯科公国一样，俄罗斯帝国也不存在西欧式的公爵财产，即大量集中掌控在土地所有者手中的财产，而这种所有权还带来了另外一项副产品：对地方政治的决定性话语权。那个时代的俄罗斯巨头类似于现代社会中的"多元化"投资人，这种投资人同时拥有多家公司股份，但是所持股份的数量并不足以达到控制任何一家公司的水平。中小型土地所有者的状况更是如此。最贫穷的地主，其耕地地段分散在一个或几个村庄里，与别的地主共有。对于在西方历史背景下成长起来的人，很难理解在俄罗斯土地怎么会被分割碎化到如此极致的地步。在俄国，一个居住着 400 名—500 名农民的村庄被 30 名—40 名地主所共有的情况并不少见。据说，在18世纪晚期的俄国，大部分的村庄是被2名或2名以上的地主同时拥有的，独有的情况是极为例外的。[5]哈克斯特豪森曾经列举过一个特例：一个260名农民居住的村庄，被多达83名地主同时拥有。这种状况很自然地将围场或者其他旨在使农业经济合理化运作的措施拒之门外。

在整个帝国时代，贵族的土地财产一直处于高速率的流转状态，即便是在土地成为他们自己的财产，不用再受制于政府机构的反复无常之后，情况仍然如此。数个世纪以来的传统已变成了惯性。据研究贵族问题的权威史学家罗曼诺维奇-斯拉瓦京斯基估计，在帝俄时代，领地很少在一个家庭中保留超过3代—4代。俄国人在处置自己的土地遗产时所表现出的那种随意，总是令外国人惊讶不已。哈克斯特豪森则断言，在欧洲没有哪个地方像俄罗斯这样如此频繁地易手土地财产。

只需将英格兰、西班牙、奥地利或普鲁士的情况加以比较，就可以理解这种状况背后的含义。土地财产的极度分散和频繁易手使贵族丧失了建立稳固地盘的机会，大大降低了该阶层庞大的集体资源背后潜藏的政治实力。

2. 贵族的破落

从绝对财富的角度看，情况同样好不到哪里去。莫罗佐夫家族、沃龙佐夫家族、舍列梅捷夫家族只是极为少数的特例。在俄国，少数最富有的家族总是与其他贵族之间隔着一道鸿沟。一言以蔽之，在1858—1859年间，全国最富有的1400名大地主占地主总数的 1.4%，拥有的农奴数量为 300 万名，与之形成鲜明对比的是，79000 名较为贫穷的地主占地主总数的 78%，拥有的农奴数量仅为 200 万名。绝大多数俄国贵族在历史上的任何时期都生活在维持生计的水平线上，或者说处于一个与农民没什么两样的水平上。

关于俄罗斯中世纪时期的土地收入，没有什么确切的数据，但是有足够的证据表明那时的土地收入非常微薄。如前所述（参见 115 页），15 世纪，诺夫哥罗德有超过 3/4 的地主负担不起自己的战时装备。据亚历山大·艾克估计，16 世纪下半叶，一匹马在俄国值 1—3 卢布，一名骑兵的武器值 1 卢布、服装值 2 卢布；而此时，土地的平均货币收入为 5—8 卢布。[6] 换句话说，服役者须负担的军用装备支出几乎等于他全部的收入，使其没有盈余。难怪赫伯斯坦发现，莫斯科的"贵族"竟然去捡他和他使馆的同事丢弃的柠檬皮和甜瓜皮。莫斯科有许多贵族根本没有农奴或者农奴数量很少，以至于缺乏人手帮其耕种土地。这些贵族只得亲自下地干活。他们形成一个群体，称作独院小地主[①]，后来彼得一世对他们征收人头税，并因此将他们与国有农民划为一类。

尽管俄罗斯国家的领土不断扩张，吞并了一些富庶的地区，但是情况并没有得到好转。帝俄时期，大多数贵族都处于贫穷的状态。他们的收入少到无法担负子女的教育或者维持他们渴望的任何与贵族相关的生活方式。一名在 1799 年前后来到俄罗斯的英国人带着明显的厌恶之情，描述了典型的外省地主形象：

---

① 独院小地主（однодворец），沙俄时期低级官吏出身的小土地所有者。——译者注

> 你一天里什么时候都能找到他，光着脖子，留着长胡
> 子，身体裹在羊皮大衣里，吃着生萝卜，喝着格瓦斯，一睡
> 就是半天，另一个半天就用来吼自己的妻子与家人……贵族
> 和农民有着一样的情感、欲望、梦想和满足……[7]

实际上，据1858年的报道，俄国中部的农业省份梁赞，有整
1/4的贵族，大约1700户家庭，"与自己的农民共同组建为一个家
庭，住在同一个木屋里，在同一张桌子上吃饭"。[8]

底层贫困的主要原因

如前所述，问题的部分原因出在贵族群体的增长速度要快于
帝国任何其他社会群体；从人口学的角度看，贵族阶层是帝国中
最活跃的一个阶层。在1782—1858年间，贵族的数量增长了4.3
倍，而同期国家总人口的数量只增长了2倍，农民数量的增长还
略低于这一数字。[9]贵族人口的这一增速给土地资源带来了巨大的
压力，也导致俄国精英阶层普遍贫穷。

然而，造成贵族阶层贫困的根本原因还是俄国经济本身的原
始性，贵族没有其他可选择的机会，只能过分依赖于土地和农奴
劳动力带来的收入。俄国的地主阶层从未建立过"限定继承权"
（entail）或"长子继承权"（primogeniture）机制，这两项制度对
任何贵族的福祉都至关重要，因为对年轻人来说，失去土地继承
份额就意味着失去了收入来源。一个贵族之子，如果被剥夺了继
承权，就会变得走投无路，甚至比被驱逐出村社的农民处境还要
糟糕。彼得大帝希望壮大其侍臣阶层，并引导他们分赴其改革的
各个领域和各项事业中去，于是在1714年颁布了一道法令，要求

地主必须将不动产遗赠给一个继承人（不一定是长子）。但是，该法令与俄罗斯的传统和经济现状产生了严重的矛盾冲突以至于不断遭到规避，并于1730年不得不被废止。在遗产继承的问题上，俄罗斯的地主一贯坚持将地产进行或多或少的等额划分，以便在其子之间进行分配。不断的土地分割以及政府的各项政策均成为精英衰落的重要原因。韦谢洛夫斯基以莫斯科公国五大波雅尔家族为例，展示了每一个家族是如何通过遗嘱分割土地而走向四分五裂直至消失的。这些家族的势力非但没有变得更加强大，其第三或第四代的后人中反倒有些实际上已经沦落到为奴的地步。[10]

如果拿英国贵族——一个在各个方面都与俄国贵族截然相反的阶层做对比，那么上述事实所带来的政治后果就显而易见了。在英格兰，把土地财产牢固地保留在家族手中是贵族始终的关切。最近的一项研究显示，这种关切早在14世纪就有。[11] 英国在17世纪开始采用"家产析分契约"（strict settlement）制度。这是一种法律上的制度安排，规定了土地财产的所有者仅在其有生之年享有所有权。这种制度大大加强了英国贵族对土地的掌控。根据该制度，土地的所有者只能在其活着的时候才可以出让土地财产。据估计，至18世纪，英格兰有一半的地方都采用这种法律制度，其结果是这些地区的土地始终保留在原有贵族的名下，并阻止了土地落入那些暴富的新贵（nouveaux riches）手中。当然，这种土地继承制度之所以具有可行性，也是因为在英格兰，除了农业之外还有足够多其他的谋生机会。数个世纪以来，富裕的英国贵族持续扩张和稳步积累自己的土地财产，导致了土地高度集中于少数人手中。据估计，在1790年，约1.4万户—2.5万户贵族家庭拥有英格兰和威尔士70%—85%的耕地。[12] 在这一群体中，即便是财产数量最少的贵族，其收入也足以维持体面的绅士生活。

农奴分布状况的统计

在西欧其他国家，贵族的经济状况或许不及英格兰那么辉煌，但是西方国家普遍应用的限定继承权和长子继承权这两种遗产继承规则，至少保障了拥有土地的富裕家族坚实的经济基础。这种土地财富与行政职能的融合使西方贵族有能力制衡形式最极端的绝对主义皇权。

以下统计数据显示，俄国的状况与西方截然相反。土地非但不能积累，反倒被割裂成为碎块，结果是绝大多数贵族缺乏经济上的独立性，无法维持地主阶层的生活方式。

1858—1859 年，俄国有包括女性在内的约 100 万贵族。其中，非世袭贵族的数量略多于总数的 1/3，这部分贵族被法律禁止拥有农奴（参见 178 页）。包括女性在内的世袭贵族数量估计为 61 万，[13] 其中有 32.3 万，即多于一半是俄、普、奥三次瓜分波兰后被纳入俄国治下的波兰贵族，这部分人暂且忽略，因为他们的政治诉求是恢复波兰的独立地位，而非改革俄国的内部治理体系。此外，还有突厥鞑靼人、格鲁吉亚人、日耳曼人和其他非俄罗斯族的贵族也不做考量。除此之外，剩余大约 27.4 万俄罗斯男女世袭贵族，分布在 37 个省。① 根据 1897 年的普查数据，该群体中的

---

①　这 37 个省分别是：阿尔汉格尔、阿斯特拉罕、弗拉基米尔、沃洛格达、沃罗涅日、维亚特卡、顿河区、叶卡捷琳诺斯拉夫、喀山、卡卢加、科斯特罗马、库尔斯克、莫斯科、下诺夫哥罗德、诺夫哥罗德、奥洛涅茨、奥伦堡、奥廖尔、奔萨、彼尔姆、波尔塔瓦、普斯科夫、梁赞、萨马拉、彼得堡、萨拉托夫、辛比尔斯克、斯摩棱斯克、塔夫利、坦波夫、特维尔、图拉、乌法、哈尔科夫、赫尔松、切尔尼戈夫、雅罗斯拉夫尔。——原文注

男女比例为48∶52，男性数量为13.1万人。

根据1858—1859年的人口普查数据，在这37个省中，男女农奴主数量约为90000名。遗憾的是，男性与女性农奴主的比例我们不得而知。但如果我们假设该比例为2∶1的话，男性为2，女性为1，则有6万名男性世袭贵族拥有土地；如果将男女比例假设为1∶1的话，则男性农奴主的数量降为4.5万名；在第一种假设的情况下，每2名男性贵族中有1人拥有附带农奴劳动力的土地（13.1万人中有6万人），在第二种假设的情况下，则每3名男性贵族中才有一人拥有附带农奴的土地（13.1万人中有4.5万人）。

没有农奴的世袭贵族占其总数的2/3，即27.4万中的18.4万人，对这部分贵族我们暂且不论，我们主要考察拥有农奴（以下简称"拥奴"[①]）的贵族的状况。在帝俄时代，拥有100名农奴被认为是贵族具备"乡绅"地位的最低标准。这一标准在18世纪就已经得到尼古拉一世政府的官方认可，在1831年的一项法令中规定，只有拥奴数量在100人及以上者才能获得在贵族大会中的直接选举权。根据这一标准，拥有男性农奴数量低于100人者根据实际情况被定为不同级别的贫困；而那些拥奴数量高于100人的贵族也根据实际拥奴数量被分为中等富裕的"乡绅"（拥奴数量在100—1000人之间）和杰出的"领主"（超过1000人）。借助这一标准，我们来看一下帝俄时代贵族拥奴情况的分布：

[①]　原文中"拥有农奴（的）"的英文表述是"serf-ownership"和"serf-owning"，鉴于"蓄奴"（slave-holding）一词虽意义相近，但常指美国的奴隶制度，为避免混淆和译述简洁，译者在此使用"拥奴"一词来简称"拥有农奴"。——译者注

表1 欧陆俄罗斯男女拥奴地主[14]

类别（按照拥有男性农奴数量划分）		1777 年	1858—1859 年	
		所占比例	数量	所占比例
领主（拥奴数量在 1000 人以上）		共 16%	1032	1.1%
乡绅	拥奴数量 501—1000 人		1754	2.0%
	拥奴数量 101—500 人		15717	18.0%
落魄贵族	拥奴数量 21—100 人	25%	30593	35.1%
	拥奴数量低于 20 人	59%	38173	43.8%

以上统计数据表明：在废除农奴制前夕，有近 4/5 的俄国男女贵族能够拥有农奴，但同时他们拥奴的数量却不足够令其依靠土地收入维持在官方看来与其社会地位相称的生活。或者，换句话说，在 1858—1859 年间，在大俄罗斯的 37 个省里，仅有 18503 名俄罗斯贵族能够从其田产上获得足够的收入来享有经济上的独立性。能够依靠强制劳役或代役租维持贵族生活的一直都是极少数。尼古拉一世的 1831 年法令将贵族大会中的直接选举权限制在拥奴数量在 100 人及以上的贵族范围内，这实际上造成了全国拥有选举权的选民数量降至 21916 人，接近于表 1 中列出的 1858—1859 年间 37 省乡绅与领主数量之和 18503 人。[15] 使这组数据更具说服力的是，拥奴数量低于 20 人的贵族共 38173 人，这些贵族人均拥有男性农奴的数量仅为 7 人；而 1777 年的数据则表明，在贵族的"黄金时代"——叶卡捷琳娜二世统治时期，如果与 1858—1859 年的情况有区别的话，那么区别就是：情况更加糟糕。所有这些事实都应该作为一个提醒，即不要将俄罗斯的贵族视为一个在贫穷和落后的社会中恣意挥霍的奢靡阶层。《战争与和平》中塑造的罗斯托夫家族、别祖霍夫家族、鲍尔康斯基家族

并不具有典型性：他们只是帝国中那 1400 个领主组成的高级俱乐部中的成员，而在这个帝国中，声称具备某种"高贵"地位的人竟有百万之多。

在废除农奴制之前，俄国贵族几乎拥有帝国中所有私人持有的耕地，并从中获取了大部分收入，因此俄国贵族的确是地主阶层，但是尽管这样，它仍然不是西方意义上的土地贵族。他们中98% 的人要么不拥有农奴，要么拥有的农奴数量少到不足以为他们提供能够维持体面生活的劳动力或地租。这些人，如果没有愿意资助他们的亲戚或靠山，就只得依赖皇室的慷慨赠予。即使是在 1762 年和 1785 年两次获得自由之后，贵族仍然离不开君主的恩赐；因为他们只能依靠担任公职、田产和农奴来维持其生存。在这个庞大的阶层中，其成员与其说是土地贵族，不如说是现代社会中那种将部分积蓄投入工业股份中而成为资产阶级企业家的薪金雇员。即便是那 2% 拥有足够土地，能为其提供足够收入的贵族，也不像是真正的土地贵族。如前所述，土地的分散和频繁易手阻碍了地方依附关系的构建，而坚实的地方依附关系恰恰是贵族精神的本质。对于俄国贵族来说，土地仅仅是谋生方式，而非生活方式。

3. 农奴制：贵族依赖皇权的根本原因

如果说贫穷的、缺少土地的贵族依赖于皇权给予的工作职位的话，那么那些富裕到拥有庄园的地主们则是依靠皇权维护农奴体制。

俄国社会史的一个反常现象是，虽然农奴制在国家演进过程中起到了决定性的重要作用，但是它总是被置于法律上的模糊区域内。俄国从未颁布过任何把农民变为奴隶的法令，皇权也从未正式认可过地主对农奴的所有权。农奴制在事实上的发展来自诸多法令与习惯的累积效应，是一个受到社会公认但是未经官方明确认可而维持下来的制度。尽管从未明确地说出来，但人们一直以来的理解是，地主实际上并不拥有农奴；相反，他们只是代替沙皇管理农奴。这种说法几近真实，尤其是在彼得大帝与其继任者把地主变成了负责收缴人头税和招募兵丁的代理人之后。尽管地主的福祉很大程度上依赖于农奴，但是地主对农奴及其劳动成果的所有权是模糊的，即使在 1785 年地主获得了土地的所有权之后依然如此。因此，皇权的恩赐对于所有从农奴劳动力中获益的地主来说都是不可或缺的。皇权可以随时收回其给予地主的恩赐。一纸政令就能将农奴从他们手中夺走，成了贵族们的担忧，而这种担忧极大地削弱了贵族对政治的兴趣，尤其是在贵族摆脱了强制性国家服役之后。维持现状能够确保贵族拥有免费劳动力，任何变化都必然会搅乱时局，从而损害他们的利益。如果贵族希望继续剥削农奴劳动，就必须远离政治，这已经被理解为俄罗斯二元政治安排的一个条件。

农奴主更加依赖皇权帮助他们控制农奴。1773—1775 年间爆发的普加乔夫农民起义使得农奴主大为惊恐，他们确信——后来发生的事件也印证了他们的这种确信——国家政权只要稍有示弱的迹象，"小人物"们就会将法律把持手中，并再行普加乔夫之乱时的谋杀和盗抢恶行。贵族手中令农奴保持服从状态最有效的武器是募兵权，以及将不服管的农民送交官府以充军或流放西伯利亚。从这一角度看，贵族中有权势的拥奴群体倾向于维持强力的专制政权。

4. 法团制度和法团精神的缺失

对贵族的政治状况产生强烈消极影响的另外一个因素是，俄罗斯缺乏法团制度和法团精神。

关于莫斯科公国的君主专制及其对侍臣阶层的态度已经有过详细论述，无须再去解释为何其从未对某个群体颁布过特许状。但是，沙皇们在坚持其君主制的世袭权力上则更进一步，利用一切可用的手段羞辱任何有可能凭借祖先、职位或财富而倾向于变得妄自尊大的人。他们惯于将自己的侍臣称为奴隶。莫斯科公国的礼仪规定，每一位波雅尔和贵族，甚至是血统家族的后代都要使用固定的模式称呼君主："我，某某人，（用名字的指小形式，例如：伊万什卡），您的奴隶。"这种称呼方式被彼得一世废止；但是在他之后以及整个18世纪，各种大大小小的贵族在称呼君主时仍然惯于蔑称自己为"奴隶"，只不过用的是另外一个词（раб）而已。

肉体上的刑罚不加区分地适用于贵族和平民。对一个波雅尔或者一个将军执行的鞭刑与对一个最为卑贱的农奴是一样的。彼得一世尤其喜欢用殴打同僚的方式来表达自己的不悦之情。直到1785年，俄国上层阶级才根据贵族特许状中的条款获得免于肉体刑罚的权利。

贵族的身份地位一直都是摇摆不定的。即使在18世纪，贵族的财产达到顶峰之时，侍臣仍然可以被即刻贬为庶民，并且没有上诉的权利。在彼得一世统治时期，不接受教育或对人口普查员瞒报农奴数量的贵族会被革除身份。一名登记为文官的贵族，在经过了5年的试用期后，被认为不适合行政工作，后来被作为一名普通士兵派往军队。19世纪，由于大量平民和外国人的涌入而使得贵族阶层数量急剧膨胀，政府时而会采取一些"清洗"措施。例如，在19世纪40年代，尼古拉一世下令将64000名此前被赋予俄国贵族地位的波兰贵族降为庶民。在这位沙皇的治下，剥夺贵族地位是对政治过错或其他过错的最普通的惩罚方式。

按门第授官的制度，表面看来似乎反映了法团主义精神。但是经过长期的运行，该制度实际上严重损害了上层阶级相对于专制体制的集体地位。按门第授官的制度迫使皇权在做出安排时，要考量波雅尔的愿望。然而，宗族之间、家族内部的错综复杂的门第排序因素最终导致了波雅尔内部的竞争加剧。波雅尔之间无休止地相互投诉使得他们根本不可能形成合力与皇权抗衡。门第制度仅从表面上看是波雅尔控制国家的工具，其实它的实际结果是消除了莫斯科公国上层阶级内部团结一致的可能性。

专制体制从来不允许波雅尔和贵族形成紧密的团体，坚持让侍臣阶层的职位对来自下层和国外的人开放。

我们在前面的章节已经讨论过，在莫斯科公国晚期普通贵族被赋予波雅尔阶层的特权所带来的影响。官阶表不过是对这一传统的延续，和以前相比不同的是强调了功绩而非血统。平民通过职位晋升而得以进入贵族阶层使得那些通过继承而享有贵族头衔的人大为不快。18世纪中叶，由历史学家米哈伊尔·谢尔巴托夫公爵领导的一些贵族政论家曾经力图阻止君主将平民提升为贵族，但是无济于事。尽管叶卡捷琳娜较为同情贵族阶层的利益，但是她亦拒绝将该阶层变成一个封闭的阶层，因此，并未终止新人的流入。

除了平民之外，贵族队伍的另一重要新人来源是外国贵族。俄国专制体制通常乐于接纳想来俄国政府任职的外国人。在16世纪和17世纪，大量鞑靼人皈依东正教并进入俄国贵族行列。在接下来的一个世纪中，乌克兰哥萨克的"长老"、波罗的海的男爵、波兰的贵族以及高加索的王公都被赋予了贵族特权。一直以来，经政府允许或是受其邀请来到俄国的日耳曼人、苏格兰人、法兰西人以及其他西欧人都被列入了贵族行列。结果造成贵族中俄罗斯族人口一直保持着相对较小的比例。一位历史学家分析了915个侍臣宗族，主要是以17世纪末职官部登记的花名册为史料来源，发现了以下民族构成比例：留里克家族的后代，即诺曼血统占18.3%，波兰和立陶宛后裔占24.3%，西欧其他民族占25.0%，鞑靼人和其他东方民族的后裔占17.0%；另有10.5%未知；而大俄罗斯族仅占4.6%。[16] 如果把留里克后裔和所有"未知"的部分都算作大俄罗斯族，依然能从这些计算中得出结论：在莫斯科公国最后的几十年里，有超过2/3的沙皇侍臣都具有外族家世。18世纪，随着俄国领土的扩张与封立贵族程序的规范化，侍臣阶层中的外国人比例得到了进一步的增长。尽管由于帝俄时代的社会风尚促使人们将祖先追溯至外国，以致有效的统计数据无疑向着有利于非俄罗斯族的方向被夸大了，但是侍臣阶层中的非俄罗斯族比例无论从何种角度看都是很高的。现代的统计数据显示，在帝国时代（1700—1917年），文职侍臣中的高级职位者累计有2867名，其中有1079名或者说总数的37.6%属于外族，大部分源自西欧，以日耳曼人为主；到了19世纪中叶，在俄国中央行政机构的高级官员中路德派占到了15%。[17] 没有哪个国家像俄国这般，贵族阶层对于外族如此开放，而缺乏深厚的本土根基。

贵族头衔的微不足道成为阻碍贵族转变为一个法团共同体的最后的、但却尤其重要的一个因素。就如同波雅尔或者贵族所有的子嗣继承了相等份额的土地遗产一样，如果其父是一个王公，那么他们也可以继承其父的王公头衔。这样导致的结果是俄国王公家族数量的增大；由于大多数王公较为贫穷，头衔几乎带不来任何威望或是权力。在沙俄帝国游历的英国人发现这个异类的国度中有诸多奇怪的事情，其中最让人惊讶的是：他们以礼相待的公爵并不像是他们一贯认为的西方式的"贵族"，有时甚至是一贫如洗的穷人。这些人在服役中获得的唯一有分量的头衔，即军衔或官阶，不是继承而来的，而是政府恩赐的。对精英群体的等级划分是以国家功能而非社会起源为标准的，这种等级划分方式作为世袭体制的一个重要因素，不仅经历了莫斯科公国时代，在帝国时代更是得到了进一步的强化。

在这种状况下，将西方的贵族体制移植到俄国的善意尝试，注定以失败而告终。叶卡捷琳娜二世就曾在这方面做过试探性的尝试。她在1785年贵族特许状中设立的贵族大会，成为俄国首个赋予社会群体的法团组织（同时设立的还有城市法团）。叶卡捷琳娜的初衷是希望让那些刚刚获得解放的贵族有事可做，并顺便辅助地方政府履行行政管理职能。但是贵族大会的活动规则被设置了太多的限制，其成员无论如何都极不情愿参与公共活动，以至于贵族大会从不会超出一个无害的社会集会的范畴。他们的行政功能完全被官僚机构所代行，官僚机构在各省的代表确保了贵族大会不会超出其原本就被限定得很窄的权限。斯佩兰斯基曾经是亚历山大一世的首席顾问,他曾经幻想将俄国贵族阶层转变为某种类似于英国贵族爵位的形式,然而贵族对大会给予他们的机会持完全漠视的态度,这使斯佩兰斯基因此而陷入了彻底的绝望之中。他曾在1818年抱怨道:"贵族们纷纷回避大会选举,很快就有必要动用宪兵把他们召集起来,以强迫其行使自己的权利。"[18]

5. 政治上的无力

上述事实有助于解释一个明显的悖论,即一个社会阶层,在1800年之前,它设法掌握了该国大部分的生产性财富(不仅是土地,而且正如下一章将指出的,还有不少工业产业),并获得了从未扩及其他群体的个人权利和身份特权,但是却没有将其优势转化为政治权力。尽管贵族作为一个集体变得比以前富裕,但是超过九成的个体仍然是贫困的。这些人在经济上仍然严重依赖皇权。即使是少数富裕的贵族也无法强化其影响力,因为他们的财产过于分散,并被无休止地分割,根本没有机会与地方政权相融合,无助于建立稳固的地方根基。对失去农奴劳动力的恐惧则进一步遏制了他们的政治参与。1785年之前法团制度及其精神的缺失阻碍了贵族群体的契合。因此,贵族阶层在18世纪所获得的一系列权利:免除强制性国家服役、权利特许状以及土地财产的完全所有权,这些法权上的收获并未给他们带来政治上的收获,尽管使上层阶级的生活条件得以改善,但依旧没能让他们靠近权力的本源。

在俄罗斯历史上,侍臣阶层在反抗君主专制体制、制约其绝对权力方面仅有过三次具有实际意义的尝试，每次间隔一个世纪。第一次出现在混乱时期，一些波雅尔与波兰王室达成协议，将俄罗斯的王位授予波兰国王之子，条件是其行使皇权时须受到特定的限制。协议虽然达成，但是没过多久就随着波兰人被赶出俄罗斯而终止。罗曼诺夫王朝在1613年执掌大权之时，没有被要求遵守任何限制条件。第二次尝试是在1730年王位过渡期，最高枢密院的一些高官显贵，其中包括古老的王公宗族戈利岑、多尔戈鲁基家族的后裔，要求未来的女皇安娜签署一系列"条件"，这些条件对沙皇在处置国家财政收入、提拔官员以及执行对外政策方面的权力做出了严格的限制。安娜虽然签署了这些"条件"，但是在其登基后，在一些地方贵族的怂恿下，安娜很快便抛弃了这些限制其权力的"条件"并恢复了无限的专制权威。最后一次尝试是在1825年12月，一些出身于显贵家庭的军官试图发动一场宫廷政变，他们的目的是废除专制制度，以君主立宪制或共和制取而代之。政变即刻遭到了镇压，以失败而告终。

上述三次尝试具备一些共同的特征。每一次都是在上层精英（即把自己类比为西方贵族的"有血统来历的"宗族后裔或富裕的新贵）的领导下发起的。他们的行动完全靠一己之力，未能得到地方贵族的任何支持。地方贵族对所有试图立宪的举措都极不信任，他们认为这不是为了共同利益，而是一种巧妙的伪装，目的是要建立一种寡头政体。作为身处下层的普通贵族，由于要依赖于国家以谋求工作职位和土地财产，他们非常担心国家落入大地主家族的掌控之下，他们认为大地主会利用权力将他们的财富据为己有。在1730年，俄国宪政发展进程中极为重要的时刻，对皇权施加限制"条件"的提议遭到地方贵族的反对，其代言人声明了如下担忧："谁能保证，随着时间的推移，单一君主被取代后，不会出现像最高枢密院里的成员那样多的暴君呢，而谁又能保证他们的压迫政策不会进一步加重对我们的奴役呢？"[19] 普通贵族大众的政治哲学与农民的并非完全不同；两者都是宁要专制也不要宪政，认为宪政的背后是私人集团为了给自己牟利而进行的操控。如此一来，失去了来自下层的支持，上层精英的政治宏图根本没有成功的机会。

三次宪政尝试的第二个共性是，每次尝试都是"破釜沉舟"式的宫廷政变，而没有耐心渐进的、积少成多的政治努力。俄罗斯的宪政变革总是命悬于戏剧性的赌博。然而从历史经验来看，这并不是社会通常从国家手中成功夺取权力的方式。

统治阶层从来不认为贵族的政治野心有多值得恐惧。也许统治阶层对贵族不能很好地帮助他们治理国家而感到失望，无论是否情愿都不得不持续培育官僚体系以取代拥地阶层在整个政权中的支柱作用。尼古拉一世虽因贵族精英参与十二月党人起义而不再信任他们，但是并不惧怕他们。对此，帕维尔·斯特罗加诺夫伯爵，亚历山大一世的私人内阁——非正式委员会①的成员之一，曾贴切地表达了权力高层的观点。他在革命期间一直旅居法国，目睹了西方贵族在特权受到威胁时的反应。1801 年，在非正式委员会的一次会议上，当有人担忧贵族有可能会反对政府的某项决议，他做了如下发言：

---

① 该机构的俄文名称为Негласный комитет，直译为：机密委员会，英文原文使用的是Unofficial Committee，故译为：非正式委员会。——译者注

我们的贵族阶层是由大量通过当差而获得贵族名号的人构成的，他们没有受过任何教育，唯一关心的就是要看到皇权至高无上。没有任何力量——无论法律还是正义，能够唤醒他们丝毫的反抗意识。这是一个最无知、最堕落的阶层，而就智识来说，则是一个最愚蠢的阶层。大多数我们的乡间贵族就是这副样子。那些接受过些许稍好教育的贵族，首先，数量极少，其次，他们中大部分人受到思想意识的禁锢而根本没有能力对抗任何政府决策……大多数当差的贵族往往受他人思想驱动而随波逐流：不幸的是，他们常常倾向于在执行国家的命令时，寻求为自己牟利，但使用的手段通常是欺诈伎俩而非反抗。这就是我们贵族的现状；一部分生活在乡间，沉溺于深度的无知当中，另一部分在官场当差，满脑子都是明哲保身的处世哲学。这对那些大领主来说根本不足为惧。除此之外，还剩下什么呢？那些可能产生危险的不满因素又何在呢？……

先皇（保罗一世）统治时期，那些有悖正义、有违这些人权利、有危他们个人安全的事情，哪些没有发生过呢？如果害怕，当时就应该害怕。但是，他们有说过一句不满的话吗？恰恰相反，那些镇压措施被执行得一丝不苟，竟到了令人惊讶的地步。执行这些措施的人正是贵族，这些措施所镇压的目标亦是贵族，损害的也是这个阶层的利益和荣誉。人们是在要求一个完全缺失公共精神的群体去做那些需要团体精神、智慧以及些许坚持和勇气才能做成的事情！ [20]

在斯特罗加诺夫做出这番轻蔑的评价24 年后，十二月党人起义爆发了。这场起义中当然不乏精神与勇气，然而，就整个俄国贵族群体来说，斯特罗加诺夫的轻蔑评价是中肯的。此后，这一群体再也没有给帝国制造过大的麻烦。[①]

6. 贵族的政治态度

在研究像俄国贵族这样一个多元化阶层的政治观点与政治活动时，有必要区别对待其中的三个组成要素，即富人、中产者和穷人。

穷人可以被忽略掉。尽管有超过9/10的贵族都是穷人，但是他们没有明显的政治抱负。他们关切的是赤裸裸的物质需求。像农民一样，他们中的许多人都有共同的生活方式，他们向皇权求助，把任何政治体制自由化的尝试都视为大地主们为了自己的利益而策动的阴谋。正如斯特罗加诺夫恰如其分的评价一样，这些人，尤其是通过当差而获取贵族名号的人，唯一的关切是"看到皇权至高无上"。这些人在果戈理与萨尔蒂科夫-谢德林的小说中都有着精彩的描绘，正是他们形成了一股深厚的保守力量。

---

① 诚然，在19世纪和20世纪，帝国体制的反对派大多数都出身于贵族家庭。但是那些自由派与激进派的异见者们并非为了自己阶层的利益而进行斗争，这就是我们在这里所关注的问题。他们是为争取整个社会的国家与社会理想而进行斗争，这种斗争有时会迫使他们朝着违背自己阶层利益的方向前进。尽管巴枯宁、赫尔岑、克鲁泡特金、普列汉诺夫、列宁、司徒卢威以及希波夫都出身于贵族，但是很显然，无论如何都不能说他们是贵族利益的代言人。——原文注

领　主

非常富裕的贵族，即那些拥奴数量在千人及以上者（平均拥有4000名成年男女农奴），这部分贵族的数量有千余家，他们构成了另外一幅画面。他们生活在东方式的奢华环境中，被一大群随从所簇拥。他们中几乎没人对收支有明确的概念，通常会将收来的所有租金挥霍掉，以致债务缠身，而他们的继承人则不得不尽最大的努力去解决这些债务。在危急关头，他们总是能够卖掉自己分散于各地的众多田产中的一块，并继续着原来那种奢靡的生活。《战争与和平》中的罗斯托夫家族就是这类家族的一个真实写照。

俄罗斯的大贵族习惯于盛情招待客人，即使是仅有点头之交的客人也可以免费得到奢侈的饮食款待，这些食材就来自于他们的田庄，实际上，当时也没有相匹配的市场可供这些过剩的农产品交易。大量的金钱花在了国外的奢侈品上，例如热带水果和葡萄酒；据说，沙俄帝国每年消费的香槟酒比法国所有葡萄园生产的总和还多。俄国这些名门望族的慷慨好客，可能不会在欧洲任何其他国家被效仿。这恐怕只有在毫不关心账本的情况下才有可能发生。

俄国富豪贵族生活的一个显著特征是拥有成群结队的家仆，以满足富豪们任何怪诞的需求。一名将军拥有800名家仆，其中12名专司照料将军的私生子女。一个奢靡的伯爵拥有400名家仆，其中17名男仆被分别指派履行不同的职责，有专门负责给主人倒水的，有专门负责给主人点烟的，等等。还有一个大领主拥有一支特殊的农奴狩猎乐团，每个农奴只负责制造一个音调（图14）。

这些大富豪们甚至拥有一批各式各样的小丑、"阿拉伯人"（黑人）、"圣人"和说书艺人，以帮他们打发漫长的冬季夜晚。大部分家仆几乎不干什么活儿，但是这些大贵族的威望和颜面要求他们尽可能多地拥有农奴，即使是较为贫穷的贵族也喜欢有数名仆人尾随其后。

这类富豪家庭在外出旅行时，简直就像是部落迁徙一般。1830 年，普希金遇到了一位大领主的儿子，他给普希金讲述了在叶卡捷琳娜大帝时代，他的父亲曾经是如何旅行的。以下是普希金所写的内容：

> 当我的父亲即将去某地旅行时，他就会把全家都带上。在队伍的最前面是波兰人库利科夫斯基，他骑着一匹西班牙高头大马……他在家族中的职责是，到了赶集的日子，骑着骆驼出来向农民们展示魔术灯笼。在路上他负责发信号，指挥队伍行进或是暂停。在他的后面是我父亲的双轮马车，双轮马车后面还有一辆四轮的大马车以备下雨的时候乘坐。我父亲的座位下面是他最喜欢的小丑伊万·斯捷潘内奇的位置。接着是数辆四轮马车，我们这些孩子，还有家庭教师、保姆等人就坐在里面。我们的马车后面跟着一辆笼子式的载货马车，里面关着傻子、黑奴和侏儒共 13 人，他们后面还有一辆相同的马车，里面装的是几条病狗。再接着是一个带着音乐喇叭的巨大箱子和一个 16 匹马拉的餐车。最后是一辆装着卡尔梅克帐篷和各种家具的大货车，因为我父亲总是在野外露营过夜。你可以想象，我父亲外出旅行要带多少人，乐手、厨师、看门狗还有其他的帮手等等。[21]

　　一些极为富有的贵族会选择长期旅居国外，尤其是欧洲；在他们旅居的地方，他们极度奢侈的生活方式往往使得当地居民惊讶不已。曾经有一位俄国贵族在德国某个小镇上生活了一段时间，他喜欢差遣他的仆人一大早去市场里买光所有的食品，为的只是过一会儿从他的窗户里观看镇上的家庭主妇是如何因为买不着食品而急得团团转的，而这竟然是他取乐的一种方式。西欧的赌场和温泉度假村对挥霍无度的俄国贵族已经见怪不怪了。据说蒙特卡罗自俄国革命后便一蹶不振。

　　这类富人对政治毫无兴趣，只是痴迷于追求享乐。在1813—1815年间，许多出身于这类富裕家庭的年轻人曾随俄军进入西欧，这段经历使他们深受自由主义与民族主义的双重影响。正是他们这些人建立了俄国的道德协会①，并在1825年受西班牙、葡萄牙以及那不勒斯的自由派军官起义的启发，在俄国发起了废除绝对专制的行动。但是，十二月党人起义没有前因和纲领，是一场孤立的事件，是对遥远的外埠事件的一次回响。这场事件给那些大家族的心理造成了重大的冲击，他们琢磨不透，也无法理解是何种疯狂的思想控制了他们的年轻人。总体而言，俄国的大富豪们只图享乐，连他们自己的未来都不做太多的考虑，更不要说公共福祉了。

乡　绅

　　贵族中的中间阶层乡绅，即拥奴数量在100名—1000名之间

---

① 道德协会（Tugendbund），19世纪初普鲁士的秘密政治团体。——译者注

的贵族，是俄国潜在的最活跃的政治力量。1858 年，他们在俄国的 37 个省份中平均拥有 470 名男女农奴——这一拥奴数量足以让他们独立生活，并且可以为自己及子女提供现代式的教育。除了母语俄语之外，他们通常都能够熟练掌握法语。他们中最富裕的一部分人往往都有在欧洲旅行或是长期旅居，甚至在欧洲大学留学的经历。许多人会选择参军入伍几年，不是为了谋取职位，也不是为了挣钱，而是为了了解自己的国家、广交朋友、扩展人脉。他们拥有图书馆，并能及时获取国外的最新消息。虽然他们更喜欢居住在城市中，但是他们习惯于在自己的田庄里度过夏日时光，这种习惯加强了他们与乡村以及农民的联系。因此，这一群体在俄国乡村文化和现代西方文化之间架设了一座独特的桥梁，帝俄时代的大多数政治精英与知识分子精英都来自他们这些人当中。在阿克萨科夫的自传体小说《家庭纪事》中，呈现出不少这类地方乡绅家庭的美妙画面。

然而，从整体上看，这部分人也对政治活动不感兴趣。除上述所有原因之外，俄国贵族这种对政治的漠不关心，可部分归罪于对强制性国家服役的记忆。贵族阶层被免除国家义务之后，他们对所有的公民责任都保持着很重的怀疑态度。他们倾向于认为皇权试图让他们参与地方治理是国家为了再次让他们履行义务而设计的圈套。他们因此而避开了那些赋予他们的参与地方政治生活的有限机遇，官僚政治总是让他们喘不过气来。在俄国，一个贵族区域的民选代表发现自己被纳入了国家的行政管理体制中，并最终向圣彼得堡负责而不是向他的选区选民负责，这是司空见惯的事情。莫斯科公国时代贵族终身履行国家义务的传统，给后世留下的一笔最不幸的遗产是，即便是那些有能力和机会参与地方公共生活的贵族，也宁愿逃避，他们对所有代表国家的工作都厌恶至深。就好比农民分不清好心的地主对其生活的善意干预与肆无忌惮的剥削之间的区别一样，太多的贵族都无法将强制性的国家义务与自愿的公共服务区别开来。在这两种情况下，决定性的因素都是对别人的意志和愿望本能的负面反应，并不考虑问题的实质而一意孤行。

另外一个抑制因素是多尔戈鲁科夫（参见194—195页）言及的俄国官阶体制的僵化性。一个受过良好教育的贵族不能获得与其资质能力相符的官阶；他必须从最底层做起，在与那些专职官吏的竞争中获得晋升的机会，对那些专职的官吏来说，唯一关心的事情就是个人的升迁。那些受过良好教育和具有较强公共意识的贵族认为这种状况是不堪忍受的，并刻意躲避国家义务。因此，吸引最具启蒙意识的群体参与社会治理的宝贵机遇就这么失去了。

贵族中的中间阶层通常对文化最感兴趣：文学、戏剧、美术、音乐、历史以及政治与社会理论。正是他们构成了俄国小说和诗歌的受众，他们订阅期刊，欣赏戏剧，到大学中接受高等教育。俄罗斯文化在很大程度上是由这一社会阶层创造的。该阶层由大约18500个家庭构成，他们中既有天才，也有懂得欣赏的受众，这些人给予俄罗斯的贡献，最终被全世界所认可并成为世界文化遗产的一部分。但是，文化有得，政治有失；奉献给文学与艺术的天赋避开了乏味的政府事务。一旦该群体中的一些成员开始对公共事务产生无论程度有多深的兴趣——这种情况出现在19世纪30年代——他们的高瞻远瞩都与政治现实毫无关系。他们作为俄罗斯知识分子群体的创始人，将再次出现在我们后面章节的讨论中。

7. 1861：贵族的"死日"

无论贵族成长为政治上的活跃阶层的希望有多大，这一希望都在 1861 年彻底破灭了。农奴的解放对地主来说是一场灾难。问题并不在于解放农奴的条件对地主不够慷慨，虽然贵族不得不将土地交给农民，但是他们为此得到了一笔不菲的赎金，甚至确实有质疑声认为，土地的价值被人为地高估了，其中至少包括了对地主失去农奴的补偿。麻烦的是，地主从此只能自己靠自己了。在农奴体制下，地主不必建立非常精确的账目，因为在危急关头，他们总能从农奴那里多挤榨出一些。但是，在新的形势下，已经不可能再这样了。为了生存，地主必须要对代役租的量和劳动力的成本进行核算，采取一些控制支出的措施。然而，贵族并没有这方面的经验，他们中的大多数人都不会且耻于去计算卢布和戈比。就像是在过惯了随意花钱的生活后突然被加以限制一样。

这即是农奴制的终极报应。长期以来，地主的生活依赖农奴缴纳的代役租和付出的劳役，而对于租金和劳役的量他们自己可以自由设定，以至于他们完全不能适应自力更生的生活。尽管在 1861 年之后，土地的价格与租金暴涨，贵族还是深陷债务危机，不得不将土地抵押或是变卖给农民和商人。到 1905 年的时候，废除农奴制时划归贵族的土地已经被他们丢掉了 1/3；而在这一年的农民暴动之后，贵族手中的土地流失得更快了。此时，大约一半私有土地处于被抵押的状态。在俄国北部省份，到 19 世纪末贵族保有土地的情况实际上已经不存在了。由于不善打理，贵族把大部分耕地都卖掉了，把森林和牧场保留了下来，因为可以租个好价钱，又不会给自己带来麻烦。在俄国南部，贵族保有土地的情况虽然存留了下来，但是在求地若渴的农民和出口驱动下的资本主义农业的双重压力下，也仅仅是勉强维持。尽管沙皇政府试图通过优惠的信贷政策来挽救贵族日益恶化的经济状况，但是也未能奏效。如前所述（参见242页），1916年，自营农民拥有俄国非国有耕地总量的2/3（国有耕地的数量非常少）以及90%的牲畜。作为一个阶级，贵族在帝国时代的最后几十年里已经失去了自己的经济基础，在政治上也不再代表任何力量了。

第八章

缺席的资产阶级

俄国社会的中产阶级微不足道，已经成为史学文献中的一个共识。俄罗斯未能孕育出一个庞大且充满活力的资产阶级，通常被视为俄罗斯的政治模式异于西欧以及自由主义思想未能显著影响俄罗斯政治体制和政治实践的主要因素。如果考虑到西方资产阶级所发挥的历史作用，对这一点的重视是可以理解的。就其发挥历史作用的方法而言，西方国家的资产阶级并不都是一致的。例如，在法国，资产阶级最初是专制体制的盟友，帮助其削弱土地贵族的力量，而后又反其道而行之，领导了反对专制的斗争并最终灭亡了专制体制；在英格兰，资产阶级与贵族一道对抗皇权、限制其特权；在荷兰，资产阶级驱逐了把持国家的外国势力，夺取了执政权；在西班牙、意大利和神圣罗马帝国，资产阶级虽然未能按其所好，重构国家的治理体系，但至少得以从君主专制和封建贵族那里获取了法人权利，以主权城邦的形式在各地建立起了资本主义的飞地。但是，无论方法策略如何，西方社会的中产阶级，在精神与目标上都是一样的。它代表的是其商业利益，并且由于这需要法治和保障个人权利，因此它为着与后来被称为自由主义理想相一致的公共秩序而斗争。有鉴于此，如果假设俄国在法制与个人自由方面的恶名与其中产阶级的软弱与冷漠之间存在一定的、超越偶然性的关联，那么，可以说这一假设是合理的。

俄国中产阶级何以如此微不足道？首先是与国家的经济有关。资产阶级就定义而言是一个有钱的阶级，而众所周知，俄国的货币流通量从来都不大。它距离世界上主要的国际贸易路线太遥远，无法依靠商贸获取黄金；而其自身也没有贵金属，俄国是从18世纪才开始开采贵金属的。货币的短缺成为阻碍俄国出现有钱阶级，即相当于古典资本主义时代的西方资产阶级的重要原因。但是，即使承认这一点，问题也远未得到解决。

1. 俄罗斯人的商业天分

俄国无论在哪一个时代，其国民都有着相当强烈的从事贸易与制造活动的偏好；的确，土地的贫瘠迫使他们变成了商人。千万不要被一些统计数据所误导，说在旧制度下的俄国，几乎全部的人口都是由贵族与农民构成的。旧俄国对社会群体的分类本质上是具有法律依据的，旨在将那些缴纳税款的人口与提供全职服务的人口区分开来，同时将这两类人与既不缴税也不服差役的神职人员区分开，这种分类不是要从经济的角度对职业进行定义。实际上，一直以来俄国从事商贸与制造业的人口所占比例远比官方普查数据要大得多。俄国在其国家形成的过程中（16世纪—18世纪），兼职或全职从事非农业性活动的人口比例要比任何其他欧洲国家都高，这种说法很可能是真实的。来到莫斯科的西方旅行家们往往会惊异于这里的市民所办的实业。一位瑞典商业代表约翰·德·罗德斯在1653年时谈到，在俄罗斯"每一个人，无论地位高低，都在经商……毫无疑问，该国在这方面的热情几乎超过了其他任何国家……"[1] 20年后，一位德国访客约翰·科尔伯格观察到了类似的现象：没人比俄国人更加适合做生意，因为他们的热情，他们的地理位置以及他们非常适度的个人需求。他相信，终有一天俄罗斯会变成一个伟大的商业国家。[2] 令外国人印象深刻的是，在西方，经商被认为是低于贵族尊严的职业，相比之下，在俄国则没有人蔑视经商。"所有的波雅尔无一例外，到处都在从事着商贸活动，即便是大公委派的驻外大使也是如此。"另一位17世纪的旅行家如此写道，"他们毫不避讳地进行着买卖和易货交易"[3]。

　　如此密集的贸易活动与俄国的工业发展水平很不相称。但是即便如此，也不至于像通常人们所认为的那样微不足道。在18世纪，乌拉尔地区的铸造工厂，其产品主要供应英国市场，冶铁量为欧洲之最。棉纺织业是俄国最先实现机械化生产的行业，在19世纪50年代，俄国生产的纱线比德国更多。在整个18世纪——19世纪，俄国的家庭手工业非常兴盛，其企业主与美洲白手起家的创业者没有太大的分别。1890年掀起的重工业浪潮推动了俄国各个工业门类的迅猛发展，达到了一个后来再也未能超越的速度。得益于此，到第一次世界大战前夕，俄国的工业生产已居世界第五位。

　　这些例子并非有意暗示旧制度下的俄国在任何时期都是一个在商业或制造业方面具有优势的国家。直至20世纪中叶，农业一直都是俄罗斯国民经济的基础，也是其财富的主要来源。即便是在工业生产的总指标有了惊人的增长之后，非农行业的人均收入仍然较低。但从表面上来看，似乎可以肯定的是：一个在1913年工业产值仅落后于美国、德国、英国和法国的国家，确实拥有了足够的经济基础适于某种中产阶级，也许它不是特别有活力，但应该能够被感知到一定的分量。实际上，俄国的商业和工业财富是从17世纪到20世纪初积累起来的。有趣的是，为什么这些财富越来越少而不是越来越多；为什么富有的商人和制造业者没能建立起资产阶级王朝；最重要的是，为什么俄国的金钱没有培育出政治上的抱负。这些问题的答案最好是从俄国企业所处的政治环境中去寻找。

2. 莫斯科公国对工商业的垄断

如前所述，农耕劳动所得的回报微薄而不可靠，迫使俄罗斯人从他们最初定居林区的时候就开始用其他的收入来补充土地收入。他们所说的副业（промысел）具有最为多样化的特征，包括：捕鱼、狩猎、养蜂、煮盐、制革和纺织。经济上的困难迫使人们不得不兼顾农业与非农业劳动，这导致了劳动分工不明确，缺乏高技能的（即全职的）商人和工匠。长期以来，这种兼顾还抑制了商业和工业文化的兴起，因为贸易和制造业只是被视作给大家带来补充收入的自然来源，两者都不可能成为一个单独的职业。外国人在描述莫斯科公国的时候，没有将商人作为一个专门的阶层提及，而是把他们与"小人物"之流混为一谈。在封地时代，无论王公、波雅尔还是僧侣、农民，一旦有可能，他们就会迅速抓住每一个机会从这类副业中赚取额外收入。在大公的遗嘱中，副业被视为世袭财产的固有组成部分，并与城市、村庄以及个人贵重物品一同被分配给继承人。

皇 权

随着莫斯科王朝的实力与野心的增长，它开始将几类主要的贸易和几乎全部的制造业聚集在自己的手中。这一过程与皇室集中政治权力及其对土地财富的占有相伴相随。在以世袭体制为基础，即沙皇拥有整个国家的前提下，莫斯科的统治者在谋求获得所有的权力和所有的土地之时，也谋求获得所有的副业。政治权力和土地财产在 15 世纪和 16 世纪变成沙皇专属领域的方式是人所共知的。但是，不能说皇权也是通过同样的方式获得了对贸易和制造业的控制，因为这是一个历史学家几乎完全没有注意到和没有研究过的课题。这里有一个征收的过程，和早期实施的与土地财产有关的措施没什么不同，似乎发生在 16 世纪，到了 17 世纪更是如此。通过一系列涉及特定副业的法令，皇权加强了皇室的垄断地位，以此消除了私人竞争对其造成的威胁。最后，正如其早些时候成为国家最大的土地所有者以及所有土地财产的法定拥有者一样，沙皇此时也成了工业与矿山的独家占有者，以及除了某些最微不足道的商业活动之外所有行业的垄断者，无论在法律上还是事实上都是如此。沙皇的生意得到了一大批高级人才的辅佐，其中包括侍臣阶层中的专家、高级商贾，以及外国人。真正意义上的贸易和工匠阶层，即波萨德的成员，则在很大程度上被排除在这些活动之外。

这一事实对于理解俄罗斯中产阶级的命运是绝对必要的。与所有其他方面一样，莫斯科公国的贸易和工业同样不得不在世袭国家的背景下展开，其统治者认为：垄断生产性财富是对专制体制自然而然的补充。在前面我们曾经引用的伊凡四世给伊丽莎白女王的信（参见110页）中，伊凡嘲讽道，英国的商人"追求自己的商业利益"，这一点与他自己的商人形成了鲜明对比，以此来证明伊丽莎白并非真正的君主。鉴于对商贸阶层的职能所持的这种态度，莫斯科国家几乎不可能表现出对其福祉的关心。商贸阶层中最富有的人被强制履行国家义务；其余的则被视为另一种类型的农民并对其课以重税；富人和穷人都一样，只能自生自灭。

沙皇的生意涉及面非常广，经营的商品包罗万象，来源主要有三种：一是其私人领地的盈余物产；二是来自各级政府和臣民的税贡；三是为了转售而采购的商品。通常来说，一旦某项商品为皇室带来丰厚的利润，那么它就会被宣布被皇家垄断进而退出公共商贸领域。

在皇家领地的盈余物产中，最重要的是谷物，谷物贸易在1762年之前一直处于皇家垄断之下。伏特加，由谷物通过蒸馏制成（常常被误认为是用马铃薯酿造的），直到18世纪其垄断经营权被移交给贵族之前也属于皇家垄断的商品。它仅供在特许经营的商店中销售。

在从税贡中得来的商品中，昂贵的毛皮占据着最为显要的地位。毛皮是西伯利亚居民缴纳给沙皇的常规性税贡物品，也是针对西伯利亚商人的一项税收，这项税收要求西伯利亚商人要将其毛皮中质量最好的1/10上缴国库；毛皮还是地方总督的贡献，他们必须以固定的价格将所有从民间搜刮来的毛皮卖给国库。这些堆积如山的毛皮被卖给了居住在俄国的西方商人，或者远销中东和中国。每当俄国的外交使节出国时，他们都会整箱整箱地携带毛皮，一部分用作礼物馈赠，一部分用于出售以补贴他们的开销。私人经销商只允许交易价格较低的、不适合出口的毛皮。

沙皇经营的商品有许多是从国外进口的。沙皇声称，对于登陆俄国的所有外国商品，沙皇都有权优先取舍。在被提供给私人经销商之前，所有这些商品必须提交给沙皇的代理人检查，他们可以用沙皇的名义购买任何他们喜欢的商品，而价格由他们说了算。拒绝沙皇代理人的出价的外国商人，则不能在俄国销售其产品，无论卖给谁。以这种方式获得的商品要么供沙皇家庭使用，要么被用于国内消费。这种做法使皇权垄断了奢侈品的批发贸易。同时，皇权还垄断了对某些商品的出口，如鱼子酱、亚麻、焦油、钾碱和皮革等国外有大量需求的俄国商品。

最后但并非不重要的一点是，皇权广泛使用自己的特权，声称在其选定的任何商业领域中拥有独家经营权。每当私人经营者发现了新的、以前未曾交易过的项目的市场时，只要政府想对这一领域实施垄断，就很少失败过。因此，例如，1650 年政府得知阿斯特拉罕的居民正在与波斯从事茜草（一种用于制造染料的植物）贸易且生意兴隆，便立刻宣布茜草为国家垄断商品，下令此后这种商品只能以固定的价格卖给国库；随后政府即通过议价将其卖给波斯人。12 年后，类似的禁令还涵盖了其他的商品，包括：俄罗斯的皮革、亚麻、海泡石和牛脂。因为沙皇的代理人发现，这些商品被私人商贩出售给西方人的时候，赚取了很高的利润。[4] 实际上，任何进入商业流通领域的产品都能成为国家垄断的对象。很难想象得出有比这更有损于企业精神的做法了。

如果说皇权将贸易牢牢控制在手中的话，可以说俄国的制造业也处于皇权独占的状态下。除了铁、盐和粗布都是用非常原始的方法生产之外，在莫斯科公国时期俄罗斯人没有本土工业。俄国最早的一批工业企业是在沙皇的特许下由外国人在17世纪建立起来的，企业的运营得到了国家许可。图拉和卡希拉的铸造厂是由矿业专家荷兰人安德利斯·维尼乌斯和德国人彼得·马瑟利斯创建的，俄国的钢铁工业就是在这些企业的基础上发展起来的。他们曾于1632年从事向政府提供武器的买卖。马瑟利斯也是俄罗斯铜工业的奠基人。俄国的造纸业与玻璃生产业是瑞典人建立的。荷兰人开办了莫斯科首家毛纺厂。上述企业，还有另外一些企业成就了俄国工业的崛起，受到皇权的支持，由沙皇资本与外国资本联合资助，并由外国专家进行指导。它们专门为沙皇政府工作，将自己生产的产品以成本价出售给政府，无论政府需要多少。他们的利润来自在公开市场上剩余销售。虽然莫斯科政府要求这些获得了经营执照的外国专家将他们的技术传授给俄罗斯人，但是在这些早期的工业企业中，管理层与熟练劳动力几乎全部来自国外。本土资本与管理人才的缺乏成为突出问题，这一点与其他西方殖民地的情况很相似。

沙皇政府缺乏一个行政管理机构来监督商业活动以及诸如制盐、渔业这样的遍布全国的副业。因此，它常常利用农业部门的做法，将那些被其宣布为垄断产业中的一部分经营权转让给个人，条件是他们每年要向国库上缴固定数额的利润。在莫斯科罗斯时期，成为富人最可靠的方式就是获得这类特许权。斯特罗加诺夫家族从农民变成了莫斯科公国最富有的商人家族，就是自诺夫哥罗德被征服后获得了在这里制盐的特许权开始的。从盐业开始，该家族逐渐将业务拓展到了其他有利可图的行业，但靠的都是国家特许权或者与国家合作经营。

为皇权效力的本土"客商"与外国人

为了监督其直接参与的经营活动，皇权主要依赖本土及外国商人中的专家。这类国家雇佣的商人中级别最高的是莫斯科的"客商"（гость），这是一个精英群体，在 17 世纪中叶其数量有大约 30 人。"客商"是一个古老的词，与 государь 系出同源（参见 111 页）。最初，该词指所有外国来的商人，但是与"波雅尔"一词类似，从 16 世纪末开始它成了沙皇赋予的荣誉称号。能够配得上这一称号的商人必须拥有大量资金，因为沙皇经常会向"客商"索取保证金，以弥补他们拖欠的资金。在相对财富方面，莫斯科的"客商"接近于西方的城市贵族。在历史文献中，二者有时会被放在一起类比，但是这种类比经不起推敲。"客商"不是自由企业家，而是受托于沙皇、为沙皇工作的皇室代理人。事实上，他们中很少是为了荣誉而来，多半是迫不得已的。一旦政府注意到，某个地方商人的财富已经积累到了一定的程度，这个商人就会被命令迁居至莫斯科并被封为"客商"。由于有将一部分资本作为抵押品所产生的风险，使得"客商"的身份更像是一个繁重的负担，而非荣誉。此外，"客商"彼此竞争，不是为了争夺货物和客户，而是为了争得皇家的青睐，他们的收入是对向沙皇效力而得到的补偿。就社会地位与经济实力而言，低于"客商"级别的是被称为"百人"（сотня）的商业组织，即"客商商会"（Гостиная сотня）和"呢绒商会"（Суконная сотня）中的成员。

"客商"与上述两类组织中的成员发挥着多种多样的职能：他们征收海关税和酒类产品税，评估沙皇有意购买的商品，替沙皇出售这些商品，监督一些制造业活动以及铸造货币。这些人构成了一种生意人群体，君主专制以其独有的方式防止他们出现专业化的分工，因为专制体制不希望过度依赖他们。他们在买卖国库商品以及经营他们自己的私人生意上获利。从法律理论的角度看，"客商"属于赋税群体，但是由于享有特权，他们与最尊贵的侍臣无异。这些特权中最有价值的是可以免除关税和税收，并且还享有备受憎恶的地方总督法庭的豁免权。外国"客商"的身份由外交衙门进行认定，本土"客商"则由沙皇指定的波雅尔进行认定。他们有权购买世袭领地，并有权在特定条件下出国旅行。"客商公会"和"呢绒商会"的成员得到的好处要略低几分。

然而，尽管拥有财富与特权，"客商"仍然是一个非常不同于西方资产阶级的群体。他们谄媚于权势，通过维护沙皇的绝对权力来保证自己的长久利益；他们肩负着国家的重任，是自由贸易的敌人；他们与皇权的联系以及对其垄断的支持，使之成为普通商众仇视的对象。莫斯科公国最富有的商人从来都不是整个商贾阶层利益的代言人。

除了"客商"与上述两个"商会"之外，只有西方商人能够在俄国沙皇面前得宠。1553 年，一艘探寻从北方通往中国的航路的英国船只来到了俄国，靠岸的地方便是后来的港口城市阿尔汉格尔斯克。船员被护送到莫斯科，受到伊凡四世的热情款待，并且如果他们能够开辟俄英两国之间的贸易航线就将被给予特权。两年后，为了这个目的，"莫斯科公司"在伦敦成立，这是第一家由英国商业冒险者建立的、获得俄皇特许权的公司。该公司从伊凡四世那里得到了其成员发现的北方航线的独家使用权并免缴各种税费，同时还获得了在数个城市拥有仓库的权利。尽管该公司被禁止从事零售贸易，但是他们并未恪守禁令，并且还为此而招募俄罗斯本地人担任零售业务的负责人。后来，荷兰人、瑞典人、德国人和其他西方人也相继获得了一些不大优厚的特权。莫斯科公国的上层精英对沙皇恩宠外国人的政策极为不满，但是也无能为力，因为皇权从与西方的商品贸易中获得了丰厚的利润。

莫斯科国家在贸易与制造业方面的垄断如此强势，以至于无需其他额外的证明，就可想象普通莫斯科商人开展经营活动的条件有多么艰难。普通商人或多或少长期地被皇权禁止从事那些利润最为丰厚的行业。一旦普通商人发现了某些新的业务，皇权一定会以宣布其为国家垄断的方式将其夺走。"客商"、两个"商会"的成员以及外国人从事贸易都是免税的，从而造成了不公平竞争的局面。制造业与矿业，普通商人既没有资金也没有行业所需的专业知识与技能，于是完全处在皇权以及外国人管理者的控制下。因此，留给商人和手工业者的就只剩下沙皇及其侍臣盘子中残留无几的剩饭了；我们后面会了解到，即便如此，普通商人也别想安安稳稳地享用。

3. 俄国的城市

对于西方读者来说，在前现代语境中，每当使用"贸易和工业"这一短语，就会自然而然地联想到城市的概念；商人和手工业者在城市的保护墙内自由、安全地从事自己的事业，不会受到权势的恣意摆布。不过，在对俄罗斯的考察中，最好立刻放弃这种联想。在这里，贸易与制造业的中心并不在城市，而是在农村；

工商阶层不是城市人口的主体；对丁他们来说，居住在城市中既不保障安全，也不保障自由，即便这些术语在用于俄罗斯社会时取的是最狭义的概念。

马克斯·韦伯指出，城市在完全成熟的形式下包含五个要素：①有驻军把守的要塞；②市场；③自治法庭；④具有合法地位的公司；⑤自治机构。[5] 有史以来，在全世界的任何一个地区都能找到满足这一定义前两个要素的人口中心；无论何处，只要有某种形式的有组织的人类活动，都会有市场；无论何处，只要有政治权威，就会有武装要塞守卫其左右。然而，只有在西方国家及其殖民地才能见到，除了市场和要塞之外，为居民提供专门的法律与行政服务的城市。城市作为一种团体组织，其成员享有某些农村居民不享有的权利，是西欧文明独有的现象。与其他诸多社会现象一样，城市在中世纪作为封建制度的一项副产品而产生。城市最初是由封建领主资助、授权专为贸易和手工业划出地盘而形成的一个共同体。后来，城市中的居民因开展合作经营而获得了一种团体的地位。随着他们的财富与实力的增长，市民开始向封建领主发起挑战，通过争取而获得了专门的城市法律和法庭、独立的税收制度和市政管理机构，从而将他们的团体地位转变成了自治地位。从本质上讲，西欧大陆的城市人口是在与封建贵族斗争的过程中，令贵族付出了代价，从而获得了自身的权利，转变为资产阶级。

西方类型的城市

实际上，这种西欧式的城市在12世纪—15世纪时期的俄罗斯西北部地区也曾出现过。最典型的就是诺夫哥罗德和普斯科夫，这两座城市与日耳曼的城邦往来密切，并模仿它们建立其机构制度。此外，这类城市在波兰立陶宛联邦的历史上也曾有过，其城市居民享有基于汉萨同盟城市马格德堡法律的自治权。但是，这些都是存在时间较短的特例。莫斯科是不可能容忍这种能够孕育出真正的城市文明的自治特区存在的，因为它们违反了国家的世袭体制。在征服了诺夫哥罗德和普斯科夫后，莫斯科立即剥夺了它们的自由；而当波兰立陶宛被俄罗斯控制后，该地区市民的权利也立刻被剥夺。早在遭受二战的破坏之前，那些曾经充满荣耀的大都市诺夫哥罗德、普斯科夫和斯摩棱斯克已沦落为大村庄；而莫斯科，无论其如何宏伟壮观，都不是缘于它的商业，而是缘于其专制与权贵的遗产。

与西方相比，俄罗斯的城市虽然有很大的不同，但其仍然是一个相当复杂的机构，在其历史演变的过程中，行政、税收和经济因素相互交织在一起，令人眼花缭乱。

就君主制而言，城市，无论其规模或经济作用如何，不过是由一名总督（参见139页）掌管的地域概念。从这一角度来看，城市也只是一个卓越的军事与行政管理前哨而已。在莫斯科罗斯时期，存在许多比官方指定的城市更大、人口更多，甚至经济上有更强的生产能力的中心地区，然而这些地区却没有获得城市的资格或地位。这些地区没有设置总督或等同于总督的职位，因此也不能履行国家要求城市履行的职能，这种情形在帝俄时期则更甚之。

莫斯科公国的城市：俄罗斯社会的缩影

就内部结构而言，莫斯科的城市无异于农村的人口聚集地。

一切皆为皇权所有，私人拥有城市与土地的全权占有制一同被消灭了。城市中不存在私有土地；所有的土地都处于有条件所有的状态，因此在城市中没有地产交易。所有城市中都留出了大片土地给那些驻守城市的官员；这些土地的持有条件与农村的庄园领地持有条件一样。与这些土地相邻的是皇室的土地以及国有农民居住的地段。与农村的情况一样，纳税人口被组织起来构成了社区，从而作为一个集体承担着履行国家义务的责任。

莫斯科公国时期的城市，数量很少，彼此间相距遥远，且城市中的人口数量也较少。如果以严格的官方标准来确定城市的数量，即驻有总督的才算作城市的话，那么伊凡三世时期城市的数量是63座，伊凡四世时期是68座，到了1610年这一数字升至138座。如果将城市的定义扩大到所有由政府出资维持的要塞，那么17世纪中叶俄国有226座城市，城市中居住的人口估计有10.74万户家庭或53.7万名居民。当时，莫斯科的居民在10万—20万之间，诺夫哥罗德与普斯科夫均为3万人左右，其余的城市人口都不超过1万人；许多所谓的城市，尤其是位于边境上的城市，仅仅是由几百名士兵把守的小型据点而已。17世纪中叶，典型的俄罗斯城市一般由430户家庭组成，平均每户有5口人。[6]城区是由一些低矮的木制住宅、教堂、修道院和集市混在一起构成的，中间还夹杂着菜园和草地。街道宽阔，但是未经铺设，河岸亦无人管理。俄罗斯的城市远看比细究更令人印象深刻，因为人口密度低，这些城市大得不成比例。德国学者奥莱里乌斯写道：俄罗斯的城市从外面看像耶路撒冷，从里面看像伯利恒。

莫斯科公国的城市人口稀少，而工匠和店主又是这稀少的城市人口中的少数派。在这一时期，"城市"与"工商业"这两个术语之间的联系远谈不上紧密。因为俄罗斯城市主要是服务于行政和军事目的，城市居民大多数是公务人员及其家眷、食客和农奴，以及神职人员。据估计，在17世纪中叶，赋税人口仅占俄罗斯城市人口的31.7%，公务人员占60.1%，私有农奴占8.2%。在中部省份，赋税人口占多数，而在西部、东部和南部边疆城镇，赋税人口在城市总人口中的比重仅在8.5%—23.5%的范围内。[7]

与大多数农民生活在村社中一样，商贩和手工业者也生活在自己的社区中。他们的社区称作"工商社区"（посадская община），区别于农民的"农业社区"（сельская община）或"农民社区"（крестьянская община）。早期的工商社区往往都是城市中一个独立区域，与被称为"克里姆林"或"城"的要塞相毗邻。在莫斯科公国晚期和帝俄时代早期，工商社区更像是一个法律概念，而非地域概念，其与城市之间没有本质上的关联。莫斯科公国几乎每三座城市中就有一座是不包含工商社区的。相反，工商社区在农村地区则普遍存在，尤其是在修道院附近。16世纪末，仅有16个城市有工商社区，这些工商社区中的家户总数约为500多个。

从法律的角度看，工商社区构成了一个法律实体，因为其成员与农村社区的成员一样，对履行赋税义务负有集体责任。然而，它绝非西方那种城市公社式的特权团体。工商社区承担着极为沉重的赋税义务，甚至可以说工商社区成员的命运比农奴还要糟。这些义务包括普通和特殊的税收、修筑防御工事以及（对较为富裕的人来说）协助政府收缴各种税费。一位研究18世纪工商社区的历史学家基泽维特罗列出了工商社区成员可能要承担的各种义务，竟然用了三页纸，还提醒说名录仍然不完整。[8]隶属于工商社区的人口，其身份具有世袭性质，本人及其后代均被禁止离开工商社区。如前所述，城市人口居住的土地属于沙皇，因此不能出售。市民把商贸和手工业作为他们的主业，把农耕作为副业，而国有农民则正相反，把农耕作为主业，把商贸和手工业作为副业，除此之外这两个群体几乎没有什么区别。

从1649年开始，工商社区的成员（与"客商"和两个"商会"中的成员一起）享有了生产、销售商品和经营商店的专有权，但这种权利几乎没有什么价值，因为所有阶层都在不缴纳赋税的情况下利用这种权利。一些群体，例如射击军和哥萨克，根据法律也被赋予了该项权利。然而，工商社区还要面临来自农奴的竞争，这主要是指侍臣阶层和神职人员所拥有的农奴。这些生活在地主和教会土地上的农奴，在绝大多数城市与不少农村地区都建立起了固定的交易市场，被称作"斯洛博达"（слобода），与俄语"自由"（свобода）一词谐音，即取义为自由，在这里不用缴纳赋税即可进行商品交易。在有些地方，工商社区成了被斯洛博达所包围的孤岛。有时一个繁荣的斯洛博达可以演变成为一个大型的商贸城镇。从图拉的情况可以看出这种竞争的程度有多么激烈。16世纪末，工商社区的人只拥有1/5的摊档，其余4/5都是属于农民和士兵的。[9] 由此产生的竞争引发了巨大的仇恨，并导致莫斯科公国的城市中矛盾冲突不断发生。虽然政府多次采取措施安抚工商社区，但均没有获得成功。工商社区从未能够摆脱免税群体带来的致命性竞争。

鉴于这些情况，没人能从工商社区获益。尽管有各种禁令的限制，但工商社区中的人口还是不断地从这里逃离。对于这些逃离的人来说，最好的出路是找到愿意收留和庇护他们的地主或修道院，从而使他们能够在不承担赋税的情况下从事商贸活动。工商社区的情况到底有多恶劣，从其成员情愿卖身为奴的诸多事实中可见一斑。显然，农奴的身份地位（因可免除一切国家义务）优于店主或工匠，这是关于俄国中产阶级状况的一句颇具说服力的评论。政府不得不采取严厉措施，制止工商社区的人口大量外流，对未经许可离开工商社区的行为施以重罚。为了使工商社区能够履行自己的纳税职责，政府将流浪汉、破落贵族以及其他游离于赋税体系之外的人员强制编入了已近乎损失殆尽的人员组成中。但是，这些措施收效甚微且人口流失仍在继续。17世纪俄国的城市数量有了一定的增长，这主要得益于领土扩张以及沙俄政府在东部和南部边疆地区建立了军事行政前哨点。

莫斯科公国的城市清晰地反映了莫斯科公国社会的三种组成：侍臣、赋税者和神职；城市是一个缩影，不是一个独立的世界。侍臣、农民和神职构成了莫斯科罗斯城市人口的2/3以上，但是他们的根基却在城市之外，商贸与手工业阶层则被农奴化了。由多样化的社会群体构成的城市人口不仅没有行政与司法上的自治权，甚至不具备任何能够将它们进行归类的法律地位。莫斯科公国的城市从来不属于自己，而始终是其他人的财产——开始是被私人所有，后来被国家所有，而且城市的全部人口都要依附于其土地的拥有者。

一个世纪之前，一位熟知俄罗斯城市史的历史学家有过这样一段后世无法推翻的评论："从本质上讲，[俄罗斯]城市的历史不过是一部由最高掌权者对城市中的工商业人口进行监管和改造的历史。这种改造的过程是由最高掌权者对国家利益的态度决定的。"[10] 国家利益则是以内部与外部的安全以及税收为中心的。由于缺乏独立地位，莫斯科城市的历史自然不会与其余的社会组成部分的历史有太大的不同。现代俄罗斯的历史学家试图夸大其历史作用的努力，不能不说是过于离谱的。仅仅证明（正如他们能够做到的）莫斯科拥有的城市型人口聚居点比官方记载的城市数量多且大量繁华的商贸点遍及全国，是不够的。从史学的角度讲，城市的意义不在于其居民数量或是经济活动的密集程度（实际上在莫斯科罗斯时期这两项指标都处于极低的水平），而在于其居民获得司法、税收以及行政管理方面的自治权的程度。莫斯科罗斯时期的城市在这些方面恰恰是空白。

4. 莫斯科公国的商贾阶层

莫斯科罗斯的商贾不得不去适应他们身处的困难环境；因此，他们的商贸活动趋向于规模小、能够快速盈利且主要是以物物交换为基础。

东地中海特征

俄罗斯的心脏地区 —— 伏尔加-奥卡两河流域，亦即莫斯科国家的诞生地，似乎在14世纪初期整个国家尚处于蒙古人的统治之下时便成为最早参与长途贸易的地区。金帐汗国要求所有税贡必须用白银支付。由于当时的罗斯人并未开采贵金属，因此不得不从国外寻找白银。大约1300名罗斯商人在金帐汗国的都城萨莱建立了一个商业殖民地，他们在蒙古人的保护下与克里米亚以及伊朗北部地区开展贸易。与诺夫哥罗德和普斯科夫主要与德意志地区存在商业联系不同，莫斯科的贸易活动主要是面向亚洲。俄罗斯人与蒙古及其突厥-鞑靼盟友之间频繁商业往来最显著的证据是，俄语中有大量词语同这些民族语言中涉及财务、商品、仓储和运输方面的词汇有关联。俄语中关于货币、关税以及国库等蒙古语起源的词汇在前面（参见107页）已经有所提及。俄语中的"товар"（商品）一词来自突厥-鞑靼语中泛指家畜或财产的词语，而俄语中的"товарищ"（同志）一词与商品一词同出一辙，意为"商业伙伴"，товарищ 的派生词"товарищество"（同志或同事关系、友谊）原意为"商贸公司"。俄语中的"пай"（股份、抵押品）一词同样源自鞑靼语，类似的还有 чемодан（手提箱），сундук（箱子、衣柜），торба（包、囊）等词语。此外，表示服饰类的词汇，如：карман（衣袋），штаны（裤子），шапка（帽子）；表示交通运输方面的词汇，如：ямщик（车夫），телега 和 тарантас（皆指货运四轮大车）。Книга（图书）一词来自突厥-鞑靼语词"Kuinig"，其本源则系汉语词"卷"。[11] 当人们认为，在俄语有关农业的词汇中，几乎没有蒙古或突厥-鞑靼的痕迹时，上述词汇的词源就具备了特殊的意义。

即使在金帐汗国没落以及莫斯科与西欧建立了常态的商业联系后，俄罗斯人的贸易活动仍然主要是面向东方。16 世纪 50 年代，喀山与阿斯特拉罕（两地都是东方和中东货物的重要转口贸易地）被莫斯科征服，这进一步提升了俄罗斯人在东方市场中的参与度。在 18 世纪之前，俄罗斯的对外贸易活动主要针对中东地区，尤其是伊朗；17 世纪后半期，在莫斯科的三个大市场中，有一个是专营波斯商品的市场。通过亚美尼亚、鞑靼、布哈拉、中国以及印度的中间商，俄国与亚洲其他地区也保持着商业联系与沟通。在贸易往来中，俄罗斯主要对外出口原材料和半成品（例如毛皮制品），进口武器和奢侈品。

黎凡特地区贸易的悠久传统，给俄罗斯的商贾阶层打上了深刻而持久的印记，这种印记并未被后来与西方的贸易关系所磨灭。问题的关键在于，俄罗斯人在与亚洲地区的贸易中，或多或少地处于一种直接的和对等的条件下，而在与西方的贸易中，面对高度复杂的市场，他们不得不依靠外国中介。俄罗斯商人几乎从未冒险去西欧开展业务，都是西方人来到俄罗斯进行商业买卖。通过与东方的商贸往来，商人阶层成为黎凡特地区对俄罗斯影响的主要载体，就像彼得大帝之后贵族侍臣阶层传播西方影响，神职人员将希腊-拜占庭的文化引入俄国，以及农民仍然忠于本土的斯拉夫文化那样。

莫斯科商贾阶层的东方背景在其外表和家庭习惯中表现得最为突出。[1] 身着进口锦缎裁制的华丽长袍，头戴高高的皮帽，脚上穿着尖头高筒的靴子，客商们一副波斯富豪的打扮。他们的妻子脸上涂抹着带有异域风情的脂粉。在莫斯科公国时期，贵妇人通常被幽禁在一个隔离的闺楼中，这种闺楼的俄文名称为"терем"，来自希腊语词"teremnori"。甚至直至19世纪中期，商人的妻子仍然不会在其丈夫经营的店铺中工作。18世纪，波雅尔与普通贵族已经不得不屈服于西方化潮流。到了19世纪初期，或许除了喜好炫耀之外，他们已经摆脱了东方传统的所有痕迹了。商贾阶层在这方面则更为保守，直到19世纪—20世纪之交，他

---

[1]　由于波雅尔贵族也积极从事贸易，这些评论在某种程度上也适用于他们。——原文注

们还保留着东方式的外表：留着络腮胡子（现在通常是修剪整齐的），身着土耳其长袍改制的蓝色长外套，纽扣通常扣在左侧，高高的帽子，宽松的裤子和靴子。

在俄罗斯人经营商铺的方式上，东方的影响力也非常明显。按照蒙古人的习惯，莫斯科政府在征收商业税时是按照商业流通中的货物总价值征收的。如此征税的方式要求所有商铺需集中在一地。因此，政府只允许在其指定的交易市场内进行商业交易，以易于税务官员实施监管。本地的商户会按照所经营的商品类别将店铺排列成行，外地或外国的商人只能在客商专用的客贸中心（гостиный двор）陈列自己的商品。这类客贸中心是一种典型的东方式院所，兼具客栈与市场的双重功能，既可供外来的客商及其携带的牲畜留宿，同时也是他们进行商品交易的场所，每个城镇至少会有一座这样的客贸中心。每一个商铺的货物总价值都非常小。许多（在大的城镇和工商社区则往往是绝大部分）店主所销售的商品都是自己生产的。与西方店主不同的是，莫斯科人并非居住在他们的营业地点。莫斯科贸易中心的店铺按照其所销售货品的类别排列成行，类似于我们今天还能在中东的城市中所见到的露天市场（suq/souk）。为往来客商提供服务的客贸中心，实际上属于某种形式的篷车商队：它位于市场之中，仅是一个能够遮风避雨的场所，没有食品和寝具。甚至到了19世纪中叶，在俄罗斯内陆省份旅行的客商还不得不随身携带干粮和寝具，因为除了莫斯科和圣彼得堡有几家西方人经营的供西方人使用的宾馆之外，俄罗斯本地的旅店既不提供饮食也不提供寝具。

俄罗斯商人的商业心态仍然保留着非常强烈的黎凡特地区的

遗风。我们在这里几乎找不到资本主义伦理所强调的诚实、勤勉与节俭。买卖双方被视为相互博弈的对手；每一次交易似乎都是一锤子买卖，双方都想占尽便宜。俄罗斯商人的不诚实已恶名远扬。如果总是外国人这么说的话，也许会让人觉得外国人有偏见，但是就连本国的人也如是说，其中包括俄罗斯首位理论经济学家同时也是一位热切爱国者的伊万·波索什科夫。Caveat emptor——"买者自负"这句话在莫斯科罗斯被渲染为另一句谚语"狗鱼的存在就是为了不让鲫鱼打盹儿"①；这句话流行之广，以至于连外国人都能引用。麦肯齐·华莱士在19世纪末将俄罗斯商人，无论大小，都比作马贩子②。他们对狡诈的崇尚程度可以从一位17世纪旅行者的故事中体会到。这是一位赴莫斯科旅行的荷兰人，他以精妙的骗术使得俄罗斯商人折服，以至于被央求将骗术教给他们。然而，没有迹象表明这些"渴望商业实践的学生"对于荷兰人在商业方面的创造力表现过任何类似的兴趣。

除了二三十名"客商"以及他们在两个"商会"中的伙伴之外，莫斯科绝大部分的商人都生活在无尽的焦虑中，在官僚阶层面前，他们毫无抵御能力，只能被管制、被裁决、被征税，在此过程中受尽欺凌。贾尔斯·弗莱彻对于在俄罗斯所见的商人经受的迫害感到十分惊愕：

---

① 俄语谚语：На то и щука в море, чтоб карась не дремал，意即千万要小心，敌人时刻在盯着你。——译者注

② 暗指投机商。——译者注

无论他们拥有任何财物，都会尽可能地将财物藏匿起来，有时会将财物转入修道院，有时会藏在地底下或是树丛中，就像是人身处恐惧或是受到外来侵略时的表现一样……我经常看到他们在摊开自己的商品（主要是毛皮之类的）时，总是不断地环顾四周，尤其是身后和门的位置，就像是身处恐惧之中的人总是不断观望是否落入埋伏或遭到敌人的突然袭击。在询问了原因之后，我才知道，令他们担惊受怕的是贵族或沙皇手下某个波雅尔家的阔少，这些人总是会带着同伙出现，而且一定会抢夺他们的商品。[12]

前资本主义经济

在这样的环境下，资本主义很难扎根。而且俄国的商业实际上倾向于采用自然形式的交换。在货币和信贷方面，直至19世纪中叶，俄国都甚至赶不上西欧中世纪晚期的水平。莫斯科罗斯时期以及俄罗斯帝国时期的大部分贸易都是通过以物易物进行的；货币主要用于小规模的交易或是现购自运的交易中。资本的主要形式是商品。对于莫斯科人来说，从外国人那里以赊账的方式购买一些商品之后再以折扣价卖回给外国人并不罕见。这种做法使外国人感到困惑，但是在货币严重短缺的情况下，是有一定道理的。俄罗斯商人会用货物作为抵押从教会或富人那里获得贷款去完成快速的投机交易。钱一旦到手，货物就没有用了，如果需要，可以亏本处置。直到19世纪，在敖德萨还有一些犹太商人在以低于进价的价格销售谷物，即便如此，他们仍然有利可图。

集市在俄国的商业中占有重要的地位，俄国商业所具有的原始性与前资本主义性质即表现在此。集市在中世纪时期的欧洲曾非常普遍，后来随着汇票、信用证、股份公司、证券交易等这些神奇的现代商业手段的推广应用，集市在西欧逐渐消亡。在俄罗斯，集市则广泛存在至19世纪末期。其中，规模最大的要数下诺夫哥罗德的夏季集市，每年能吸引约25万商人，销售的货物中包括不少来自东方的商品，以茶叶的贸易量为最，以致国际茶价即于此确定。另外，纺织品、金属以及俄国的家庭手工业品皆在此集市上进行交易。下诺夫哥罗德也因此成为世界上最大的集贸市场；除此之外，在19世纪中叶，俄国全境遍布着数千个中小型的集市。直至19世纪80年代，集市才随着铁路的拓展逐渐走向衰落。

鉴于市场上可用于流通的资金极度稀缺，俄罗斯直到近代都几乎没有商业信贷或银行业也就不足为奇了。一些苏联历史学家将俄国资本主义描绘成了一幅蓬勃发展的景象，然而这种谎言却一直没能被拆穿，部分原因是错位的爱国主义，还有部分原因是为了给社会主义在一个落后国家取得伟大胜利做辩护。事实上俄国第一家成功的商业银行成立于19世纪60年代；在此之前，俄国仅有两家国家开办的银行。缺失信贷的资本主义何以为资本主义？对信贷一无所知的商业又何以为资本主义商业呢？这无异于没有自治体系的城市居民算不上资产阶级。

俄国商人对于西欧的财富大厦建立在一整套精妙复杂的商业架构之上的事实一无所知。他们大多是文盲，甚至那些做着数百万大生意的商人也不例外；他们中即便有些人会读会写，也对建立账簿完全没有概念，更愿意依赖记忆。不保留书面账目是俄国商业失败的主要原因，也是制约企业发展的巨大障碍。许多成功的企业在其创始人去世后就衰落了，这是因为没有账簿其继承人无法经营下去。同样，作为资本主义的发展动力，风险资本在俄国几乎也是不存在的，仅有一小部分来自国家财政和外国投资者。直到20世纪初，俄国的中产阶级甚至还将投资者视为商人阶层中最低等的人，其声望远远低于制造商和销售商。[13]

5. 彼得一世的政策

俄国政府最早在17世纪中叶开始关注商业阶层的福祉，从那时起，政府开始不断鼓励私营企业，培育本国的资产阶级。考虑到俄罗斯国家政权的力量，如果不是因为贵族特权的破坏，这些政策或许还能及时地催生出类似于中产阶级的社会阶层。皇权实际上赐予了拥地阶层全部的经济特权，包括对农奴劳动力的独占权，同时将贸易和制造业向所有阶层开放。结果是彻底削弱了原本就苟存于夹缝中的俄国中产阶级。

1648年，俄国的几座城镇相继爆发了波萨德民众暴乱事件。风波平息后，政府采取了一些措施来缓解他们最严重的不满。《1649年法典》正式将波萨德成员多年来一直梦寐以求的东西——贸易和制造业的专营权赋予了他们。政府还取消了斯洛博达的税收豁免权，消灭了城市中的"白色"（即免税）地带。然而，这些措施从需要再次确认它们的源源不断的法令来看，似乎无法执行。俄国农民迫于经济压力而不得不去市场或集市上出售自家盈余的农产品或手工制品，这些做法实际上得到了地主的默许。针对外国人的措施往往更容易得到执行。同是在1649年，英国人在将自己的国王送上了断头台后，放弃了对特权的谋求，以此为由，俄国政府取消了莫斯科公司已享有长达一个世纪的特权。1667 年颁布的新贸易宪章（Новоторговый Устав）对所有外国商人的自由实施了相当严格的限制，没收了他们的商品并禁止他们再次涉足零售业。这些措施得到了严格执行，来自外国商人的竞争从此逐渐销声匿迹。

彼得一世继位后，俄国政府对待商业阶层的态度变得明显更加温和。彼得在西方游历期间目睹了西方的繁荣景象，并深受触动。在当时，人们普遍认为国家财富的积累有赖于重商主义思想，而彼得很快就领悟到了重商主义的基本原则，他决心要把俄国变成一个经济上能够自给自足的国家。他竭尽全力对本国的产业给予保护，于 1724 年首次推出了全面保护性关税政策。此外，彼得一世还要求所有的商人和手工业者都要持有许可证，以此来将这些职业限制在城市阶层的成员中。尽管彼得一世塑造俄国资产阶级的尝试未能获得成功，但是付出的努力终究没有白费。俄国政府从此不再将商人和手工业者视为待宰的羔羊，而是开始扮演起了牧羊人的角色。

为了鼓励私营企业发展，彼得一世于 1711 年取消了皇室对粮食、白酒、食盐和烟草的商业垄断。曾几何时，俄国国内出现了近乎自由贸易的景象。然而，俄国商人，或许是受到以往经验的影响，在这些机遇面前没有表现出应有的激动，也可能担心彼得的这些措施只是临时的，一旦垄断势力复辟，他们就会蒙受损失。事实上，彼得死后，国家恢复了对商业的垄断，一切又倒退回原来的状态。

彼得一世在俄国工业发展方面取得的成就更加令人瞩目，因

为这涉及至关重要的军事方面的考虑。彼得一世在位期间组建了
俄国的常备军，其所需的被服、武器装备等军用物资在数量上远
远超出了俄国本土制造业的生产能力。由于缺钱，无法从国外进
口物资；而且即便有钱，在事关国家安全的问题上，彼得也是不
能容忍受制于外国供应商的。因此，除了建立自己的国防工业体
系，彼得别无选择。据现代历史学家的计算，彼得一世在位期间，
俄国的制造业企业和矿业企业的数量翻了两番。几乎所有的新兴
产业都在为军队服务。通常的模式是，政府自行投资开办工业企
业，并通过制造业管理委员会（Мануфактур-коллегия）和矿业
管理委员会（Берг-коллегия）对企业进行管理和经营，或是将企
业委托给从贵族阶层和商人阶层中挑选出来的私营企业家。在后
一种情况下，政府保留对企业的财产所有权，就好比领地的经营
模式一样。私营企业家及其后代只享有企业的占用权，前提是他
们的经营能够令政府满意，否则政府就会将企业的经营权从他们
手中收回。[1] 在 17 世纪彼得统治时期，制造业和采矿业完全服务
于国家的需求，其产品中超出国家需求的部分才能在市场上销售。
政府以固定的价格，通常是成本价购买私营工矿企业的产品。这
些企业只能靠销售多余的产品获取利润。产品的质量和数量都是
国家规定好的；如果未达到国家的要求就会受到惩罚，包括返工、

---

[1] 正是这一原因导致了学界很大的误解（例如 Е. И. Заозёрской, Вопросы
истории, № 12, 1947 стр. 68 和其他许多历史学家都是如此），认为彼得一世
时期建立的制造业企业，有一大部分是"属于"商人和贵族的。其实，即
便是那些由私人全部或部分投资建立的企业，也都不是严格意义上的私人
财产，因为政府可以随时从"所有者"手中将企业拿走。苏联历史学家对
所有权与占用权之间的差异理解有误。——原文注

没收和罚款。作为服务的回报，工矿业企业的企业主可免除徭役和赋税。一些企业主在这种条件下着实积累了一些财富，例如德米多夫家族的财富就是通过向军队低价提供图拉铸造厂生产出来的武器装备而积累起来的。

尽管彼得一世在发展俄国工业方面投入了极大的精力与热情，并在提升劳动生产率方面取得了卓越的成就，但这些都不能掩盖一个事实：彼得的行事方式仍然保留着莫斯科罗斯时期的传统。他对待企业主如同对待普通贵族一样，丝毫不考虑他们的个人利益与愿望。彼得一世时期的莫斯科毛纺厂就是一个典型的例子。这家企业由荷兰人于1684年创办，是俄军被服布料的主要供货商。彼得一世不满于该企业高昂的运营成本和低劣的产品质量，在其苏格兰友人布鲁斯的建议下，决定将该企业的经营管理权转交给私人。为此彼得成立了一家商业公司，该公司成了俄国首家特许经营企业。彼得一世深知俄国商人缺乏冒险精神，于是就直接从俄国当时最显要的大富商中挑选出一些人，强令他们加入该商业公司。随后他派遣士兵将被选中的富商押至莫斯科进行"临时流放"（временная высылка），无论他们是否情愿。政府从国库中给这些商人划拨了一定额度的无息资本，并告知他们，无论国家需要何种类型的呢绒布料，他们必须以成本价向国家供应；多余的产品可以拿到市场上销售赚取利润，且无须缴税。只要他们的经营活动令国家满意，企业就是他们的"世袭财产"；但如果他们经营失败，国家就会将经营权收回并惩罚他们。[14] 俄国的首家商业公司就是这样在政府对企业家强拉硬拽的情况下建立起来的。这很显然是莫斯科罗斯时期的侍臣为国家服务的模式，而非西方的资本主义模式。难怪在彼得一世时期，私人要求获得经营制造业和矿山的特权是很罕见的；原因就在于风险很大且利润不确定。在彼得的继任者安娜和伊丽莎白改善经营条件后，商人和制造业者才开始表现出较大的积极性。在安娜和伊丽莎白统治时期（1730—1761 年），贸易和制造业经营生产的商品起初被皇权所垄断，后来被转让到私人手中，产业的发展随之达到了顶峰。

为了给制造业企业和采矿企业输送劳动力，彼得先是通过强制征募那些不隶属于任何普通社会阶层的人员，例如囚犯、流浪汉、战俘、士兵的妻子以及妓女。当这些人员不足以满足要求时，就开始将整村的国有农民作为企业劳动力从中部地区迁至乌拉尔。最终，无奈之下，彼得只好破例，改变了原来只有国家、侍臣阶层和教会能够拥有农奴的规则，于1721 年颁布了一项法令赋予了商人购买村庄以便获取农奴作为工矿企业劳动力的权利。这些"占有性农奴"（посессионные крепостные）实际上就是一种工业奴隶，1736 年颁布的一项法令将这些人连同他们的家眷和后代"永久性地"束缚在了他们受雇的工矿企业中。这些人不过是乡村农奴的工业版，正是他们构成了俄国工人阶级的核心元素。

彼得一世开启的俄国工业化进程，尽管在思想上是全新的，但是在实施过程中所使用的完全是传统的方式。国家拥有全部生产资料、设定价格并且购销几乎全部产品；管理层恪守陈规；劳动力奴隶化。被固化的劳动力、稳定的市场、由国家任命或指派的企业家以及国家的特许经营权等，这些条件造成了俄国的工业生产缺乏生产合理化的动力。简而言之，彼得治下的俄国存在工业，却不存在工业资本主义。

6. 叶卡捷琳娜二世的政策

解除对贸易与制造业的限制

在19世纪80至90年代经历突飞猛进的工业化进程之前，俄国经济政策最具突破性的变化发生在1762年，此时正值彼得三世短命统治期的结束和叶卡捷琳娜即位的头几个月。受重农思想的影响，新政府打破了旧有的、精心设计的国营商业和制造业体系及其特许和专营制度，将其完全开放使公众可自由参与。其实，在这方面的改革措施早在10年前的1753年就开始了，当时政府取消了所有的国内税费。1762年3月23日，彼得三世废除了多种皇家垄断，向公众彻底开放了除少数商品外的大部分商业领域。谷物，原系皇家垄断专营的商品，也进入了可以自由买卖的商品名录之中。叶卡捷琳娜曾高调宣称商业就像自己的"孩子"，在其登上王位后便重申了这项昭告。凭借这些法律法规，俄国商人保住了《1649年法典》赋予他们从事贸易和制造业的专有权；贵族和农民被获准出售的商品种类仅限于他们在自己的村庄里自行生产的产品。由于俄国的大宗商品贸易主要是农产品和家庭手工业产品，因此，这种限制基本上没有什么实际意义。换句话说，此时的俄国事实上已经实现了贸易自由。从长远看来，更为重要的是，同一年颁布了两项有关制造业的法令。1762年3月29日，彼得三世废除了他的外祖父彼得大帝签发的那项授权商人购买农奴用作工业劳动力的法令；自此之后，他们只能用工资雇佣劳动力。也是从那时起，只有贵族才可以拥有农奴。[①]1762 年 10 月 23 日，叶卡捷琳娜下令准许社会各个阶层在莫斯科和圣彼得堡以外的所有地方经营手工业；1775 年 3 月 17 日的一份声明又赋予俄国人开办任何类型的工业企业的权利。

这类旨在刺激经济的立法所发挥的积累效应是：给了本就孱弱的俄国中产阶级致命的一击。一方面，政府剥夺了商人获取农奴的权利，而农奴是当时俄国最主要的劳动力资源，当然也是最廉价的；另一方面，政府实际上也给予了其他社会群体参与商业和制造业的机会，这样一来，那些原本只能在暗地里与商人展开竞争的社会群体，现在可以公开合法地与其竞争了。这类立法最大的受益者是贵族与农民。贸易和制造业与农业重新结合，经济活动的中心也随之转移到了村庄。皇权放弃了对经济活动的直接参与（仅保留着对若干主要的国防工业企业的控制），这对于俄国的中产阶级来说不仅没有任何帮助，而且还将其置于同农村各个社会群体的竞争之中，这种竞争无处不在，且比皇家垄断更加令人生畏。

这一切所带来的后果很快便显现了出来。遍及整个俄国的农民开始了规模空前的贸易活动，范围涉及市场上的大多数食品（谷物、果蔬和家畜）以及家用和农用器具。在 1767—1768 年叶卡捷琳娜的立法委员会上，商人就对农民给他们造成的竞争高声抱怨。到了 19 世纪初期，农民占据了俄罗斯贸易份额中的大部分，他们可以公开地进行贸易活动，且不用缴纳政府对城市中属

---

① 保罗一世于 1798 年将拥奴的权利暂时地还给了商人，但后来，他的儿子亚历山大一世又永久性地取消了商人的这一权利。——原文注

于基尔特^①级别的商人强制征收的高额年度注册费。此外，农民也不用承担商人所必须承担的各种各样的国家义务。

贵族特权的影响

这些新的法律法规在工业方面也产生了极富戏剧性的结果。贵族这时从商人那里拿走了制造业和矿业中的一些最具价值的业务。在1730—1762年间，商人在制造业和矿业中占据举足轻重的地位。白酒蒸馏业在18世纪成为贵族的垄断行业：这是一项准许他们将盈余的粮食用于赚取利润的特权。1762年之后，乌拉尔的许多矿山和冶炼厂纷纷被富裕的拥地家族所控制，例如斯特罗加诺夫（经商起家，在18世纪初期获得贵族头衔）和沃龙佐夫等家族，他们拥有无限的奴隶劳动力可供任意支配。这些18世纪的贵族工业家逐渐将商人从许多行业中排挤了出去。在1773年，有1/5的工厂归贵族所有，其营业总额却近乎俄国整个制造业营业额的1/3。[15] 在随后的几十年里，贵族所控制的制造业领域不断扩张。在1813—1814年编纂的统计资料中显示：除了所有的酿酒厂，贵族还拥有64%的矿山、78%的毛纺厂、60%的造纸厂、66%的玻璃和水晶制造厂以及80%的制碱工厂。[16] 商人只能眼睁睁地看着一些最有利可图的工业部门被那些根基在农村、以农业为主业的阶层所占据。波萨德中的人口在整个18世纪一直都没有增长，仅占人口总量的3%—4%，其中有近半数集中在莫斯科及其北部和东北部毗邻地区。

---

① 基尔特（гильдия），指沙俄时期按资本数量规定的商人等级（共分三等）。——译者注

来自农民的竞争一样非常激烈。叶卡捷琳娜在经济方面的立法所衍生的一个值得注意的副产品，即是出现了大规模的农奴工业。尽管这并非俄国所独有，在18世纪的西里西亚也出现过类似的现象，但是就其经济上的重要性而言，没有任何一个国家能够与俄国相比拟。资本主义精神在俄国首先出现于中部省份，尤其是莫斯科地区缴纳代役租的农民身上。1767—1777年，为了进一步刺激农村地区的企业发展，叶卡捷琳娜通过了允许在没有登记的情况下开办纺织企业的法令。一时间，无论是国有农民还是地主农民都开始将自己原来的家庭织布作坊扩展成为雇工数百人的大纺织厂。这些企业主中有很大一部分是旧礼仪派信徒（староверы），这是一个宗教少数派，他们通过强力发展经济和培养社会纪律感来消除强加在自己身上的不利条件（例如被征收双倍的人头税）。最为活跃的是国有农民和富裕地主的农奴这些传统上享有很大自由度的农村社会群体。在俄国最富有的大地主舍列梅捷夫伯爵的领地，有数座村庄都发展成了主要的工业中心，这些地方的成年人口全部都在从事制造业。

农奴企业主

农民企业主从一开始就将注意力集中在很大程度上被国家和贵族企业主所忽视了的大众消费品市场上。棉纺织品是农民企业主最重要的产品，此外他们在陶器、亚麻织物、五金器具、皮革制品和家具的制造中也起着主导作用。往往是整村专事某种单一商品的生产，例如专门生产圣像。生活在私人领地上的农民企业主，即使在积累了巨大的财富之后，其身份仍然是农奴。这些被束缚的富豪每年向地主缴纳的租金高达数千卢布。如果地主同意给予这些人自由（很显然地主不情愿这么做），那么这些人会被要求支付巨额赎金。舍列梅捷夫手下的农奴为获得自由所支付的赎金高达1.7万—2万卢布；在个别情况下，赎身的价格可能会高达16万卢布。① 有些农民还拥有自己的农奴，过着封建领主一般的生活。

俄国的农民企业主在可以想象到的最差的环境中工作。他有一个优势，那就是能够接触到土地；他所使用的劳动力成本很低，而且在企业困难的时候，他的劳动力就会回去种田。但是企业主个人的状况非常不稳定。作为农奴，他缺乏基本的公民权。他的主人可以随时占有他的财富并将他送回田野。他既不可能获得无息贷款，也没有像贵族企业家和为国家工作的商人那样拥有可靠稳定的买家。众多农奴完全是靠着坚韧的精神动力，才得以战胜种种障碍，从而取得成功的。其中，希波夫的故事最不寻常，因为几乎不可能有人能像这位非凡的农民一样，应对和克服那么多的苦难，他是这类靠自我奋斗而获成功人士精神的典型代表。希波夫的父亲是一名非常成功的农奴商人，在19世纪初期通过毛皮和家畜生意赚取了大笔财富。老希波夫死后，他的助手将其家产据为己有，并伙同一些官员将其继承人陷害入狱。1832年，希波夫从其主人那里逃脱，在接下来的5年中，他以化名为掩护奔走各地经商。他后来遭人出卖，被监禁4年后，又被送回其原来的农奴主那里。此时，他得到了一本有效期为6个月的护照，凭着这本护照他来到了比萨拉比亚，并在这里买下了一个制胶工厂。然而，当其护照过期后，政府拒绝为他换发新护照，他不得不放

① 据粗略计算，19世纪初期1个银卢布约等于当时的75美分。——原文注

弃自己的生意并再次返回家乡。是时，他又了解到了一条法律规定，被北高加索山民俘虏的农奴（当时的沙俄政府正在与北高加索山民打仗），如果能逃脱就可以获得自由。被逼上绝境的希波夫铤而走险来到了高加索，在高加索参军入伍并刻意使自己被高加索山民俘虏，最后又成功逃脱从而获得了自由的身份以及自由经商、不再受他人和政府干扰的权利。[17]

正是有着像希波夫一样钢铁意志的人们使得农村的工业进步神速。叶卡捷琳娜时代俄国农民法律地位的恶化不应遮蔽其经济状况改善的事实。经济政策的自由化使农民能够无限制地进入贸易和制造业，由此给农民带来的繁荣可能是俄国历史上的任何时期都无法企及的。

在 1839 年一位德意志企业家路德维格·克诺普定居俄国之前，俄国农村的纺织工业依赖于手工劳动，基本属于家庭作坊的一种形式，使用的技术也相当原始。克诺普作为当时一家英国大型纺织公司驻俄罗斯的代表，深谙如何能够避开英国政府对纺纱机出口的禁令。他得到了当时一些富有的农民企业主的信任（这些企业主大部分都是新近解放的农奴），在他的游说下，这些农民企业主投资引进了纺纱机，在生意上取得了极大的成功，克诺普也随之被订单所淹没。克诺普还为他的客户安排信贷、聘请经理和工头、规划厂房、采购原材料，并作为一位积极的股东经常亲自督导实际生产过程。总之，他创立了 122 家纺纱厂，在 1894 年去世之时，他已经是俄国最富有的企业家了。

意义非凡的是，这些为俄国最早的机器工业奠定基础的举措是由农民而非商人实施的。由于无权获得农奴劳动力，商人只能将自己的商业活动局限于向农民企业提供原材料、销售其工厂生产出来的成品。工业生产的过程并不经他们之手。曾经在英格兰掀起了一场经济和社会革命的机械化棉纺工艺，在俄国完全适应了农奴制，并在其温床中发展了起来。技术创新的结果是从西方引进的现代技术与莫斯科罗斯遗留下来的奴隶劳动体制异乎寻常地结合在了一起，这种结合违背了19世纪的信念：工业制度与奴役是不相容的。

7. 关于城市的新政

从上述经济状况的现实背景来看，18世纪的数位君主试图在俄国建立居住着西式资产阶级的西式城市，然而他们的努力似乎完全误入了歧途。

详细追述那个时代的城市立法是一件烦冗乏味的事情，不仅是因为当时的规章制度极端精细复杂，而且它们与社会现实根本没有太大的关系，也很少产生任何的实际效果。可以肯定地说，这一时期俄国所有的统治者，尤其是叶卡捷琳娜二世，都试图通过将现实的所有居民整合进一个有凝聚力的、受法律认可的、同时享有自治权的阶层中，来一改俄国城市传统的无序面貌。1785年由叶卡捷琳娜二世颁布的城市特许状与同期颁布的贵族特许状可谓是朝这个方向迈出的特别有意义的一步，因为城市特许状在历史上首次赋予了俄国城市居民组建市政机构并选举自己的官员的权利。然而，其实效却并不明显。城市居民继续像以前一样保留着对各自原属社会阶层的忠诚；在城市中居住并且在此拥有财产的贵族，即便严格按法律来说已经符合了叶卡捷琳娜对市民的定义，但是实际上他们与自己身边的其他市民无法产生任何共鸣，在城市中居住的农民和神职人员也同样如此。城市中的人口实际上保持着一种分裂的状态，商人和手工业者仍然处于与其他社会群体隔绝的状态下。1785年特许状看似赋予了城市慷慨大量的自治权，但是在那些确保官僚机构对市政机构进行严格管制的规章面前，这些权利便立刻失去了效力。

　　尽管有承诺在前，18世纪时期的俄国政府对待城市的态度与其莫斯科罗斯时期的先辈如出一辙，也就是将城市视为皇权在农村地区的前哨。令叶卡捷琳娜引以为自豪的是，她在十年之内（1775—1785年）将俄罗斯帝国的城市数量翻了一倍。然而，对其兴建的新城进行调查后发现，城市数量的增长是通过将村庄重新分类为城市中心的简单手续变更而实现的。普加乔夫领导的农民起义轻而易举就攻占了大片地区，这令叶卡捷琳娜大为震惊，于是在1775年她决定加强对农村地区的控制。省（губерния）一级行政区划被缩减至更加容易治理的规模，进一步细分到了县区（уезд）进行管理，每个县区设立一个行政首府。这一改革措施的推行情况可以从沃龙佐夫伯爵的活动中反映出来，他在1778年被安排负责改组弗拉基米尔州。在任务完成之际，沃龙佐夫在向女皇的汇报中称，他已经将13座城市"任命"为13个县区的治所。这13座城市中，有7座原本就是城市，其余6座原本是村庄，是他按照地理位置的优劣和交通是否便利的标准挑选出来的。[①][18]哈克斯

---

① 有时，一座村庄改个名字就可以升格为城市。例如，在《俄罗斯帝国法律全集》（Полный Свод Законов, No. 14,359）中，有一项1775年颁布的法令，该法令的内容是将黑泥村（Черная Грязь）更名为皇城，即察里津（Царицын）。——原文注

特豪森经过研究发现了一个事实：叶卡捷琳娜"任命"城市所使用的方式正是其提拔军官的方式。同时，她也会对城市做降级处理，曾经有数十座城市受到被剥夺城市地位的惩罚。

值得一提的是，在把村庄升格为城市的同时，叶卡捷琳娜也会保留许多大型的商业和制造业中心原来的村庄地位。这么做主要是为了给贵族恩惠，并且对贵族手下从事贸易和制造业的农奴只保留人头税，其他税费全部免除。作为舍列梅捷夫家族一部分土地财产的伊凡诺沃就是一个突出的例子。在其经济发展巅峰时期的19世纪40年代，伊凡诺沃拥有工业雇工数千人，但是仍然保留着"村庄"的行政级别。行政标签的变更对于城市的生活质量和居民的心态没有丝毫影响，与农村人口在这两方面的状况没什么分别，当然，莫斯科和圣彼得堡除外。传说中的1769—1796年间俄国城市人口的数量增加了两倍，不过是官僚们虚构的罢了。

没有任何迹象表明，18世纪的俄国城市在经济生活中占有重要地位。城市史方面的权威专家认为，城市活动处于极低水平是莫斯科罗斯时期的显著特征，在18世纪时这种状况并未改变，主要原因在于贸易和制造业从城镇稳步转移到了村庄。[19] 城市的人口结构亦未发生变化。在1805年的莫斯科，农奴的数量仍然是商人的3倍。

尽管沙皇政府在稳定商人群体方面付出了很大努力，但是该群体仍然处于不断流动的状态。较为富裕的商人——第一和第二基尔特级别的商人，喜欢让他们的子女与贵族联姻，因为这能够提升他们的社会地位，使他们有机会得到政府的工作岗位和购买农奴的权利。一旦成为贵族，他们自身连同其资本就不再属于中产阶级，虽然他们并不一定会停止与那些没有他们幸运的兄弟们继续竞争，因为如果他们愿意，可以通过购买临时许可证继续从事贸易活动。那些交不起基尔特年度注册费的商人，就会跌入小市民阶层——城市中缴纳人头税（1775 年之前）的低级阶层。农民企业主在获得了必要的最低资本后，可以通过加入第三基尔特级别而立刻跻身商人阶层，一旦达到这一阶层就能够继续向上爬升；他们的孙辈通常都可以进入贵族行列。因此，中产阶级成了上下社会阶梯的中转之家。19 世纪末时，莫斯科的 20 多个主要商业家族大部分都来自农村，其中，"一半出身于农民，发家于三代之内；另外一半的祖上则系 18 世纪晚期或 19 世纪初期来到莫斯科的工匠和小商贩"。[20] 莫斯科罗斯时期的"客商"就像大多数古代波雅尔家族一样逐渐销声匿迹于历史之中。

8. 帝国商贾

在历史文献和文艺作品中，偶尔也会遇到一个符合资产阶级理想的俄罗斯商人。但这只是罕见的例外现象。19 世纪的俄国商人往往被描述为狂妄而粗鲁的拜金者，对于人生的意义和公共责任完全没有概念，既无知又鄙视学习。虽然在 16 世纪和 17 世纪时，商人不得不藏匿自己的财富，但是当政府开始立法保护私有财产后，他们便开始庸俗地炫富，用无节制的大吃大喝和豪华住宅来炫耀自己的生活。取悦官员对他们来说非常重要，因此他们开始培养自己的后代去当官。通常，俄国商人只会留一个儿子在家中帮忙打理生意，其他的儿子则都被送去做官。由于子胜于父的思想有悖于俄国商人阶层的家长制精神，所以商人往往不会让自己的子女去接受教育。学者布雷什金曾写过一部研究莫斯科商人阶层的重要著作，其本人就是一个显要商人家庭的后代。他谈到，在所有由俄国知识分子所写的文献中，他只见过一处用褒扬的笔调书写私营企业主的。[21]

这种对商人的普遍看法是不公平的，这一点不可否认。到19世纪末，一些显要的工商业家族在文化水平上已经达到了相当的高度。但即便是这一少部分文化水平较高的商人，对待公共事务也是毫不关心，他们对政治活动以及政治引发的社会热点问题常常采取回避的态度。在商业活动之外，他们将主要精力投在了扶持和赞助文化事业方面，于19世纪末在这方面取代了破落地主的位置。一位白手起家的铁路大亨的遗孀秘密资助了柴可夫斯基；另一位铁路建造商萨瓦·马蒙托夫出资建立了俄罗斯第一家剧院团，并资助了穆索尔斯基和里姆斯基·科萨科夫。此外，契诃夫莫斯科艺术剧院也是由商人资助的；莫斯科商人特列季亚科夫则收藏了俄罗斯各绘画流派中最好的作品，才有了如今闻名遐迩的特列季亚科夫画廊；俄罗斯的法国印象派和后印象派艺术大师的佳作则被两位农奴企业主莫罗佐夫和休金的后人收为藏品。

资助艺术活动是上流社会的生活，而普通商人依旧还是生活在自己的小世界中——一个封闭的、自给自足的，被批评家杜布罗留波夫称为"黑暗王国"的世界中。其突出特点是：强烈的民族主义，对西方影响力的恐惧，对专制体制死心塌地的忠诚。因为该体制所推行的保护性关税政策能够使这个阶层抵挡住外国人的竞争。

9. 经济与政治的上保守

19世纪80年代，财政部开始全面推进工业发展，俄国本土的企业界再次表现出对政府激励政策的冷漠。此时的情景非常像17世纪那一次，由国家发起，再加上外国资本与管理。这是俄国工业飞速发展的第二阶段，涉及的行业包括：钢铁、煤炭、石油、化工与电力。然而俄国的中产阶级对参与这次发展既毫无准备又不甚情愿。俄罗斯此前已经错过了有可能在制造业和私人资本主义的基础上建立资产阶级的机会，而在股份制公司和银行主导的机械化工业时代，这一切更加为时已晚。俄罗斯中产阶级在形式较为简单的资本主义金融和生产方面尚无经验，就更没有能力参与形式较为复杂的经济活动了。

只需对19世纪晚期俄罗斯创建的重工业的几个主要分支进行概览，就足以看出外国人在俄国工业发展中所起的决定性作用。位于乌克兰境内的顿涅茨克和克里沃罗格的俄国现代煤炭和钢铁工业，是由英国人建立，并由英国、法国和比利时资本共同赞助的；高加索地区的油田，是由英国人和瑞典人共同开发建设的；德国人和比利时人则开启了俄国的电力与化学工业。实际上，只有位于中部地区的、由农奴企业主建立的纺织企业，才是唯一真正起源于俄国本土的现代工业。[①] 19世纪90年代俄国掀起了一股工业生产的浪潮，其发展速度可谓空前绝后，但这并非俄国自身内部经济发展

---

① 在俄国铁路蓬勃发展的过程中，俄罗斯本土资本发挥了主导作用。但这不是由政府的高级官员和将领推动的，而主要归功于犹太人和归化的德国人。——原文注

的结果，而是由于移植了西方的资本和技术，尤其是管理经验。①俄国的资本家，如大地主和富商等，对现代社会的投资技巧知之甚少，以至于无法开展企业所需的金融业务；无论如何，他们都更愿意将自己的钱拿去买帝国政府的债券（因为它们无限信任其安全性），而不愿冒风险进行工业投资。只有在外国人承担了主要风险冲击之后，本土资本才会进入重工业。因此，在革命前夕，俄罗斯工业投资的1/3及其主要银行一半的银行资本都是源于外国的。[22]

对于这些靠自身白手起家的人，影响他们政治观点的因素只是一个简单的经济事实——高关税。刚刚起步的俄国工业，如果不是靠着关税政策的庇护，根本不可能在英国人或德国人强大的竞争压力下生存下来，到19世纪末时，关税措施变得越来越严厉了。

因此，俄国富商阶层在经济活动中胆怯和保守的特征也被复制到了其政治活动中。他们的内心具有强烈的君主主义和民族主义色彩，但是又不愿表露出来。19世纪中期，当俄国的知识分子

---

①　值得注意的是，在俄国工业的历史演变过程中，其本土资源总是被证明无法适应向先进生产方式的转变。17世纪，俄罗斯人在学会有熟练劳动力参与的制造业和采矿业的基本技术后，使用了两个世纪。其工业发展的下一个阶段，即从重工业进入蒸汽动力和电力的阶段，仍然是西方人在19世纪80—90年代开启的。这也成为苏联经济的基础，直到现在，苏联仍然在不断发展第一代机械化工业，而二战后的西方经济已经进入自动化生产时代，苏联仍未显示出跨入自动化生产时代的能力。在20世纪60—70年代，俄国政府再次被迫依靠外国的资金与技术，就像其历史上一样，用原料作为交换。这就是革命半个世纪后一个具有讽刺意义的现实。革命的目的之一是将俄罗斯从对"殖民地"经济的依赖中解放出来，而如今的苏联政府则再次邀请外国人投资，并对外国企业给予优惠政策。——原文注

与政府开始发生激烈冲突时，他们则在一边冷眼旁观。1905 年，一部分俄国企业界的显要人物曾经尝试建立自己的政党，但只是纸上谈兵，没能付诸实施，最终他们中的大多数都加入了保守的十月党。在俄国第一届国家杜马（1906 年）中，议员中有 2 名企业家和 24 名商人，占议员总数的 5.8%。对于一个本应在俄国体现出"资产阶级"统治国家的机构中，资产阶级代表所占的份额着实少得可怜。这种政治上的无能首先应归咎于一个建立在数个世纪经验之上的信条：在俄国，通往财富之路不是与政权对抗，而是与其合作。与之相伴的另一个信条是：在竞争者为了政治权力而相互争斗之时，静观其变才是最明智的选择。

因此，在 1917 年，当自己的命运凶吉难卜的时候，企业家和商人们依旧无所作为是毫不奇怪的。他们既不支持沙皇政权，又不支持临时政府，亦不支持反共的白卫运动。那些有钱的，打点行装逃到了国外；那些没钱的，则一边旁观着革命派知识分子与民族主义军官之间的对决，一边静候着那从未有过的更美好的时代。

第九章

教会：国之仆臣

说句悄悄话，我总是能觉察到有两件事是不谋而合的：崇高的思想与低俗的行为。

——蒙田

1. 东正教的美学与神学

从外观上看，东正教最具震撼力的特征是其艺术和礼仪方面的美感。尽管遭受了数个世纪的破坏，俄国境内幸存下来的东正教教堂和修道院，作为人类创造出来的、最具吸引力的作品，仍然能够从周围荒凉而单调的自然景观中脱颖而出。在诺夫哥罗德、弗拉基米尔和莫斯科克里姆林宫里的那些宏伟的大教堂即是如此；然而，大量由王公、波雅尔和商人出资建造的较为普通的石质教堂，以及农民自行搭建的木质小教堂亦不失风范。这些教堂里最原始的装饰物已经所剩无几，部分中世纪的圣像珍品仍然保存在博物馆中（其中有一部分毫无疑问源出希腊），这些宗教艺术品从表现方式上来看具有极高的品位。俄罗斯的宗教礼仪音乐在18世纪不幸受到了意大利风格的强烈渗透。尽管在外来乐风的影响下已经发生了严重的扭曲，但是俄罗斯的宗教礼仪音乐仍然能给人留下极为深刻的印象，尤其是在东正教活动的高峰期——复活节前后。如果说这些视觉和听觉合并在一起所产生的效果能够使现代人所折服的话，那么就很容易想象它们对于俄国农民所产生的巨大影响力是多么地难以抗拒。东正教教堂在感官上给人带来的印象不能不说是具有重要意义的。据《往年纪事》所述，君士坦丁堡的圣索菲亚大教堂给基辅的来使留下了深刻的印象，这对促成罗斯受洗起到了决定性的作用。

以遁世为信条是东正教教义中最基本的元素。东正教认为尘世间的存在是令人憎恶的，他们追求的是脱离现实生活，而非置身其中。对于那些来自东方的、宣传脱离尘世的流派，东正教总是非常热情地予以接受，包括隐士主义和静修主义这类以彻底摆脱现实世界为诉求的学说。18世纪和19世纪，当西方的宗教领袖已不再盲从于激情和热心，而是开始思考如何能让信仰适应科学或社会的需要时，俄罗斯人则正在经历着一种与西方恰恰相反的、个体上的宗教转向：转向遁世、神秘主义、催眠和迷幻。在那个理性主义至上的时代，俄国农民中却掀起了一股极端非理性的宗派运动风潮，这样的现象在西方自宗教改革之后就再也没有出现过。谦逊和对傲慢的畏惧是遁世的一个方面。东正教的神学家们声称，与天主教和新教相比，他们这一派更加忠实于基督的教导和早期基督教的礼俗。理由是天主教和新教与古典文明的接触已使自身受到了玷污，太过重视理性分析，这不可避免地将他们带向傲慢之罪。东正教宣扬病患者要接受自己的命运并默默忍受痛苦。俄罗斯教会最早被册封的圣徒是中世纪时期的王公鲍里斯和格列布，他们之所以被奉为圣徒是因为他们未做任何抵抗而任凭自己被杀戮。

　　如果从宗教的角度研究东正教，自然而然会关注其美学与伦理学特征。但是，我们关注的是俄罗斯教会在政治方面的表现，特别是其在国家与社会关系中所发挥的作用，也就是其作为一种机构所做的事情，而非其所宣扬和实践的宗教思想。一旦将研究的关注点移至这一范围中，人们立刻就会发现，尽管俄国东正教会强调自身有多么的超凡脱俗，它却与尘世中几乎所有的肮脏事务都有着不同寻常的牵连。事实证明，东正教实际上在思想性上远不及犹太教和新教这类信仰，它们都认为参与世俗事务对于履行宗教义务来说至关重要。人们在思考东正教的命运时，不禁会想起本章开头所引用的蒙田语录：将崇高的思想与低俗的行为联系起来。任何断绝尘缘之人，一旦受生活所迫而不得不涉世时，即无原则可循，这几乎是必然的。由于缺乏切合实际的行为规则，俄罗斯的教会不知道该如何使自身适应所处的环境，同时仍然坚持着它认为的最基本的精神价值，即便是以一种不完善的、折中的形式。结果是，俄国教会比起其他教会来更易听从于国家的摆布，帮助国家实施剥削和镇压。最终，它丧失了自身的特性而逐渐演变为国家官僚机构的一个普通分支。所有这些都使得俄国教会在政治格局的调整和公众舆论的趋势面前，显得极为脆弱。与其他教会不同的是，俄国东正教没有为自己开辟一个可以自主的活动范围。它没有什么可以称得上是自己的，它将自身与君主体制等量齐观，已经到了一损俱损的地步。共产党较为轻易地就将教会从俄国公众生活中排挤了出去，这与他们在天主教的东欧遭遇的抵抗形成了鲜明对比，由于采取同样的办法却遭到失败，最终他们不得不认可教会作为一个独立机构的存在。

2. 东正教与国家："和谐"的理想

除了匈牙利人之外，俄罗斯人是东欧最后一个皈依基督教的民族。正式的皈依发生在公元987年（而非编年史所载的988—989年），弗拉基米尔大公与其臣僚在卫队的簇拥下接受了来自希腊的神职人员的洗礼。此后，大部分斯拉夫人都逐渐皈依了基督教，但这一过程是漫长的，而且经常是在强制下完成的；在数个世纪之后，斯拉夫人仍然保留着一些异教习俗。如果考虑到10世纪时的拜占庭在财富和文化上相对于罗马的优越性，及其在商贸领域中对基辅的重要作用，那么基辅罗斯选择东正教作为自己的国教就是再自然不过的事情了。

俄罗斯从拜占庭而非西方接受了基督教，这一事实对其整个历史发展进程产生了最深远的影响。除本书开篇部分讨论的地理环境之外，这或许是影响俄罗斯国家命运最为重要的因素。自接受了基督教的东方派之后，俄罗斯与基督教文明的主流——西方派渐行渐远。罗斯受洗后，拜占庭日渐衰落，罗马则崛起于天下。拜占庭帝国的领土被突厥人不断蚕食，直至都城君士坦丁堡的陷落。至16世纪，莫斯科公国成为世界上唯一信奉东方基督教的大国。它越是受到天主教和伊斯兰教的攻击和威胁，就变得越发封闭、越发偏狭。如此一来，俄罗斯虽接受了基督教，却不能融入基督教世界，导致了自身孤立于其邻邦之外。

　　东正教会由分布在各个独立国家中的教会组织构成，强烈的分散性是其最根本的特征。它缺乏教皇权力去赋予其凝聚力，因此各国的东正教教会都趋向于各自为政的状态。重大的教义及行政管理方面的问题都由主教公会（синод）商议解决。在特别重要的场合下，主教公会即相当于国际宗教大会的职能。这种做法更忠于早期基督教的精神，但着实削弱了东正教对抗世俗权威的能力。各国的东正教教会有权在宗教仪式和神学文献中使用当地语言，这种状况更加剧了东正教在组织结构上的松散性。其本意是为了让教会更加贴近民众，但是产生的结果却导致东正教世界更加松散。东正教也没有像拉丁语这样能够给各国信徒带来超越国界的一致感的语言。例如，俄罗斯的神职人员不懂希腊语，所以每当他们需要参阅拜占庭的书籍时，就不得不从巴尔干地区聘请僧侣。

　　东正教的发展，从整体上看，可以说呈现出离心的态势，即逐渐背离普世主义，走向地区主义。这种态势反过来导致了教会、国家和民族三者间的界限变得模糊不清。东正教教会从来都没有力量和凝聚力抵抗世俗权威对自己利益的侵蚀。分布在各个国家的东正教分支，彼此之间被国境线和语言障碍相隔离，每一个分支都有自己的一套等级体系，面对自身的处境，他们除了主动去适应和迎合当世政权之外别无他选。一位富有洞察力的法国观察家在1889年就已经注意到，早在革命之前就有证据表明俄罗斯教会对政治风向的极度依赖：

　　　　在东正教中，教会倾向于以政治为模板建构自己的组织框架，同时又倾向于以国家的边界为标准来设定教会自身的边界。这两个相互关联的事实，是以国家分支为单位的东正教教会所固有的。受限于国家边界、没有统一的宗教首领、没有国际教会中心、教会分支彼此间相互独立，这些因素使得各国的东正教教会更容易受到当世政权的影响，更容易受到世俗社会革命的冲击。不同国家的东正教教会拥有自己独特的组织机构、自己的神甫和主教，并依据各自的时间空间去适应各不相同的世俗政权。最终，其内部管理模式总是能达到与政治组织的模式协调一致的地步。[1]

东方基督教所特有的这种教会与国家间密切的、几乎是共生性的认同，具有深刻的历史和教义上的根源。

我们先从历史谈起。东方基督教非常幸运，自其建立之初便先后受到数位罗马皇帝的庇护，他们在改宗后将都城迁至君士坦丁堡。在拜占庭，皇帝即为教会的领袖，教会"处于国家之中……是国家组织的一部分"。用查士丁尼大帝的话说，世俗政权和宗教权威之间存在着"和谐"的关系，实际上这意味着皇帝也置身于最为重要的宗教事务之中，包括制定教会的法规、召集宗教大会和任命主教。作为交换，国家使用自己的权力去支持主教公会的决议，并在其领土上维护宗教的正统思想。[2]在拜占庭的神学家看来，如果没有国家的保护，教会是难以自持的，这是不证自明的道理。这种观点在君士坦丁堡宗主教于1393年前后给莫斯科大公瓦西里一世的一封信中有着简明扼要的表述。在信中，君士坦丁堡宗主教对于瓦西里一世那句传说中的断言"莫斯科公国有教会而无皇帝"表示了反对，并提醒瓦西里一世说，皇帝有责任组织召开宗教会议、支持教会法规以及与异端邪说做斗争。

因此，"对于基督教徒来说，是不可能有教会而无皇帝的。世俗皇权和教会之间保持着紧密共存，相互沟通的关系，双方谁都离不开谁"。[3]

在西方，世俗政权与教会之间缺乏能够结成如此紧密合作关系的条件。在帝国的都城迁至君士坦丁堡之后，罗马发现自己处于政治真空中，然而主教们迅速填补了这一真空。西方教会长期以来没有世俗政权与之抗衡，并且发展了自身雄厚的世俗利益。因此，当具有独立地位的世俗政权在西方出现时，就自然形成了政教对抗之势。西方教会丝毫不羞于主张自己的优越性；罗马教皇格里高利一世就已经高调宣称教会拥有高于国家的至上地位。正是由于东方基督教会是在比较有利的政治环境中发展起来的，所以其诉求要温和得多。后来，随着拜占庭的衰落，东方基督教变得愈加依赖于世俗政权的保护和资助，而与此同时，罗马教廷的实力却日益壮大，和以往任何时候相比，都没有理由承认世俗政权可与自己平起平坐。

东正教会所固有的保守主义教义是将其推入国家怀抱的重要因素。该教会自视为永恒真理的守护者；其使命是维护这些真理不被篡改和削弱。教义与礼仪的纯洁性是该教会的头等大事。通常来说，东正教内部的改革运动，其目的都是消除被视为创新的东西，而并非回归经典基督教或适应现代条件。其心目中的终极权威不是福音书而是教会的传统。（《圣经》原文在俄国首次被翻译出版的时间竟直至19世纪60—70年代。）由于宗教对外部表现形式和魔幻元素的高度重视，东正教会一贯抵制在宗教仪式、圣像画以及其他传统方面进行变革。尽管如此，拜占庭还是在教义问题上遭遇了冲突；但是到10世纪罗斯皈依基督教的过程中，这些教义上的矛盾冲突大部分都被解决了，以至于罗斯所得到的是一个在形式上完备的、也可能是近乎完美的信仰，这使得俄国东正教会的结构比其母教更加保守。

自身所固有的保守主义倾向，导致了东正教会一直渴望能有强大的世俗政权与其相伴。东正教会认为，国家必须是纯洁、"神圣"而未被异端邪说所玷污的。任何偏离传统的行为都是不能容忍的。正如拜占庭宗主教佛提乌所言，"即便是最细微的背离传统的行为也会招致对教义的全面亵渎"；换句话说，任何偏差都是叛教的开端。这种观念以及其他与严格诠释真理相关的举措将东正教推向了政教合一之途。鉴于其所处的历史环境，上述情形实际上昭示着东正教对世俗权威的严重依赖。

3. 俄罗斯教会的黄金时代（13 世纪—15 世纪）

修道院的繁荣

俄国东正教的黄金时代恰是蒙古统治的时代。蒙古人对其治下的神职人员豁免了社会其他各阶层都被强加的负担。成吉思汗颁布的《大扎撒》以法律的形式对东正教给予了保护并免除了其贡赋和税收。作为回报，东正教则誓为可汗及其家族祈祷。在那个俄罗斯的其他社会阶层正遭受苛政和暴力之际，这一特权对东正教会来说无疑是巨大的福音，而且其财富也有了跨越式的增长。在蒙古人的青睐下，修道院成了最大的受益者。在 14 世纪，俄罗斯的僧侣阶层启动了一场大规模的拓殖浪潮，在这场浪潮结束之前新建的修道院相当于该国皈依基督教四百年来所建修道院数量的总和。至 1550 年前后，俄罗斯有大约 200 座修道院，其中不乏大型的，例如：谢尔盖圣三一修道院、基里尔-别洛泽尔斯基修道院、索洛维茨基修道院。修道院的土地多数都是来自莫斯科大公的馈赠，这种馈赠也是为了答谢教会为其所效的各种功劳，特别是对其独裁和专制统治的支持。还有一部分土地来自波雅尔大贵族，他们通常会在遗嘱中对资助修道院用地做出安排。神职人员与世俗的土地所有者不同，因教会享有机构继承权，其手上掌握的土地自然没有遭到过分割。

随着他们财产的增加，僧侣们已经不可能再去耕种所有的土地了，而只能依靠佃农。修道院是首批向皇权提出请求将农民束缚于土地之上的地主。那些大型的修道院逐渐发展成为大规模的商业企业，几乎无异于波雅尔的领地产业。谢尔盖圣三一修道院在其巅峰时期拥有 10 万农奴为其耕种分布于 15 个省的土地。在 17 世纪中叶，一个教区所拥有的农奴数量就高达 3.5 万名。16 世纪的外国旅行家一致认为，俄国神职人员占有全国 1/3 的土地，这一估计尽管因其过于一致而有些可疑，但仍然被现代的史学家所广泛接受。然而，必须强调的是，由于东正教在结构上的松散性，这些财富并不属于整个"教会"。与波雅尔的土地一样，教会的土地也被分成了许多部分，有大有小，且广泛分散于各地。这些土地的实际所有者包括：牧首、主教、各个教堂、修道院和堂区的神职人员。（尽管教会也确实向其所辖的所有土地征税）在许多情况下，名义上属于修道院的财产实际上由个体僧侣掌控，他们与其他普通的地主或商贾一样经营着自己的土地。在世俗土地所有者与商贾阶层的案例中，极少数富人与普通民众之间的财富收入差距很大，而这种差距亦存在于俄国宗教界。直属于东正教最高会议的大修道院位于贫富范围的一端，它所聚集的财富等同于最富有的波雅尔；而位于另一端的则是堂区辖内的小教堂，神甫们不得不自行耕种他们的小块田地以自持，与农民效劳于地主如出一辙。每换一位新的可汗或（后来的）大公，教会的土地所有权就要被重新确认一次，就如同世俗的土地一样。财富问题将教会置于与世俗政权相矛盾的境地，因为神甫和僧侣以其神职人员的身份来讲应臣服于大主教，而他们以其地主的身份来讲则受到地方王公的管辖。总而言之，在俄国，教会的地盘是分散的，并依赖于世俗权威生存，这一点与世俗的土地所有者是一样的，因此在政治上也一样是软弱无能的。

神职人员

修道院的神职人员把大部分时间都用在了经营其土地的工作上。他们甚至比中世纪晚期的西欧修道院神职人员更加世俗化。在14世纪—15世纪典型的俄罗斯修道院中，僧侣并非生活在院墙之内，而是生活在属于他们的城镇或村庄里，在那里他们监督自己分管的农耕、商贸和副业活动。大多数俄罗斯僧侣甚至没有被授予神职。

俄罗斯神职人员的世俗沉沦因其无知而被进一步强化了。俄罗斯的教会语言是古斯拉夫语，它是9世纪时由传教士西里尔和美多德以其家乡马其顿的斯拉夫口语为基础，创造出来的书面语言。这种语言虽然与俄语不同，但是已经足够接近于受过最低限度教育的人所能掌握的。俄罗斯的修道院中既不教授希腊语，也不教授拉丁语。除了一些基本的编年纪事和圣徒言行记录之外，很少有文字书写工作。俄罗斯神职人员的无知已经到了令人难以置信的地步。除非我们假设所有到过莫斯科公国的外国访客都达成了说谎的共谋，否则，从他们的叙述来看，俄国的宗教生活是一幅令人震惊的画面：

有外国人言，普通的非神职人员既不知道福音书中的故事，也不知道信仰的象征，就连包括"圣父""圣母"在内的最基本的祈祷文都不知道，并且还幼稚地将自己的无知解释为：这些都是"仅为沙皇和主教、地主和神甫们这些无须干活的人准备的非常高级的科学"。然而，同样还是这些外国人针对那些有闲暇时间，甚至为专门获取此类知识而预留有闲暇时间的人，也给出了最为尖锐的证据。奥莱里乌斯写道，在他那个时代，10 个［俄国］僧侣中几乎没有一个知道"圣父"的。在 17 世纪末期，瓦尔蒙德曾经提起过一位僧侣，他在乞求施舍的时候用的是圣三一中第四个人的名义，其实是圣尼古拉。此后再读弗莱彻的书，就不会对其中描写的一些情景感到奇怪了，例如：沃洛格达的主教说不出他刚刚应弗莱彻的要求高声朗读过的内容是出自《圣经》中的哪一册，而且他也不知道福音书的著者共有几位。在奥莱里乌斯和威克哈特的那个时代（17 世纪）就更不用说了，俄罗斯的主教们在神学信仰方面极为无知，根本无法与国外同行进行神学辩论。[4]

在 14 世纪和 15 世纪，俄罗斯教会如此深浸在世俗事务中，以至于它不再以其他任何方式，而只使用最原始的魔法仪式感来维护基督教。而即便在这方面，他们也很难抗拒走捷径的诱惑。

例如，为了压缩冗长的祷告，莫斯科的教堂和修道院都采用了"复调"的方式，让几个神甫或僧侣同时唱诵祷告文的几个连续部分，结果是让场面混乱不堪。

这种世俗性立刻引起了不可避免的反应，尽管表面上看似乎与西方的宗教改革有相似之处，但实际上是一种独特的现象，导致了完全不同的结果。

关于教会拥有土地的争论

俄国边界从未像统治阶层所希望的那样被严格控制，在中世纪晚期，国外各种宗教改革运动的思潮得以进入莫斯科公国。其中之一是异教斯特里戈尔尼克派（Стригольники），该教派于14世纪中期盛行于与西方联系最紧密的俄罗斯城市诺夫哥罗德。由于这一教派的信徒被尽数消灭，他们的著述也随之被焚毁，所以关于这场运动的可信资料极为稀少。即便如此，这场运动似乎是一场典型的、原始的、宗教改革式的异教运动，类似于卡特里派（Catharist，或称阿比尔派Albigensian）。斯特里戈尔尼克派的信徒们利用街头布道的方式，批评那些已经被授予东正教教职的神甫和僧侣的堕落和世俗行为，对大多数圣礼的有效性予以否认，并要求回归"使徒"教会。15世纪70年代，诺夫哥罗德出现了与所谓的"犹太派"相关的异教。其追随者同样对东正教的物质主义进行了攻击，特别是针对其占有大量土地财产这一点，并呼吁宗教应该更单纯、更注重精神层面。犹太派异教对东正教教会构成了很大的威胁，因为沙皇身边的一些祭司甚至沙皇的一些直系家庭成员都已经在他们的蛊惑下改了宗。

然而，对于已建立的教会来说，最严峻的挑战还是来自其内部，来自那些在教义和礼仪的正统性上都毋庸置疑的人中。这场特别的宗教改革运动缘起于希腊。15世纪后半期，在一些居于东正教的修道中心阿索斯山的僧侣中，流传着世界末日即将来临的说法。一些僧侣离开了修道院转而隐居。他们以极为简单的方式生活，祈祷、学习和冥想即生活的全部内容。这一所谓的"静修"运动由一名去过阿索斯山的僧侣尼尔·索尔斯基传入了俄罗斯。1480年前后，尼尔搬出了修道院，在伏尔加河上游沼泽林带的荒野中给自己挖了一个坑室，从此在这里开始了独自祈祷和研究经文及教父著作的生活。其他僧侣也以尼尔为榜样，隐居在了尼尔附近以及稍微靠北一些的地区。起初，这些"后伏尔加长老派"似乎并没有威胁到教会的利益，因为他们所提倡的这种生活方式太过严苛，无法招来太多的追随者。然而，当尼尔卷入了一场有关修道院土地占有原则的争论之时，教会也随之陷入了危机之中。

到15世纪末，莫斯科公国谋求独裁统治的愿望已经实现，因此对教会的世俗化需要已经不再那么强烈了。实际上，世俗权威已经开始把贪婪的目光投向了教会的财产。当然，教会财产的增加自然也要归功于世俗政权，因为教会既不用缴纳赋税，也不用服役，而且还可以被作为领地进行分配从而得到更好的利用。伊凡三世在攻陷诺夫哥罗德之后，没收了绝大部分教会的土地，并归在了自己的名下，此时他对教会财产的态度已经非常明朗了。犹太化运动之所以能够在伊凡三世的朝廷得到善待，很可能与这个异端直言不讳地反对修道院拥有财产有关。在伊凡三世之子瓦西里三世的时代，修道院的收入开始受到严密监视，瓦西里三世甚至偶尔还会亲自插手此事。他很可能还颁布过相关法令，禁止修道院未经皇室批准获得额外的土地，这是因为在伊凡四世统治初期（1535 年），颁布过一项具有同样效果的法令，提到了以前的律例。许多波雅尔贵族也支持教会无产化的观点，部分原因是可以分散皇权对他们的财产的注意力，还有部分原因是可以帮助他们获取更多的土地用以向仆从分配。有人怀疑，或是沙皇，或是沙皇的近臣说服尼尔·索尔斯基出山，公然谴责修道院拥有土地。该事件发生在 1503 年，尼尔突然现身于东正教最高会议，在会上敦促教会放弃其名下财产并求助于施舍。尼尔的诉求使大会陷入一片恐慌之中，大会一致驳回了他的提议，并通过了一项决议，重申了教会财产的不可剥夺性与神圣性。但是，问题是不可能就这么轻而易举解决的。尼尔的言论仅仅是打响这场两派神职人员战争的第一枪，这场"禁欲派"（нестяжатели）与"恋欲派"（любостяжатели）之间的战争一直持续到 16 世纪中叶。

首先，这不是政治上的争吵，问题的关键在于对教会的不同看法。尼尔和其他"后伏尔加长老派"所设想的是一种理想的教会：不受世俗责任的束缚，在黑暗和邪恶的世界中充当精神和道德的灯塔。尼尔派的领导人物之一马克西姆，是希腊科孚岛人，曾在意大利求学并深受萨沃纳罗拉的影响。在俄罗斯帮助教会翻译希腊语书籍期间，马克西姆为当地神职人员的低劣素质而感到震惊。当他问道，为什么俄罗斯没有支持扫罗的撒母耳圣人，也没有向犯错的大卫进真言的拿单呢？库尔布斯基或其他代其致咨文于伊凡四世的人给出的回答是：因为俄罗斯的神职人员对他们的世俗财产极为在意，以至于他们"卧在那里摇头摆尾，以各种方式向世俗权威取悦谄媚，为的是保住他们现有的财产，并且获取更多的财产"。[5] 这种观点暗示着一条明确的政治信息，即只有贫困的教会才会直视沙皇并充当国家的道德良知。相反，保守的

"恋欲派"所期望的是教会与君权亲密合作，并与之分担维护疆域、保持基督教化的职责。为了能够达到此目的，就必须有财产收入的支持。因为事实上只有经济独立才能使神职人员彻底摆脱过分关心世俗事务的束缚。两派都有历史先例可循，前者参照的是早期的基督徒实践，后者追随的则是拜占庭的传统。在这场派别争端中，君权处于左右为难的境地。它非常希望能够掌控教会的财产，基于此，在思想上它先站在了"禁欲派"的一边。但是，"恋欲派"将教会视为国家合作者的政治哲学亦为其所好。那些世袭统治者根本不希望在自己的地盘上看到任何独立法权的存在，更别说是自诩为国家道德良知化身的教会。因此，拿单和撒母耳的典故是不可能引起他们关注的。最终，君权通过精明的策划而得以两全其美：它首先支持"恋欲派"，并在其的帮助下消灭了那些崇尚教会精神独立的支持者，之后又来了个大反转，采纳了已经败下阵的"禁欲派"的主张，开始没收教会的土地。

保守派的领袖和首要的思想家是沃洛科拉姆斯克修道院的院长约瑟夫。这家修道院迥异于俄罗斯时存的同类团体，其生活方式建立在公社的原则之上，僧侣不得拥有私人财产。这里的全部财产归修道院整体所有。所有人员必须居住在修道院内，并严格遵守院长订立的规矩。修道院虽然拥有财产，但是并未沉沦于世俗。约瑟夫的创新之举表明，拥有土地财产与教会的禁欲清规是有可能兼顾的，财富未必会导致"后伏尔加长老派"所谋求的道德责任感的淡化。正是由于这个原因，被尼尔言论所动摇的神职们开始推崇约瑟夫，以期打一场反击战。在坚持教会拥有土地财产的原则上，约瑟夫有一个十分有力的论据。东正教的教会法规定：堂区的神甫须结婚，但主教须保持独身，这一规定迫使教会只能在修道院神职的范围内选拔主教。参照这一规定，约瑟夫认为让东正教的僧侣们把时间全都花在养活自己上是非常不合理的；因为如果这么做的话，他们就没有时间去获取管理一个主教教区所需的知识和经验。这种做法可能造成的进一步伤害是：如果要求上层人士，即波雅尔贵族去从事低微的劳动，那么他们将离修道院而去，而教会在很大程度上要依靠他们来管理修道院和主教教区。这一观点具有实用性质，在本质上几乎就是官僚主义性质的。约瑟夫并未就此止步，而是继续把问题引向了"后伏尔加长老派"的动机上。他极为仇视"犹太派"，鼓吹应当用剑和火将"犹太派"斩草除根，甚至连忏悔的机会都不能给他们。尼尔及其追随者尽管也对异端没有任何同情，但是仍然主张教会应当剔除死刑。约瑟夫则以"禁欲派"这种更宽容的态度为由，对其正统性提出质疑。约瑟夫的弟子将其文章编纂成集，冠以一个不太适当的名称《启蒙者》，这部文集即是约瑟夫的主要著述。在文集中，他大量引用圣经圣书以证明自己的观点，将争论与那些对犹太派以及对犹太派有些许宽容的人进行的谩骂搅和在一起。在他看来，俄罗斯的教会是当时世界上最纯洁和最完美的教会，"在虔诚方面，俄罗斯这片土地要胜过任何其他国家"。[6] 这种观点的暗示是，任何改革都会破坏国家的宗教信仰，降低居民获得永久救赎的保证。

约瑟夫使用了一些无情的阴谋诡计来强化自己的观点，旨在使沙皇反对其侍臣和波雅尔中的改革派。他是"教会激进分子"的拥护者，在最初的时候，他偶尔会和皇权发生争执；然而当教会的财产处于危险境地时，他则成了皇权专制最积极的辩护人。约瑟夫是将君权神授的观念引入俄罗斯的第一人。为证明自己的观点，他引用了6世纪的拜占庭作家阿加佩图斯的权威观点。约瑟夫借用了其政治理论的核心观点："虽然帝王从外表上看与旁人无异，但是身居帝位，他便与上帝无异。"[7]为了奉承和取悦皇权，在约1505年或1506年，约瑟夫迈出了俄罗斯史无前例的一步：他将自己的修道院从当地的封地王公的管辖中退出，将其置于沙皇的个人保护之下。那位封地王公是伊凡三世的弟弟，修道院的一位慷慨的施主。就这样，约瑟夫将谴责异端邪说与歌颂专制权威巧妙地结合起来，并且时时提醒教会可为皇权所用之益，从而在与"后伏尔加长老派"的较量中反败为胜。那一小部分为精神教会而奋力抗争的隐士远不是英明的院长的对手。1515年约瑟夫去世之后，教会中最关键的职位都落入了他这一派的手中，许多修道院都按照沃洛科拉姆斯克的模式进行了重组。派别斗争中的一个决定性事件发生在1525年，当时约瑟夫的一名门徒、都主教丹尼尔违反教会法，授权沙皇瓦西里三世与其无子女的妻子离婚后再婚，丹尼尔还提出以自己的良心承担沙皇的罪过。自此之后，心怀感激的沙皇完全站在了约瑟夫派的一边，以至于允许他们将其反对派打入囚牢，其中就包括希腊人马克西姆。约瑟夫派的势力在马卡里乌斯都主教的时代达到了鼎盛。正是他使得伊凡四世有了加冕为沙皇的想法。

4. 教会与莫斯科的专制思想

很显然，担忧自己的财产不是驱使俄罗斯教会建立一个强力而无限君主制的唯一因素。其他方面的考虑还包括：需要国家的援助来消灭异端；保护生活在穆斯林和天主教徒统治下的东正教基督徒；收复被波兰立陶宛联邦所占据的原属"神圣罗斯"的部分失地。教会与世俗政权的合作之所以变得极为紧迫、极为必要，世俗化的威胁才是其中最重要的因素。由于历来倾向于支持国家强权，在16世纪上半期，在被没收的威胁下，俄罗斯东正教会倾其全力站在莫斯科公国君主背后，其雄心大志若仅靠自身的力量是想都不敢想的。俄罗斯绝对皇权的整个思想体系都是由教会的神职人员设计出来的。他们认为，一个拥有无限权力的君主体制是保障宗教与教会利益的最佳选择。这一思想体系包含了以下几点主要内容：

1. **第三罗马说**：作为对异教的惩罚，彼得与君士坦丁的罗马已经衰落。莫斯科已经成为第三罗马，并将永世不朽，因为不会有第四罗马。这一观点形成于16世纪上半期的某个时段，由普斯科夫的僧侣菲洛修斯提出，成为莫斯科公国官方政治理论的重要组成部分。与之相关的是如下信念：莫斯科是世界上最纯洁、最虔诚的基督教王国。

2. **帝国说**：莫斯科的统治者都是帝国血脉的继承人，而这一帝国血脉可追溯至古罗马的开国皇帝奥古斯都大帝，他们的王朝是世界上最古老的，因此也是最负盛名的。与该学说相照应的家族系谱是在马卡里乌斯都主教的督办下由一批神甫所设计出来的，并在沙皇的《皇室系谱簿》(Степенная книга) 中得到了官方的认可。

3. **基督教普世君主说**：俄罗斯的统治者皆为基督教的普世君主，是全世界东正教人民的帝王，也就是说，他们有权统治和保护全世界的东正教人口，即暗指他们有权将这些人口归入俄罗斯的治下。1561 年的东正教宗教大会（参见 105 页）是提出该诉求的场合之一。在一些文献中，这些诉求被以俄罗斯沙皇作为全体基督徒统治者，而不仅仅是东正教信徒统治者的名义提出。

4. 君权神授说：一切权力都来自上帝，而俄罗斯沙皇在行使其君权时与上帝无异。除了教义之外，他的权威凌驾于整个教会之上。他是教会的现世统治者，所有神职人员都必须服从他。该学说由沃洛科拉姆斯克修道院的约瑟夫引入俄罗斯，随后在数次宗教会议上都得到了确认，包括 1666 年的宗教大会。

通过死心塌地地支持皇权专制，俄罗斯教会得到的回报是其短期目标均得以实现：危险的异端势力被彻底铲除、财产得以保全（无论如何至少是暂时的）。然而，获得这些胜利所付出的代价也是很惨重的。否决禁欲派的改革倡议产生了双重的消极后果：教会内部日渐保守僵化，对国家的依赖愈加严重。实际上，在 16 世纪上半期，俄罗斯的教会是自愿接受世俗政权统辖的。在俄罗斯教会历史上的这一关键转折时期，其领导人采取了非常短视的政策。其恶果很快就显现了出来，教会的行政管理权轻而易举地落入了国家机关的手中。在整个 16 世纪，由沙皇任命主教和都主教、决定参加宗教大会的人选以及干涉教会法权已成为惯例。例如，1521 年，瓦西里三世曾罢免了一位令其不悦的都主教；这在俄罗斯历史上从未发生过。他还曾挪用过属于教会的资金。到了16 世纪末期，拜占庭的"和谐"思想已经所剩无几。教会竟然对政府限制自己进一步获取土地的政策表示支持。例如，1551 年召开的宗教大会认可了关于禁止修道院在未经皇权许可的情况下获取新土地的一系列沙皇政令（参见 331 页），1584 年召开的宗教大会又重申了这些沙皇政令。然而，这些政令只是世俗政权吞并

教会土地的第一步。最终，教会丧失了其自治权，但是这种让步
并未能够拯救其财产。

5. 教派分裂

17 世纪 60 年代的教派分裂将俄国教会一分为二，这是一场
仅仅无关痛痒地触碰了教会与国家间关系的宗教危机。即便如此，
它对俄罗斯教会的政治地位仍然产生了持久的影响。莫斯科大牧
首尼康的改革导致了俄国教会的分裂，使教会失去了最具奉献精
神的群体，耗尽了其宗教热情，此后这些教会所失的东西汇入了
宗教异见运动的洪流之中。最终的结果是教会陷入了对国家的全
面依附。分裂之后的教会急需国家的强力支持以阻止基层的大规
模叛教。此时的俄罗斯东正教会已经到了无法自持的地步。即使
是最忠实的支持者也承认，如果没有国家制止脱离东正教的禁令
（19 世纪时脱离东正教属于刑事犯罪），会有一半的农民倒向分裂
派，一半的有教养阶层改信天主教。[8]

教派分裂的起源与政治因素

教派分裂源于将接近于希腊模式的宗教习俗导入俄罗斯的改
革。相比于希腊模式，俄罗斯的宗教习俗始于 16 世纪，在 17 世
纪上半叶表现得极为活跃。无疑这是因为随着时间的推移，俄罗
斯宗教习俗与希腊模式的差异愈加明显。这种差异是好是坏另当
别论。以尼康为首的纯粹主义者认为，所有对希腊模式的偏离都
是堕落，因此必须被清除掉。在尼康的领导下，宗教书籍被修正，

宗教礼仪发生了变化。保守主义者与民族主义者是俄罗斯教会中的多数派。他们认为当时的俄罗斯教会要比希腊的教会更加纯洁和神圣，希腊已经因在1439年佛罗伦萨公会议上达成了与罗马的合并而堕入歧途。正是因为希腊的这一叛教行为，东正教的中心已经转至拒绝上述合并的莫斯科。如同沃洛科拉姆斯克的约瑟夫在一个世纪之前所言，俄罗斯是世界上最虔诚的土地，任何篡改其宗教习俗的做法都会招致上天的震怒。这是一个关系到存亡的严肃问题。在那个时代，人人都相信灵魂不朽，并且将精神救赎与虔诚地遵守宗教礼俗紧密关联，因此这个导致了两派对立的问题对每一个人来说都具有深刻的意义。如果将俄国人"防范意识最强的东西"做一个排序的话，曾于1699年到访莫斯科的奥地利人科布会将"防止其祖先的宗教信仰遭到改变"放在第一位。毫无疑问，他是正确的。[9]

尼康深得沙皇阿列克谢一世的信任。阿列克谢是个非常虔诚的人，他有希望成为明君的自然倾向，而这被身边一些来自希腊的高级教士以拜占庭帝国将在其治下复兴的言辞所鼓励。在阿列克谢的支持下，尼康强制推行了一系列宗教礼仪方面的变革，包括更改了画十字架、诵经和画圣像的方式。他取消了"复调"，即同时唱诵祷告文不同部分的习俗。然而，他更进一步的是，试图通过调整普通民众的日常生活细节，在俄罗斯建立一个真正的基督徒社区。他和他的支持者们强制推行严格的日常行为规范：禁止打扑克、饮酒、说脏话、淫乱，要求每个俄罗斯人每天要在教堂里度过4—5小时。尼康与阿列克谢一世之间的关系极为密切，甚至阿列克谢一世在外出征战时，都会将国事交于尼康管理。尼康利用与沙皇的关系，得以临时恢复了教会与国家间的平衡。

然而，尼康碰巧是一个非常执拗、顽固、笨拙且时而残酷无情的人。他先是因推行其改革而疏远了基层教众，后又因僭越君权和一贯的傲慢态度激怒了宫廷显贵，因而遭宫中一些侍臣的算计陷害、离间其与沙皇的关系。沙皇阿列克谢一世逐渐接受了侍臣的劝谏，转而认为牧首确如其敌对者所控诉的那样超越了其职权范围，于是便开始冷落尼康。尼康后来辞去了牧首的职位，退休到一家修道院，希望以此来触动沙皇。但是这一次他失算了，因为沙皇没有像他预料的那样来请求宽恕；相反，他除了等待，无所作为，任凭牧首的职位实际上一直空缺。

最终，阿列克谢一世于1666年召开了宗教大会，邀请了来自希腊的教会要员，以解决其与尼康之间的分歧，以及表明对其改革的看法。面对他人的指责，尼康为了给自己辩护，提出了教会高于国家的新奇理论：

> 汝等不知吗……神职之最高权力并非来自国王或皇帝（沙皇），恰恰相反，统治者正是通过神职之手得以膏立为王的。因此很明显，神职之事务远比皇室之事务大得多……
>
> 精神之事属上帝之荣耀，在这方面，主教高于沙皇：因为只有主教才执有精神之法权。而人世间之事，沙皇要高于主教。所以，主教与沙皇并不是处于一种相互对立的位置上。但是，主教在世俗法权上……也有一定的关切，为的是使其向更好的方向发展；而沙皇无论是在教会事务还是精神管辖方面皆无所关切……因此，很显然，沙皇必不及主教，且必服从于主教。[10]

尼康未能说服宗教大会。宗教大会固守传统的"和谐"观念认为：沙皇有权统治所有臣民，神职人员也包括在内。教会中自牧首以下在任何事务上，除非事关教义，否则都必须服从于沙皇。但是，宗教大会支持了尼康的宗教改革，旨在将俄罗斯的宗教礼俗引向希腊模式。

宗教大会上通过的决议未能获得大多数世俗民众的认可（但是在教会范围内得到了迅速推广）。在那些拒绝改革、坚持沿用旧习俗的堂区几乎立刻出现了叛教活动。在17世纪70年代，谣言盛传世界末日即将来临，整村社的信徒逃进森林中，有的将自己封进棺材或自焚。据估计，在这场宗教狂潮中，至少有2万人自焚身亡。一些旧礼仪派的狂热分子甚至说要烧毁整个俄罗斯。

正是自教派分裂起，俄罗斯才开始了大规模密集的宗教生活。异见因其所包含的无政府主义成分而对农民群体产生了极大的吸引力。它迫使每一个信徒都要在官方教会和分裂派中做出选择，并根据这种选择做出信仰上的承诺。那些做出了决定的信徒不仅要在礼俗，而且还要在日常行为规范方面做出进一步的选择。如此一来，信徒们就一步步陷入了一个具有更多个体和精神规范的宗教信仰中。在外国人看来，分裂派是俄罗斯东正教中唯一熟悉圣经并且有能力探讨宗教问题的群体。坚持异见的代价是高昂的，无论在钱财方面还是在政府的滋扰方面，而政府的滋扰有时则演变为彻头彻尾的迫害。

宗教异见者：旧礼仪派与宗派主义者

俄罗斯的宗教异见者大致可以分为两部分：一部分是旧信徒派，他们自称为旧礼仪派（старообрядцы），对于官方教会来说即"分裂派";另一部分是宗派主义者（сектант）。旧信徒派的势力主要集中在林带地区，他们抵制尼康的改革，坚持沿用旧礼仪，但在其他方面仍然保持着对东正教的忠诚；后者则在思想意识上或多或少地偏离了东正教的教义和礼俗，发展出了一些新的宗教形式，与东正教相比，其中一部分更接近于早期的新教。这部分人历来主要集中在乌克兰。

旧信徒派将尼康的改革与反基督的降临联系在一起。他们根据一些神秘测算得出结论，认为反基督的降临将发生在1699年至1700年间，而3年之后则是世界的末日。1698年，当彼得大帝结束了其西欧之旅回到俄罗斯后，他没有去教堂，而是下令剪胡须，并处决了一批叛乱的射击军成员，这些人中多数都是旧信徒派，这使得上述预言似乎就要应验了。这一时期，自我献祭以及其他宗教狂躁现象倍增。世界末日并未来临的事实令旧信徒派陷入了思维的困境：如何能够在反基督统治的世界中按照真正的基督徒那样规范自己的行为呢？最迫切的问题是关于神甫和圣礼的。旧信徒派只承认尼康改革之前获得神职的神甫。这部分人从一开始就是少数，而此时已经快要消失殆尽了。在这一问题面前，旧信徒派又分化为两派：神甫派（поповцы）与无神甫派（беспоповцы）。当合适的神甫所剩无几的时候，神甫派同意认可官方教会授职的神甫，并一直与之保持着和平相处的状态。较为激进的无神甫派则采用了不同的方式来解决这一问题。他们中的一些人认为，一旦反基督控制了大局，人和上帝之间就不再需要中间人了，届时要让每一个基督徒都相信自己。其他人只执行那些对世俗民众开放的圣礼。对于世俗民众来说，最关切、最棘手的事情就是婚礼仪式这类圣礼，毫无疑问需要专业神甫的服务。

为了解决神甫缺乏的难题，他们要么就否认婚礼仪式属于圣礼，在举办婚礼时不用神甫，要么干脆不结婚。极端主义者认为，在反基督主宰的世界中，犯过失是一个基督徒的积极责任，因为这样做可以减少世上罪恶的总量。他们以残存在农村地区的前基督教礼仪为幌子，沉迷于纵欲淫乱。旧信徒派中的无神甫派与其他许多宗教异见者一样，在禁欲主义与酒神节式的狂欢放纵之间摇摆不定。无神甫派中有些人认为拿破仑是弥赛亚，是来解救俄罗斯摆脱反基督的，并膜拜他。因此，这位法国皇帝的肖像与圣像一同被固定在俄国农民小木屋的墙上并不鲜见。随着时间的推移，神甫派逐渐与官方教会合并，无神甫派的势力因而得以增长。偏远的北方林带地区是他们的地盘，包括：前诺夫哥罗德共和国、卡累利阿、白海沿岸地区以及西伯利亚地区。他们建立了组织纪律严格的自治社群，可以说他们是很杰出的拓殖者。自彼得一世开始对他们强制征收双倍人头税起，不少旧礼仪派信徒转而从事工商业，而事实证明他们非常精于此行业，并享有俄罗斯最诚实的生意人的美誉。

宗派主义者没有寻求用捍卫旧礼的方式，而是通过构建新规去解决信仰问题。宗派主义是旧信仰，特别是其较为激进的无神甫派思想的逻辑产物。大多数宗派都是这样产生的，尽管似乎有些派别是在教派分裂之前就已经存在的，并且代表了中世纪以来潜在的和被认为已经灭绝了的异端的复兴，比如犹太派。各类宗派的共性是偏离教会的传统、典籍和礼仪，以追求基于内在信仰的"精神上的基督教"。与官方教会的纽带一旦断裂，势必会萌生各种宗教流派。这个过程绝对不会像当代俄国媒体报道一次又一次地发现一些新的教派一样。大多数宗派的出现都只是昙花一现，围绕着一个精神领袖而兴起，又随着其入狱或身故而衰败。但是，其中也会有一些生命力持久的。较为著名的有以下几个：

赫雷斯特派（Хлысты）或称鞭笞派。赫雷斯特一词似乎代表着"基督们"的堕落，因为这一派的成员并不进行自我鞭笞。该派起源于中央黑土区，时间大约是在17世纪末。其核心思想是：基督转世进入不同人的身体中，这些人因此而成为"基督们"；当他们死后，他们的灵魂便转入其他人身体中。这一派的许多团体就是在一些被灵魂附体的农民的感召下聚集起来的，那些灵魂可以游走于各个村落召集追随者。那些伴随着歌舞而举行的集会往往蜕变为群体性的歇斯底里。赫雷斯特派有时也会纵欲淫乱。他们反对婚姻，崇尚自由的性行为，并将其称作"基督之爱"。因为遭到迫害，所以他们的活动都是在极为隐秘的情况下进行的。

在18世纪晚期，赫雷斯特派中衍生出一个小的派别司科蒲奇派，该名称来自俄语词скопцы，意思是"阉人"。这一派的信徒认为，女人以其美貌而成为通往救赎之路的主要障碍，他们为了抵制诱惑而阉割自己。

杜霍波尔派（духоборы）或称"捍卫灵魂派"出现在18世纪下半叶，似乎也是从赫雷斯特派中衍生出来的。该派的神学理论含糊不清。他们教导说：人的灵魂是先于肉体被创造出来的。有些人在创世之前犯下了罪过，作为惩罚被打入了物质的世界，不再能够记起之前发生的事情了。所有的仪式和所有的规章都是原罪的产物。杜霍波尔派也相信基督"进入"了活着的人的灵魂中。20世纪初期，在列夫·托尔斯泰的帮助下，杜霍波尔派信徒大多移民去了加拿大，在那里成了有名的温和抵抗群体。

莫洛肯派（Молокане，意为"饮乳者"）是一个温和的宗派，其显著特征是在斋戒日饮用牛奶或其他乳制品。

史敦达派（Штундисты）出现于19世纪，1861年俄国农奴制改革后广为蔓延。该派信徒组建了许多学习圣经的小组。当代俄罗斯最具活力的宗派主义运动——浸礼运动即是这一派的产物。在19世纪下半叶，史敦达派和浸礼派在莫斯科和圣彼得堡的受教育阶层中有着部分信徒。

所有这些宗派以及其他一些小的相关派别的共同之处是：都站在与国家和官方教会的对立面上。将其教徒的政治观点总结为基督教无政府主义是最为恰当的。因此，由于不服从于官方教会，自教派分裂后的一个世纪里他们遭受了严酷的迫害。在叶卡捷琳娜二世时期，由于政治环境相对宽松，国家未妨碍这些宗派的发展，但是在尼古拉一世时代，他们再次遭到了迫害，政府派出军队捣毁他们的据点，尤其是那些较为激进的宗派损失最惨重。但是尽管如此，仍然不断有人加入异见者的行列。沙俄政府对宗教异见者数量的统计数据是出了名的不可靠，因为政府篡改了包含有宗教异见者数量的人口普查数据，篡改的幅度从5—30倍不等，以此来尽量压低背叛国教者的数量。在1897年的普查数据中，旧信徒派和宗派主义者的数量仅为200万人，然而有理由相信这部分人的实际数量接近2000万。据学术界的估计，19世纪60年代，该数字应在900万—1000万左右；到了19世纪80年代，增至1200万—1500万左右；到1917年，则在2500万左右，其中旧信徒派的数量约1900万，其他宗派主义者的数量约600万。[11]上面的数据表明，这些持异见宗派在总人口的增量中能够拥有自己的份额。

教派分裂对俄国东正教会来说是一场灾难，这场灾难夺走了其最热诚的信徒，使其陷于比以往任何时候都更依赖于国家怜悯的境地。"尼康改革之后，俄罗斯便不再有教会，有的只是一个属于国家的宗教。距离国教仅一步之遥。而确立国教的则是1917年后取代了皇权的那个政权。"[12]

6. 臣服于国家的教会（18世纪）

虽然在很大程度上已经融入了国家机器并臣服于皇权，但直到彼得大帝时俄罗斯的教会仍然保留了其由来已久的身份属性和一些表面上的自主权。拜占庭的"和谐"原则，在1666年的宗教大会上得以重申，依然保持着其理论上的有效性。教会是一个不同于国家的实体，有其牧首，有自己的行政管理机构、司法审判机构、财务机构，以及自己的土地财产，教会对依附于其土地上的居民具有征税权和司法权。正是彼得大帝终结了俄国教会的这种半自治的地位。他撤销了教区，将其编入国家行政管理机构中，同时废除了其司法豁免权，并且最重要的可能还是收走了其收入来源。彼得治期之后，教会已经成为俄国国家行政管理机构中的又一个分支而已。就像一个遭受了致命一击的受害者一样，连抽搐的力量都已经耗尽；此时的教会已经没有了抗议，只有默默地服从。基督教世界中没有哪一个教会能够像俄国教会这样容许自己世俗化到如此谦和的地步。

彼得一世的举措

彼得一世从心里厌恶东正教会，特别是其大俄罗斯这一分支。他更喜欢乌克兰的教会，尤其是新教。最令彼得不满的是，凭借在黑暗时代赋予的特权，成千上万的神职人员逃脱了赋税和劳役责任，同时以劳动和租金的形式吞噬了国家很大一部分财富。对彼得来说，他们就是一大群寄生虫。彼得对教会的敌意由于教会支持与之关系不睦的皇太子阿列克谢而进一步加深。因此他决心无论如何都要压制教会的规模和势力。要达到此目的，最紧迫的任务就是财务，这是其所有改革措施中最具决定性意义的一项。彼得在位期间，尽管政府一再发布禁止教会继续获取土地财产的禁令，但是教会的富裕程度未减。在遗嘱中为资助教会做出安排的习俗在侍臣阶层中仍然根深蒂固；实际上，数任沙皇都曾下令将普通地主向教会捐赠的行为定为违法，但是沙皇们自己却仍然不断地为自己喜欢的修道院慷慨捐赠。由于俄罗斯领土扩张迅速，神职人员所拥有的财富在国家财富总量中所占的比重有所下降，但绝对数量仍然很大。彼得一世在位期间，全国的农奴总量约1200万—1300万，其中神职人员所掌握的农奴数量约为75万。

　　彼得一世早在1696年就开始限制堂区和修道院神职人员在自由支配教会土地收入方面的权利。四年后，随着东正教牧首阿德里安的亡故，彼得决定利用牧首空缺这一机会来废除整个教会的行政机构。他并未任命阿德里安的继任者，而是挑选了一个临时代理人，一位虽然博学多识，但是性格懦弱的乌克兰神学家斯捷凡·雅沃尔斯基。至于教会的土地财产及其世俗方面的事务，则委托给了修道院事务厅，该机构负责对教会土地上的居民实施行政管理、征税和司法裁决。教会的土地财产实际上并未被真正世俗化，而是在一定程度上纳入了国家的公共行政机构，以至于在半个世纪后，当世俗化真正到来时，它似乎只是一种表面上的形式。自1701年起，政府确立了一项原则：修道院须将其所有收入上缴国库，以换取固定的薪水。当然，这项规定与其他任何一项国家政策一样，执行得并不是那么严格。

彼得的教会政策收录在一部名为《宗教条例》（Духовный регламент）的章程中，它在彼得一世亲自督办下编纂而成，于1721年颁布。《条例》涉及了堂区和修道院神职人员活动的最琐碎微小的细节，规定了他们什么可以做，什么不能做，什么必须做。《条例》对俄罗斯教会来说是一部名副其实的官僚宪法。其中最重要的条款是正式废除了自1700年以来空缺的牧首职位，取而代之的是一个官僚机构，最初称为宗教委员会（Духовная Коллегия），后来改名为神圣宗教会议（Святейший правительствующий синод）。神圣宗教会议实际上就是宗教事务部，该机构领导人的职务被称为"总长"，并不要求必须是神职人员，实际上，在整个18世纪，担任这一职务的通常都是军人。直到1917年，神圣宗教会议承担着管理俄国教会的全部职责。随着该机构的建立，俄罗斯教会失去了其独立地位，正式并入了国家机关的行列。

教会在彼得治下的政治化程度可以从《条例》规定神职人员须承担的一些义务中看出。已被授予神职的神甫须宣誓"坚定捍卫属于沙皇陛下及其继任者独裁统治的一切权力、权利和特权"。神圣宗教会议的成员曾经做过这样的宣誓："我向全能的上帝发誓，我决心，无条件地做一名忠实、善良和顺从的奴隶，臣服于我的天命至真的沙皇及其至高无上的君权……"[13]

除了上述普遍化的承诺之外，堂区的神甫也不得不承诺向当局举报任何损害君主和国家利益的信息，即使是他们在倾听忏悔时所得到的信息：

　　如果有人在忏悔时向神甫透露了尚未实施但仍有实施意向的犯罪行为，特别是对君主或国家的叛变或叛乱行为，或对陛下及其亲属的荣誉或健康的邪恶计划……倾听忏悔的神甫不仅不得对其忏悔的罪行给予赦免和宽恕，还必须立刻把情况汇报至沙皇陛下亲令中所规定的地方……凡有冒犯沙皇陛下崇高荣誉以及不利于国家的言论之恶徒，凭借这些言词，将被押送至指定地点［即沙皇的御前办公厅和普列奥布拉任斯基衙门］。[14]

　　自《条例》颁布之后，俄罗斯的神甫与警察之间的合作成为常态。例如，在彼得统治末期，当政府为推行人头税做准备而全力开展全国人口普查时，农村的神职人员在残酷的鞭刑和流放至西伯利亚的威胁下被迫协助政府查找逃避普查者。在 19 世纪，检举揭发政治异见人士被认为是神甫义务中一个最常规的部分。

　　《宗教条例》最突出的特征不仅仅是其得以颁布这个事实本身，更是其未受到任何抵制。彼得一世只是将《条例》的副本分发给了一些高级教士命他们签署，尽管他们十分清楚此举决定着教会的命运，但还是照做了。在教派分裂时期，关于礼仪问题的争论非常激烈。不同的是，对于《条例》来说，竟然没有任何积极反对的记录。所有这些都表明，在俄罗斯的教会中，影响最大的是难以名状的魔力一样的因素。既然彼得一世不太在乎礼仪、圣礼或其他礼仪形式，那么教会就满足他想要的其他任何东西。

叶卡捷琳娜二世时代教会土地的世俗化

知道了上述事实后，人们也就不会惊讶于另外一个事实了，即教会的财产被没收也没有引起抵制。1762年，彼得三世下令所有属于教堂和修道院的土地财产都要划归国有。两年后，叶卡捷琳娜二世重申了这一命令。1767年，约100万生活在教会土地上的农民由国家接管，所有堂区的神职人员，包括黑户，都纳入了政府的薪资体系。皇权由此从原教会的土地上获得了数百万卢布的年收入，而从中返还给神职人员的数量仅为每年40万卢布，剩余部分全部留为己用。那些没有土地的修道院因不能为国家带来财政收入而被勒令关闭。由此产生的结果是俄罗斯的修道院总数减少了一半以上：在1764年时的954座修道院中，有569座被关闭。然而剩下的这些修道院也并非全部都得到了政府的财政资助。在幸存的385座修道院中，仅有161座被纳入了政府的薪资体系中，其余224座只能自谋生路。然而，这样的举措竟也没有引起抵制。教会土地的世俗化也许是欧洲宗教改革中最强大的驱动力量，但是在俄罗斯则平淡无奇，就好像仅仅是一次记账的操作一样。

一旦国家担负起供养神职人员的责任，就必须确保其工资不会发给那些假冒的神职人员或者那些虽然已经授予神职、但是没有为堂区履行职责的人员。于是，政府开始拟定常规的人事编制（штаты），用于神职人员的任用，就像任用公务人员的编制一样。按照彼得一世的命令，那些"多余"（即没有所属堂区）的神职人员，要么拉去充军，要么并入纳税群体。然而，在18世纪，这条规定没有得到严格执行，因为没有多余的人员。直到19世纪60

年代，政府才制定出正式的神职人员编制，规定领取薪水的神职
人员的数量须与在堂区实际活动的人数相对应。18世纪90年代
教会全面融入国家官僚体系的过程中，叶卡捷琳娜二世迈出了另
外一步。她下令将主教辖区的边界与省级行政辖区的边界看齐，
以便省长更容易控制教会。所有这些举措的后果是，俄罗斯的神
职人员在18世纪被改造成为非常接近于官吏的群体。

　　东正教教会如果能够赢得民众的忠诚，或许可以改善自己
的地位。然而，它没有能够做到。旧信徒派和宗派主义者的信仰
对那些真正崇拜宗教的农民有着巨大的吸引力。受教育阶层要么
对宗教完全不感兴趣，要么则为外国宗教所吸引，尤其是对那些
（意识形态上的）世俗类的宗教，这类宗教认为历史是上帝的代言
人。东正教教会与受教育阶层从来就没有共同语言，因为其保守
观点使其显现出极强的反智性。在中世纪的俄罗斯古训中"观点
乃万恶之源"，据此俄罗斯教会甚至连自身的神学理论都毫无兴
趣，纵然神学理论是在面对异教徒和外国人攻击时最主要的自卫
武器。对于所有振兴教会的尝试，东正教总是抱以本能的怀疑态
度。每当它感觉到独立的判断影响到了其教义和礼俗，这种怀疑
就会转变为敌视，有时还伴随着向当局检举揭发和开除教籍。因
此，俄罗斯东正教会一个接一个地疏远了这个国家中最优秀的宗
教思想家：斯拉夫主义（славянофил）、弗拉基米尔·索洛维约
夫、列夫·托尔斯泰以及20世纪初期围绕在宗教-哲学协会周围
的一批精英。俄罗斯东正教也没有表现出对教育其信众的兴趣。
直到19世纪60年代，它才开始涉及初等教育，这还是因为在执
行国家的命令，因为国家担心知识分子对大众的影响。

7. 孤立的教会与神职

在帝俄时代，许多俄罗斯人，无论是受过教育的还是文盲，都能够在教会中求得精神安慰；而且，即使在这样一个唯国家命令是从的神职群体中，也会有道德和才智水平极高的个人，这两点是不可否认的。尽管有种种的缺陷，但是俄罗斯教会依然能够帮助人们躲避生活的烦恼。然而从整体来看，教会在帝俄时代不是一个广受欢迎的机构。它的受欢迎程度是呈逐渐下降趋势的。神职人员成了一个孤立于社会的群体，尤其是与那些较为富裕的、受到良好教育的群体相距甚远。17 世纪中叶，科托希欣（Котошихин）的时代，对于贵族和波雅尔来说，由个人出资赞助几座小教堂、供养一个或几个神甫是非常普遍的事情。但是，一个世纪之后，到了叶卡捷琳娜二世时代，一名英国旅行家曾经惊讶地提到，他在圣彼得堡逗留的5个月里，从未见到过某个贵族出行时有神甫相伴的情形。[15] 帝俄时代的其他外国旅行家们也都给出过类似的负面例证。神职人员从国家精英群体分离的原因有以下几个：其一是彼得一世立法禁止建立家庭教会、禁止供养家庭神甫。其二是上流社会所接受的西方化、世俗化的教育与即便是最好的神学院所提供的教育之间的差距日益扩大。其三，社会阶层之间的差异也产生了一定的作用。其四，莫斯科政府严禁贵族进入神职阶层，加之后来彼得一世又立法强化了该禁令，防止了俄罗斯贵族与高级神职之间产生血亲关系，而在西欧，贵族与高级神职之间存在血亲关系是很普遍的现象。在绝大多数情况下，俄罗斯的神职人员都是平民，且往往是较低级的，从文化和社会阶层上看，与城市小资产阶级较为接近。而已经西化了的贵族阶层则不屑与他们为伍。19 世纪俄罗斯作家列斯科夫的作品堪称俄国神职人员的编年史，他笔下的人物似乎是生活在一个他们自己的小世界中，比生活在"黑暗王国"中的商贩更加与世隔绝。直到帝制终结之时，他们仍然固守着自己封闭的阶层：在自己开办的学校中就学，娶神甫的女儿为妻，把自己的后代送去当神甫。20 世纪初，尽管没有什么限制，世俗者也很少有人去担任神职。贫穷、孤立和屈从于专制，神职阶层既得不到爱戴也得不到尊重，得到的至多就是民众的容忍。

对于俄国教会能有什么样的现实期待呢？鉴于其保守的哲学和依附于国家政权的传统，俄国的教会当然不可能成为一股促进自由化的力量。但是，它原本有可能完成两件重要的事情。首先，有可能维护世俗权威和宗教权威共存的原则。这个原则是《马太福音》（22：16—22）中提出的，在拜占庭的宗教理论中得到了详尽的阐述。如果做到的话，它本应为自己赢得国家精神领域的至上权力，并且能够因此而对国家政权构成一定的限制。可惜它未能做到，因而使国家政权获得了同时驾驭人的精神和肉体的双重权力，从而大大促进了世俗权威的畸形膨胀，不但当时如此，此后甚至更为严重。

其次，教会本可以理直气壮地维护基督教最基本的价值观。它应抵制农奴制这种与基督教伦理格格不入的制度。它应该对伊凡四世或后来斯大林的大规模镇压予以谴责。但它并未做到，表现得好像纠正错误不关它的事。没有哪个基督教的支脉对社会不公和政治不公表现得如此麻木不仁。"在最近的几个世纪中，"亚历山大·索尔仁尼琴的话完全可以引起人们的共鸣，"如果教会没有出让自己的独立权，并一直让人民听得到自己的声音的话，例如波兰的教会就是如此，那么俄国历史就会更加人道与和谐。"[16]

俄罗斯东正教会的政策所产生的最终后果是：在那些关注社会和政治公正的人眼中，它已失信于民；不仅如此，它还制造了一个精神上的真空，这一真空却很快被世俗的意识形态所填补，因为它们所追求的是在现世建立一个基督教承诺中的来世天堂。

第三部分

知识分子VS国家

第十章

知识分子

诗人与作家的名号早已令肩章上的金箔和绚丽的制服黯然失色。

——维萨里昂·别林斯基,《致果戈理的信》(1847 年)

可以说,一个伟大的作家就是国家的第二个政府。

——亚历山大·索尔仁尼琴,《第一圈》(1955—1964 年)

1. 无可制约的专制

从前面的分析中可以得知,在 1900 年之前的俄国,国家与社会之间的关系总体来说可归结为:没有哪个旧制度下的经济或社会群体有能力或有意愿去对抗皇权,挑战其对政治权力的垄断。这些群体根本没有能力这么做,是因为皇权通过世袭制度,即通过有效行使"普天之下,莫非王土;率土之滨,莫非王臣"的权力,防止了独立的财富与权力源泉的产生。同时,这些群体也根本不愿意这么做，是因为只要在这个体制下，皇权就是所有物质利益的终极来源，任何一个群体都会去千方百计地讨好皇权。贵族指望着专制体制能够帮助他们控制住农奴，开辟新的疆土以分配给他们作为领地，并维护他们的各种特权；商人则要依靠皇权给予他们经营许可权和垄断权，以及通过高额的关税来保护其效率低下的产业；神职则只能依靠皇权来保护其土地财产，而当他们的土地财产被没收后，他们则指靠皇权能给予他们补贴，控制其信众不叛教。在经济状况长期不佳的俄罗斯，无论哪一个群体想要生存下来，只有一种选择，那就是与国家合作——换句话说，就是要放弃政治上的抱负。纵观俄国历史：

> 私人财富的形成被认为是政府支持的结果，是政府对良好政治表现的奖赏。贵族和商人聚敛了大量钱财，靠的不是奋斗而是顺从。他们登上了财富之巅，而付出的代价则是政治上完全的自我抹杀。[1]

弱势群体，即农民大众，也同样倾向于专制主义，而非任何其他的政府治理形式，除非是无政府主义。他们最想要的是可以不受限制地获取无主土地，并将这种希望寄托在了沙皇身上，因为是沙皇在1762年给予了他们的主人人身自由，99年后又给予了他们人身自由。在破落的贵族、卑微的商贩和农奴大众看来，宪法和议会不过是富豪和权贵兜售给国家的一场骗局，目的是掌控国家的权力机关以谋求个人私利。如此一来，保守主义的铁板就越铸越硬。

除了经济和社会利益群体之外，还有另一个对抗专制主义的潜在来源，即地区利益。这种现象在俄罗斯无疑是存在的，甚至享有一定的法律上的认可度。无论莫斯科公国时期还是帝俄时期的政府，通常都不会急于解散其所征服领土原有的行政管理机构。一般说来，它们更愿意完全保留这些机构的原状，至少在一段时间内是这样，仅仅是满足于将权力的宝座移交给莫斯科或者圣彼得堡。在俄罗斯历史的各个时期都存在自治地区，中央机构对这些地区只有名义上的控制权。在亚历山大一世时期当自治权力的下放达到高峰，沙俄帝国的大部分地区都获得了自治授权，这种授权给予其域内居民在政治自我表达方面的权利远远大于俄罗斯任何地方。在这一时期，芬兰和波兰有了自己的宪法以及对内部事务有立法权的国会；库尔兰和利沃尼亚则依据最初由瑞典人颁布的宪章治邦理政，该宪章曾获得过彼得一世的批准，这使它们成了事实上的自治省份；西伯利亚和中亚的游牧民族则更加自由，几乎不受中央政府的管制；犹太人在栅栏区[①]内通过他们的名为"卡哈尔"[②]的宗教社区实施自治。

　　然而，如果对当时中央集权盛行的例外状况进行更加深入的考察，可以发现，起决定作用的因素不是对非俄罗斯族自治"权利"的认可，而是行政管理上的谨慎和人员的短缺。俄罗斯帝国的历史演变潮流与英国或美国是截然相反的，它不断地趋向中央集权化和官僚化。随着沙俄政府规模的扩大，少数族群的自治权

---

① 栅栏区（чертаоседлости）：1791—1917 年间，沙俄帝国为其境内的犹太人划出的区域，犹太人只有在该区域中才具有永久居住权。——译者注

② "卡哈尔"（кагал）一词来源于希伯来语，意思是"召集民众"。——译者注

和领土被逐渐假以各种借口而剥夺，至20世纪初，已所剩无几。波兰宪法于1831年被废止，芬兰宪法事实上于1899年被搁置；库尔兰和利沃尼亚奉行的宪章被彻底颠覆；亚洲的游牧民族以及犹太人则完全臣服于俄罗斯总督的麾下。在1917年革命前夕，只有在中亚的保护国希瓦和布哈拉还保留着自治的地位，在共产党政权建立后也合并了。

在这种情况下，政治上的反对派，如果真的要出现的话，就必定不会来自通常所谓的"利益群体"中。在俄罗斯没有哪一个社会或经济群体有自由化方面的利益诉求，因为自由化对精英阶层来说意味着特权的丧失，对农奴大众来说则会使全国土地"黑色重分"的希望破灭。在整个俄罗斯的历史上，"利益群体"的斗争对象从来都不是国家，而是其他的"利益群体"。变革的驱动力必须是受到除自我私利之外的动机所启发，即更加进步开明的、目标远大的、宏伟的动机，例如爱国主义、社会正义和个人自尊。事实上，正是因为追求物质回报与旧制度的构造和对国家的屈从密切相关，所以，任何真正有抱负的反对派就必须要放弃自我私利。它必须，或者至少看上去是完全无私的。在俄罗斯，争取政治自由的斗争从最开始就完全是以伯克所认为的最不应该的方式展开的，即以抽象的理想为名。

2. 知识分子：起源与概念

尽管人们普遍认为，英语中"intelligentsia"（知识分子）一词来源于俄语интеллигенция，但是从词源学上看，该词实际上源于西欧，是对 19 世纪上半叶西方用来指代社会中受过教育的、开明的"进步"分子的法语词 intelligence 和德语词 intelligenz 的拉丁化改写，只不过改写得不甚恰当。例如，在 1849 年 2 月的奥地利和德国革命议会的讨论中，保守派议员用"intelligenz"一词来指代特定的社会群体，主要是市民和受教育群体，他们因卓越的公共精神而应得到高于其数量比例的议会代表席位。[2] 该词进入俄语是 19 世纪 60 年代的事情，到了 19 世纪 70 年代，已经成为当时的政治讨论中一个司空见惯的术语。

不幸的是，俄语中的"知识分子"未能给自己一个准确的、公认的定义。与俄国历史上的诸多术语一样（如：波雅尔 боярин、贵族 дворянин、小人物 мужик、赋税 тягло），"知识分子"至少有两方面的含义：广义与狭义。从广义上讲，它是指受教育阶层中的一部分身份显赫的群体，与法语中所指的"名人"（les notables）相近。这种用法的一个较早的例子是在屠格涅夫写于 1869 年的短篇小说《奇怪的故事》中的一个情节：一位英雄受邀来到一座小镇上，在为他举办的欢迎会上将会有该镇的医生、教师以及"全部的知识分子"出席。这种广义的定义逐渐不再使用，但在 1917 年之后又得以被共产党政权所恢复。在苏联时代，"知识分子"一词不能用来指代区别性的社会类属，因为它不适用于马克思主义的阶级划分法，但又无法从俄语中清除它，因此，该词被用作职业类别来描述在西方被称为白领的阶层。按照这一定义，克格勃的长官和索尔仁尼琴都属于"苏联知识分子"群体中的成员。

"知识分子"的狭义用法则有着更为复杂的故事。与英语中的"自由主义者"一词很相似，"知识分子"一词逐渐失去了其描述性和客观性，而获得了规范性和主观性。19 世纪 70 年代，持激进的哲学、政治和社会观点的年轻人开始强调，他们并且只有他们才有权使用"知识分子"这一称号。这一观点直接不被那些被这个排他性如此强烈的定义排斥在进步人士范围之外的群体所认同。但到了 19 世纪 90 年代，对于俄罗斯人来说，仅仅靠接受教育和参与公共生活是够不上"知识分子"这一称号的。必须坚决反对旧制度下的整个政治和经济体制，并愿意积极投身于颠覆旧制度的斗争中，才能配得上这一称号。换句话说，成为一名知识分子就意味着成为一名革命者。

两种截然不同的概念通过同一个词作为媒介同时表达，其结果即是混乱不堪。1909 年，一批自由派知识分子，其中包括数名前激进派分子，出版了一本名为《路标》（Вехи）的文集。在文集中，他们强烈批评俄国知识分子缺乏政治意识、没有宗教信仰、道德低下、学识浅薄等罪恶之处。对读者来说，自然很清楚文集是在说谁。然而，在政府及其支持者眼中，文集的几位作者本身也属于知识分子群体。

面对这种情况，历史学家必须做出自己的判断。采用激进派所坚持的知识分子的排他性定义，肯定是错误的。在反对专制主义的斗争中，不乏持自由主义原则的参与者，甚至还有持保守主义原则的参与者，他们与整个革命意识形态毫无共同之处。如果将他们排除在外，无异于歪曲历史。而那个将整个白领群体涵盖在内的定义，尽管具有很大的包容性，但其实没什么用处。因为它没有表明该群体对政治与社会的态度，而这正是区分知识分子与其他社会群体的标准。我们要采用的定义介于上述两种定义之间的某个位置。在此，以对公共福祉的责任感作为试金石，对

"知识分子"给出以下定义：知识分子群体中的一员或者说一个知识分子，是指不完全专注于其个人福祉，至少视个人福祉与社会整体福祉同样重要，但是情愿更多地关心整个社会，并且愿意尽其所能为社会贡献力量的人。根据这个定义，一个人的受教育水平和阶级地位是次要的。尽管一个受过良好教育且家庭富裕的人，能够比其他人更好地理解国家的问题所在，进而做出相应的行动，但是其未必愿意这么做。同时，一个文化程度不高的普通劳动者，如果竭尽全力去认识这个社会的运行机制并为社会贡献力量，那么就着实配得上"知识分子"的称号。所以，从这一意义上说，在19世纪晚期的俄罗斯，就有人提及"工人知识分子"，甚至是"农民知识分子"。[3]

那些政治和经济权力的掌控者与公共舆论的代言人（或是自认为能够代言公共舆论的人）之间存在显著差异的地方，往往就是这种定义下的"知识分子"涌现的地方。在那些威权政府与受过教育的、易接受新思想的精英群体对抗的国家，这种知识分子声音最强、力量最大。在这种情况下，行动的能力和行动的意愿处于激烈冲突之中，知识分子群体会凝聚成为一个国中之国。在传统的专制体制下，民众绝大部分没有受过教育，而在正常运转的民主体制下，思想能够很快转变为政策，因而上述两种情况下都不太可能形成知识分子群体。[1]

---

① 当然，如果有一小部分受过教育的人断定只有他们最了解怎样做才有利于人民。那么，他们可以忽视民众投票的结果，理由是（1）人民没有得到"真正的"选举自由，或者（2）选举过程被操纵，或者当一切其他因素都不奏效时，（3）民众被洗了脑，把票投给了不利于自身利益的一方。——原文注

在帝国时代的俄罗斯，知识分子群体的出现，迟早都是预料之中的事；在事关政治权力的问题上，鉴于君主制顽固的世袭观念，可以肯定的是，知识分子与体制之间的斗争也终将成为一场苦战。

3. 叶卡捷琳娜二世时代的公共舆论

先行者

俄国肯定一直都有心怀不满之人，但是有史记载的最早的政治异见者是一位名叫赫沃罗斯季宁的王公。这位 17 世纪早期的贵族曾被人向官府举报其不行东正教之道、私藏拉丁语书籍、称沙皇为"暴君"的行为，并且曾抱怨说莫斯科都是些"愚"民，无人能与其交谈。他曾提出要求去立陶宛生活，但是遭到拒绝，最后被流放至北方一座偏远的修道院终其一生。[4]赫沃罗斯季宁是前知识分子时代的一位典型的异见者，一位注定会死去、留不下丝毫影响的孤独者。这类早期的知识分子形不成力量，也发不起运动。在 17 世纪和 18 世纪早期的服役体制下，不满的举动被认为是谋反的证据，只能被限制在私人的表达形式上。

在俄国，公共舆论的形成需要有先决条件，即政府必须承认公共活动的合法性与正当性，并且不受其意志干扰。这种情况直到彼得一世死后，国家服役的条件变得宽松了之后才出现。在 18 世纪 30 年代，对贵族来说，虽然名义上还是为国家服役，但是追求个人私利已经变得日渐容易，到了 18 世纪 40 年代和 50 年代更是如此。长期告假，甚至刚刚人到中年就早早退休也是轻而易举的事情。如此便在没有任何官方立法的条件下诞生了一个有闲阶级。对贵族来说，即使是在服兵役的时候，也能找到时间从事其他非兵役方面的事情。例如，1731 年建立的贵族武备学校，其训练的日程安排得非常松散，以至于年轻的贵族们有大量时间得以消遣在戏剧和诗歌上。俄罗斯戏剧的奠基人苏马罗科夫和赫拉斯科夫都是在武备学校的时候开始自己的文学生涯的，而他们生命中最为重要的一些作品恰恰就是在这种表面上的军事机构里创作出来的。18 世纪中叶，文学创作作为一种自由活动的形式而出现，这也是俄国政府最早允许的自由活动。俄国当时的文学创作水平不高，出版的作品大多数都是在模仿西方模式。然而，这一时期俄国的文学创作，其意义是政治性而非审美性的，重要的是文学挣脱了国家的束缚，艺术语言的表达不再是官方的行为。文学的载体开始将其自身及其意识和其活动的目的与国家政权的意识、活动和目的区分开来。[5] 因此，一道裂缝便出现在了一度坚实的世袭体系中；文学成了第一项沙皇侍臣阶层的成员获准从事、与君主的利益无关的事业。它从未失去这个独特的地位。从那时起直至今日，文学一直都是一个私人的领域，从属于不同的君主和不同的法律。

这种趋势的命运取决于强制性国家服役政策的进一步放宽。1762 年的《贵族自由宣言》将贵族阶层从强制性国家服役中解放出来，从而打开了知识活动的闸门。既使得文学创作能够成为一项职业，也为职业作家创造了一个读者群体。

从比例上看，退休的贵族几乎不读书，而读书的贵族大部分都喜欢读法国小说，通常都是用英镑购买的。但至少乐于阅读的习惯开始初现端倪。若非1762年的《贵族自由宣言》和叶卡捷琳娜开明专制给上层贵族营造的安全感，就不可能有19世纪俄罗斯文学的繁荣景象。贵族群体中一些更加有思想的人逐渐开始对政治思想产生兴趣。这一时期的俄国贵族，将自己与西方贵族等同起来，他们对西方有关贵族角色和权利的文献尤其感兴趣。孟德斯鸠的《论法的精神》问世后没过几年就有了俄译版，由于这部著作着重强调了皇权与贵族间紧密合作的必要性，它成为整整一代俄罗斯贵族的政治家风范手册。

叶卡捷琳娜的贡献

叶卡捷琳娜二世积极鼓励人们对政治思想的兴趣。当时俄国上流社会普遍存在的无知与冷漠使叶卡捷琳娜二世感到十分惊骇，于是她开始着手培养具有公共意识的公民群体，似乎是为了反驳孟德斯鸠关于俄国只有领主和奴隶、没有平民阶层（tiers état）的观点。而她在这方面取得的成就远比通常所认为的多得多。诚然，尽管她的《训令》（Наказ Екатерины II）包含了从孟德斯鸠和贝卡里亚的著述中抄录的格言，却没有实际效果；为了给俄罗斯制定一部新的法律以代替《1649年法典》，她于1767年组建了一个专门委员会，但也是无果而终。不过，这些经验也绝没有白费。《训令》的大量刊印和广泛传播，使俄罗斯精英熟悉了西方的政治和社会思想。

可以说，《训令》的发布标志着俄罗斯开启了关于政府亦应受道德规范约束的讨论。那个失败的立法委员会在俄国历史上第一次为各个阶层的代表坦诚地、公开地、不必再惧怕报复地吐露心声创造了机会。这已经不再是像莫斯科公国大会一样的"政府与

其代理人之间的协商"，而是一个国民论坛，而这样的论坛直至
138 年后的第一届国家杜马成立才得以再次召开。这也是一所政
治学校，它的"毕业生"在叶卡捷琳娜二世统治后期的公共舆论
发展中发挥了重要作用。《训令》和立法委员会给俄国公共生活所
带来的智识上的刺激，对俄罗斯历史后来的发展进程产生了前所
未有的重大影响。

在解散了立法委员会后，叶卡捷琳娜继续鼓励由她发起的
运动。1769 年，她创办了俄罗斯第一份期刊《万象》(*Всякая
всячина*)，这是一份讽刺杂志，叶卡捷琳娜也以笔名亲自为该刊
撰稿。没过多久，效仿者便随之而来，大量讽刺性出版物迅速淹
没了规模不大的俄国读者群。

这些杂志中的大部分内容都是无关痛痒的废话，目的只是为
了逗笑。但是偶尔讽刺作品也会以更加严肃的形式出现，从而变
成了社会批评的工具。在叶卡捷琳娜统治时期，还出现了各种信
息资料性的出版物，甚至还包括了面向土地所有者和儿童的专门
性期刊。在叶卡捷琳娜继位后的第一个十年内，俄罗斯图书出版
的数量增加了五倍。在她的统治末期，面对由她自己培育起来的
自由之势，叶卡捷琳娜显示出了些许的矛盾。而在 18 世纪 90 年
代，法国大革命给她带来的恐慌使她转而开始压制独立思考。但
是，叶卡捷琳娜晚期的逆转不应掩盖其做出的贡献。叶卡捷琳
娜二世的功劳在于发起了一场被俄罗斯人用一个不可译的短语
"общественное движение"(字面意思是"社会运动")所描述的
运动。这实际上是一场公开表达观点与公共活动相结合的广泛的
"社会运动"。俄罗斯社会就是借助这场运动才得以维护其独立存
在的权利。如此看来，俄罗斯国家已经全能到了甚至可以扶植一

个自己的反制力量。

从一开始，俄罗斯的公共舆论就在两个不同的渠道中流动，这两个潮流又各自分出许多支流。两者都是当时对俄罗斯的批评，然而完全是出于不同的原因。一个可以被描述为保守民族主义，另一个则是自由激进主义。

诺维科夫

俄国保守民族主义运动的奠基人，同时也是俄国第一个典型的知识分子，是尼古拉·伊万诺奇·诺维科夫。他年轻时曾在近卫军中服役，正是这支近卫军助叶卡捷琳娜登上了皇位，这也成为诺维科夫得以受到女皇庇护和青睐的重要原因。他参加了立法委员会，曾与"中产阶级"一同工作过。这段经历在其显著的"资产阶级"观中自然极具意义。1769 年，为了回应叶卡捷琳娜在新闻出版方面的强势，他出版了三大讽刺刊物的第一本——《雄蜂》(*Трутень*)，随后他又出版了一些严肃的说教类出版物。

正是在《雄蜂》杂志的创刊号中，诺维科夫抛出了一个注定成为俄罗斯整个知识分子运动焦点的问题。他在表达了自己不愿从军、不愿从政、不愿为朝廷效力的意愿的同时，提出了"我能为社会做些什么"的问题，并解释道："人生在世若无用，便是世间的累赘。"[6] 他给出的解决办法是从事宣传和慈善工作。诺维科夫的观点完全属于西欧资产阶级文化传统的范畴，令人惊讶的是，他从未去过西欧。按他自己的说法，他也不懂任何外语。在他所有的著述中，主要的攻击对象是贵族的恶质，他认为俄国贵族的恶质包括：懒惰、喜好炫耀、对穷人的疾苦漠不关心、道德沦丧、追名逐利、阿谀奉承、不学无术、蔑视知识。从阿尔伯蒂到本杰明·富兰克林的中产阶级思想家都认为"美德"指的是勤劳、谦虚、诚恳、有同情心、正直、好学等品质。诺维科夫在他的讽刺刊物中正是以这些价值观的名义猛烈抨击俄国的宫廷生活和权贵阶层。

叶卡捷琳娜起初对诺维科夫的批评未予理睬，但诺维科夫对俄罗斯生活黑暗面无休止的抨击，终于激怒了女皇。叶卡捷琳娜开始在自己的杂志上发表文章与诺维科夫展开了一场文学论战。那些被诺维科夫定义为"恶质"的东西，叶卡捷琳娜更愿意视之为人的"弱点"。诺维科夫本人则被叶卡捷琳娜指为偏执、暴躁之人。在他们的一次交锋中，叶卡捷琳娜指责诺维科夫患上了"狂热症"，所使用的言词预示着在后来的一个世纪中会有更加激烈的反知识分子论战：

> 一个人开始体验到无聊和悲伤，有时是闲极所致，有时是由于读书。从对其周遭所有事情的抱怨，直至最终对整个宇宙的抱怨。到了这个阶段，疾病就到了极点，战胜了理智。被疾患折磨的人梦想着建造空中楼阁，[抱怨道]所有人做的都是错的，政府不管多么努力，也根本不能让他们满意。在他们看来，只有他们自己才有能力给出建议、才能把一切安排到最好。[7]

诺维科夫对此的回应虽更为谨慎，但丝毫没有让步。有一次，他甚至冒昧地去批评女皇的俄语水平。

这场君臣之间的交锋可谓史无前例，在上一任君主的时代甚至是不可饶恕的，足可见世袭体制中的这道小裂缝扩大的速度之快。在伊丽莎白的时代，文学创作成为一种独立的职业，标志着宪法上的重大变革；而在叶卡捷琳娜的时代，独立思考的范围已经达到了可以展开政治论战的地步。更加意味深长的是，诺维科夫与女皇的争论并没有给他带来任何不利的后果。叶卡捷琳娜继续以各种方式支持他，包括给予他补贴。18世纪70年代和80年代，在女皇和其他富豪友人的资助下，诺维科夫发起了一项规模宏大的教育和慈善事业，而这里只能列出其所达到的顶峰。他的图书出版企业旨在将信息性文献而不仅仅是消遣性文献传递至贵族和市民家庭中，这一时期出版了超过九百种图书。他通过一所翻译学院使俄罗斯人得以接触到了许多外国的宗教和文学作品。他把部分从期刊和图书出版中获得的收益用来开办了一所孤儿与贫困儿童的学校和一家免费的医院。在饥荒时期，他常组织一些救济活动。这些活动在世界上任何地方都会被视为善举。而在俄罗斯，这些善举同时也是具有革命气魄的政治创新。诺维科夫破除了旧的传统，即认为国家本身才有权以造福"大地"的名义行事。从诺维科夫及其同仁开始，俄国社会第一次知晓了自己也能关注自己的需求。

尽管如此，诺维科夫仍然被划在了政治保守主义的行列，因为他志在"体制内"解决问题。作为一名共济会会员、圣马丁的信徒，他认为一切邪恶源于人的堕落，而不是他所生活的体制。他无情地揭露"恶"，并带着这种热情去推广有益的知识，因为他坚信只有通过改善每一个人，才能改善全人类。他从未质疑过专制这种统治形式，甚至也没有质疑过农奴制。这种强调人的因素，而非强调环境因素的观点成为俄罗斯保守主义的标志。

拉吉舍夫

亚历山大·拉吉舍夫，俄罗斯自由激进主义的先锋，其影响力要小很多，尽管由于苏联宣传机构的不懈努力，他的知名度比诺维科夫更高一些。他的名气主要来自一部书《从彼得堡到莫斯科旅行记》（参见212页），这部书使用游记这一当时流行的创作形式，揭露了俄罗斯地方生活的丑恶面。由于写作水平拙劣，如果仅从文学价值的角度看，这本书几乎不值一提。由于该书的中心思想含糊不清，以至于批评家们对于作者的创作意图仍然存在根本性的分歧，即作者到底是在倡导暴力革命，还是仅仅在警告除非及时进行改革，否则暴力革命将不可避免。与诺维科夫的智识根源来自共济会和益格鲁–日耳曼的感伤主义（他厌恶伏尔泰）不同，拉吉舍夫深深地汲取了法国启蒙运动之源泉，对其极端唯物主义派（爱尔维修和霍尔巴赫）显示出特别的偏爱。在他自杀身亡之前完成的最后一批著述中，他对灵魂不灭的问题进行了分析；虽然他站在了论据的积极一面，但是对其消极的一面则显然写得更有说服力。他在临死前的最后一篇文章中写道：他要以自杀结束自己的生命，只有他才是他自己的主宰。

持有这种想法的人不太可能从表面上接受旧制度，或者同意在其体制内效力。如前所述，他所提出的建议非常模糊，但由于其哲学立场和对农奴制的坚决反对，他被自由主义者和激进分子奉为先行者。普希金的直觉告诉他，拉吉舍夫是一个鲁莽的傻瓜，其叙事长诗《青铜骑士》中的人物叶甫盖尼正是与拉吉舍夫有此相似之处，这也许并非偶然。[8]

法国大革命爆发后，一股恐慌的气氛笼罩了彼得堡，诺维科夫与拉吉舍夫在此期间遭到逮捕，被判终生流放。直至叶卡捷琳娜死后，其子保罗一世逆行其道，才将这二人赦免并开释。

十二月党人

十二月党人运动，在本书前面的章节中曾有所提及（参见270页），它极富戏剧性，所涉及的人员无论数量还是社会地位在19世纪70年代的社会革命党人暴动之前没有可与之比拟的。然而，很难说这场运动是一场严格意义上的俄罗斯的运动，因为它的灵感、理想甚至组织形式都直接来自西欧。所有这些都来自后拿破仑时代的法国和德国的经验。在1812—1813年战争以及之后的占领期间，许多俄国贵族都曾在这两个国家度过两三年的时间。身临复辟时代的政治动荡，他们则有种完全像在国内的感觉；他们认为把邦雅曼·贡斯当和德斯蒂·德·特拉西的政治纲领，或是美国宪法移植到自己的祖国不是不可能的，这充分显示了年轻的俄罗斯贵族所具有的世界主义。然而，当起义失败，这些思想即烟消云散，下一代的知识分子则转向了完全不同的思想来源。

4. 唯心的一代

德国唯心主义的冲击

新一代俄国知识分子的思想源泉是俄国唯心主义。这并不是说俄国的知识分子能够理解复杂而且通常是极为深奥的唯心主义学派的种种理论：因为他们中很少有人接受过必要的哲学训练，还有一些（例如：批评家别林斯基）则不懂德语，只能依靠二手文献。但是，与历史学和哲学不同，对于思想史来说，重要的往往不在于对某人思想内容的确切理解，而在于公众对其思想的接受。19 世纪 20—40 年代的俄国知识分子带着极大的热情转向了谢林和黑格尔的理论。因为他们感觉到自己可以从这些哲学家那里找到能够支撑其感觉和渴望的思想；但实际上他们从这些哲学家那里抽取的只是自己需要的东西。

在俄罗斯，与其他地方一样，唯心主义所产生的主要后果是极大地强化了人类思维的创造性作用。康德对经验理论的批判产生了一个不经意的结果，即将心灵从单纯的感官印象的接受者转变为认知过程中的积极参与者。智识通过其内在的类别感知现实，这种方式本身就是该现实的本质属性。凭借此论点涌现出来的超越经验主义的唯心主义学派，给所有那些对把人类思维提升为最高创造力感兴趣的人（首先是知识分子）提供了一件武器。于是，便有可能去争辩：想法和事实一样"真实"，甚至比事实更加真实。"思想"的广义定义包括了情感、感受，最重要的是，创造性的艺术冲动被提升到了与"自然"平等的地位。万物都是彼此间相互联系的，没有什么是偶然的，智识只是要去理解现象与想法之间是如何关联的。"我现在习惯把我遇到的最琐碎的事件、最无关紧要的现象归纳起来，我要把这个习惯归功于谢林。"19 世纪 20 年代研究谢林的权威专家奥多耶夫斯基如此写道。[9] 19 世纪 30 年代晚期，俄罗斯的知识分子对黑格尔的痴迷已经达到了极致的地步。当亚历山大·赫尔岑流放归来时，他发现他在莫斯科的朋友们陷入了一种集体的精神错乱之中：

> 在这个时候没有人会否认这样一句话："在有创造力的领域中，抽象概念的具体化表现为自我探索精神中的某一阶

段，在这一阶段，它为了定义自身，从自然内在性中还原到了美的形象意识的和谐范围内……"所有最直接的东西、最简单的情感都被上升到了抽象的范畴里，从那里返回时已经没有了一点鲜活的血液，而是成了苍白的代数学幽灵……一个出去散步的人，出去不仅是为了散步，还是为了让自己沉浸在他认同宇宙的泛神论情感中。如果在路上，他遇到一个喝醉了的士兵，或是想要聊天的农妇，那么这位哲学家不单是与他们说话，还会通过直接的和偶然的表现来确定其大众性的实质。可能会涌入眼眶的泪水被严格地归入适当的类别中：是属于"精神"的，还是属于"内心的悲痛因素"。[10]

其次，重要性仅仅稍低一些的是，唯心主义给哲学注入了一种动态的元素。在唯心主义的视角下，现实既有其精神的层面，也有其物质的层面，它经历着不断的演化，处在"变为"的状态中，而非简单的"存在"状态。整个宇宙都在经历着演进的过程，朝着绝对自由和理性存在的模糊目标演进。这种"历史决定论"的元素存在于唯心主义的所有理论之中，从那时起就已经成为所有"意识形态"不可或缺的部分。它给了并且还在继续给知识分子以信心，使他们确信，他们周遭的、受到不同程度否定的现实，本质上都是过渡性事物，是通向更高层次的垫脚石。此外，历史决定论还使得知识分子确信，无论他们的想法和现实之间存在什么样的偏差，其问题都在于是现实没能跟上他们的想法。对于思想家来说，失败总是暂时的，因为在他们看来成功对于权力来说总是虚幻的。

35. 下诺夫哥罗德集市的夜间娱乐活动，每年夏天东西方都会在此相遇。

36. 城市娱乐活动：复活节时架设的秋千；左边是小丑表演。在画面的右下方，
图11中的饮酒狂欢者人数有所减少，他们似乎是已经走到城市了。

37. 城市娱乐活动:"冰山"通常建在大城市周围的平地上,用于滑雪橇。

38. 城市娱乐活动：踢球，这是马车夫们在等客时最喜欢的消遣方式。

39. 城市娱乐活动：其他复活节娱乐。

40. 周六沐浴，一个适合所有年龄和阶级的大众习俗。

41. 1576年，俄国驻雷根斯堡大使馆举行的俄罗斯宗教活动（见图24）。

42. 尼康牧首。

43. 一位东正教的教区牧师。

44/45. 黑衣修士

46. 一个年长的信徒。

47. 17 世纪中叶，沙皇和波雅尔议会在克里姆林宫接见一些来自西方的大使。

48/49. 基于果戈理的《死魂灵》的典型官僚形象：文官。

50/51．基于果戈理的《死魂灵》的典型官僚形象：（上）大法官；（下）省长本人。

52. 大诺夫哥罗德的城邦印鉴在莫斯科的设计者手中的演变：（左上）15世纪，独立城邦的原始印鉴内容为市民大会讲坛的台阶和城市主权的象征，而后逐渐被改造，到17世纪，台阶变成了沙皇的宝座，而主权的象征是沙皇的权杖。

心理上的后果

唯心主义激发了俄罗斯知识分子前所未有的自信。思维与大自然相关联，两者都是持续展开的历史进程的一部分；与之相比，政府、经济、军队、官僚体系是多么的渺小。奥多耶夫斯基公爵如此描述他和他的朋友在初次了解到这些令人陶醉的概念时所经历的兴奋：

> 人类的精神在其演进过程中遵循着一定的规律，一旦发现有可能通过同样的规律来解释自然现象，即似乎有可能永远消除人类的精神世界与自然世界之间的隔阂，并把它们塑造成一个容纳永恒思想和永恒理性的单一容器，生命便会洋溢在隆重、明亮和欢快的感觉之中。那时，我们以何种的轻狂和高傲去想象宇宙生命中划分给人类的那一部分！凭借着思想的本性与权利，人类在自己的身上转化了可见的大自然，并在自己意识的最深处对大自然进行了解析：简言之，人即成为大自然的中心、评判者和阐释者。人吸收了大自然，大自然在人的身上恢复了理性与灵感的存在……永恒的精神和永恒的思想越是清晰地反映在人类的身上，人类就越是能够充分地理解它们在其他生命领域中的存在。整个［唯心主义］思想的顶点是道德义务，而一个必不可缺的部分是，将自己的世界观中的神性部分从一切意外的、不纯的和虚伪的部分中解放出来，以获得祈福真实的、理性的存在之权利。[11]

当然，并不是所有的俄国知识分子都盲从于这种狂喜。对待唯心主义哲学，也有一些清醒的研究者，例如，一些学院派历史学家，对黑格尔的接受除了其人类社会发展的总体方案之外，在其他方面寥寥无几。但是，在尼古拉一世时期（1825—1855年），唯心主义，从某种程度上讲，是俄国知识分子普遍接受的一门哲学，其影响力稳固持续到19世纪下半叶，而此时其主要信条已被唯物主义否定且取而代之。

5. 知识分子的社会特征

知识分子的平民化（1855年之后）

俄国第一代"唯心主义者"知识分子，几乎全部来自贵族阶层，尤其是生活条件优越的"乡绅"群体。然而，贵族的社会优势可谓历史的偶然，因为在19世纪上半期，只有这些人才有闲暇和必要的资金用于培养知识方面的兴趣，尤其是像唯心主义哲学这类晦涩难懂的知识。然而，即使在那时，来自其他社会阶层的知识分子，一旦有机会，也可以自由地进入这个圈子，其中就包括出身于平民家庭的别林斯基以及商人之子波特金。亚历山大二世继位后，俄国原有的社会结构开始瓦解，非贵族出身的年轻人不断涌入知识阶层。19世纪60年代，非贵族出身的知识分子（разночинцы）突然成为知识分子群体的一股新力量，即那些不属于任何标准的、法律上划定的群体类别，例如，未承父业的神甫的儿子（如尼古拉·斯特拉霍夫和尼古拉·车尔尼雪夫斯基）、低级别的非世袭的文官和军官的后代等。受教育机会缓慢而稳步地普及，导致了潜在异见者数量的增加。如表2所示，在亚历山大三世统治时期之前，中等学校中平民出身者的比例不断上升，而这是以贵族出身者数量下降为代价的；由于每 10 名中等学校毕业生中，有 8 人—9 人进入大学或其他高等教育机构，所以很明显，大学生群体也逐年呈现出平民化的趋势。

表2　1833—1885 年俄国中等学校学生的社会构成（百分比）[12]

年份	贵族、官僚	神职	赋税阶层
1833	78.9	2.1	19.0
1843	78.7	1.7	19.6
1853	79.7	2.3	18.0
1863	72.3	2.8	24.9
1874	57.7	5.5	35.7
1885	49.1	5.0	43.8

在废除农奴制改革之前，几乎没有人知道什么是自由职业，但是到了 19 世纪下半期，自由职业开始盛行。据估计，在 1860—1900 年间，俄国接受过职业培训的人员数量从 2 万人增加到了 8.5 万。[13]

受教育人群作为知识分子的主要来源，其规模得到稳步扩展，并且在这一过程中该群体的结构发生了一些变化：从一小部分心忧天下的、有爱国主义热情的富家子弟发展成为由社会各阶层人员组成的一个庞大群体，脑力劳动成为该群体的谋生方式。至 19 世纪 80 年代，俄国已经形成了一个庞大的知识无产阶级。不过，到旧制度濒临瓦解之时，俄罗斯知识分子群体的基本属性仍然是由旧的侍臣阶层的后代决定的，因为大多数俄罗斯人的意见领袖皆出自富裕的贵族或高官家庭，正是这些人构建了俄国知识分子这一愤世嫉俗群体的思想意识。

知识交流的平台

知识分子必须有一些机构或平台把志同道合者聚集在一起，让他们交流思想，在共同信念的基础上建立友谊。在19世纪的俄国，有5种这样的机构或平台。

沙龙是最早的一种。一般是由家庭富裕的地主提供场所，特别是他们在莫斯科的住所。沙龙给那些对公共事务感兴趣的人创造了一个理想的非正式交际的条件。尽管大多数参加沙龙的贵族都忙于闲聊、说媒和打牌消遣，但是也有的沙龙的确吸引了一些具有真知灼见者，甚至还具有了思想色彩。例如，导致俄罗斯知识分子分裂为"西方派"和"斯拉夫派"的那场论战，最初就是从沙龙对话开始的，后来才发展到了文字交锋。

第二种是大学。俄罗斯首屈一指的大学莫斯科大学，建于1755年。尽管莫斯科大学的印刷所对诺维科夫的出版事业提供了帮助，但很难说当时的莫大对国家产生了多么大的知识影响力。其大量外籍教职员用德语和拉丁语授课，面对的则是全然不知所云的听众，这些听众往往来自神甫或其他平民家庭。贵族认为把孩子送到大学里毫无意义，在这里度过几年也丝毫不能为公职晋升积累资历。这种状况一直持续到19世纪30年代，乌瓦罗夫就任教育部长后才出现转机。乌瓦罗夫是一位保守的民族主义者，同时也是一位杰出的古典学专家，他认为科学文化知识是对付泛滥于俄国的破坏性思想的最佳解药。在他的任期里，俄国的高等教育开始蓬勃发展。19世纪30年代，入读莫斯科大学成为贵族子弟们的一种时尚。政府由于非常担心出现一个庞大的、无业的知识分子群体，所以故意将大学生的数量保持在较低水平：在尼古拉一世时期，全国大学生的数量不超过3000人。政府还对平民接受高等教育设置了很大的障碍。尼古拉一世死后，进入高等学校的门槛得以降低。许多职业和技术院校开办，1893—1894年，俄罗斯共有高等教育机构52家，在校生2.5万人。此外，还有数千人在国外大学就读。在那个父母权威受到法律和习俗严格维护的时代，大学为逆反活动提供了一个天然的温床。正是在大学里，来自全国各地的年轻人第一次发现自己身处一个相对自由和非正式的同龄人社会。在这里青年人占绝对和主导地位。他们一同憧憬未来，彼此间倾听着年轻人发自内心的不满。那些原本没有强烈的公共担当精神的人来到大学里之后，不用多久便会置身于共同行动的急流之中，若抵制这类活动就要冒着被排斥的风险：因为当时的大学与今天一样，是统一思想认识最有效的工具之一。在19世纪60年代早期，躁动的情绪开始席卷俄国的大学校园。从那时起，"学生运动"成为俄国社会生活的家常便饭。抗议、罢课、骚扰，甚至对不受欢迎的教师和学校管理人员的暴力活动，都招致了学生被大量逮捕、拘押甚至学校被关闭。在旧制度存在的最后的半个世纪里，它处于与学生群体的无休止的斗争之中。

　　在整个19世纪，"圈子"都是一种非常流行的知识分子活动平台。圈子出现在沙龙繁荣的时代，当时形成了一些专门研习谢林、黑格尔以及法国社会主义者的圈子。圈子延续至大学占主导地位的时代，而此时沙龙已不再在俄国知识分子生活中发挥重要作用。圈子是一种非正式性聚会，它将对某项知识有共同兴趣的人员聚在一起，定期进行学习和研讨。在高压时期，圈子必然具有隐秘性和颠覆性的特点。

　　俄国知识分子的第四种主要平台是期刊，在当时也被称为"厚

杂志"（толстый журнал），这在重要性上与大学相当。这类出版
物在 1855 年以后随着审查制度的放松而逐渐流行起来。"厚杂志"
通常包含两部分内容，一部分是纯文学，另一部分是公众关注的
热点（在审查许可范围内的政治、经济、社会学、科学、技术等
内容）。每一本杂志都遵循一定的哲学政治路线，拥有特定的读者
群。这些杂志之间展开的论战，使用的语言往往经过了处理，以便
能够通过审查，这些论战对当时的俄罗斯人来说，已经成为公开
的政治辩论的代言者。19 世纪 50 年代至 60 年代初期，《现代人》
（Современник）、《祖国纪事》（Отечественные записки）、《俄国
财富》（Русское богатство）等杂志先后成为激进期刊的先锋代
表。《欧洲先驱者》（Вестник Европы）杂志一直是亲西方的自由
派的舆论阵地。自 1907 年起，《俄罗斯思想》（Русская мысль）亦
加入自由派阵营。《俄罗斯先驱者》（Русский вестник）杂志则是
保守民族主义派的喉舌，该杂志因发表了托尔斯泰、陀思妥耶夫斯
基、屠格涅夫等诸多大文豪的作品而闻名于世。在这些引领社会
思潮的知名期刊之下，还存在数十种知名度略低的出版物。[①] "厚
杂志"在俄罗斯公共舆论的发展中发挥了独特的作用，它向整个
帝国传播信息与思想，否则这些信息和思想只限于两都（莫斯科
和圣彼得堡）之内，并由此建立了多个网络将居住在省会城市和
农村地区的广泛分散的人们联系起来。正是在此基础上，20 世纪

---

① 在尼古拉一世治期，政治、社会和文学类的期刊数量在 10—20 种之
间摇摆。1855 年之后，数量出现急剧增长：1855 年为 15 种，1860 年为 50
种，1875 年为 70 种，1880 年为 110 种，1885 年为 140 种，引自：Энци-
клопедический словарь Об-ва Брокгауз и Ефрон, СПб., 1889, XVIIa, стр.
416–417。——原文注

初，政治党派在俄国迅速涌现。列宁上台后，一年之内，所有的政治倾向为非布尔什维克的"厚杂志"均被关闭。毋庸置疑，列宁的政治敏锐力使他很清楚这些杂志对于中央集权的危险程度。[1]

最后一种是地方自治会（земство）。这类地方自治机构出现于1864年，部分是为了承接过去的农奴主的权力，部分是为了履行地方政府无力而为的行政功能，如基础教育、卫生、路桥维护、农田改良等。地方自治会具有有限的征税权以及动用财政收入雇佣专业技术人员的权力。这些专业技术人员被划为"第三类人士"（третий элемент），包括教师、医生、工程师、农学家和统计学家。在1900年，"第三类人士"的数量约为4.7万。该群体的政治导向可以被描述为自由激进主义或自由民主主义，也就是说他们属于反对革命也反对精英的社会主义者。他们后来成为建立于1905年的、奉行自由主义的立宪民主党的骨干力量，这也成为该党总体上呈现左翼倾向的主要原因。经选举进入地方自治会担任相关职务的地主往往更倾向于右翼，在思想上主要是保守的自由主义。他们厌恶官僚政治，反对任何形式的专横，但是对在俄罗斯引入宪政制度，尤其是对建立基于民主选举的议会方面，则抱着十分谨慎的态度。在19世纪80年代和90年代，对于自由派和非革命的激进分子来说，谋职于地方自治会成为一种风尚。而那些坚定的革命派人士对所有这些都抱着怀疑的态度。

上述五类机构的共性在于：它们为俄国社会提供了斗争的工具，以反抗无处不在的官僚主义，因此它们也成为镇压的首要目

---

[1]　在赫鲁晓夫时代，苏联的《新世界》月刊在恢复"厚杂志"针砭时弊的政治功能方面取得了相当大的成功。然而，随着其主编亚历山大·特瓦尔多夫斯基1970年被解职，苏联时代的这一尝试也随之结束。——原文注

标。在 19 世纪的最后几年，当专制体制对社会发起了一场坚决的
政治反攻时，大学、期刊社和地方自治会皆遭受了严厉的惩治。

6. 斯拉夫派与西方派之争

恰达耶夫开启的争论

19 世纪 30 年代末，俄国知识分子群体中爆发了第一场论战，
论战的主题是俄罗斯的历史使命。谢林与黑格尔的哲学尖锐地提
出了一个问题：每一个大国对人类文明进步的贡献是什么？德国
思想界倾向于否认斯拉夫人的贡献，并把斯拉夫人贬入那些"非
历史性的"种族类别里。斯拉夫人对此的反应是自誉为未来的浪
潮。首创"斯拉夫派"理论的是波兰人和捷克人，且都是源于德
国人的直接压力。在俄罗斯，这一问题来得稍晚，是在 1836 年
之后以一种尖锐的形式提出的，源于这一年莫斯科的社会名士彼
得·恰达耶夫发表的一篇引起了轩然大波的文章。恰达耶夫深受
复辟时代的天主教思想的影响，已经到了几乎要改信天主教的地
步。他认为，在世界上各个主要国家中，唯独俄罗斯没有为人类
的文明做出任何贡献；俄罗斯实际上是一个没有历史的国家："我
们完全生活在现在，生活在最狭窄的空间里，没有过去也没有未
来，死寂一片。"[14] 俄罗斯就像是历史的沼泽，像是一片偶泛波澜
但从未真正流动过的死水。这是因为俄罗斯的基督教来自于受到
了污染的拜占庭基督教，是拜占庭使其与源自罗马的基督教主流
精神相隔离。由于持这些观点，恰达耶夫被当局定性为精神病，
虽然他因此放弃了部分观点，但是在其生命的尾声，他对俄罗斯

的悲观情绪再度出现。1854 年，克里米亚战争期间，他写下了这
样的文字：

> 说起俄罗斯，人们总是会认为它与其他国家一样，实
> 际情况却全非如此。俄罗斯是一个完全孤立的世界，顺从于
> 一个人的意志、妄想与随心所欲，无论这个人名叫彼得还是
> 伊凡都不重要，重要的是他是专横的化身。相悖于人类社会
> 所有的法律，俄罗斯只是沿着自我奴役和奴役邻邦人民的方
> 向行进。因此，迫使其走上新的道路不仅符合他族人民的利
> 益，也符合俄罗斯自己的利益。[15]

斯拉夫派的理论

　　恰达耶夫 1836 年的文章引发了一场持续 20 多年的争论，这
场争论使俄国知识分子分成了两个阵营。其中之一的"斯拉夫派"
创造了俄罗斯思想史上影响深远的潮流。他们最先创立了俄罗斯
民族主义思想（有别于仇外心理），通过借鉴西欧的思想，贬低
西欧，抬高俄罗斯。斯拉夫派的主要思想家来自贵族群体的中间
阶层，与土地保持着密切的联系。斯拉夫派的思想是 19 世纪 30
年代末至 40 年代在莫斯科的沙龙讨论中逐渐形成的。在 19 世纪
50 年代，当其影响力达到了巅峰时，斯拉夫派围绕《莫斯科人》
（*Московитянин*）杂志组织了一个政党。尽管他们不谋求任何政
治利益，但还是不断受到当局的滋扰，当局怀疑一切思想意识，
甚至对支持专制的思想意识也一样持怀疑的态度。
　　根据斯拉夫派的理论，俄罗斯与西方所有的本质性差别最

终都可追溯至宗教。西方教会自其创立之初便受到了古典文化的影响，并因此受到理性主义和傲慢之毒害，东正教会则矢志不渝地坚守着真正的基督教理想，它才是真正的公共教会，从群众的集体信念和智慧中汲取力量。这种集体精神（соборность）形成了俄罗斯民族性格的典型特征，成为俄罗斯各类制度规章建立的基础。相比之下，在西方，组织生活的基础是个人主义和对法律的敬畏。有赖于东正教的影响，俄罗斯人得以保留了"整体性的"人格，其中逻辑与信仰相融合造就了一种高级的知识，被斯拉夫派的杰出理论家阿列克谢·霍米亚科夫称作"活生生的知识"（живое знание）。

西方文明在屈从于理性主义之后，把个人从社会中隔离了出来：当每一个西方人遵循自己的理解的支配时，渐渐地就封闭在他自己创造的世界中。如果用黑格尔惯用的一个词来形容的话，就是：他"已被疏远了"。相比之下，在俄罗斯每一个个体（除了那些已经被西化了的人）都融入在社会之中，感觉到自己与社会是一个整体。接受过西方教育的俄罗斯知识分子应该回归社会、回到农民群体中。在斯拉夫派看来，自发形成的社会组织是俄罗斯人表现其社会本能的一种自然形式，农村村社和生产合作社就是例证。法制与私有财产对于俄罗斯精神来说是完全异质的东西。

这些前提导致了一种特殊的、无政府的保守主义政治哲学。根据斯拉夫派的观点，在国家或政权与"土地"之间划一条明确的界线是俄罗斯的传统。土地将上层政治的管理权委托给了国家，且不强加任何法律限制。它所要求的最多就是国家在做出一些重大决定的时候听一下其声音而已。作为回报，社会有自行决定其生活方式的权利，国家不去干涉。这种国家与社会之间的相互尊重不受任何礼数的妨碍，是俄罗斯真正的宪法。这一传统被彼得大帝所破除，从他的治期开始，俄罗斯走上了一条与其本性完全相异的道路。彼得一世在圣彼得堡建立起了一套官僚机构，由此阻断了皇权与人民之间的沟联。更糟糕的是他对民族习俗、礼仪和宗教的干涉。整个圣彼得堡时代都是俄罗斯历史上的一个可怕的错误。这个国家必须回归其传统，不应该有宪法和议会，但也不应有霸道专横的官僚体制。"土地"应该还给人民，人民有权在除政治之外的一切事务上享有充分的自由。农奴制应被废止。

斯拉夫派对其国家历史的看法与历史记录并无相似之处，也经不起长期的学术批评。但是，在19世纪中叶斯拉夫派理论形成时，前几页中所述的有关俄罗斯国家与社会发展方面的史实并不为人们所知，它们基本上都是过去一百年里学术研究的成果。斯拉夫派的观点可能应更多地归功于同时代的"青年英格兰"运动，而不是俄罗斯自己的传统。斯拉夫派对英国极为敬佩（因为他们厌恶法国和德国），他们希望俄罗斯也能有像英国那样的不成文宪法。在这种不成文的宪法下，皇权与国民之间的关系由礼俗来规定，而不是成文的法律；皇权（在理想情况下）与劳动阶层是盟友；官僚机构小而弱；社会有自行决定其运行方式的权利，国家不予干涉是理所当然的。然而，维多利亚的妥协是有着悠久的历史前因的，斯拉夫派对此当然是一无所知。此外，斯拉夫派对他们恨之入骨的东西，即法律、财产以及统治者与被统治者之间已经制度化了的对手关系在其中所发挥的作用，也同样是一无所知的。

斯拉夫派对历史的荒诞理想化描绘，使得他们认为俄罗斯是属于未来的国家，注定要解决困扰人类的问题。俄罗斯的贡献将在于传播和推广自发组合而成的社团，这种自发的社团是建立在爱和兄弟情谊的精神之上，以及以政权与国民之间的信任为基础的政治制度之上。如此一来，俄罗斯人将一劳永逸地消除全世界的政治与阶级矛盾。

"西方派"

历史学家们，因喜好对称而为斯拉夫派创造了一个镜像，他们称之为"西方派"，但是在斯拉夫派理论的诸多反对者中，除了反对之外，很难找到能将他们统一起来的其他共同点。他们反对斯拉夫派对俄罗斯和西方的整体认识，将其视为无知加乌托邦思想的混合物。在斯拉夫派看到宗教深邃情感的地方，他们则看到了近乎无神论的迷信（参见230页引用的别林斯基《致果戈理的信》中的内容）。反斯拉夫派的历史学家们没有耗费多大的力气就逐一摧毁了斯拉夫派最为珍视的信仰；他们可以证明：对土地进行重分的现代村社不是古代的产物，也不是自然形成的、具有"民间性质的"产物，而是国家为了保障税收而创制的一种组织机构（参见24页）；他们还能证明：彼得一世的每一项"革命性的"创新在莫斯科罗斯时期都有前例；所谓的国家与社会之间的相互谅解从来都不存在，俄罗斯国家一直以巨大的压力粉碎社会。他们不否认俄罗斯与西方有差异，但他们将这种差异解释为落后而非独特性。他们看不出俄罗斯有什么值得保留的东西；仅有的一点点值得保留的东西，也是由国家创造的，尤其是彼得大帝。

除了对斯拉夫派的思想进行驳斥之外，西方派没有共同的思想。他们中有自由主义者、有激进主义者，甚至还有极端主义者。但是，他们的激进思想常有变化。例如，别林斯基在其生命最后的日子里忽然彻悟，认为俄国需要的不是社会主义，而是资产阶级，而赫尔岑，毕生都在倡导进行根本性的变革，却在其最后的一篇著述（《致一位老同志》）中拒绝了革命。因此，将西化运动称为"批判运动"可能更好，因为对俄罗斯的历史与现实的高度批判态度是其最突出的特征。除了历史之外，文学批评也是这场运动的主要内容。别林斯基是他所处的那个时代最坚定的西方派。书评和散文是别林斯基最有力的社会分析工具。他以其显要的影响力去揭露种种将俄国现实理想化的行为，推广他认可的现实主义文学流派。正是因为别林斯基，俄罗斯的作家才第一次意识到了自己的社会角色。

7. 19 世纪 60 年代的思潮

亚历山大二世时代见证了俄国公众舆论的急剧变化。信奉唯心主义的一代还在关心"俄罗斯人是谁"的问题；1855 年后的新一代"实证主义者"或"现实主义者"则提出了更为务实的问题，诺维科夫首先明确提出了"知识分子应当怎么做"的问题。在对这一问题的回应上，知识分子群体分化为保守主义和激进主义两翼，一小部分持自由主义观点的知识分子则摇摆于两翼之间。与前一个时代不同的是，过去意识形态上的对立者仍然会在社交场合会面，且遵守一般的礼仪；而在亚历山大时期则不同，思想观点上的矛盾冲突延伸到了私人关系上，从而经常导致个人之间的强烈敌意。

新君拉开了"大改革"①的序幕，上述变化大部分就是在"大改革"的背景下发生的。这场改革使农奴得到了解放，地方自治会和城市中的自治机构得以推行，还进行了司法改革（下一章中将进行详述）以及实施了义务兵役制。这是俄罗斯历史上为使社会开始积极参与国家生活所做出的最雄心勃勃的努力，尽管未给予社会参与政治进程的机会。

改革为社会带来了巨大的兴奋感，尤其是在年轻人中间，他们突然看到了机会开放，为那些前所未有的公共服务敞开了大门。他们可以从事多种行业（法律、医药或新闻），还可以在地方自治会或是市政府中工作；他们也可以在军队中谋职，军官的职位对平民也是开放的；最重要的是，他们还能与那些被解放的农奴建立联系，可以帮助他们获得公民地位。19世纪50年代末至60年代初是一个罕见的同心同德的时代，左、中、右各路力量都团结一心协助政府执行其宏伟的改革计划。

1861年，随着农奴解放条款的公布，统一阵线出现了第一道裂痕。车尔尼雪夫斯基及其《现代人》编辑部领导下的左翼知识分子，对于农民只能获得一半其所耕种的土地并且还不得不为此支付费用的规定感到大失所望，称整个农奴解放是一场残酷的骗局。19世纪60年代初的学生骚乱加上1863年的波兰起义，以及同时期发生在圣彼得堡的离奇纵火案，使得许多保守派和自由派认定其中必有阴谋。在那之前，《俄罗斯先驱者》一直是一本较为温和的杂志，此时却急速倒向右翼，以爱国主义的姿态抨击左翼。

---

① "大改革"（Великие реформы）指亚历山大二世于19世纪60—70年代推行的一系列大规模改革措施，包括废除农奴制、金融改革、司法改革、军队改革等，因改革力度大、涉及面广而得名。——译者注

激进派内部的分裂愈演愈烈。《现代人》杂志对老派知识分子发起了一轮恶毒的人身攻击，指责他们保守不作为、缺乏担当。赫尔岑则在其创办于伦敦的月报《钟声》(*Колокол*)①上发文还击，斥责年轻一代患上了慢性狂躁症。随后，契切林攻击赫尔岑有革命倾向，车尔尼雪夫斯基则讽其为一副"猛犸象的骨架"。到1865年，俄国的公众舆论发生了彻底的决裂。主要的争论仍然是在激进派与保守派之间的对话中展开的，双方除了对走中间路线的、"明智的"实用主义者有着共同的厌恶之外，在其他任何方面都不能达成一致。19世纪60年代和70年代是俄国思想界的黄金时代，因为知识分子关注过的所有重大问题都在此期间得到了表达与探讨。

8. 新激进主义

源于西方

新激进主义是在"科学"哲学，或者说"实证主义"哲学的基础上发展起来的。这种哲学思想在尼古拉一世时代的最后几年开始从西方传至俄罗斯，但是将左翼激进主义者彻底征服则是在其继任者的时代。19世纪40年代，化学与生物学研究取得了令人瞩目的成就，尤其是能量守恒定律以及活体组织细胞结构的发现，导致西欧出现了一场反唯心主义的、推崇哲学上的唯物主义的运动。在毕希纳和摩莱肖特的著作中，讲述了一个完全由物质

---

① 另有译名《警钟》。——译者注

构成的宇宙，其中所有的活动都可以简化为基本的化学或物理过程；这个宇宙没有给上帝、灵魂、思想或其他任何形而上的东西预留位置。俄国年轻人在阅读他们的著作时，带着一种启示感。费尔巴哈解释了上帝的思想本身是人类愿望的映射，而他的追随者们又将这种心理学上的解释用在了货币、国家以及其他制度上。巴克尔在其名作《英国文明史》的绪论中断言，统计科学将有可能使对任何社会表现行为的预测达到数学上的精确。这本书在俄国极为畅销。这些观点似乎有自然科学的声望作后盾，表明人们终于找到了解开人与社会之奥秘的钥匙。在俄罗斯这个缺乏人文主义传统和世俗神学的国家，知识分子极易相信决定论者的解释。因此，这些思想对俄国产生的冲击比对其他任何地方都要强烈。

"虚无主义"

左翼青年这时带着蔑视的态度拒绝了曾经使他们的父辈陷入狂热的唯心主义哲学。无论如何，他们对唯心主义哲学的拒绝是自觉的行为，但是他们不自觉地保留了大量个性上的唯心主义和对历史进步的信念，严格来说，这种信念是不能以经验为依据来证明的。屠格涅夫在其小说《父与子》中描写了这种代际冲突，作品里的人物在现实中的原型，即刻发觉小说描写得非常准确。在年轻的"虚无主义者"看来，他们所处的世界就像是另一个人类发展早期阶段的活的遗迹，如今已经走到了尽头。人类正处于"实证主义"阶段的前夜，所有的自然和人类现象都将得到正确的认识，从而使之服从科学的管理。此时，最直接的任务就是要粉碎旧秩序的残余。唯心主义，作为一种形而上学理论，自然是旧秩序的一部分。德米特里·皮萨列夫，19世纪60年代早期激进派青年的偶像之一，他号召其追随者肆意攻击他们周围的人，抨击各种制度与习俗，他们认为任何处于衰落过程中的事物都不值得挽救。这种"虚无主义"态度并非如保守派批评家后来所指责的那样，是因价值的全面缺失而激发的，而是被一种信仰所激发的。这种信仰认为"现在"已经属于"过去"，因此毁灭才是具有创造性的。

知识分子对自身历史作用的认知

从心理学的角度看，新一代激进派的重要特质是将所有经验都过度地简化为某个单一原则的倾向。他们对复杂性、细节和各种限制性的条件根本没有耐心。否认简单的事实，或者用告诫的方式把简单的事实复杂化，成了他们不作为的借口：这是"奥勃洛摩夫性格"的症候。"奥勃洛摩夫性格"是极端怠惰的代名词，因冈察洛夫小说中的主人公而得名。这个时代的每个激进分子都有一个准则，接受这一准则就意味着必定会以激进的方式去改变全人类的境况。车尔尼雪夫斯基关于人间天堂的憧憬，是他在神学院的时候必定读过的预言书中石印油画所描绘的景象；如果人们看到的只有事实，而且事实仅仅只是物质的存在，没有任何其他的形式的话，那么一切都会变得很简单。① 面对唯物主义哲学

---

①　俄罗斯的右翼，在其还原论方面与左翼的差距并不远。陀思妥耶夫斯基在小说《荒唐人的梦》（Сон смешного человека）的结尾处写道："其实，一切都是那么简单：在一天之内，在一个小时之内，一切可以安排就绪。最主要的是：要像爱自己一样爱别人，这就是最主要的事，也是全部的事，不再需要其他的了。一旦你明白这一点，一切都会就绪的。"——原文注

受到的质疑，车尔尼雪夫斯基及其同道者根本不屑一顾，尽管这些质疑相当合乎情理。无须多言，新康德主义对基于唯物主义的机械论科学观的批判尽管与德国思想界的发展密切相关，但却从未触及俄国激进派。车尔尼雪夫斯基在 1889 年临终之时，仍然忠实地信奉着费尔巴哈以及半个世纪前他青年时期的其他偶像，对自然科学领域的各种最新发现所掀起的"乱象"，他幸而一无所知。他甚至反对达尔文。这种对科学的选择性态度是左翼激进派极为突出的特征，他们以科学的威望做掩护，但完全没有自由和自我批判的探究精神，而这对于真正的科学思维来说恰恰是基础。

19 世纪 60 年代的激进派希望能造就一类新人。他们完全务实，没有宗教和哲学上的先入之见，是"理性的利己主义者"，同时他们也是绝对具有奉献精神的社会公仆和正义的斗士。坚信所有知识都来源于观察的经验主义和在物质世界中没有对应物的伦理唯心主义之间存在的显而易见的矛盾，是俄国激进派知识分子前所未遇的。宗教哲学家弗拉基米尔·索洛维约夫曾经以伪三段论的形式陈述了他们的困境："人是由猿进化而来的，因此，人必须为了共同利益而牺牲自己。"激进派中的一些政论家，尽管嘴上称敬仰明智的实用主义，但在情感上还是比较倾向于基督教唯心主义。车尔尼雪夫斯基的小说《怎么办？》中的主人公拉赫梅托夫就是一个直接取自东正教圣徒文学中的人物：他的禁欲主义已经到了给自己打造了一张布满钉子的床的地步。这部小说中的其他几个人物（对年轻时期的列宁产生了深刻的影响）类似于早期的基督徒，皆是与自己腐化的、世故的家庭相决裂，而与那些放弃了金钱和享乐诱惑的人们建立了兄弟般的情谊。这本书中的男男女女也都经历了倾慕而非爱情，更谈不上性。但这是空洞的笃信，只有热情，没有宽容。索洛维约夫恼于基督教和社会主义理想的所谓同一性，曾提醒他的读者，如果说基督教让人们放弃自己的财富，那么社会主义则是劝说人们去剥夺他人的财富。

激进派充分地意识到，他们这个小群体在无所不能的专制国家面前是多么的无能为力。然而，他们并没有打算从政治上去挑战这个体制。他们是对国家本身毫无兴趣的无政府主义者，认为国家不过是某些思维方式和基于这些思维方式之上的人际关系所产生的众多副产品之一。他们对现状的攻击首先指向舆论，他们的武器即思想，他们觉得自己在思想上比统治集团享有明显的优势。按照孔德的观点，人类的进步体现在其知识视域的不断扩展上：从宗教神术到哲学形而上学，再到实证主义的经验主义，最高级的是实证主义唯物论的思维方式，它的传播本身就是最强大的变革力量。没有什么能够与之抗衡，因为它破坏了这个体制最根本的东西。思想的力量可以摧毁国家、教会、经济以及社会组织。自相矛盾的是，唯物主义的胜利也是由思想活动促成的。

因此，知识分子的作用举足轻重。在左翼政论家的狭义理解中，知识分子指的仅仅是信奉实证主义唯物论的那部分社会群体，知识分子是历史的先锋，大众尾随其后。"知识分子是人类进步的推动者"在当时是所有激进运动的基本信念。仅在19世纪90年代兴盛一时的社会民主党人，首先放弃了这种信念，将重点转移到了客观的经济力量上。然而，重要的是，俄国社会民主党的一个分支布尔什维主义最终取得了成功，它认为应放弃对客观的经济力量的依赖，因为这种力量与革命渐行渐远，又重新回到了打压知识分子的路线上。列宁的基本理论认为，社会主义只能由职业的革命家队伍来实现，这意味着除了知识分子别无他人，因为几乎没有工人和农民能够全身心地投入到革命活动中去。

社会革命党的策略（1860—1880 年）

1860—1880 年，激进运动，或者按照当时的说法称为"社会革命党"，由于无法达成其任何目标而经历了不断的演变。这些变化仅限于策略的范围内。激进运动的目标本身是恒定不变的——取缔国家及其所有相关机构，对实证主义唯物论原则的信念亦是如此。但是，每隔几年，随着一批新生进入大学，新的斗争策略便随即而生。在 19 世纪 60 年代初期，人们普遍相信，只要与垂死的旧世界决裂就够了，其余的事情都会自行就绪。皮萨列夫号召其追随者放弃所有其他的事业和兴趣，专注于自然科学的研究；车尔尼雪夫斯基则劝诫其追随者与自己的家庭断绝关系，加入到劳动公社中。但是，这些方法似乎并没有起到任何作用，1870 年前后，激进派青年越来越对新解放的农民产生了兴趣。这一时期最耀眼的理论之光，米哈伊尔·巴枯宁和彼得·拉夫罗夫号召年轻人放弃大学学业，到农村去。巴枯宁希望他们能够将立刻起义的信息传达到农村。他相信农民是天生的无政府主义者，只需一点火花便可点燃整个农村。而这一点火花要由知识分子以革命"鼓动"的形式带来。拉夫罗夫则采用更加渐进的方式。为了使农民转变为革命者，应当对他们进行宣传，启迪他们，让他们意识到解放法令的不公正之处、致使他们贫困的根源以及地主阶级、国家和教会之间的勾结。受这些思想鼓动，1874 年春，数千名青年放弃学业，发起了"到人民中去"的运动。然而，等待他们却是失望。他们对农民的了解靠的主要是文学描写和论战性的小册子。殊不知，那些庄稼汉根本不想与来拯救他们的、满怀理想主义的学生扯上半点关系。"怀疑其别有用心"就是农民对这些青年全部的看法。要么对他们置之不理，要么就把他们交给警察。农民所表现出的敌意可以用他们的无知来解释，然而比敌意更令人失望的是他们的道德准则。激进派青年鄙视金钱，因为他们大都出身于富贵家庭：他们把对财富的关切与父母联系起来，而他们已经和父母决裂。因此，农村公社和劳动合作社，在他们的意识中已经被理想化。挣扎在温饱线上的俄国农民，看问题的方式则与他们十分不同。农民对获取财富有着极度的渴望，根本不在乎获取财富的方式。对于新的社会秩序，他们的想法是能够成为地主剥削阶级中的一员。知识分子正是因为有家庭或者政府的支持（通过奖助学金的方式），无须为了生存去竞争，才得以沉溺于空谈无私的兄弟情谊。农民则始终处于争夺稀缺资源的竞争中，他们认为争斗，包括使用暴力或欺诈手段，都是正确和恰当的。[①]

对于这些令人失望的情况，激进运动分裂成了若干相互敌对的派系。其中一派因对人民的无限信仰而得名"民粹派"。他们认为，知识分子不应该把自己的思想强加于人民；劳苦大众永远是对的；知识分子应当扎根农村，向农民学习，而不应总是试图要教化农民。另一派认为这种方法会以放弃革命而告终，于是开始转向恐怖主义（参见431页）。还有一派则对西方的社会民主主义产生了兴趣。他们认为，在资本主义完成其使命之前，俄罗斯不

① 在此，可以不失偏颇地评论：1917年11月的革命，扫除了老派的、西化的精英，把新的精英扶上了政权。新的精英群体根植于农村，充满了这种心理。激进派知识分子，既然已经非常了解俄国农民的这种心理，却为何仍然寄希望于农民化身为无私的社会主义者，已成俄国历史的一个不解之谜。——原文注

可能有社会革命，所以要振奋精神，耐心做好长期等待的准备。

自由派的困惑

在俄国，激进分子的数量一向很少。在沙俄的政治镇压中，警察从来不遵循"疑罪从无"的原则，即便如此，根据对政治镇压数据进行的统计发现，俄国激进分子在该国人口中所占的比例微乎其微（参见445页）。在左翼激进分子与当局之间冲突加剧时，公共活动即会给他们带来危险。面对激进派的挑战，沙皇政府一向反应过度：在需要适当克制的情况下，它却采取大规模逮捕行动；在逮捕和短期拘留就已经足够的情况下，它则采取流放措施。下一章将对沙俄各种各样的警察机构进行介绍，政府通过这些机构，越来越多地限制所有俄罗斯人的公民自由，这样的措施疏远了守法的公民，否则他们是不会与反对派有任何瓜葛的。激进分子很快便学会了如何有效利用政府的过度反应，他们设计出一些精妙的"挑衅"技巧诱使警察施暴，以此来获取公众对他们自身和他们事业的同情。最终的效果是公众舆论逐渐转向了对左翼的支持。普通的自由主义者发现自己在应对日益加剧的国内冲突方面陷入了十分窘迫的境地。虽然他们不赞成暴力，但他们看到的是当局也没有恪守法律的界限；此时他们不是要在"法律和秩序"与暴力之间做出选择，而是在两种类型的暴力之间做出选择：一种是（表面上）全能的国家所施的暴力，另一种是受到了误导的、但（表面上）满怀理想主义和自我献身精神、为了他们所认为的公益而奋斗的青年所施的暴力。在这样的选择面前，自由派往往倾向于激进主义。这种困境在屠格涅夫的作品中有着清晰的反映（在这方面，屠格涅夫是一个典型的西方派和自由主义者)。甚至于像陀思妥耶夫斯基这样的极端保守主义者也无法完全置身其外。对陀思妥耶夫斯基来说，鬼神学是他对激进主义最好的解释。尽管如此，他曾经向一位朋友坦言，如果在无意中听到一些人说他们在冬宫里埋了一颗炸弹，他依然无法向警察告发这些假设的恐怖分子。[16]

处于政治中心的那些摇摆不定的、半心半意的、经常受到矛盾心理困扰的新手，构成了激进派的重要资源。19世纪末，俄国激进分子首先设计了一种有目的地驱使政府走向极右和过度暴力的策略，它从那时起至今一直都是激进势力最有效的武器。这种计策麻痹了自由派，促使其加入到了左翼的行列，一同对抗日渐壮大的极右势力，因此从长远看也促成了自由主义的自我毁灭。

9. 保守主义

保守主义者对"虚无主义"的分析

亚历山大二世与亚历山大三世时期俄国保守主义运动的兴起，正是对激进主义的一种回应，而在与激进主义博弈的过程中，保守主义也吸取了不少激进主义的特质。它成了一场以蔑视自由主义和倾向于孤注一掷为特征的"激进的右翼"运动。[17]保守主义运动始于对"虚无主义者"的批判，"虚无主义者"的突然出现使俄罗斯社会陷入了一片混乱。别人所珍视的一切，"虚无主义者"都予以否定，他们蔑视所有的习俗。他们到底是什么人，从何而来，这是保守主义思潮的核心问题。在很大程度上，这是一场围绕未来俄罗斯国家类型所展开的斗争，一方是激进派的"新人"，另一方是在理想化上毫不逊色的"有根基的人"。

"虚无主义"这一术语，被定义为对所有价值观的排斥。这种思潮给人们带来的不适症状，通常被诊断为是由于理论和理论家脱离了现实生活造成的。保守主义者不相信所有的抽象事物，他们倾向于哲学唯名论；如果一定要去进行概括的话，那么与力学术语相比，他们更喜欢生物学术语。他们推崇的知识是霍米亚科夫的"活生生的知识"。由于脱离了经验，这种知识分化形成了各种各样的畸变，包括相信这种知识能够完全改变大自然和人类。这种对激进派的指责很像一个世纪之前叶卡捷琳娜二世对诺维科夫的指责，尽管诺维科夫本人当然没有这样的妄想。在俄国，按照保守主义理论家的观点，思想脱离了生活意味着悲剧，这是由于彼得一世之后俄国在教育方法上的问题导致的。教育是西方式的，但是在普通民众中仍然保存完好的本土文化是斯拉夫和东正教的。这种教育方式使得俄国上流阶层与普通民众相隔绝，从而注定导致精神贫瘠。"虚无主义者"即来自上流阶层，习惯性的否定是精神贫瘠的一种自然表达。伊万·阿克萨科夫曾写道："脱离了人民的土壤就不会有踏实的基础，脱离了人民就没有什么真实的和重要的东西；每一种好的思想、每一种制度，如果不是扎根于或者成长于人民的历史土壤之中，就会走向贫瘠而变成一块破旧的抹布。"[18]《俄罗斯先驱者》杂志的编辑米哈伊尔·卡特科夫对《父与子》中的"虚无主义"主人公做出了如下的诊断：

> 孤立的人是不存在的。人总是属于某种现存关联里的一部分，或是某个社会组织的一部分……一个与周围环境相剥离的人，只能是一个虚构或抽象的概念。他的道德和知识组

织，或者说，再宽泛一些，他的思想，只有在他首先把它们作为他所生活和思考的环境的组织力量的时候，才会对他产生作用。[19]

激进派也强调人的集体属性；但是在他们眼中，集体是由个体自由建立起来的。这些个体打破了意外诞生所造成的环境，而对于保守派来说，环境必须只能是历史实际形成的。陀思妥耶夫斯基甚至直接把西方式的教育与杀戮的欲望联系在了一起。他称一位无害的中世纪教授、著名的西方派代表格兰诺夫斯基及别林斯基为涅恰耶夫的"父辈"。涅恰耶夫是一名无政府主义者，曾经策划暗杀过一名无辜的青年学生。这次事件为陀思妥耶夫斯基的小说《群魔》提供了情节素材。[20] 在陀氏的另一部著名小说《卡拉马佐夫兄弟》中，一个西方派理性主义者形象伊万，为弑父案承担了终极责任。

恢复失去的根基

知识分子最直接的责任是恢复他们失去的根基。这就必须要"到人民中去"，但并非巴枯宁和拉夫罗夫所倡议的、字面意义上的"到人民中去"，而是在斯拉夫派所鼓动下精神意义上的"到人民中去"。知识分子必须沉浸在人民之中，努力去融入人民之中。知识分子是俄罗斯身体中的毒药，而"人民性"则是唯一灵验的解药。

政治态度

随着激进派与当局之间斗争的加剧，保守主义者的政治哲学经历了相当大的变化。基本上，保守主义者与斯拉夫派一样，希望在没有议会民主也没有官僚集权的情况下建立一个政府；他们想要的是一个神话般的、古代莫斯科公国式的政府。重要的是人，而非制度。保守主义者完全否定"巴扎洛夫"这个《父与子》中典型虚无主义者的观点："在一个秩序良好的社会中，无论人笨拙还是聪慧，邪恶还是善良，根本无所谓。"他们认为，除非物质是健全的，否则不可能有"秩序良好的社会"；无论如何，任何社会的完善性都有界限，因为人生来就是堕落和邪恶的。陀思妥耶夫斯基的悲观情绪比大多数保守主义者更加强烈。他把人看作是天生的杀手，其本能是由于害怕在死后受到神的报应才被抑制。如果人丢掉了对灵魂不朽的信念，就没有什么能够限制其谋杀的倾向了。所以，需要有一个强有力的权威。

随着左翼与政权之间的冲突加剧，大多数保守主义者毫无保留地支持政权，这使得他们逐渐脱离了知识分子的行列。保守主义者也越来越排外和反犹。波别多诺斯采夫——亚历山大三世背后的操纵者，成了保守主义的宗教大法官。

10. 激进主义者与作家的冲突

"如果你愿意，米洛的维纳斯比俄罗斯法律或1789年的原则更加不容置疑。"[21] 屠格涅夫的这句话乍一看可能显得很奇怪。但是，当把这句话置于俄国激进派知识分子与作家和艺术家之间发生的关键性争论的背景下，其含义就十分清楚了。

功利主义的审美观

在俄罗斯，文学是人最早挣脱世袭体制奴役的活动；其他精神领域的活动也随其后而至，包括视觉艺术、人文与自然科学活动。可以说，至19世纪中叶，"文化"和对物质利益的追求是专制体制给予其臣民相当大自由度的仅有的两个领域。然而在俄国，正像本章开始所指出的那样，对物质利益的追求与政治上的顺从是息息相关的，只有文化才提供了一个可能的抗争基础。因此，文化自然会逐渐变得政治化。可以很肯定地说，在旧制度下的俄国，没有一个伟大的作家、艺术家、学者或者科学家的创造是为政治服务的；少数为政治服务的人则无一例外都是些不入流的平庸之辈。政治需要的是纪律，而创造力需要的则是自由，二者根本是互不兼容的，充其量能成为一对合作得很糟糕的盟友已经是最好的结果了。然而最常见的是，二者相互对立如死敌一般。但在俄罗斯，实际情况是，那些有创造力的人发现自己处于左翼知识分子的巨大压力之下，要求他们与他们的创作听命于社会的摆布。诗人被要求写小说，小说家则被要求揭露社会。画家被要求用他们的艺术生动地引起全社会，尤其是未受过教育的阶层关注大众的疾苦。学者则被督促从事有社会意义的问题研究。这种功利主义的方法在当时的西欧也不少见，但是在俄国因文化，尤其是文学的独特作用，使得其鼓吹者的声音要刺耳得多。车尔尼雪夫斯基作为功利主义美学的领军人物，如此言道：

在知识活动和社会生活获得高度发展的国家里，知识活动的各个不同领域中存在着劳动分工，如果可以这样表达的话，然而，我们所知道的知识活动领域却仅仅只有文学一个。正因如此，无论我们与外国文学相比如何评价我们的文学，它在我们的知识运动中要比法国、德国或英国文学在他们各自国家的知识运动中发挥的作用大得多，它所承担的责任也比其他国家的文学承担的责任要重。在目前看来，[俄罗斯]文学几乎吸纳了民族知识活动的全部内容，因此，在其他国家由不同的知识门类各自分担的社会责任，在我们这里却由文学全部承担了下来。在俄国，文学已经取得了百科全书式的重要性，对于一些文明程度较高的民族来说，文学已经失去了这样的地位。在英格兰，狄更斯之所言，除了他和其他小说家之外，哲学家、法学家、传媒学家、经济学家等亦可如是言。除了小说家之外，没人与我们谈论构成他们故事的主题。鉴于此，即使作为一个小说家，狄更斯也不必认为自己有责任为其时代的诉求担当代言人，因为这些诉求在纯文学（belles-lettres）领域之外的其他领域一样能够找到相应的表达。但是，在俄国，小说家却不可能有这样的借口。如果说狄更斯与萨克雷都确认，纯文学作品对社会包含的一切问题都肩负着直接责任的话，那么我们的小说家和诗人则要承担千倍的责任了。[22]

"责任"是前引文献中的关键词，一共重复了四次。从1860年到1890年，文学批评中的功利主义流派在俄国处于实际上的垄断地位。该流派认为，所有的作家，尤其是俄国作家，都肩负着"为时代的诉求担当代言人"的神圣责任。换句话说，就是要为人民的社会和政治夙愿而执笔。德米特里·皮萨列夫在年轻时提出了一个功利主义美学的极端理论。他依据能量守恒的原则，坚持认为一个落后的社会是负担不起一部不以服务于改良社会为目的的文学奢侈品的。知识对他来说是资本的一种形式，必须节约使用。"我们因贫穷而愚昧，我们也因愚昧而贫穷"，他在一篇名为《现实主义者》的文章中如此写道。这篇文章得出的结论是，写作（和阅读）以娱乐为主要目的的文学作品，就是对国家资源的浪费，是不可原谅的。

普希金：争论的对象

在功利主义者与"为了艺术而艺术"者之间的论战中，普希金是一个争论的中心人物。在19世纪60年代之前，普希金在俄国文化中的地位无人可及。他不仅被尊为俄罗斯最伟大的诗人和俄罗斯文学的奠基人，同时也成为俄国新的民族楷模。果戈理写道："普希金是一个成长变化中的俄罗斯人，也许200年后的俄罗斯人就是他这个样子。"[23] 但是，众所周知，普希金厌恶所有想使艺术达到某种不可告人目的的人。对他来说，"诗的目的就是诗"，"诗凌驾于道德之上"。[24] 正是由于这些情感表达，激进派的批评家将普希金作为目标，视其为他们决意要摧毁的唯心主义的中坚堡垒。对车尔尼雪夫斯基而言，艺术只为其本身服务的思想冷酷无情到了等同于叛国的地步。在他看来，"无用就无权存在"。[25] 他多次攻击普希金，不仅称其为不负责任的和没用的人，还说他是个二流诗人、拜伦的模仿者而已。皮萨列夫，作为他那一代人中的"顽劣之童"（enfant terrible），称普希金为"崇高的白痴"。[26] 这类不间断的攻击不仅使得普希金的声望跌落一时，还令除最伟大的文艺天才之外的所有人都产生了深刻的气馁之情。

作家的反击

面对挑战，文学巨匠们开始了反击。他们拒绝成为宣传者，他们确信，发挥其社会作用最好的方式就是为生活竖起一面清晰的镜子。契诃夫对于他的一位友人抱怨其短篇小说中没有体现出道德倾向，如此回应道：

> 您批评我的客观性，言其对待善与恶态度冷漠，缺乏理想等等。您想让我在描写盗马贼的时候说：盗马是一种恶。但是，没有我，这也是早已为人所知的。就让陪审团去判决盗马贼吧。我的工作只是向读者展示他们是什么样的人。我写道：你们在处理盗马贼的案件时，发现他们不是穷人，而是一些脑满肠肥的人。他们是一群狂热的信徒，盗马对他们来说不是盗窃，而是一种激情。当然，把艺术和说教结合起来是很好，但是对我来说这么做极为困难，从技术的原因上讲其实是不可能的。[27]

托尔斯泰在给一位作家同行的信中非常简洁地表达了对该问题的看法：

> 艺术家的目标与社会目标是不可通约的（如同数学语言所讲）。艺术家的目标不在于用一种无可争议的方式去解决一个问题，而在于用其无限的、永不枯竭的表现方式使人热爱生活。[28]

冲突的长期影响

这种争吵的意义要比从其文学语境看来大得多。这不是关于审美的问题，而是关于自由的问题：具有创造性的艺术家，及终至每一个人，是否有"做自己"的自由。激进派知识分子在与传统上坚持义务为国家服役原则的政权斗争的过程中，也开始培育自己的服务意识。认为文学、艺术以及稍逊一筹的科学对社会负有主要责任，这种信念在俄国的左翼圈子里已成了公理。社会民主党人，无论布尔什维克还是孟什维克，都矢志不渝地坚守着这一信念。因此，知识分子开始反向而行，以社会正义的名义扼杀了社会的声音。

第十一章

走向警察国家

1. 俄国的官僚体制

　　虽然俄国没有健全的自治的传统，但这并不一定意味着它有官僚集权制的传统。在共产党执政前，俄国的官僚体系规模相对较小，而且也不是很有效率。俄国的官僚化发展面临着极大的障碍：国土广袤、人口稀疏分散、交通与通信困难，而最重要的因素可能还是资金短缺。俄国政府总是很缺钱，而且他们更愿意把钱花在军事上。在彼得大帝时代，俄国的行政机构已经是世界上最大的了，每年要花费大约13.5万—14万卢布，相当于国家财政预算的3%—4%。[1] 然而，这笔钱的数量有多么微不足道，可以从下面的例子看出来。1718 年，彼得一世下令对利沃尼亚的地方行政状况开展一次调查研究。原因在于，利沃尼亚是当时从瑞典人手中夺来不久的地方，其现行秩序给彼得一世留下了极为深刻的印象。调查显示，瑞典政府所拨付的用于利沃尼亚这一个省份的行政管理经费，其数额竟然相当于俄国政府用于治理全国的行政经费总额。利沃尼亚的面积不过 5 万平方千米，而俄国当时的面积则为1500万平方千米。[2]彼得一世没有去做照搬瑞典人的方法这等难为之事，而是干脆取缔了利沃尼亚的行政管理机构。

人员配备相对短缺

俄国官僚机构的规模之小，不仅仅体现在国家的财政预算上，还体现在其与国家人口数量的比例关系上。19世纪中叶，俄国每1万名居民只有11—13名国家公务人员。这一比例比当时西欧的同类数字低3至4倍。[3]在莫斯科公国和帝俄时代，官僚机构享有非常广泛的权力，且行事方式专横跋扈，声名狼藉，行政管理人员缺编严重。直到1917年10月布尔什维克夺取政权后，阻滞俄国全面官僚化的障碍才被扫清。此时，交通和联络方式已经实现了一定程度的现代化，无论距离还是气候都不再是制约中央政府对偏远省份实施严密控制的因素。资金也不再是问题；从全国各地征收上来的生产性财富，确保了新政权用于行政管理所需的资源，同时也为建立一个庞大的官僚机构提供了正当的理由。

官员固有的腐败

在1917年之前，俄国的行政秩序依赖于一种特殊的承包体制，既不像是官僚集权制，亦非自治。它的原型是莫斯科公国时期的"食邑"制度。食邑制度实际上等于赋予了官员任意剥削人民的权力，只需将剥削来的财富按照固定份额上交给国家即可。至于从百姓身上压榨出来的剩余部分，皇权则并不十分关心。当这种制度盛行于叶卡捷琳娜二世的宫廷时，她曾经如此坦率地向法国大使讲解道：

对于自己的花销，法兰西国王从来都搞不清准确的数额；事先没有任何确定好的计划。我则恰恰相反，我的计划是这样的：我确定一个年度总额，每年基本都一样，用于我的桌案、家私、剧院、宴会以及马厩，简而言之就是我全部的日常开销。我下令在我的官殿里订制了各种各样的桌子以供摆放特定数量的葡萄酒和特定数量的菜肴。在其他行政管理机构中也都是如此安排。只要呈给我的东西数量和质量都符合我的命令，而且没有人抱怨受到了怠慢，我就满意了。对于超出这一固定额度的部分，我并不关心是否有人用耍滑或者偷工减料的手段欺瞒我……[4]

基本上，至少在19世纪下半叶之前，俄国全国范围内的各级政府采用的都是这种体制。

俄国官员的贪污腐败可谓恶名远扬，尤其是那些在各省供职的官员，以及绝大部分在远离都城的地方供职的官员。这并不是由于俄罗斯民族性格中的某些特征，甚至也不是因为官员的个人素质低，而是政府固有的问题。政府用于行政管理的资金匮乏，数个世纪以来不仅从未给公务人员发过薪水，而且还坚持让他们"用为官之事来养活自己"（кормиться от дел）。在莫斯科公国时代，任何人担任省级行政职务的时间长短都有严格的限制，这在一定程度上约束了公务人员往自己口袋里捞钱的权利。由于西伯利亚地区的职位大有油水可捞，为了确保被任命到该地区的总督勒索民财不超过合理的范围，政府在从西伯利亚到莫斯科的主要道路上设置了纠察，以搜查卸任的总督及其家眷，若他们携带的财产超出限度将予以没收。为了躲避检查，一些有胆量的总督会像做贼一样，在夜晚绕道回家。

微薄的工资

在这种体制下，官员名义是上为皇权效劳，但实际上都是一些只关心自己个人私利的小气官僚。为了终结这种体制，彼得一世曾经做过一个大胆的尝试。1714 年，他下令禁止将领地赏赐给在中央行政机关供职的官员，并宣布所有在省级机关供职的官员"用为官之事来养活自己"的行为不合法。自此之后，所有的国家公务人员都要领取工资。然而，因为缺乏资金，这项改革措施没有取得成功。即使在彼得一世的严治下，也只有在彼得堡和莫斯科供职的中央机构的官员才能拿到工资，而且还不能按时发放；在各省供职的官员继续像以前一样过着靠地方百姓供养的生活。1723 年，俄国用于行政机构开支的预算资金，有1/4 被克扣用以减少赤字。奥地利旅行家科尔布曾在一份报告中指出，在彼得大帝时代，俄国的公务人员如果想拿到自己应得的工资，就不得不向自己的同事行贿。在彼得之后的几任沙皇治期里，随着国家财政陷入混乱，情况进一步恶化。例如，1727 年，大部分低级官吏的工资待遇均被正式废除，受到影响的公务人员都被告知要自谋生路。到了叶卡捷琳娜二世时代，情况有所改善。叶卡捷琳娜二世对省级地方的行政管理事务给予了很大的关注，大幅提高了财政拨款的额度；在1767 年有差不多1/4 的财政预算被拨出用于此目的。叶卡捷琳娜二世还采取了一些措施以确保公务人员能够按时领到工资。但是，最根本的问题仍然存在。在叶卡捷琳娜二世及其之后的时代，公务人员的工资非常低，以至于大多数人仅靠工资无法满足基本的生活开销，因此他们不得不寻求额外的收入来源。在亚历山大一世时代，低级职员每月领取的工资在1—4卢布范围内，相当于同期英国货币的10便士至2先令。即便把当时俄国的食品和服务价格低廉的因素考虑进去，这一数目也是远远不足以养家糊口。不仅如此，公务人员的工资是用纸币（ассигнация）支付的。这种纸币首发于1768年，发行后不久就开始贬值，到亚历山大一世时期，其价值以银币换算已仅剩下面值的1/5。因此，彼得一世和叶卡捷琳娜二世的改革没有能够改变官僚阶层的经济状况，自然也没有能够改变在这种经济状况基础上形成的官僚阶层与社会之间的关系。就好像是蒙古可汗的代理人一样，此时的官员虽肩负着外省的行政管理职责，但实际上其主要职能是收税和征兵，根本算不上"公务员"：

> 由于缺乏抽象的、独立的国家概念，官员们首先考虑的是自己，其次是沙皇，而不是在为"国家"服务；鉴于官僚阶层和国家的身份认同，俄国的官员没有能力区分私有财产和国有财产。[5]

因此，在旧制度下的俄国，公务人员的贪腐问题，就像在大多数国家一样，并非一种偏离了普遍规范的失常现象，而是常规行政管理体系中的一个组成部分。俄罗斯的官僚阶层自基辅罗斯建立之日起，就习惯了这种依赖土地的生存方式。中央政府，尽管花费了很大气力，终因缺乏必要的资金和手段而无力改变这一习惯。因此，它就延续了下来。经过了几个世纪的实践，贿赂行为在俄罗斯已经发展成了一套精致的礼仪。"无罪的收入"（безгрешные доходы）和"有罪的收入"（грешные доходы）之间是有区别的，受害人的身份成了区分二者的标准。"有罪的收入"指那些以牺牲皇室利益为代价获得的收入，例如挪用政府资金，或蓄意伪造某些政府需要的数据；"无罪的收入"指那些以牺牲社会公益为代价获得的收入，包括勒索百姓得来的钱财，以及法庭收取的贿赂以在案件的审判中偏向行贿的一方，这种钱通常以加急费的形式出现，即为加快公民与政府间事务办理进度所收取的小费（tip）。（英语单词 tip 实际上是一个首字母缩写词，展开的形式是 To Insure Promptness，意思是"确保迅速"，在 18 世纪英国的咖啡馆里常常被写在碗上。）在收受"有罪的"贿赂时，受贿者遵循不成文的收费标准并且找零的情况并不罕见。在彼得一世及其继任者的治期，对于损害国家利益的官员，政府的巡视人员会毫不留情地追究其责任。然而，如果受害方是平民的话，他们则很少会出面主持公道。

　　官员的级别越高，他以社会为代价敛财的机会就越大。敛财的名目之多，在此仅能介绍其中的几种。一个副省长，其职责之一是对在其省内出售的伏特加酒进行质量监督，如果酿酒商适当地贿赂他，那么他就会为其做伪证，将掺了水的伏特加酒说成是质量合格的产品。由于这种行为的受害人是消费者，所以即便有的时候事情败露了出去，也不会有法律追究。在一些偏远省份，省长有时会编造罪名起诉当地的富商，然后将其逮捕，关押在狱中，直到他们付钱才会释放他们。贿赂是一种微妙甚至优雅的艺术。间接的贿赂被认为更有品位。例如，对某位官员的太太主持的"慈善"事业进行慷慨捐赠；或者以实际价格的零头卖给这位官员一块地产；或者以远远高出实际价值的价钱购买官员的一件东西（例如一幅绘画）。小说家萨尔蒂科夫·谢德林曾在亚历山大二世时代初期担任过特维尔省和梁赞省的副省长。他有言，把钱投资到行贿上比存进银行要好，因为在这种形式下可以保证免受当局的骚扰，那种骚扰可能是非常昂贵的。

在各省供职的底层官员不得不依靠这些小费以及零敲碎打的勒索来弥补开销。若要解释这一体制如何运作，最好的引证莫过于萨尔蒂科夫-谢德林的《外省散记》（*Губернские очерки*）中的片段。它以虚构的形式描绘出了极其真实的状况。故事的主角是一个供职于地方的小官吏，一个身陷亚历山大二世改革大潮中的老尼古拉派，带着怀旧的情感回忆着往日的时光：

> 是的，我们拿了，我们确实拿了——在上帝眼中有谁不是罪人呢，在沙皇面前有谁没出过岔子呢？但是请告诉我，难道不拿钱也不干事儿才算是好吗？其实，拿人钱财，就要替人消灾。可如今呢，看看周围的人，整天忙着说空话，尤其是喜欢谈论"无私"之类的东西，却没有任何实际行动。至于农民，日子本来应该过得更好些，可如今却唉声叹气，倒不如从前了。
>
> 过去，我们这些当差的，彼此之间相处融洽，从来没有嫉妒或者出卖朋友的事情发生，还常常互相出主意、互相帮衬。比如说，你设想一下，如果你打了一夜的牌，输了个精光，怎么办？你可以去找当地的警察局长，"杰米扬·伊万诺维奇，"你可以对他说，"事儿已经出了，帮帮忙吧。"杰米扬·伊万诺维奇会先听完你的故事，然后笑两声，这都是老爷的做派，接着便会说："你个兔崽子，你当着差，却总是学不会把捞到的钱攒起来，都花在了酒馆里和牌桌上！"然后，

他还会补充道:"好吧,事已至此,你就给我到沙尔科夫乡收税去吧。"这样一来,你就可以去那里了,你很清楚你收不来税,但是弄点给孩子吃奶的钱是不在话下的。

这一切都再简单不过了。根本用不着任何拷打和勒索。你只需要到那里把人们集合起来。"来吧,乡亲们,我们需要你们的帮助。我们的沙皇老爷需要钱,快把税交上来吧!"说完这些话,你就走进一个小木屋里,通过窗户向外看。那些老乡们会站在原地抓耳挠腮。过了一会儿,他们突然开始挥舞着胳膊七嘴八舌地议论起来。他们就这样闹腾个把钟头,而你在小木屋里待着好像什么都没发生过一样,只是在自得其乐。一个小时后,你把村官叫来对他们喊话:"你们吵够了吧,老爷生气了。"于是场面会变得更加混乱,接着他们开始抓阄,俄国农民干什么都得抓阄。这说明有戏了,他们决定要向评税官求情,看在上帝的分儿上能否宽限一些时日,等到他们有机会赚到钱的时候再交。

"哦,我的伙计们,可是沙皇大人那里怎么办呢,他等着要钱啊。你们至少要可怜可怜我们这些当差的啊。"

这些都要用好言相劝,不能拳脚相加,也不能说:"我可没拿好处,你们最好识相些,我可是乡法院派来的。"这样不行,还是要用好言好语,再诉诉苦,打动他们。

"可是,大人,难道就不能宽限一些时日吗,哪怕就到圣母节。"

此时,他们当然要行个大礼,鞠躬都鞠到膝盖了。

"宽限些时日,当然可以了,有什么不可以的,这都是咱们说了算。可是,我怎么去跟上面儿交差啊,你们想想是不是这个理儿。"

　　接下来，他们又聚在了一起，议论了一会儿便四散回家去了。个把钟头之后你再出来看，就会看到村官给你送来了你耐心等待的奖励——每人10戈比的税钱。这个乡里有大约4000人，就是400卢布，有时候还会多一些……现在，你就可以高高兴兴地回家了。[6]

像这样的官员在从果戈理到契诃夫的俄国文学作品中比比皆是，其中有些内心善良、性情温和，也有些则蛮横粗暴，但他们都是以此为生，就好像他们是来自异族的征服者，百姓是被征服者一样；他们的社会好似一个封闭的体系；他们倾向于、且只和与自己同属一类的人相互协作，奉承上级和欺负下级；他们钟爱于官阶等级体系、自动晋升机制，他们本身就是其中的一部分，而他们体制外的一切存在，都被他们视为狂乱的无政府状态；他们本能地排斥那些过分热心者和谨小慎微者，因为这个体制要求所有人都参与贿赂，以建立一条捆绑着共同责任的纽带，正如醉汉不喜欢清醒的同伴一样，窃贼在诚实的人面前也会感到不自在。

等级差别

　　与任何一种独立的等级秩序一样，俄国的行政管理体系也发展出了一套精巧的标志来区分等级职衔。这套标志于尼古拉一世时代正式确立，在《俄罗斯帝国法典》（Свод законов）第一卷中有869个段落对其进行了描述。从礼仪的角度上说，官员的等级职衔被分成了若干类别。每一类别都被冠以相应的头衔，名称都是从德语译过来的。级别最高的两个职衔的称呼是"高贵的阁下"，第3和第4级要称呼"阁下"，往下都是如此。对第9至14级的官员要称呼为"足下"。[①] 每一个层级类别都有相应的制服，在缝纫的细枝末节上都有着专门的规定：制服裤子的颜色从白色变为黑色是官员职业生涯中的重大事件。另外，各种奖章和勋章（圣弗拉基米尔勋章、圣安娜勋章、圣乔治勋章等，这些奖章和勋章又各分等级）的获得者，其权利也是各不相同。

诚实清廉的公务人员仅存在于中央机关、部级单位或其他同等机构中。对俄国官僚体制而言，以公共服务为目的的"为官"理念完全是舶来品。这种理念是从西方，主要是德意志地区，传入俄罗斯的，是波罗的海的日耳曼人首先让俄罗斯人见识到了，一个官员可以利用手中的权力为社会服务。沙俄政府对这些人非常器重，给予了他们极高的官职。在沙俄官僚体系的高层中，外国人占有很高的比例，尤其是路德教徒。这一点在前面的章节中已有介绍（参见261页）。许多优秀的公务人员都毕业于两所特殊的学校：皇村学校（Царскосельский Лицей）和皇家法学院（Императорская Школа Юриспруденции）。

中央与地方之间的鸿沟

在彼得堡和莫斯科中央机关供职的官员与各省行政机构的官

---

① 文中所指的尊称大致相当于中国古代的尊称：陛下、殿下、阁下与足下。故此处译作：高贵的阁下（英语：Your High Excellency，德语：Euer Hochwohlgeboren，俄语：Ваше Высокопревосходительство）、阁下（英语：Your Excellency，德语：Euer Wohlgeboren，俄语：Ваше Превосходительство）和足下（英语：Your Honour，德语：Euer Würden，俄语：Ваше Благородие）。——译者注

员之间，有一道几乎不可逾越的鸿沟。后者提拔进京的机会极其渺茫；相反，那些凭借家庭背景、教育经历或是财富而在中央机关开始其职业生涯的官员，则很少会冒险去各省任职，除非获得省长、副省长这样的任命。这道鸿沟固化了莫斯科城中的精英贵族与外省的普通贵族之间自古有之的隔阂。其次，仍然是莫斯科公国传统的延续，帝俄时代的官僚体制表现出明显的趋势，趋向于形成一个封闭的世袭等级体系。官员群体中，其父辈也是官员的占有很高的比例；神甫、商人等从官员阶层之外进入该阶层的人，普遍致力于帮助自己的后代进入官场。各级贵族较少进入官僚体系，一部分原因在于该体系的声望较低，还有一部分原因在于，严格的晋升机制迫使他们不得不与那些在受教育程度和社会地位上远远低于他们的人同台竞争。这种状况直到旧制度末期，上流社会进入行政机构成为一种风尚之时，才开始改变。

由于大都会和各省的官员总体上不相流动，前者所萌生的公共精神也就没能在全国范围内广为传播。对于绝大部分官员而言，利己思想和贿赂行为已成为他们别无选择的一种生活方式。保守派的历史学家尼古拉·卡拉姆津曾经说过，如果要用一个词来回答"俄罗斯在发生着什么？"这一问题的话，那么答案就只能是"盗窃"。[7]卡拉姆津在言及此番时所想到的就是这层意思。

2. 迟到的法制

从莫斯科公国时期到沙俄帝国时期，普遍存在于俄国的公共腐败问题，是深层次病患——"不守法纪"的外在症候。公共腐败与不守法纪往往是一对忠实的伴侣。

在1864年司法改革之前,在有些方面(后文将具体阐明),甚至是在其后,俄罗斯根本无人知晓何谓司法独立。司法只是行政管理的一个分支,其最首要的关切是实现政府的意志和维护政府的利益。在俄国,直到最近还存在着这样的传统观念,即认为犯罪是个人对个人或者官员对平民所做的恶行,无关乎公众。公共秩序意识的不成熟,其最明显的表现莫过于此。

罗马在公元2世纪的时候,司法就已经与行政管理体系分离。在一些有封建传统的国家,即西欧的大多数国家,这种分离出现在中世纪晚期。英格兰在13世纪末期的时候,国王的司法顾问与行政和财政官员是区别开的。在法国,被称为"巴黎议会"的法院本身就是一个自设的机构。俄罗斯在这方面与古代的东方君主制政体颇为相似,皇帝任命的官员通常将司法权作为其行政职能的一部分。在莫斯科公国时期,每一间衙门都设有司法部门,按照自己的司法制度运行,其权威即来自行政管理职能,与之前封地时代大领地上的情况是一样的。另外,总督也在自己的辖区内分配司法权。教会也同样如此。对于反国家罪的重大案件会呈至沙皇及其御前会议审理。

彼得一世,尤其叶卡捷琳娜二世都曾为构建独立的司法体系而做过努力,然而他们遇到了各种各样难以克服的困难,法典缺失甚至都不是最棘手的问题。俄国仅有的法典——《1649年法典》,在彼得大帝之后的时代变得几乎不再适用,对于解决个人之间的纠纷已经不能再提供任何有效的指导了。对于一位18世纪的法官来说,即使他偶尔有兴趣参考法典,也无法将其适用于他的案例。这种状况一直持续到了尼古拉一世执政时期,政府终于出版了一部法律汇编，收入了自 1649 年以来颁布的法律，随后又颁布了一部新的法典。但是，由于法庭程序还是在沿袭传统，所以俄罗斯人仍旧就像躲避瘟疫一样躲避法律诉讼。在 1864 年改革之前，除了在涉及自身利益的情况下，政府一直未启用法律诉讼程序；普通的刑事审判和所有的民事审判皆由遭受损失的一方发起。他们通常采用拍卖的形式，谁向法官出钱多，谁就能赢得官司。所有这些都对俄国生活的质量产生了非常不利的影响。一条非常流行的理论认为：法律和法庭所保护的都是统治阶级的利益。然而，历史经验表明，事情恰恰相反。当权者根本不需要法律和法庭帮其实现意志；只有穷人和弱者才真正需要法律和法庭。如果对此命题有所怀疑，可以去比较一下，在一些法律传统薄弱的地区，例如东南亚地区，与那些法律传统深厚的地区，如西欧和美国，社会底层的处境和安全感，就会明白法律和法庭对穷人和弱者的意义。

在 19 世纪 60 年代之前，俄罗斯人的法律知识尚不足以区分法律、法令和行政法规之间的差别。所有上述文书一经君主批准均被视为具有同等威严，并于 1830 年被按照年代顺序编入了《俄罗斯帝国法律全集》（*Полное Собрание Законов Российской империи*）。从正式的法律角度来看，一项关于采用新的王位继承制和永久取消贵族强制性为国家服务的法令，与一项批准建造一座工厂，或者批准某些外省退役军官的请示等同。实际上，大多数关系到国家行政治理体制和公民地位的基础性法律，从未以任何形式颁布过。在这些法律中包括了：将农民束缚在土地上，将市民限制在城市中的法律（即农奴制）；所有世俗土地必须承担义务的法律；关于特辖制的法律；地主对农民的权威的法律；公务人员能以资历为基础自动晋升的法律；关于建立首个集权式的政治警察机构普列奥布拉任斯基衙门的法律；关于犹太居民的有限居留（栅栏区）权的法律。其他的法律则是以非常随意的形式颁布的。例如，关于俄国统治者的专制权的法律基础，只是附带在《彼得军事条例》（Военный Устав Петра）中颁布的；在1845年之前，关于起诉政治犯的法律，实际上并未进行法律上的定义。这种对法律程序的不尊重，其必然的结果是人们不能清楚地认识到宪法、刑法以及民法之间的区别，而这些法律的分类在西方自中世纪时就已经很普遍了。分不清法律行为的类型，也分不清法律的分类，致使19世纪60年代之前的俄国法律体系混乱不堪。然而更糟糕的是，在19世纪60年代之前，俄国的法律不需要公开实施；法律常常发布在一些机密的备忘录中，只有负责执行这些法律的官员才知道。这些情况在1864年改革之后仍然存在。如下文将要述及，俄国内务部在19世纪70年代和80年代经常借助秘密通报实施一些干涉公民生活的行动，许多这类通报至今都未公开。

法律传统和司法体系的落后自然大大有利于官僚体系。一些保守派的俄罗斯法学家甚至极力主张司法和行政管理之间存在密切联系。其中包括享有极高声誉的宪法学专家科尔库诺夫教授。他提出了一项俄罗斯法学理论，此理论认为：在俄罗斯，法律的主要功能与其说是实现法治，不如说是维持秩序。[8]这种法律观在尼古拉一世时期的秘密警察头目贝根道夫那里被表达得更粗鲁，但是也更坦白。曾经有一位书刊编辑去找贝根道夫投诉，说他受到了书刊审查人员的非法骚扰。贝根道夫则怒斥道："法律是给属下制定的，不是给上级制定的！"①

3. 反破坏法规的演变

立法的缺失（1825 年之前）

在尼古拉一世执政之前，俄国的政治镇压活动是以随意的方式进行的。彼得大帝的普列奥布拉任斯基衙门在政治警察职能的专业化发展上迈出了重要的一步。但是，这一机构在彼得三世和叶卡捷琳娜二世时期被解散，因这一时期禁止对"言与行"提出控诉。叶卡捷琳娜二世和亚历山大一世，尽管都不反对应当时常教训那些政治异见者，但是对警察的监视活动都不怎么重视。1811 年成立的警察部只过了 8 年就被解散了。自 18 世纪下半叶以来，俄国出现了乡村和城市保安队，但是没有专门的机构负责侦破当时许多欧洲大陆国家都存在的那类政治反对派的案件。而且当时也没有审查制度。除了在《1649 年法典》和彼得一世签署的某些特定条例中存在一些通用的和陈旧过时的法令之外，并没有其他针对政治颠覆活动的专门法规。19 世纪初之前，这种处理政治反对活动的业余方式已经足够。但是，到了复辟时代，这种方法就不够用了。此时，各种复杂的政治异见形式逐渐涌现于欧洲，卷入 1813—1815 年运动中的俄罗斯也不例外。

俄国国内安保能力的不足，在十二月党人起义中首先显现了

---

① 'Законы пишутся для подчиненных, а не для начальства': Записки Александра Ивановича Кошелева *(1812—1883 годы)* (Berlin 1884), pp.31—2.——原文注

出来。此次政变牵扯到一百多名贵族，其中不乏来自俄国最显赫
家族的成员。这就使得政府不可能使用那些通常用来对付不听话
的平民的行政手段，悄无声息地处理此事。除了程序上的困难之
外，这次政变还引出了一个严肃的安全问题：为什么在受到皇权
特别恩惠的阶层中还会有人起来反抗皇权？如果不实施监控，任
由他们策划阴谋，结果又会怎样呢？

　　1826 年，尼古拉一世任命了一个最高调查委员会来调查起义
的原因并提出惩处建议。该委员会所面临的是一个非同寻常的难
题，因为俄国当时不仅没有刑法，甚至连明确的反国家罪的法律
界定都没有。任何不厌其烦地看一下委员会最终建议的人都会发
现，对十二月党人的判决，其法律依据是一个令人匪夷所思的提
法——"前两点"（По первым двум пунктам）。这指的是彼得一
世 1715 年 1 月 25 日颁布的一道命令（《俄罗斯帝国法律全集》第
2877 号）的前两条。该命令要求每一个臣民都要向政府报告有损
国家利益的行为，尤其是煽动叛乱。对十二月党人的判决靠的就
是如此单薄的法律依据。依据"前两点"，强制性的惩罚措施是
死刑。但鉴于不同被告的犯罪情节轻重不一，委员会将他们分成
了 9 类，每一类予以不同程度的惩罚，轻至以士兵的身份充军，
重至死刑。

　　尼古拉一世视秩序高于一切，对这种状况颇为不满。他希望
对反国家罪进行清楚的界定并确定适合的惩处标准。这项任务落
到了斯佩兰斯基的肩上，此时他正领导着一个委员会制定《俄罗
斯帝国法律汇编》（Свод Законов Российской Империи）。但这项
工作必然要持续很长时间，而在此期间政府也必须采取措施以防
止 1825 年 12 月 14 日的事件重演。

政治警察的诞生

措施的第一步就是为帝国设置常备政治警察。为此，尼古拉一世于1826年增设了御前办公厅第三局。该机构表面上的职能是为"寡妇和孤儿"提供保护：其官方徽章是一块手帕，这块手帕是尼古拉一世赐予该局首任局长的，寓意为"擦干泪水"。然而，事实上第三局是一个常设性的秘密警察机关，其触角遍布社会各个阶层。毫无疑问，它制造的泪水比它擦干的泪水更多。该机构规模较小，平均只有30—40名全职工作人员。但是其耳目则要多得多。其一，该局的工资单显示，其拥有众多频繁出入于沙龙、酒馆、集市以及其他公共场所的线人，这些线人向其汇报了他们所收集到的所有具体信息，以及他们对公众情绪的总体印象；其二，一支由数千兵勇组成的宪兵团隶属于第三局，直接听命于局长调遣。这支部队身着蓝色制服，白色手套，其特定使命就是保卫国家安全。他们组成了一支不同于普通保安队的特殊的政治警察部队。第三局和宪兵团的职责范围并不十分明确，除了揭露和阻止颠覆性行为之外，还包括监视外国人和宗教异见者以及部分书刊审查。与其前身普列奥布拉任斯基衙门一样，它可以不受其他政府机构的监管，直接向沙皇本人报告。第三局的建立者和早期的领导人是波罗的海沿岸的日耳曼人（首任局长贝根道夫，其助手福克），但是不久之后，就改由俄罗斯本土专家接手了。

1826年的审查法

当时采取的另一项预防措施与书刊审查相关。尼古拉一世确信，十二月党人起义的主要原因在于，俄国的青年暴露在"有害的""空洞的"思想下，所以坚决要将这些思想拒于国门之外。在俄国，人们一直认为政府有权决定其臣民能够出版和阅读什么样的东西。在尼古拉一世执政之前，政府几乎没有机会行使这种权力：所有的印刷品（在1783年之前）要么是政府出版的，要么是教会出版的，识字的人很少，少到了根本不值得耗费工夫去调查他们的阅读习惯。在17世纪的时候，政府曾经下令销毁旧礼仪派的书籍。此外，教会认为，一些出版于基辅的宗教著作已经被拉丁语风污染，所以这些著作也被销毁了。到了18世纪，书刊审查权被委托给了科学院。科学院在行使该权力时非常谨慎，以至于直到法国大革命前夕，俄罗斯人还可以自由阅读任何他们想读的东西。真正的书刊审查始于1790年，叶卡捷琳娜二世查禁了拉吉舍夫的《旅行记》，并将作者关进了监狱。在保罗一世时代，许多外国书籍被禁止进入俄罗斯，数以千计的图书遭到焚毁。亚历山大一世继位后，书刊审查再次放松到了无关紧要的程度。因此，尼古拉一世在1826年批准的"审查法"可谓是一项重大的创新。该法在经修订后规定，所有出版物在发行之前必须从书刊审查委员会那里获得许可。为了达到审查的要求，在尼古拉一世执政时期，俄国出版的印刷品不仅要没有"有害"的内容，而且还要对公共道德做出积极的贡献：这正是20世纪30年代盛行于俄罗斯的"积极审查"的前奏。之后，书刊审查的力度时张（如：1848—1855年）时弛（如：1855—1863年），张弛交替，但无论形式如何变化，书刊审查制度在俄国一直持续，到1905年革命爆发后才被取消；然而，13年后又卷土重来了。尽管有一系列令人生畏的规章和庞大的官僚群体，但是，沙俄时期的书刊审查并未严格执行。令人惊讶的是，在1867—1894年间，这段时间跨越了非常保守的亚历山大三世的执政期，只有158本图书被禁止在俄国流通。10年内，提交给初步审查的手稿中只约有2%被拒。对外国出版物的审查也同样宽松。在19世纪的最后10年里，在93565260份从外国发往俄罗斯的图书和期刊中，只有9386份被拒。[9]所有这一切都表明，帝俄时期的审查制度更像是一种滋扰，而非妨碍思想自由流通的障碍。

反国家罪的界定与惩处

斯佩兰斯基主持编纂的法律汇编，自尼古拉一世执政之初开始，于1832年出台。该系列的第15卷中包含了刑法部分，其中列入了反国家罪；但是，由于它仅仅是把当时已经颁布的各种法规，包括1715年的"两点"，整理编排了一下，所以立刻就被打上了不适用的标签。斯佩兰斯基也被责成起草一部新的系统的刑法，然而，事未竟他就身故了，接替他承担这项任务的是布鲁道夫。新的刑法终于1845年出炉，它的颁布成为"警察国家"历史演变的一个里程碑。新刑法中有两章涉及政治罪：第3章《反国家罪》和第4章《反行政制度罪和过失》。这两章共54页，构成了名副其实的专制政权的宪章。大陆法系国家的法典中也包括对反国家罪（在英美法系中没有这一类别）的处理条款，且有的还相当详细，但是均没有像俄罗斯那样对其予以重视，或是界定得如此宽泛和松散。1845年的刑法典规定：

1.凡企图限制君主之权威、或企图改变现行政府体制，以及怂恿他人从事此类行为，或公开表达此类意图，或隐瞒、协助、不告发有此类罪行者，均处以死刑并没收全部财产。（第263条—265条以及第271条）

2.通过口头或书写、印刷的方式传播有关上述行为的思想，虽未实际煽动暴乱，但引起对君主权威的质疑，或引起对君主或其皇位的不敬者，处以剥夺公民权利和为期4—12年的苦役，并辅以体罚和烙印。（第267条和274条）

1845年的"俄罗斯刑罚与感化法典"，其第3章和第4章是所有模糊归纳的源头，它导致了俄罗斯及其属地以及效仿其政府体制的那些国家得以建立警察体制，从而完全合法地扼杀了所有政治异见活动。自1845年起，除了1905年革命至1917年革命这段间隔期之外，所有改变现行政府或行政制度的尝试，甚至只是提出这类问题，在俄国都会被认定为犯罪。政治已经被法律宣布为当权者所独断；世袭制，这一数个世纪以来一直朦胧不散的幽灵，此时终于得到了附体的机会，获得了以齐整的章节、条款和段落为形式的肉体。在这些条款中特别具有创新性的内容是不区分行动与意图，即模糊犯罪情节的轻重，这也是现代警察国家的显著特征。虽然对现存政治体制"引起质疑"比实际改变现存体制的情节要轻微，但还是会被视为非常严重的犯罪并被处以苦役、毒打和烙印之刑。

自1845年起，俄国刑法中都包含了一个措辞含混不清、政治上"无所不包"的条款。以此为依据，国家安全机关可以以意图"削弱"、"破坏"现政权，或者对现政权"引起质疑"或"不敬"的罪名监禁公民。将1845年、1927年、1960年连续三部刑法中这类政治条款并列如下，可以体现出俄国"警察心态"的连续性并不受政权性质的影响。

《1845年刑法》第267条和274条：

凡撰写和传播手写或印刷文献或者表述，旨在引起对最高权威、或君主本人品质、或君主统治不敬者，以欺君罪判处剥夺全部财产权，发配至边塞做苦役10年至12年……凡参与制作这类文献或表述，或带有犯罪意图分发这类材料者，以同罪论处；凡制作此类文献或图像，但不带有犯罪意图分发者，按照有犯罪意图论处，判处要塞监禁2年至4年……对于制作和分发手写或印刷文献，或进行公众宣传，如未直接、明确地煽动反抗最高权威，但对其权利的神圣不可侵犯性引起争议或质疑、或对国家法律所确立的行政管理制度引起争议或质疑者，判处剥夺全部财产权并发配至工厂做苦役4年至6年……[10]

《俄罗斯苏维埃联邦社会主义共和国1927年刑法》第58条第1款和第10款：

任何颠覆、破坏或削弱（政府）的行为……或破坏或削弱……苏联国家主要经济、政治和民族政策的行为……定性为反革命罪。含煽动颠覆、破坏或削弱苏联政权的宣传鼓动活动……等同于传播或制作或窝藏含有此类内容的文献，判处不少于6个月的监禁……[11]

《俄罗斯苏维埃联邦社会主义共和国1960年刑法》第70条：

实施以破坏或削弱苏维埃政权为目的，或者以从事某些特别危险的反国家罪为目的的宣传鼓动活动，或者以相同的目的传播诋毁苏维埃国家和社会制度的诽谤捏造性信息，或

者以相同的目的传播、制作、储存含有此类内容的文献者，应处以剥夺自由权6个月至7年，或流放2年至5年……[12]

这种立法，以及为执行这种立法而建立的警察机构，在1917年革命之后以意大利法西斯和德国纳粹的方式传播到了欧洲及其他地区的极权国家中。因此，可以有理由地说，俄国《1845年刑法》中的第3章和第4章对于极权主义的意义，正如《大宪章》对于自由的意义一样。

尼古拉一世执政时期，在对付政治异见的问题上，尽管有着德拉古式的严刑峻法，但是在执行过程中的程度远没有人们的想象那么严厉。这是因为对于警察政权来说，当时的镇压机器太过原始而无法使其系统地发挥功效。要解决这一问题就需要铁路、电话、电报等现代化技术装备。在当时，各种法规只能以粗略的方式得到执行。通常情况下，被举报涉嫌干预政治的嫌疑人，在被拘留审讯后，或者给予警告然后释放，或者发配至外省一段时间。有时审讯由沙皇本人亲自展开。1823—1861年，共有29万人被判流放至西伯利亚，其中有4.4万人并处以一定期限的苦役。但是，在这些被流放者中，有90%是普通的罪犯、流浪汉和逃跑的农奴等人，只有约5%是政治犯（十二月党人即包含其中）。然而就是在这5%之中，多数还是波兰的爱国主义者。[13]

司法公正的失败

亚历山大二世继位后，沙皇政府在解决官僚和警察的专横治理方式上着实下了一番工夫，以期将俄罗斯转变成为德国人所说的"Rechtsstaat"，即法治国家。19世纪60年代流行的口号是法定程序、法庭公开审理、陪审团审判及终身法官等。司法改革完成于1864年，被公认为"大改革"中最成功的一项，也是唯一一项（除了下文所述的明显例外情况）未遭受严重干扰而维持到旧制度终结之时的改革措施。1864年之后，所有的刑事犯罪案件，包括政治案件，都经过了正常的法庭审理程序：所有的审判予以公开，其诉讼程序在官方主办的《政府公报》（*Правительственный Вестник*）上进行全面报道。完全有理由相信，亚历山大二世政府非常希望这一改革取得成功；形式的合法性是自由国家的特征之一，专制体制不必颠覆自身也能够接受它。

然而，没过多久这一努力就遭到了破坏。这一次，也是唯一一次，罪魁祸首不是官僚，而是激进派知识分子以及同情和支持他们的、善意开明的自由派。起初，政府试图将政治案件交予有陪审团参与的普通法庭审理。如此一来，像1871年的涅恰耶夫及其追随者的案件（参见399页）就被提交给了一个陪审团。许多涉及革命党人的诉讼案件也都是这样处理的。然而，从政府的角度看，结果令其大失所望。那些政治案中的被告很快就意识到，他们获得了一个极好的机会，可以利用法庭这一被给予特权的"讲坛"在全国范围传播自己的观点。与为自己辩护相比，他们更喜欢利用庭审的场合去发表政治演讲攻击现行制度。这些演讲随后会完整地出现于官方的《政府通报》上。还有一些情况，例如在所谓的"五十人案"（1877年）中就有，被告拒绝认可法庭的权能；另外还存在被告大肆辱骂法官的情况（例如1877—1878年的"一百九十三人案"）。此外，大多数陪审员法治观念淡薄，对年轻被告人的同情和怜悯之情，使他们在定罪的时候不能很好地履行职责。即使是那些不赞同激进派所用方法的陪审员，也不愿做出有罪的判决，因为这么做似乎站在了年轻人的敌对面——官僚与宪兵一方，年轻人虽然误入了歧途，但无论如何还是充满理想的、无私的。被告经常被宣判无罪；甚至对于那些被控有罪的人，法官也倾向于做出敷衍了事般的判决，而同类行为若根据西欧国家刑法则会处以严厉的惩罚。回过头来看，俄国激进派及其同情者的这种将司法过程政治化的行为，对俄罗斯来说是一场巨大的悲剧。因为，尽管俄国刑法中处理政治罪的条款过于宽泛、不明确，而且惩罚异常严厉，但这毕竟是俄国千年历史上的第一次尝试——政府将其对公民个人的指控提交给第三方机构审判裁决。通过这种尝试，最终可能萌生出一个即使对于政治犯来说也名副其实的司法制度，也许还能收获更多，比如一个受法律约束的政府。利用1864年改革带来的机遇来提升短期的政治利益而非加强审判制度，恰好给了极端保守派和那些视司法独立为一个错误和"非俄罗斯"思想的官僚们可乘之机。自由派公然破坏司法制度最典型的事件发生在维拉·查苏利奇案的诉讼过程中。维拉·查苏利奇系一名恐怖分子，于1878年1月开枪刺杀圣彼得堡警察局长并致其重伤。此案中，公诉人尽可能地将此案视为普通刑事案件而非政治案件。然而，尽管有确凿的证据证明维拉·查苏利奇犯有蓄意谋杀罪，但陪审团还是判其无罪释放了。这样的判决想必会使政府雇员人人自危，担心成为恐怖分子"可猎取"的目标：照此逻辑，如果是出于政治原因枪击一名官员，就不算是犯罪。如此谬误的判决也引起了陀思妥耶夫斯基和自由派理论家鲍里斯·契切林的愤怒，他们似乎比同时代的大多数人更了解知识分子所持的道德和法制双重标准所带来的道德上的和政治上的影响。一旦涉及政治问题，政府也无法依靠普通的法庭和陪审团展开公正的审判，这一点即使对于倾向自由主义的官员来说也已经是显而易见的了。因此，政府采取了一些措施将政治案件的审理从法庭的职能中剥离了出去，使用行政程序予以处理，通常是交由军事法庭或者参议院进行审理。至1890年，对反国家罪的审理被从法庭职能中完全剥离。从那时起直至1905年革命，政治犯均交由官僚机构和宪兵以行政手段处理。就这样，俄国历史上第一次政府以平等的姿态对待公民的努力中断了，而"进步的"舆论要为此承担重责。

4. 政府对革命恐怖活动的应对

走向恐怖主义的激进分子

政治社会学领域的研究者观察到，政党逐渐倾向于清除自身的极端分子，倾向于中立立场，而那些无组织的"运动"则恰恰相反，往往深受其自身极端因素的影响。"到人民中去"被证明是一场彻头彻尾的灾难。这场运动的宣传鼓动家们失败于没能使他们的思想引起农民和工人的任何兴趣。不仅如此，这种失败产生了更深刻的后果："劳苦大众"沾染了上资产阶级最糟糕的贪得习气，外加道德上的犬儒主义和政治上的反动态度。俄罗斯农民的整个理想完全破碎了。失望情绪迫使许多激进派退出了这场运动。但是那些最坚定的支持者态度则完全相反；失望情绪促使他们更加坚定了要制定谋略以图让整个体系屈服。

在1878—1879年，他们解决问题的方式是恐怖活动。激进派理论家认为，针对政府高级官员的刺杀活动可以达到两个目的：打击政府机构的士气，或者有希望使政府机构陷入瘫痪，同时向农民展示他们无比敬畏的君主体制是多么的脆弱。然而，一旦开了头，恐怖活动的势头便难以控制，行凶者很快就将他们的初衷抛到了脑后。各种公开实施的胆大妄为的自杀式活动——刺杀、爆炸、自焚、劫持，似乎都是在激起某些人的共鸣，强迫他们效仿、重演这些恐怖活动。社会革命党人的恐怖活动开始于1878年，并持续了3年，甚至在这些活动已经很明显无力致使政府瘫痪，也不能挑起农民暴动之后，却还在继续加剧。最终发展成"为了恐怖的恐怖"，以令人印象深刻的狡诈和胆量继续实施恐怖活动，只是为了证明一件事：少量的激进分子可以与整个皇权帝国比拼意志。

政府的过度反应与警察国家的预示

随着恐怖事件的成倍增加，加之由于对政府官员的保护机制非常薄弱，恐怖袭击的成功率高得惊人，导致当局陷入了恐慌之中。尽管恐怖分子的实际数量在任何时候都非常少（所谓的人民意志执行委员会，其全部有效力量不过30多人），但专制政权的心理是这样的：它往往会对直接的挑战表现出过度的反应。在某些方面，这样一个制度就好比一家商业银行，其权威是一种信用形式。银行手中仅仅掌握着储户委托资金的一小部分，仅够满足日常支取的需要，其余的资金都被拿去投资了。存款人即使了解实情，也并不介意这种做法，只要他们确信无论何时他们提出的支取要求都能完全兑现。但是如果银行不能满足哪怕只是一次支取要求的话，储户对其的信心就会立刻崩溃，进而匆忙前来取款。

第十一章　走向警察国家　433

最终的结果就是出现储户蜂拥挤兑，迫使银行不得不暂停支付。与此类似，一个独裁国家往往能成功地实现民众的普遍顺从，不是因为它具备应付所有可能的挑战所需的力量，而是因为它有足够的力量应对任何预料中的挑战。但是，如果不能采取果断的行动，就会丧失声望并招致多种挑战，结果就是出现一种政治上的挤兑现象，即革命。

在应对恐怖主义威胁的问题上，沙俄政府表现出了极为过度的反应。各种各样的应对措施相继出台，时而公开，时而秘密。总体上看，这些措施清晰地预示着现代警察国家的轮廓，甚至还埋下了极权主义的种子。在1878—1881年间形成的法律和制度，为后来一个具有极权主义色彩的官僚警察政权奠定了基础，至今仍未消解。有充足的理由认为，现代极权主义的根源更应该从这里寻找，而不是从卢梭或黑格尔或马克思的思想中寻找。因为，虽说思想总是能够催生新的思想，但只有当思想落入条件适于接受它们的土壤里时，它们才会催生制度上的改变。

1878—1880 年间的安保措施

沙俄政府最初应对恐怖事件的方法是动用军队。1878 年 8 月 4 日，一名恐怖分子在光天化日之下，于彼得堡街头持刀刺杀宪兵总长并致其身亡。5 天后，政府发布了一道"临时"裁决（这是注定要获得永久性的众多裁决之一），即从那时起，对于武装抗拒政府机关或攻击正在执行公务的政府工作人员的案件，将交由军事法庭遵照战时军事法规进行审判。判决结果只需要当地军区首长的确认。如此一来，就恐怖主义活动而言，俄国似乎被其政府视为他们占领的敌国领土一般对待。影响更为深远的是 1878 年 9 月 1 日发布的一份秘密通告（迄今为止未公布），详细说明了严格的预防措施。[14] 这些预防措施赋予了宪兵团成员处罚权，如果他们缺席时，则由普通警官代行，他们可以通过行政程序对任何涉嫌政治犯罪的人员实施拘留甚至流放。根据这些规定，宪兵或者警察只需要经过内务部长和宪兵团长的批准就可以对嫌疑人实施流放，无须得到检察长的批准。9 月 1 日发布的这份秘密通告在几个方面标志着俄国在向警察国家发展过程中迈出了非常重要的步伐。在此之前，俄国公民若要被判处流放，必须是已经犯下了颠覆罪（口头或书面表达都属于这一类）。但是，在此之后，只要对其产生怀疑就足够被判处流放了。这项规定成为支撑警察国家体制的第二根支柱。第一根支柱则是在 1845 年确立的，即个人从事政治活动可以被视为刑事犯罪；而此时，若看上去有可能从事政治活动，即会被以刑事犯罪论处。这里采用的措施，对于每个正常运作的警察国家来说，都是必需的预防性要素。其次，官僚和警察在判处公民流放方面获得了非常宽泛的授权，从而降低了皇权的权威。这是在此关键时期采取的若干措施中的第一项，意味着以前由君主专断的特权，现在被分配给了其下属官员（这当然是一种无意的行为）。最终，无须经过检察官就能行使司法权力的职能，标志着司法特权开始从司法部向内务部转移。[①]

这些超乎寻常的预防措施未能有效遏制恐怖主义的势头。1879 年 4 月，在一场针对沙皇本人的刺杀事件发生后，政府在帝国的几个主要城市中设立了"临时总督"一职，该职位被赋予对

---

① 1873 年 2 月已将所有民事监狱的管理委托给了内务部。——原文注

邻近几个省份的非常宽泛的自由裁量权。担任该职位的官员通常是从军队中选拔的。他们有权通过行政命令将涉嫌反政府、反官员的人以及被认为可能有损于"和平与秩序"的人送上军事法庭或者流放。这样一来，沙皇又将另外一些权力移交给了其下属。

1880 年初，一个革命分子装扮成木匠，成功地将大量炸药偷运入冬宫，并于 2 月 5 日这一天把炸药安装在了沙皇的餐厅下。侥幸的是一位贵宾的迟到使亚历山大二世幸免于难。恐怖分子能够潜入皇家深宫，足以证明当时的安保措施有多么不足。实际上，前述的常设性的秘密警察机构御前办公厅第三局规模很小，经费也不足，办事效率低得离谱。1880 年 8 月，在该局领取工资的人员仅有 72 人，而且这些人还不全是在从事政治案件的侦查工作。该部门有限的预算经费大部分都用在了对付宣传上。第三局、宪兵团以及普通警察机构之间的职权划分得非常混乱。第三局隶属于御前办公厅，宪兵团虽说在安保行动上隶属于第三局，但是在涉及军事职能方面则隶属于战争部管理，而普通警察机构又归内务部管辖。

警察司的诞生（1880 年）

1880 年 8 月，在洛里斯-梅利科夫将军的建议下，第三局被撤销，取而代之的是一个中央政治警察机构，其最初的名称为"国家警察司"（Департамент государственной полиции），1883年后简化为"警察司"（Департамент полиции）。这一新成立的机构被归入了内务部，此时的内务部已成为俄罗斯国家安全的主要保卫者。新机构的职权范围最终变得非常宽泛，负责维护公共安全与秩序、防范反国家罪。此外，该机构还承担了守卫国家边境、签发国内身份证件、监管居住在俄国境内的外国人和所有犹太人，以及监管旅店、消防设施和爆炸品等职责。该机构广泛的权力还涉及"批准各种协会和俱乐部的章程，以及审批公开讲座、阅读会、展览和会议"。[15] 警察司下设若干部门。其中一个部门专事处理涉密事务，即政治反谍工作。警察司下辖有 3 支宪兵部队，总部分别在彼得堡、莫斯科和华沙，此外还有许多专业分遣队。警察司的机构规模仍然不大，1895 年时仅有 161 名专职工作人员，宪兵团人数也保持在 1 万人以下。然而在 1883 年时，普通警察的人数就已经接近 10 万了，他们奉命要与宪兵团紧密合作，这大大提高了宪兵团的效率。职务上，内务部长是当然的宪兵总长，但宪兵的实际指挥权由内务部长的一名副职履行，即警察司长兼宪兵团长。1881 年 6 月 9 日发布的一道命令剥夺了省长和总督对宪兵的管辖权。宪兵完全归由警察总长管辖。这一举措使得宪兵团从常规的行政机构中独立了出去，得以自行其道。警察司和宪兵团专事政治犯罪案，当偶尔发现普通犯罪案件的证据时就会将其交给普通的警察。宪兵总长每年会向沙皇提交一份报告，内容是关于他们所开展的打击颠覆分子的行动，报告读起来与军事行动的总结有几分相似。

为了用法律的外衣来掩盖自己的恣意妄为，内务部给警察司增设了一个部门，名称为"司法处"。该处负责处理内务部管辖范围内案件的法律方面，即那些按照刑法中的政治条款起诉的案件、不在普通法庭审理的案件以及违反了诸多近年来颁布的特别和临时性法令而被起诉的案件。

1898 年，当俄罗斯的政治生活经历了多年的沉寂之后再次出现躁动迹象时，人们开始担心恐怖主义也会随之重新抬头，警察司的"秘密"机构中分出来了一个"特勤署"。这是一个绝密级的单位，系打击颠覆破坏活动的中枢机构。该处密切追踪着俄国内外的革命分子的动向，并精心策划了一些诱蛇出洞的圈套。其办公地点位于彼得堡丰坦卡河16号楼4楼，戒备森严，除了本单位工作人员之外，任何人都进不去。

最后，1881年8月14日，政府正式将"安保局"设置为常规单位，该部门最初建立于19世纪70年代，长期与革命分子做斗争，具有极高的专业水准。形式上该部门是"特勤署"的一个分支机构，但在实际行动中其运作似乎是独立的。

警察司还设立了几个国外分支机构，以监视俄国侨民，主体设在驻巴黎的俄国大使馆内。这些驻外机构在工作过程中，经常得到当地警察机关的协助，主要是出于政治上的同情和利益。

政治警察体系的独特性

19世纪80年代早期在俄国建立起来的复杂且颇为灵活的政治警察体系至少在两个方面是独一无二的。一战前，除了俄国之外，世界上没有哪个国家存在两类警察，一类保护国家，另一类保护国民。只有世袭心态根深蒂固的国家才能设计出这样的两重体制。其次，在其他国家中，警察就像法律的双手，其职责是将所有被捕的人移交给司法机关，而在帝国时代的俄罗斯则不同，这里的警察没有这样的义务。在1881年之后，在涉及政治犯罪时，宪兵团可以不受司法监督，对其的监督完全是一种官僚性质的内部监督。宪兵团的人有权对公民进行搜查、关押和流放，不必经过检察长的批准。在19世纪80年代，政治犯罪行为的界定非常广泛，对其的处理主要是由安全机关通过行政手段进行的。

这两个特征使得帝俄晚期的警察机构成了先行者、20 世纪所有政治警察机构的原型。

5. 失败的政治改革

　　亚历山大二世政府应对恐怖主义活动的措施并不局限于镇压。一些高级幕僚非常敏感地意识到，除非同时辅以一些具有建设性的措施，否则仅凭镇压是徒劳的，甚至可能是有害的。在亚历山大二世治期，政府曾不止一次地对一些由政府官员或有影响力的公众人士提出的政治改革项目进行过仔细考量。这些项目在不同程度上、以不同的方式寻求使当时"值得信赖的"社会人士参与到政策的制定过程中。有人曾敦促通过增加选举产生的代表来扩大国家委员会；有人则提出成立像莫斯科公国时期的土地大会那样的协商机构；还有一些人则呼吁改革地方行政管理机构，扩大地方自治会的职权范围，为拥地贵族提供更多的参与公共事务的渠道。希望通过这样的手段，将为数不多的恐怖分子孤立起来，同时赢得受教育阶层的同情，使他们能够体谅政府的难处，而不是像此前一样持幸灾乐祸式的冷漠态度。赞成这类措施的官员有：内务部长瓦鲁耶夫、战争部长米柳京以及洛里斯-梅利科夫——一位在亚历山大二世执政的最后一年里独揽大权的将军。沙皇本人对于这些建言并非不感兴趣，只是因为遇到基层官员以及他的太子——后来的亚历山大三世的强烈抵制，而迟于实施。在这个问题上，激进分子实际上是不自觉地帮了保守派一把：每当他们实施了行刺沙皇或其他高级官员的行动后，政治改革的反对者就会施压要求采取更加严厉的警察措施，并进一步推迟涉及本质问题的改革。如果恐怖分子被警察盯上了，他们就不可能有效地阻挠政治改革了。

抵制政治改革，对官僚群体来说是为了维持自身的生存。从官僚享有特权的角度看，地方自治会对他们没有一丝好处，因为是地方自治会在维系着从彼得堡到最偏远省份的政令畅通。如果有某些社会代表受邀参与立法，即使只有协商代表的身份，官僚阶层也会觉得自己第一次落入了某种形式的公共控制之中；这当然可能会使其言行受到限制，并最终可能会毁掉其权威。即便是可以保证只有最"值得信赖的"人士才能参与其中，但仍然无法消除官僚群体的忧虑。俄国当时的君主制拥护者，尽管在内心里是反对立宪的，但是也决不喜欢官僚。他们中绝大部分人深受斯拉夫派思想的影响，把官僚阶层视为无理地横在沙皇和他的人民之间的异物。

幸于有扎伊翁契科夫斯基的档案研究，我们现在方能对这个关键时期政府的审议情况有相当充分的了解。[16] 政治改革的反对者，其论点主要可归纳为以下几点：

（1）将公共代表吸纳进入政府，无论是中央政府还是地方政府，无论是以立法代表还是仅以协商代表身份，都会导致责任混乱和行政管理的无序。实际上，若要提高行政管理的效率，就应当撤销地方自治会。

（2）鉴于地域与社会特征，俄国需要的是一种限制与控制尽可能少的体制。俄国的公务人员应当享有宽泛的自由裁量权；警察的"司法"应当与普通的法庭分开。1882—1889年间的俄国内务部长德米特里·托尔斯泰，这位典型的保守派官僚曾如此表达过后一种观点：

> 俄国人口稀疏，分散在广袤的大地上。由此造成了法庭的鞭长莫及，这种状况是无法避免的，加上人民经济水平的低下和农村阶层的家长制习俗，所有这些因素要求建立一种在其活动中不受过度的形式主义所限的政权，这是一个能够迅速恢复秩序，在人民权益受到侵害时能够尽可能快地予以矫正的政权。[17]

（3）在胁迫的情况下实施的政治改革会被解读为一种软弱的表现，从而导致国家权威的进一步丧失。这种论点甚至被洛里斯-梅利科夫这样具有自由主义倾向的高官所采用。他在表达反对在俄国设立代表机构的提议时写道：

> 我深信，在这些提议中的任何改革，不仅在当前是没有用的，完全不合时宜的，而且还会产生害处……这种措施本身就会给人一种迫于形势而强加于政府之上的感觉，无论在俄罗斯国内还是国外都会被如此解读。[18]

（4）任何形式代表机构的设立，即便是思想上最保守的，都标志着向宪政体制迈开了第一步；一旦开了头，其他的举措必定会接踵而至。

（5）国外代表机构的经验表明，它们不利于稳定；议会只会干涉行政管理，除此之外没别的。这种论调似乎对王位继承人有特别的吸引力。

为了强化这一论点，反对政治让步的人远远夸大了煽动叛乱的程度，他们用广为流传的阴谋与动荡说吓唬沙皇，实际上这些被他们妖魔化的内容与事实相去甚远。如下文所述，参与煽动活动的实际人数是微不足道的：即便有广泛的自由裁量权，宪兵也不可能查出众多的破坏分子。但是强调这种恐惧感，有助于劝阻亚历山大二世远离那些自由派幕僚的建言。

俄国真正的统治者是宪兵头子舒瓦洛夫和彼得堡警察局长特列波夫。亚历山大二世只是他们的工具，在帮助执行他们的意志。他们利用恐怖来实施统治。特列波夫借彼得堡即将爆发革命的预判吓唬亚历山大，使其深感恐惧。如果特列波夫在每日进宫汇报时晚到了几分钟，沙皇就会询问首都是否一切安好。[19]

亚历山大二世最后一次做出政治让步是在1880—1881年时。他同意了洛里斯-梅利科夫呈交的提案。除了对外省的行政管理进行了意义深远的变革之外，洛里斯-梅利科夫还建议在彼得堡设立若干民选委员会，讨论有关外省的行政管理、农业经济、粮食供应和国家财政等一系列政策问题。这些专门委员会在完成了各自的工作后，将组成一个总委员会向政府建言。该提案被不恰当地称为"洛里斯-梅利科夫宪法"（конституция Лорис-Меликова，这一名称是亚历山大三世为羞辱它而创造的）。该提案可谓中规中矩，但是其影响是重大的。俄罗斯正在进入一个未知的水域，谁都无法预测这一航程会驶向何方。即使是亚历山大本人，在批准这个提案的时候，嘴里还在嘀咕着俄罗斯的"三级会议"。他本应于1881年3月1日签署洛里斯-梅利科夫建议设立委员会的法令，然而就在这一天，他遭遇了恐怖分子的炸弹袭击而身亡。

6. 1881 年 8 月 14 日的"临时"法

亚历山大二世遇刺身亡使得官僚阶层躲过了他们最为惧怕的事：社会参与政治决策。在经过了短暂的犹豫之后，亚历山大三世决定，秩序要恢复，但不能通过让步来实现，而要采取更严厉的镇压措施。改革随即终止；新任内务部长伊格纳季耶夫错误地判断了形势，向亚历山大三世建议以莫斯科公国时期的土地大会为样本设立等级会议，旋即遭到解职。自 18 世纪中叶以来受到冷落的世袭制原则此时再次浮出了水面。从此以后，"国家"就意味着沙皇和他的官僚；内政就意味着保护沙皇和官僚不受社会的侵扰。一系列迅速实施的应急措施使社会臣服于官僚和警察的专权之下。

1881 年 8 月 14 日，亚历山大三世签署了帝国时代历史上自 1861 年废除农奴制到 1905 年《十月宣言》之间最为重要的一项立法，这项立法比上述两者产生的影响都要深远。该文件法典化、系统化了前几年发布的镇压性立法。它是从那时起直至今日（除了一段短暂的间隔期之外）真正统治俄国的宪法。俄国立法实践以其独特方式，在官方的《法规与条例汇编》中将这项意义重大的立法随意地夹在了一项批准俄罗斯消防保险公司对其章程做微小修改的法令和另外一项关于对切列波韦茨——一座外省城镇的一家技术学院的行政管理方面的法令之间。[20] 其全称为：《关于维护国家秩序与社会安定的措施以及在国内特定地区实施安保强化状态的规定》。该法令在开篇的段落中称，普通法律已明显不足以维护帝国的秩序，从而有必要引入某些"超常规"的程序。在其正文部分，该法令将打击颠覆活动的职权完全集中于内务部之手，从那以后一直如此。规定了两种特别状态："强化安保"（Усиленная Охрана）与"超常安保"（Чрезвычайная Охрана），相当于西方的二级和一级戒严状态。内务部获得授权，可以在国家的任何地方强制实施"强化安保"状态，在内务部的批准下，总督也可行使此权力。"超常安保"状态则须经沙皇和内阁的批准。对于在何种条件下可以强制实施这两种状态，均未做明确的规定。

　　"强化安保"是两种状态中较为温和的一种。在这种状态下，总督、省长和市长可以采取以下任何一种或全部的措施：对任何居民实施最长 3 个月的拘押并处以罚金最高 400 卢布；禁止一切社团、公共以及私人聚会；在特定期限或紧急状态实施的期限内关闭所有商业和工业企业；剥夺个人在其辖区的居住权；将闹事者送交军事法庭。此外，他们还有权宣布任何受地方自治会、市政府或法院雇用者为"不值得信赖"者，并可以下令立刻将其解雇。最后，地方警察机关和宪兵有权对任何从国家安全的角度看属于"令人产生怀疑"者实施最多两周的拘留。当政府认为有必要实施"超常安保"状态时，会任命一位总司令，除了上述列举的权力之外，总司令还拥有解除地方自治会民选代表（区别于雇员）职务，甚至有权彻底解散地方自治会，以及有权雇佣任意三级以下级别的官员。最后一条并非随意加入的。这项法令出台后，内务部长伊格纳季耶夫认为在官僚及其子女中窝藏着一部分该国最具颠覆性的分子，并建议进行定期"清洗"，将不可靠分子从公职队伍中清除出去。在"超常安保"状态下，总司令还有权暂停期刊出版，关闭高等教育机构最长 1 个月，并可以对嫌疑人实施最长 3 个月的拘押，罚款最多 3000 卢布。该法令也大大增加了宪兵在"强化安保"与"超常安保"状态下的权力。

这项立法的意义或许可以用1902—1905年间警察司长罗布欣的话来做最好的概括。他与这项立法的实施有很大关系,卸任后出版了一本非常引人注目的小册子。他在这部小册子中谈到,1881年8月14日的法令致使"全体俄罗斯人的命运取决于政治警察机构中工作人员的个人意见"。此后,在影响国家安全的事项上不再有任何衡量罪责的客观标准,而是靠警务人员的主观印象来确定罪责。[21] 该法令表面上是一项"临时"法令,有效期3年,但是每当到期时就会被延长,一直延到了帝国的末日。在8月14日法令颁布之后,有10个省份,以及彼得堡和莫斯科都被置于"强化安保"状态下。1900年之后,实施"强化安保"状态的地区数量进一步增加。在1905年革命期间,一些地区则实施了"超常安保"状态。革命被镇压之后,在斯托雷平担任首相期间,该法令以各种不同的形式被适用于帝国所有地区,其结果是,《十月宣言》和随后的杜马立法中有关公民权的法律实际上失去了效力。[22]

1881年8月14日之后,俄国成了一个徒有虚名的君主专制国家。按照司徒卢威1903年的观点,那时的俄国与其他文明国家之间真正的差别在于"政治警察的全能",这成为俄罗斯君主政体的精髓;他预测,一旦这种支撑被撤销,无论谁控制这一专制权力,它都会立刻自行崩溃。[23] 罗布欣认同司徒卢威的观点,"是警察构成了一个临近终结的政权的全部力量,"他写道,并带有预言性地补充道,"如果一个政权想要自我振兴,那么它首先要求助的就是警察。"[24] 其中的悖论在于,以国家安全的名义对个别臣民权利的步步侵犯并没有使皇权得到加强,从中受益的不是皇权,而是官僚与警察，他们获得了更加宽泛的授权去对付革命运动。其荒谬之处在于，威胁与对付威胁所采取的措施完全不成比例。在恐怖主义活动最为猖獗的1880年2月，洛里斯-梅利科夫已成为专权独揽的大人物，此时警察机关所掌握的反国家罪案件还不超过1000例，然而这是在一个拥有近1亿居民的帝国里！[25]

7. 警察对日常生活的干涉

在帝俄时代的晚期，警察对日常生活的干涉程度到底有多深，很难判断。警察手中掌握的最有力的武器之一，是有权签发"可信性"（благонадежность）证明。在注册就读大学之前或是承担某个"有责任"的职位之前，都必须获得此证明。如果一个人被拒签此证明，就会被降为二等公民，有时甚至被迫加入革命者行列。此外，有许多活动在未获得警察的许可之前是不可能从事的，这类活动涉及面非常广。一位卓有学识的美国观察家乔治·凯南（后来的美国驻莫斯科大使乔治·凯南的同名叔祖父），曾于1888—1889年间罗列出了19世纪80年代末俄罗斯公民需要服从的各种警方限制：

> 如果你是一个俄罗斯人，想要办一份报纸，你必须要征得内务部的许可。如果你想开办一所主日学校，或者其他类型的学校，无论是在彼得堡那无人问津的贫民窟里还是堪察加的小村落中，皆须征得教育部的许可。如果你想为孤儿院举办一场音乐会或者组织一台真人画义演，那么你须征得最

近的内务部代表的许可，然后把节目内容提交给审查官员审批或是修改，最后你还要把义演的收入交给警察，但是这笔收入是被挪用了还是转交给了孤儿院，就不好说了。如果你想在街头卖报纸，你也必须获得许可，并在警察局登记，然后须在脖子上戴一个编了号的铜制圆盘，与茶托大小相当。如果你想开一家药店、或一家印刷所，或一个照相馆、一家书店，也须征得许可。如果你是一名摄影师，想要变更你的营业地点，也要征得许可。如果你是一名学生，想去公共图书馆参阅莱尔的《地质学原理》或者斯宾塞的《社会静力学》，你会发现，如果没有特别许可，你甚至连看都不能看这类危险的、具有煽动性的书卷。如果你是一名医生，在行医之前你必须获得许可，然后，如果你不想晚上应诊，你必须获得拒绝权；此外，如果你想开出一张在俄罗斯是公认的"强效"药品的药方，你必须获得特别许可，否则药剂师是不敢给你配药的。如果你是一个农民，想要在自家的土地上建一个浴室，也须获得许可。如果你想在晚上借着烛光打谷子，要么获得许可，要么就得买通警察。如果你想去离家15英里以外的地方，也要获得许可。如果你是一名外国游客，无论进入还是离开俄罗斯，都要获得许可，停留超过6个月也须获得许可，每次变更寄宿地址必须告知警察。一句话，未经许可，你不能在俄罗斯帝国居住、出行和活动。

警察以内务部长为首，通过身份证明来控制国内居民的流动。他们对数千名嫌疑人实施长期的监视；对破产者的债务进行鉴定并向法院提供证明；对未赎回的抵押品进行典当；他们给领取退休金者和其他有需要的人签发身份证明；他们对道路和桥梁的维修实施监管；他们对所有的剧院演出、音乐会、真人画、戏剧节目、海报、街头广告实施监管；他们收集统计数据，监督执行卫生规定，对民宅实施搜查、缉私，查阅嫌疑人的往来信件，接管发现的尸体；"劝告"那些久未参加圣餐的教会成员；强制实施数以千计旨在提高人民福祉和确保国家安全的各种规章法令。与警察有关的立法在《俄罗斯帝国法典》和《俄罗斯法律汇编》中占了5000多个段落，而且可以毫不夸张地说，在远离文明与开化的农村中，警察是所有人类行为无处不在和无所不能的监管者——是替代上帝的人。[26]

　　警察权力的另外一个重要来源是1882年3月12日颁布的一道法令，该法令宣布任何一位公民都可以被公开监管。凡是"受监管者"（поднадзорный）必须要交出自己的个人证件，在警察那里换取特别证件。未得到警方的许可不能搬迁，其住所有义务随时接受搜查，无论白天还是晚上。当事人不能承担政府部门的工作或者其他任何公共职位，也不能加入私人协会，不能教书、办讲座、经营印刷排版、照片冲洗或开办图书馆，亦不能从事酒类买卖。从事行医、助产、药剂等职业也都需要获得内务部颁发的执照。就连能否接收邮件和电报也要由内务部说了算。[27]受到公开监管的俄罗斯人构成了一类特殊的次等公民群体，他们被排除在法律和普通的行政范围之外，生活在警察的直接管理之下。

　　上述安全措施通过刑事法律得到了强化，而这些法律则倾向于将俄罗斯的司法完全偏向于国家一方。凯南对《1885年刑法》做了如下的评述，所有这些内容全部可以轻易得到核实：

对于保护沙皇的神圣、威严与无上权力的法律，要想体会其极端严肃性，只需要将其与第十章所载的保护公民个人的权利与荣誉的法律进行比较即可。通过比较可以发现，与攻击和伤害一个普通公民致其丧失双眼、舌头、一只手臂、一条腿，或是丧失听觉相比，在公共场合破坏沙皇的肖像、塑像、半身像，或其他类型的形象展示则是一种更为严重的罪行。[试比较第246节与第1477节]组织或参与以颠覆政府或改变政府形式为目的的社团，即使该社团并未计划采用暴力手段或者没有打算立刻行动，其罪责要大于殴打、虐待或折磨一个人，致其一定程度上丧失神智。[试比较第250节与第1490节]以争议或怀疑最高权威的权利或特权的不可侵犯性为内容，发表演说或撰写书籍，其罪责的严重程度等同于对妇女施暴。[试比较第252节与第1525节]藏匿设歹计谋害沙皇性命、或损害其福祉和名誉者，或者庇护妄图对最高权威的权利或特权实施限制者，其罪责甚至大于蓄意弑母。[试比较第243节与第1449节]最后，以对沙皇个人品质或对其统治不敬为目的，制造或分发讽刺沙皇的漫画者，其罪责甚于在牢房中对被囚禁的15岁女孩施暴致其死亡的狱卒。[试比较第245节与第1525、1526和1527节][28]

8. 流放与苦役

政治镇压制度中包含了流放。流放判决可以由法庭做出，也可以由行政决议做出，可能采取的几种形式严厉程度不一。最温和的形式是流放至农村地区或外省一段特定时间，并在警察的公开监管下生活；较为严厉的形式是流放到西伯利亚定居（相比之下，作为服刑地，西西伯利亚要比东西伯利亚好很多），这种"定居式的"流放者（Ссыльнопоселенцы）基本上就成了自由人，可以去工作赚取收入，可以有家庭。如果他们有钱去补微薄的国家津贴，则可以过上相当舒适的生活。最严厉的流放形式是苦役（каторга），这种刑罚式的劳役是由彼得大帝创造的。他利用罪犯造船、采矿、建造圣彼得堡，为有需要的地方提供免费劳动力。那些被用作苦力的罪犯居住在牢营中，在卫兵的看管下从事着体力劳动。曾亲历过苦役生活的陀思妥耶夫斯基，在其小说《死屋手记》中留下了令人难忘的画面。1886 年以后，对强制劳动力（包括监狱劳力）的剥削，有专门的规章制度，旨在确保政府从中赚到钱。例如，在 1887 年，对强制劳动力的剥削为内务部带来了 538820 卢布的毛收入，除去开销，净收入为 166440 卢布82 戈比。[29]

由于有太多不同的官员具有判处流放的权力，关于这类刑罚的统计数据很难找到。根据最可靠的官方统计数据，1898 年在整个西伯利亚地区有各类流放人员 30 万人，以及 10688 名从事苦役的在押犯。[30] 但是，与 19 世纪上半叶一样（参见 428 页），这些囚犯中只有一小部分是政治犯。扎伊翁奇科夫斯基曾得以利用相关档案文献，引用官方报告证明，在 1880 年整个俄罗斯帝国仅有大约 1200 人因政治犯罪而被判处流放；在这 1200 人中，定居在西伯利亚的只有 230 人，其余都定居在欧陆俄罗斯部分，其中服过苦役的仅有 60 人。（数据不包括因参与 1863 年起义而被流放的4000 余名波兰人。）1901 年，各类政治流放犯，无论是通过法庭判处的还是通过行政决议判处的，总数升至4113人，其中3838人受到公开警察监管，180人被判服苦役。[31]

为了完整描述亚历山大三世政府的限制性措施的情况，必须提到被纳入"反改革"这一术语下的一系列政策，"反改革"宣称其旨在削弱亚历山大二世的"大改革"。其中包括限制地方自治会的职权范围、取消治安法官职位设置、任命地方行政长官——对农民有很大自由裁量权的地方官（参见238页）。亚历山大三世统治时期，被认为是特别具有颠覆倾向的犹太人遭受了全面的强制性法律束缚，这些法律虽然一直存在于过去的法律书籍中，但没有被严格执行过。

9. 19世纪80年代的警察机构

如此一来，在19世纪80年代初，警察国家的所有要素在俄罗斯帝国已经全部出现了，可以总结如下：

（1）政治被宣布为政府及其高级官员的专属领域；任何未经授权的人员（包括所有公民个体），干涉政治皆被视为犯罪，可依法惩处；

（2）上述原则的执行权归警察司和专门处理反国家犯罪案的宪兵团；

（3）这些国家安全机构拥有以下权力：

　　a. 搜查、逮捕、审讯、关押以及流放犯有政治活动罪和有此类犯罪嫌疑的人员；

　　b. 拒绝向任何公民签发"可信性"证明。没有"可信性"

证明就无权参与多种社会活动，包括就读高等教育机构，受雇于公共机构或政府等单位；

c.监督公民的各种文化活动、认证公共社团的章程。

（4）警察司和宪兵团在履行这些职责的过程中，不受司法部门的监督，也不受其地域范围内常规行政管理机构的管辖；

（5）政治警察机构可以通过各种方法，如公开监管、流放西伯利亚、服苦役，对政治异见者实施部分或完全的社会隔离；

（6）未经审查机构许可，不得在境内出版或从国外引进任何文献；

（7）内务部部长有权对国内任何一个地区宣布实施"强化安保"状态。这种情况下，正常法律法规暂停使用，全民都受到戒严令的约束；在内务部长的许可下，省长也有权将政治异见者送交军事法庭。

这还不是全部。20世纪初，沙皇政府采取了一系列试验性的政策，已经跨越了警察体制的界限，迈入了更为险恶的极权主义领域。在警察体制下，政治活动被宣布为非法，安全机构实际上被赋予无限权力，以确保禁令得到遵守。该体制实际上是一种防御性体制，是为回击挑战而创造的。极权主义的特点是采取更积极的手段，它除了包含警察国家所有要素之外，还更进一步，试图以这样一种方式对社会进行重组，即，所有公共机构与社会生活的表达，无论是否具有政治意义，都要落归官僚阶层的管理之中，更确切地说是落归安全机构的管理之中。一切皆受管制，一切皆被政治化。

10. 祖巴托夫与极权主义的前兆

　　与谢尔盖·祖巴托夫这个名字相关的事件，可谓帝国政权和革命党之间的斗争中一个离奇的插曲。然而，从更广泛的历史视角来看，祖巴托夫似乎对"专制政治"的技术做出了很大的贡献，在任何一个政治创新者名单上都占据了显要位置。

　　祖巴托夫生于1866年，在他年轻的时候似乎就已经牵涉到某种政治异见活动中了。虽然缺乏可靠的传记资料，但已知的是，他在19世纪80年代中期加入警察司，官至莫斯科安保局局长，后又任特勤署署长。在智力与眼界方面，他远高于自己的警察与宪兵同僚。他是俄国有史以来第一个真正的安保方面的行家。他将一些勤勉专注的年轻人带入了这个行当，并安排他们去管理他在全国各地设立的安保分支机构。对嫌疑人进行指纹采集、照片采集，这类在当时的俄罗斯属于创新的举措，皆出自他之手。此外，他还有自己的一套意识形态。作为一个忠实的君主主义者，他认为保护俄罗斯不受革命分子的侵害是他的责任，他担心革命分子会毁了他的国家。（1917年，当他听闻沙皇退位的消息时，便饮弹自尽了。）在祖巴托夫看来，警察不应该仅限于预防和镇压颠覆活动，而是应该积极地接触社会。作为俾斯麦的崇拜者，他设想中的俄罗斯应该是某种社会君主主义式的国家。在这种君主制下，皇权应当将自己置于工人阶级领袖的地位。通过对新生的工人运动的观察研究，他坚信俄国工人没有政治上的抱负。（列宁亦是如此，但是得出的结论与祖巴托夫不同。）于是他开始尝试组织警察支持下的工会。在1901—1903年间，在高层的有力支持下，他发起了他的"警察社会主义"运动，在警察的保护下，成立了许多工会组织。结果超出所有人的预料，工人们终于能够为了自己的经济利益而斗争，不惧怕被捕，纷纷投向祖巴托夫的工会。祖巴托夫建立的工会是俄罗斯历史上首批合法运作的工人组织。祖巴托夫在犹太工人中尤其受欢迎。然而，在1903年正当一切顺风顺水之时，他却遭到了解职，成为官场阴谋中的受害者。此外，因警察支持工人罢工而受到了企业家的抗议，这也是导致他下台原因之一。[32]

祖巴托夫的设计是可以无限拓展的。如果得以继续，他很有可能建立能想得到的各类受警察支持的组织团体。事实上，他曾在警察支持的学生社团中做过一段时间的实验。最终很可能建立一个仅由警察或其任命的人员组成的议会。如果能实现这种状况，安全机构将在国家生活中发挥真正的创造性作用。虽然这个问题很有趣，但是它超出了我们研究的时间界限。

11. 不成熟的警察国家

然而，最终还是很难说帝国时代的俄罗斯是一个绝对的警察国家；它更像是一个先行者，一个警察国家体制的粗糙雏形，远远没有显示其全部潜力。这个体制充满了漏洞。这些漏洞大部分是俄国的统治精英们在接受西方的制度与价值的过程中造成的。尽管西方的制度与价值与世袭思想格格不入，但他们还是不愿意放弃。然而，这些漏洞在很大程度上削弱了19世纪70年代、80年代所采用的一整套精心设计的镇压措施。

私有财产

在这些反作用力中，最重要的是私有财产。这一制度虽然很晚才来到俄罗斯，但是一经采纳便很快遍地生根。沙皇政府尽管会为了一些极小的政治上的罪行去骚扰臣民，但是对他们的私有财产却十分小心，不去侵犯。

当对俄国当局来说是极大刺激的《钟声》报在伦敦出版的时候，赫尔岑却仍旧能够定期通过一家国际银行获得从俄罗斯汇来的租金。列宁的母亲，即便是在自己的一个儿子因预谋刺杀沙皇而被处死，另外两个儿子因革命活动而被捕入狱的情况下，也一直作为政府公务员的遗孀领取政府发放的抚恤金，直到身故。私人资本和私有企业的存在使得许多旨在斩断"不值得信赖"分子生活来源的镇压措施统统失去了效力。那些政治上的不可靠分子几乎总是能在私营企业中找到工作，这些企业要么就是对政府毫不同情，要么就是保持着政治上的中立。一部分俄国最激进的记者还得到了一些有钱的怪人的资助。地方自治会公开聘用激进派知识分子担任统计员或教师。在发动 1905 年革命中起到重要作用的地下社团"解放联盟"同样得到了私人资金的支持。在私有财产的资助下，在帝国全境范围内出现了许多警察无力闯入的"飞地"，因为时行的法律对于个人权利不屑一顾，对财产权却是严格捍卫。最终，祖巴托夫在"警察社会主义"方面的尝试在帝国时代的俄罗斯是不可能成功的，因为它迟早要与个人的商业利益相冲突。

出国旅行

另一个漏洞是赴国外旅行。1785 年贵族获得了赴国外旅行的权利，之后该权利逐渐扩展到了其他社会阶层。即便是在最黑暗的镇压时代，这一权利仍然被保留了下来。尼古拉一世曾经试图通过剥夺 10—18 岁在国外留学的贵族成为国家公职人员的权利来对赴国外旅行实施限制。1834 年，尼古拉一世要求贵族在国外居住的时间以 5 年为限，到了 1851 年又将该时限降至 2 年。俄罗斯帝国刑法中有条款规定，如果政府有令，则俄国公民必须从国外返回祖国。然而，这些措施都没有起到什么作用。俄罗斯人频繁旅居西欧，且长期停留在那里；例如，1900 年，在国外逗留的平均时长超过 80 天的俄国人有 20 万。在威廉时代的德国，俄罗斯人是数量最多的留学生群体。要获取一本有效的国际旅行护照，只需要向所在地区的省长递交一封申请，花一小笔费用即可。即使是对有颠覆罪前科的个人来说，获得护照也非难事，很显然这是假设他们出国要比在国内麻烦惹得少。1917 年 10 月夺取了俄国政权的那个革命党，其首脑和行动指挥部已经在西欧存在多年了，这一点都不奇怪。

文化因素的制约

第三，源于文化特性的强力因素阻碍了镇压机制充分发挥效力。统治俄罗斯的精英阶层是在西方思想的熏陶下长大的，他们惧怕耻辱。因担心受到文明世界的嘲笑，所以对采取过于严厉的措施犹豫不决。哪怕是自己眼中流露出了"亚细亚式的"行事风格，也会觉得尴尬无比。无论后果如何，沙俄精英在心理上是没有能力去使用暴力的。尼古拉二世曾有句非常感人的话，也可以说是他统治时期的遗物，是在1916年末写给其亲属的，这些亲属当时正在为与谋杀拉斯普京案件有关联的一位大公辩护。尼古拉二世言道："谁都没有权力去实施一场谋杀。"[33] 这种道德根本不符合警察国家的规则。

老旧的世袭心态与现代西方的影响，二者间冲突斗争的结果是，产生了一支无所不在、无事不管、无理专横，然而整体效率低下的警察队伍。赋予政治警察的权力与得到的成效完全不成比例。我们已经列举过一些关于政治犯罪的统计数据：监管和流放的人数很少、被审查拦截下来的书籍比例微不足道。从1866—1895年间，被处决的政治犯只有44人，且全部都是刺杀案件或者预谋刺杀案件的行凶者。在亚历山大三世执政这个镇压活动最严厉的时期，因涉及政治犯罪而被拘押审讯的人员共有4000名。鉴于俄罗斯的广袤国土以及应对颠覆活动所设的庞大机构，该数字根本就是微不足道的。

12. 警察权力对旧制度的损害

俄罗斯这种原始的警察国家体制是无意中形成的，它导致了俄罗斯社会走向激进化。政治罪的定义太过宽泛，甚至于各种安保防范措施构成了一张广布的网络，这张网络捕捉到的人相互之间竟毫无共同之处。从法律的角度来看，保守主义者、民族主义者、自由主义者、民主主义者、社会主义者和无政府主义者的不满之间几乎没有区别。一个信奉君主主义的地主可能因地方官的无能和贪腐感到愤怒，但是在法律和宪兵的眼中，他则与在皇宫里安放炸弹的无政府主义者成了一类人。政府实施的各类禁令，实际上是把公民推到了反对派的行列，进而成为极端主义诉求的接受者。例如，在19世纪80年代，法律禁止大学生组成任何形式的社团组织。考虑到年轻人孤独、贫困和自然萌生的社交倾向等特征，他们不可避免地要违反法律去寻找伙伴，结成社团；而这些社团只能以秘密的、地下活动的形式出现，因此很容易被激进分子渗透进去，并最终被他们接管。在劳动力立法方面也是如此。建立工会组织遭到严格禁止，即便是最无害的工会活动也被划入了反国家罪的范围内。工人们参加工会的目的不过只是为了自我教育或改善经济状况，可他们硬是被禁令驱赶到了他们既不信任也不喜欢的大学生激进分子一方。于是，政府本身帮助完成了一项看似不可能的任务，即建立了各种思潮的大联盟：从右翼的斯拉夫派到左翼的社会革命派。该联盟在1902—1905年间以"解放运动"（Освободительное движение）为名，终于从政府那里逼出了一部宪法。

时存的立法远远没能扑灭革命之火，反倒是助了革命一臂之力，这种状况没能逃过当时敏锐之士的洞察。有些人已经预见到了会出现灾难性的后果，前任警察司总长罗布欣即是其中之一。1907年他曾预言道：

> 鉴于其缺乏法学的基本学术概念，鉴于对公共生活的认知仅是在军事院校和军营内的印象，宪兵团官兵的整个政治观念可以归结为以下内容：人民与国家政权共存于世，后者始终处于前者的威胁之中，因此，必须对后者实施保护性

措施，而执行这些措施可以不择手段，且不必受责罚。当这样的世界观恰巧与责任意识的淡薄，以及缺乏足够的智慧来理解复杂的社会现象偶合时，基于这种世界观所得出的观察结果，就把他们自己限制在了各种社会现象的表面内，而不能理解其内在的含义。此后，每一种社会现象都被假定为对国家政权的威胁。结果是，宪兵团保卫国家政权的行为演变成了一场针对全社会的战争，最终还是将国家政权引向了灭亡。只有与社会融为一体才能确保国家政权的长治久安。国家政权与人民之间的隔阂持续加深就会引发革命。这就是为什么说政治警察的活动不仅对人民是有害的，而且对国家也一样有害。[34]

当然，理论上讲，皇权是有可能回到莫斯科公国的体制的，没收所有私人财产，再次用劳役和赋税操纵各个社会阶层，将俄罗斯紧密封闭起来，彻底与外部世界相隔绝，宣称自己是第三罗马。如果这样，可以让俄罗斯有机会弥补那些使其警察体制成为笑柄的漏洞。但要做到这一点，就需要来一场名副其实的社会与文化革命。鉴于其成长经历，俄罗斯帝国的领袖们不属于那种能够策动如此剧变之人。策动这样的剧变需要的是有着不同的心态和不同的价值观的、完完全全的新人。

13. 结语

以上勾勒出的镇压制度在历史文献中通常被贴上"反动"

的标签。但是，所采用的方法是不分政治立场的。镇压异见的手段可以被右翼政权使用，同样也可以轻易地被左翼政权所使用。一旦这些方法经过实践后被证明是成功的，就注定会被任何一个无论出于何种理由都认为自己具有政治垄断权力的政府所采用。

正如机械化装甲部队的大规模突破战术一样，虽然是被英国人首先用在了一战的康布雷战役中，但后来这种战术英国人就不再使用了，而由他们的敌人——德国人在二战中完善，警察体制的各种统治方法，虽然是被沙俄政权逐渐采用的，但是最先对这些方法进行充分利用的则是曾经的受害者——革命分子。在1917年10月走上俄国权力舞台的这些人是在"超常"和"临时"法令体制下成长起来的，这是他们对俄国制度唯一的认识。他们所有人都曾被这种阴影所笼罩，都遭到过沙俄政府政治警察的搜查、逮捕、关押和流放。他们也曾与书刊审查做过斗争，与安插在他们中间的特务做过斗争。他们从内部对这一体制了如指掌，这意味着他们也非常清楚该体制的缺点和漏洞。他们对政府的认识就是某种程度上沙俄政府的镜像，不同的是沙俄政府所说的"颠覆"，在他们的话语中变成了"反革命"。早在他们掌握政权之前，像普列汉诺夫这样的社会民主党人，就毫不掩饰地认为杀死其意识形态方面的对手是正当的。[35]

因此，布尔什维克几乎在夺取政权的那一刻，就开始着手将被短命的临时政府拆得支离破碎的沙俄警察机构重新拼凑起来，这一点也不奇怪。1917年12月，一个名为契卡的政治警察机关正式成立，但是从革命军事委员会发动政变之日起，它的职能就开始非正式地发挥作用了。契卡比旧俄的警察司、安保局以及宪兵团拥有更大的权力，被授予全权处理任何被其认定为"反革命分子"的人。在1918年9月的"肃反运动"中，契卡一天之内处决了500多名"国家敌人"。在布尔什维克夺取政权的两个月内，他们对主要的政治反对派下达了逮捕令。前面提到过的1927年刑法（参见427页）包含了对反国家罪的惩处条款，无论是定义的广度，还是惩罚的严厉度，都与帝俄时代所制定的法律有一定的相似性。

所有这些都是在新政权建立不久就完成的。之后，镇压机制逐年完善，一直到斯大林的统治，镇压机制达到了人类历史上前所未有的程度。

列宁和他的革命战友们在夺取政权后，迅速开始了警察国家的建设，他们把这视为实施紧急措施，和当年沙俄政府一样。契卡和"革命法庭"、大规模处决、强制劳动营、流放、书刊审查制度等所有这些镇压手段，在他们看来，对于铲除旧制度的残余来说都是有必要的。等到任务完成后，这些机构都将被解散。然而，共产党的"临时"措施也和沙俄时代的"临时"措施有着同样的命运：定期更新、无差别地实施暴力逐渐使他们要保护的秩序黯然失色。如果布尔什维克的领导人们多读些历史，少看些争论，或许他们能够预见到这一结果。那种认为政治可以孤立于社会的变迁而被一个集团或一种意识形态所垄断的观念，在现代社会的条件下是无以为继的。任何坚持这种观念的政府，必定会给予其警察机关更加宽泛的权力，而自身也终将成为其受害者。

‖ 注释及大事年表

注　释

第一章　环境的因与果

1. 关于俄国地理状况与其历史之间的关系，详见 W. H. Parker, *An Historical Geography of Russia* (London, 1968)。

2. 所有关于西欧农业产出量的统计数据皆出自 B. H. Slicher van Bath, 'Yield ratios, 810–1820', in *Afdeling Agrarische Geschiedenis, Bijdragen* (Wageningen, 1963), No. 10, p. 14。

3. А. Л. Шапиро в книге Академии Наук Эстонской ССР, *Ежегодник по аграрной истории Восточной Европы (1958)*, Таллин, 1959, стр. 221.

4. А. Л. Шапиро, *Аграрная история Сеаеро-Запада России*, Л., 1971, стр. 366–7, 373 («Северо-Запад», 即 "西北" 通常是苏联时代对诺夫哥罗德城邦的婉称）；也见 *История СССР*, 1972, No. 1, стр. 156。

5. 关于西欧的情况，参见：*Энциклопедический словарь о-ва Брокгауз и Ефрон*. СПб, 1902, XXIV a，стр. 930–1。

6. И. Д. Ковальченко, *Русское крепостное крестьянство в первой половине XIX века*. М., 1967, *стр.* 77.

7. August von Haxthausen, *Studien über die innern Zustände ... Russlands* (Hanover, 1847), 1, pp. 174–7.

8. A. N. Engelgardt 引自 Труды *Императорского Вольного Экономи-ческого Общества*, май 1866, т.II, ч. 4, стр. 410。这条参考文献要感谢史蒂芬·格兰特先生。

9. H. Storch, *Tableu historique et statistique de l' Empire de Russie* (Paris,

1801)，转引自 Parker, *Historical Geography,* p. 158。

10. В. О. Ключевский, *Боярская Думадревней Руси,* Петербург, 1919, стр. 307.

11. 上述人口统计数据来自: С. В. Вознесенский, Экономика России XIX–XX вввцифрах. Л., 1924, I; А. И. Копанев, "Население русского государства в XVI в.", Исторические записки, 1959, No. 64, стр. 254; В. М. Кабузан, Народонаселение России в XVIII-первой половине XIX в., М. 1963; А. Г. Рашин, Население России за 100 лет, (1811–1913), М., 1956。

12. С. М. Дубровский, Столыпинская реформа, 2-е изд., М., 1930, стр. 18.

13. В. О. Ключевский, *Курс русской истории,* М., 1937, I, стр. 20.

14. R. Dion, *Essai sur la formation du paysage rural francais* (Tours, 1934), p. 31. Cited in Michael C onfin o , *Systèmes agraires et progrès agricole* (Paris-The Hague, 1969). p. 415.

15. Karl A. Wittfogel, *Oriental Despotism* (New Haven, Conn. 1957).

16. И. П. Козловский, *Первые почты и первые почтмейстеры в Московском государс*тве, 2 т., Варшава, 1913, *passim.*

17. Thomas Hobbes, *The Elements of law, Natural and Politic* (Cambridge, 1928), pp. 81-2, 99-100.

18. Max Weber, *The Theory of Social and Economic Organization* (London, 1947), p. 318.

19. Max Weber, *Wirtschaft und Gesellschaft* (Tübingen, 1947), II, p. 684.

20. M. Rostovtzeff, *The Social and Economic History of the Hellenistic World, 3 vols (*Oxford, 1941），和 E. Bevan, *A History of Egypt under the Ptolemeis Dynasty* (London, 1927)。

21. *Geschichte des Hellenismus*, 2nd ed. (Leipzig-Berlin, 1926), II, pp. 335–6.

第二章　俄罗斯世袭国家的起源

1. М. К. Любавский, Образование основной государственной территории великорусской народности, Л., 1929.

2. П. Милюков, Главные течения русской исторической мысли, М., 1898.стр. 192–204.

3. В. И. Ламанский. ред. Статьи по славяноведению, СПб., 1904. I,

стр. 298–304. 译自 *Annals of the Ukrainian Academy of Sciences in the United States*, II, No. 4/6 (1952), pp.355–64。

4. Alexandre Eck, *Le Moyen Age Russe* (Paris, 1933), p. 43n .

5. В. О. Ключевский, «Подушная подать» и отмена холопства в России, в *Опыты и исследования: Первый сборник статей,* Петроград, 1918.стр. 315–16.

6. С. В. Бахрушин, «Княжеское хозяйство XV и первой половины XVI в.», 见于其 Научные труды, М., 1954, II, стр. 14。

7. 总结于其著作 *Феодализм в древней Руси,* С П б ., 1907。对于俄国 "封建体制", Струве 在其文章中有过精妙的论述, 见 «Наблюдения и исследования из области хозяйственной жизни и права древней Руси», Сборник *Русского Института в Праге,* 1929.I, стр. 389– 464。 (重印于 P. B. Struve, Collected Works in Fifteen Volumes Ann Arbor, Mich. 1970, XIII, No. 607。)

8. Jean Touchard, *Histoire des idees politiques* (Paris, 1959), I, p. 159.

9. *Feudal Society* (London, 1961), p . 452.

10. *Феодальное землевладение в Северо-Восточной Руси,* М.-Л., 1947, I, стр. 264, 283.

11. Струве, «Наблюдения», стр. 415.Струве 用 "vassalage" 一词特指自愿条件下, 而非强制条件下履行义务。

12. 关于封建体制对现代国家形成的贡献, 可参见 Heinrich Mitteis, *Lehnrecht and Staatsgewalt*, (Weimar 1933)。

第三章 世袭制的胜利

1. А. Н. Насонов, *Монголы и Русь,* М.- Л., 1940, стр. 110.

2. Karl Marx, *Secret Diplomatic History of the Eighteenth Century* (London, 1969), p.112.

3. С. М. Соловьев, *История России с древнейших времен.* М., 1960. III, стр. 146–7.

4. Paul Vinogradoff in *The Legacy of the Middle Ages,* C. G. Crump and E. F. Jacob, eds. (Oxford, 1926), p. 300.

5. М. Дьяконов, *Власть московских государей,* СПб, 1889, стр. 133.

6. Paul Vinogradoff, *Roman in Medieval Europe* (Oxford, 1929), p. 62.

7. Jean Bodin, *The Six Bookes of a Commonweale* (1606) (Cambridge, Mass. 1962), Book II, Ch. 2, pp. 197–204.

8. Jacques Ellul, *Histoire des institutions* (Paris, 1956), II, pp. 235–6, 296.

9. J. H. Elliott, *Imperial Spain, 1469—1716* (London, 1963), p. 73.

10. Edward L. Keenan, *The Kurbskii-Groznyi Apocrypha* (Cambridge, Mass. 1971).

11. Н. Е. Носов, *Очерки по истории местного управления русского государства первой половины XVI века,* М.-Л., 1957, стр. 322；详见 А. А. Зимин, *Исторические записки,* No. 63, 1958, стр. 181。

12. П. Н. Милюков, *Очерки по истории русской культуры,* 6-е изд., СПб., 1909, ч. 1, стр. 197.

13. А. К. Леонтьев, *Образование приказной системы управления в русском государстве,* М., 1961.

14. В. Сергеевич, *Древности русского права,* 2-е изд., СПб., 1911, III, стр. 22–3.

15. Г. Е. Кочин, ред., *Материал для терминологического словаря древней России,* М.-Л., 1937, стр. 126.

16. Giles Fletcher, *Of the Russe Commonwealth* (London, 1591), p. 41.

17. Cited in Helmut Neubauer, *Car und Selbstherrscher* (Wiesbaden, 1964), pp. 39–40.

18. *Памятники дипломатических сношений древней России с державами иностранными* СПб., 1851, I, стр. 12.

19. В. Сергеевич, *Древности русского права,* 3-е изд., СПб., 1908, II, стр 34.

20. А. Лаппо-Данилевский, *Организация прямого обложения в Московском государстве,* СПб., 1890, стр. 14–15.

21. В. Савва, *Московские, цари и византийские василевсы* (Харьков, 1901), стр. 400.

22. *О России в царствование Алексея Михайловича, сочинение Григорья Котошихина* 4-е изд., СПб., 1906, стр. 1.

23. Antonio Possevino, *Moscovia* (Antwerp, 1587), pp. 55, 93.

24. Дьяконов, Власть, стр. 146–62; and his *Очерки общественного и государственного строя древней Руси,* 3-е изд., СПб., 1910, стр. 419–20.

25. *Русско-индийские отношения в XVII в Сборник документов* М., 1958, стр. 6.

26. J. Baly, *Eur-Aruan Roots* (London, 1897), I, pp. 355–7.

27. Werner Philipp, 'Ein Anonymus der Tverer Publizistik im 15.Jahrhundert', *Festschrift für Dmytro Čyževśkyej zum 60. Geburstag* (Berlin, 1954), pp. 230–7.

28. А. Л. Шапиро, ред., *Аграрная история Севера-Запада России*, Л., 1971, стр. 332.

29. Патриаршая или Никоновская Летопись, Полное Собрание Русских Летописей, СПб., 1991, XII, стр. 181.

第四章 世袭政权剖析

1. S. Herberstein, *Rerum Moscoviticarum Commentarii* (Basle, 1571), p. 49.

2. A. Eck, *Le Moyen Age Russe* (Paris, 1933), pp. 89-92; М. Дьяконов, Очерки общественного и государственного строя древней Руси, 3-е изд., СПб., 1910, стр. 264–5.

3. В. Сергеевич, *Древности русского права*, 2-е изд., СПб., 1911, III, стр. 17–18.

4. Jerome Blum, *Lord and Peasant in Russia* (Princeton, N.J. 1961), p. 169.

5. М. Яблочков, *История дворянского сословия в России*, СПб., 1876, стр. 415–16.

6. А. Л. Шапиро, ред., *Аграрная история Северо-Запада России*, Л., 1971, стр. 333.

7. Giles Fletcher, O*f the Russe Commonwealth* (London, 1591), p. 311–2.

8. В. О. Ключевский, *Боярская Дума древней Руси*, СПб., 1919, стр. 216.

9. П. Милюков, *Государственное хозяйство России в первой четверти XVIII столетия и реформа Петра Великого*, 2-е изд., СПб., 1905, стр. 11.

10. С. Б. Веселовский, *К вопросу о происхождении вотчинного режима*, М., 1926.

11. Cited in Институт Истории Академии Наук СССР, *История СССР*, М., 1948, I, стр. 421.

12. М. М. Сперанский. *Проекты и записки*, М.-Л., 1961, стр. 43.

13. Н. Хлебников, *О влиянии общества на организацию государства в царский период русской истории*, СПб., 1869, стр. 273.

14. Опыты и исследования — первый сборник статей, Петроград, 1918, стр. 406.

15. Н.Ф.Демидова, «Бюрократизация государственного аппарата абсолютизма в XVII–XVIII вв.», Академия Наук, Институт Истории, Абсолютизм в России (XVII–XVIII ее.), М., 1964, стр. 206–42.

16. А. А. Кизеветтер, Местное самоуправление в России. IX-XIX ст. : Исторический очерк, 2-е изд., Петроград, 1917, стр. 47–52.

17. С. М. Соловьев, История России с древнейших времен, М., 1960, VII, стр. 43.

18. Соловьев, История. М., 1961, V, стр. 340.

19. А. С. Мулюкин, Приезд иностранцев в Московское государство, СПб., 1909, стр. 58.

第五章　世袭国家的局部瓦解

1. Cited in В. О. Ключевский, Курс русской истории, М., 1937, IV, стр. 225.

2. В. Семевский, «Раздача населенных имений при Екатерине II», Отечественные записки, т. CCXXXIII, No. 8, август 1877, разд. «Современное обозрение», стр. 204–27.

3. Statesman's Yearbook... for the Year 1939 (London, 1939), pp. 847 and 1119; and, Центральное Статистическое Управление, Итоги всесоюзной переписи населения 1970 года, М., 1973, IV, стр. 14–15.

4. Н. Устрялов, История царствования Петра Великого, СПб., 1859, IV, стр. 346-8.

5. G. N. Clark, The Seventeenth Century, 2nd ed. (Oxford, 1947), p. 100.

6. N[icolas] Tourgueneff, La Russie et Les Russes (Paris, 1847), II, p. 17.

7. Brenda Meehan-Waters, The Muscovite Noble Origins of the Russians in the Generalitet of 1730, Cahiers du monde russe et sovietique, Vol. XII, No. 1–2, (1971), p. 34.

8. 以下论述的主要依据为：С. П. Луппова, История строительства Петербурга в первой четверти XVIII века, М.-Л., 1957。

9. А. Романович-Славатинский, Дворянство в России, 2-е изд., Киев, 1912, стр. 151.

10. Н. И. Павленко, Россия в период реформ Петра I, Москва, 1973,

стр. 60–64.

11. Н. Б. Голикова, *Политические процессы при Петре I*, М., 1957, стр. 9.

12. 1782 年和 1858 年的数据来源于 B. M. Кабузан, С. М. Троицкий, 'Изменения в численности, удельном весе и размещения дворянства в России в 1782–1858 гг.', *История СССР*, No. 4, 1971, стр. 158。

13. Pierre Dolgoroukow, *La verite sur la Russie* (Paris, 1860), pp.83–6.

14. А. Романович-Славатинский, *Дворянство в России*, стр. 487–8.

15. А. И. Герцен, *Собрание сочинений*, М., 1956, VIII, стр. 236.

16. М. Богословский, *Быт и нравы русского дворянства в первой половине XVIII века*, М., 1906, стр. 50.

17. Robert Е. Jones, *The Emancipation of the Russian Nobility, 1762–1785* (Princeton, 1973), p. 80.

第六章　农　民

1. 关于该主题，参见 Michael Confino, *Systemes agraires et progress agricole* (Paris-The Hague, 1969)。

2. В. Ключевский, *Курс русской истории*, М., 1937, I, стр. 324–5.

3. А. Тройницкий, *Крепостное население в России по десятой народной переписи*, СПб., 1861.

4. И. Д. Ковальченко, *Русское Крепостное крестьянство в первой половине XIX в*, М., 1967, стр. 86.

5. ibid, p. 68–9.

6. 'Economic History as a Discipline', *Encyclopedia of the Social Sciences* (New York, 1944), V, p. 328.

7. А. С. Пушкин. Полное собрание сочинений в десяти томах, М.-Л., 1949, VII, стр. 289–91. 普希金对俄国的代役租和徭役的观点并不完全正确。

8. Captain John Dundas Cochrane, *Narrative of a Pedestrian Journey through Russia and Siberian Tartary* (London, 1824), p. 68. 似乎前面的参考文献里普希金记忆中的那位旅行者正是 Cochrane。

9. Robert Bremner, *Excursions in the Interior of Russia* (London, 1839), I, pp. 154–5.

10. И. И. Игнатович, *Помещичьи крестьяне накануне освобождения*, СПб., 1902, стр. 24.

11. A. von Haxthausen, *Studien über die innern Zustände ...Russlands*

(Hanover, 1847), II. p. 511.

12. Bremner, *Excursions,* I, p. 156.

13. Daniel Field in *Kritika* (Cambridge, Mass.), Vol. 1. No. 2 (Winter, 1964–65), P. 20.

14. Cited in Б. Е. Нольде, *Юрий Самарин и его время,* Париж, 1926, стр. 69.

15. ПисьмокД. И. Ивановуот 7 августа 1837 г [В. Г.] Белинский, *Письма,* СПб., 1914, 1, стр. 92.

16. С. В. Пахман, *Обычное гражданское право в России,* СПб., 1877, I, стр. 410–12.

17. CIted in Н. Л. Бродский, ред., *Ранние славянофилы,* М., 1910, стр. LIII.

18. A. N. Engelgardt, *Из деревни: 12 писем,* Cited in R.Wortman, *The Crisis of Russian Populism* (Cambridge, 1967), p. 58.

19. Максим Горький, *О русском крестьянстве,* Берлин, 1922, стр. 23.

20. Ralph E. Matlaw, ed., *Belinsky, Chernyshevsky, and Dobrolyubov: Selected Criticism* (New York, 1962), pp. 86–7.

21. О. В. Аптекман, *Общество «Земля и воля» 70-х гг,* Петроград., 1924, стр. 144–5.

22. Peter Struve 于 1898 年首次提出这一观点，从那时起即得到了一些经济史学家的肯定。参见：Н. Л. Рубинштейн, *Сельское хозяйство России во второй половине XVIII в.,* М., 1957, стр. 127–30，以及 Michael Confino, *Domaines et seigneurs en Russie vers la fin du XVIIIsiècle* (Paris, 1963), pp. 194–201。

23. Ю. Ф. Самарин, 'О крепостном состоянии', *Сочинения,* М., 1878, II, стр. 19.

24. George Pavlovsky, *Agricultural Russia on the Eve of the Revolution* (London, 1930), pp. 92, 94.

25. А. Н. Челинцев, Русское сельское хозяйство перед революцией, 2-ое изд. М., 1928, стр. 10–11.

第七章 贵 族

1. А. С. Пушкин, *Полное собрание сочинений в десяти томах,* М.-Л., 1949, VII, стр. 539–40.

2. Н. Хлебников, О влиянии общества на *организацию* государства в

царский период русской истории, СПб., 1869, стр. 13.

3. Alexandre Eck, *Le Moyen Age Russe* (Paris, 1933), p. 232, and Ю. В. Готье, *Замосковный край в XVIII веке,* М., 1937, стр. 287.

4. Jerome Blum, *Lord and Peasant in Russia* (Princeton, N. J. 1961), p. 215; Е. И. Индова, *Крепостное хозяйство в начале XIX века по материалам вотчинного архива Воронцовы,.* М.,1955, стр. 27–8; and К. Н. Щепетов, *Крепостное право в вотчинах Шереметевых, 1708-1885,* М., 1947, стр. 22.

5. А. Т. Болотов, cited by Michael Confino, *Systèmes agraires et progrès agricole* (Paris-TheHague, 1969), pp. 104–5.

6. Eck, *Le Moyen Age,* p. 233. Хлебников (*Овлиянии,* стр. 31–2) 亦有相似的判断。

7. E. D. Clarke, *Travels in Russia, Tartary and Turkey* (Edinburgh, 1839), p.15, cited by M. Confino, 'A proros de la noblesse russe au XVIII siecle', *Annales,* No. 6 (1967), p. 1196. 康菲诺的描述体现了大多数俄国贵族的落魄境遇。

8. 'Записки Сенатора Я. А. Соловьева', *Русская старина,* т. XXX, апрель, 1881, стр. 746–7.

9. В. М. Кабузан и С. М. Троицкий, 'Измененя в численности, удельном весе и размещении дворянства в России в 1782–1858 гг.'. *История СССР,* No. 4, 1971, стр. 158. 另可参见187页相同来源的统计数据。

10. С. Б. Веселовский, *Феодальное землевладение в северо-восточной Руси,* М.-Л., 1947, I, стр. 165–202.

11. O. A. Holmes, *The Estates of the Higher nobility in Fourteenth-Century England* (Cambridge, 1957).

12. O. E. Mingay, *English Landed Society in the Eighteenth Century* (London—Toronto 1963), p. 26.

13. А. Романович-Славатинский, *Дворянство в России,* 2-е изд., Киев, 1912, стр 535.

14. 1777 年的数据来自 В. И. Семевский, *Крестьяне в царствование Императрицы Екатерины II,* СПб.. 1903, 1, стр. 32, 1858 年至1859 年的数据基于 А.Тройницкий, *Крепостное население в России по 10-ой народной переписи,* СПб 1861 таб.Д, стр. 45。表中所列出的农奴主总数为87269 个，系37 个省的观测数据。此外另有3000 名左右的

贵族拥有农奴（人均拥有3名农奴），但是没有土地。

15. Романович-Славатинсккй, *Дворянство*, стр. 572.

16. Н. Загоскин, *Очерки организации и происхождения служилого сословия в допетровской Руси*. Казань, 1875, стр. 177–9.

17. Eric Amburger, *Geschichte der Behördenorganisalion Russlands von Peter dem Grossen bis 1917* (Leiden, 1966), p. 517; Walter M. Pintner, *Slavic Review, Vol. 29, No. 3* (September 1970), p. 438.

18. М. М. Сперанский, 'Письма Сперанского к А. А. Столыпину', *Русский архив*, 1869, VII, No. 9, стр. 1977.

19. Д. А. Корсаков, *Воцарение Императрицы Анны Иоанновны*, Казань., 1880, стр. 93.

20. Великий Князь Николай Михайлович, *Граф Павел Александрович Строганов*, 1774–1817, СПб., 1903, II, стр. 111–2.

21. А. С. Пушкин, *Полное собрание сочинений*, VII, стр. 229–30.

第八章　缺席的资产阶级

1. Б. Г. Курц, *Состояние России в 1650–1655 гг. по донесениям Родеса*, М., 1914, стр. 148.

2. Б. Г. Курц, *Сочинение Кильбургера о русской торговле в царствование Алексея Михайловича*. Киев, 1915, стр. 87–8.

3. 'Путешествие в Московню Барона Августина Майерсберга', *Чтения в Императорском Обществе Истории и Древностей Российских*, кн. 3, 1873, ч. 4. стр. 92.

4. Н. Хлебников, О влиянии общества на организации государства в царский период русской истории (Санкт-Петербург, 1869), стр. 284.

5. Max Weber, *Wirtschaft und Gesellschaft*, 3rd ed., (Tubingen, 1947), II, p. 523.

6. Павел Смирнов, Города московского государства в первой половине *XVII* веха.т.1, ч.2, Киев, 1919, стр. 351–2, and А. М. Сахаров, Образование и развитие российского государства в *XIV–XVII в.*, М., 1969, стр. 77.

7. Смирнов, *Города*, 1/2, таб. XXVIII, стр. 346–7, 352.

8. А. А. Кизеветтер, *Посадская община в России XVIII ст.*, М., 1903, стр. 171–4.

9. И М. Кулишер, *Очерки истории русской торговли*, Петроград,

1923, стр. 154–5.

10. И. Дитятин, *Устройство и управление городов России*, СПб., 1875, I, стр. 109.

11. 这些词源取自 Max Vasmer, *Russisches etymologisches Wörterbuch*. 3 vols. (Heidelberg, 1950–8)。

12. Giles Fletcher, *Of the Russe Commonwealth* (London, 1591), pp. 46v–7.

13. В. П. Рябушннский, cited in П. А. Бурышкина, *Москва купеческая*, Нью-Йорк., 1954, стр. 110.

14. *Московский суконный двор*, Л., 1934, стр. XXVI–XXVII and *passim*.

15. М. Туган-Барановский, *Русская фабрика в прошлом и настоящем*, 7-е изд., М., 1938, I, стр. 29.

16. М. Ф. Злотников, 'К вопросу об изучении истории рабочего класса и промышленности', *Каторга и ссылка*, No. 1/116, 1935, стр. 59.

17. 其生平故事在1881年5—9月号的 Russkaia starina 杂志中被讲述，总结于 И. И. Игнатович, *Помещичьи крестьяне накануне освобождения*, СПб., 1902, стр. 76–8。

18. *Исторические записки*, No. 32, 1950, стр. 133.

19. Дитятин, *Устройство*, стр. 374–5, and А. А. Кизеветтер, *Исторические очерки*, М., 1912, стр. 243.

20. Valentine T. Bill, *The Forgotten Class* (New York, 1959), p. 153.

21. Бурышкин, Москва купеческая, стр. 31.

22. Bertrand Gille, *Histoire economique et sociale de la Russie* (Paris, 1949), p. 187, and П. А. Хромов, *Экономическое развитие России в XIX–XX веках (1800–1917)*, [M], 1950, стр. 386.

第九章　教会：国之仆臣

1. Anatole Leroy Beaulieu, *L'Empire des Tsars et les Russes* (Paris, 1889), III, p. 167.

2. Wilhelm Ensstin in Norman H. Baynes and H. St. L. B. Moss. *Byzantium* (Oxford, 1949), p. 274.

3. Митрополит Московский Макарий, *История русской церкви*, СПб., 1886, V, кн. II, стр. 480–81.

4. Н. М. Никольский, *История русской церкви*, М., 1931, стр. 62. Никольский 的这本书是在 "苏联战斗无神论者同盟" 的支持下出版的，为了避免读者怀疑其观点被夸大，还可以参阅革命前的一些同情教会的权威历史学家所得出的类似结论，如：Л. П, Рущинский, *Религиозный быт русских по сведениям иностранных писателей XVI–XVII веков*, М., 1871，以及 С. Трегубов, *Религиозный быт русских и состояние духовенства в XVIII в. по мемуарам иностранцев*, Киев, 1884。

5. Cited in А. Павлов, *Исторический очерк секуляризаци и церковных земель в России*. Одесса, 1871, ч. I, стр. 84 сн.–85 сн.

6. Cited in Н. Ф. Каптерев, *Патриарх Никон и царь Алексей Михайлович*, Сергиев посад, 1909, I, стр. 34.

7. Ihor Sevcenko, 'A Neglected Byzantine Source of Muscovite Political Ideology', *Harvard Slavic Studies* (1954), II, pp. 141–79.

8. Vladimir Soloviev, *L'idee russe* (Paris, 1888), p. 25.

9. J. G. Korb, *Diary of an Austrian Secretary of Legation at the Court of Czar Peter the Great* (London, 1863), II, p. 161.

10. William Palmer, *The Patriarch and the Tsar*, I, 'The Replies of the Humble Nicon' (London, 1871), pp. 189–90, 251–3. 这些文本仅有英文翻译，俄文文本未曾出版。

11. 数据来自以下文献：П. И. Мельников [Печерский], Полное собрание сочинений, СПб., М., 1898, XIV, стр. 379–94；F. C. Conybeare, *Russian Dissenters* (Cambridge, Mass. 1921), pp. 245–9；and, П. Н. Милюков, Очерки по истории русской культуры, II, ч. I, Париж, 1931, стр. 153–5。

12. Pierre Pascal, *Avvakum et les debuts du raskol* (Paris, 1938), p. 574.

13. Alexander V. Muller, *The Spiritual Regulation of Peter the Great* (Seattle, Wash. 1972), p. [6].

14. James Cracraft, *The Church Reform of Peter the Great* (London, 1971), pp. 238–239.

15. *О России в царствование Алексея Михайловича, сочинение Григорья Котошихина*, 4-е изд., СПб., 1906, стр. 147; William Coxe, *Travels into Poland, Russia, Sweden and Denmark* (Dublin, 1784), II, p. 330.

16. *New York Times*, 23 March 1972, p. 6.

第十章　知识分子

1. П. А. Берлин, Русская буржуазия в старое и новое время, М., 1922, стр. 169.

2. Otto Mueiler, *Intelligentcija: Untersuchungenzur Geschichte einespolitischen Schlagwortes* (Frankfurt, 1971); Richard Pipes, '"Intelligentsia" from the German "Intelligenz"? a Note', *Slavic Review*, Vol. XXX, No. 3 (September 1971), pp. 615–18.

3. "工人知识分子"相关论述见于我的著作 *Social Democracy and the St Petersburg Labor Movement, 1885—1897* (Cambridge, Mass. 1963);"农民知识分子"(多数是以前的农奴,摆脱农奴身份后从事各类自由的职业)可见 Е. С. Коц, *Крепостная интеллигенция*, Л., 1926。

4. С. М. Соловьев, *История России с древнейших времен*, т. V, М., 1961, стр. 331–2.

5. Г. Гуковский, *Очерки по истории русской литературы XVIII века*, М.-Л., 1936, стр. 19.

6. Cited in В. Боголюбов, *И. И. Новиков и его время*, М., 1916, стр. 38.

7. Н. И Новиков, Избранные сочинения, М.-Л., 1951, стр. 59.

8. В. П. Семенников, *Радищев. Очерки и исследования*, М.-Петроград., 1923, стр. 268–9.

9. Cited in Abbott Gleason, *European and Moscovite: Ivan Kireevskii and the Origins of Slavophilism* (Cambridge, Mass. 1972), p. 38.

10. Cited in Martin Malia, *Alexander Herzen and the Birth of Russian Socialism, 1825–1855* (Cambridge, Mass. 1961), p. 203.

11. А. Н. Пыпин, *Белинский, его жизнь и переписка*, 2-е изд., СПб., 1908, стр. 88.

12. Л. В. Камоско, 'Изменения сословного состава учащихся средней и высшей, школы России (30-80е годы XIX в.)', *Вопросы истории*, No. 10, 1970, стр. 206.

13. В. Р. Лейкина-Свирская, *Интеллигенция в России во второй половине XIX века*, М., 1971, стр. 70.

14. 关于历史哲学的第一封信,见 Сочинения и письма П. Я. Чаадаева, под ред. М.Гершензона, Vol. I (Moscow, 1913), p. 79。

15. П. Я. Чаадаев, 'Неопубликованная статья', *Звенья*, т. III/IV, 1934, стр. 380.

16. *Дневник А. С. Суворина*, М.-Петроград., 1923. Cited in Isaiah Berlin, *Fathers and Children* (Oxford, 1972), p. 62.

17. 我对俄国保守主义的观点,在我向第13届国际历史科学大会提交的论文 *Russian Conservatism in the Second Half of the Nineteenth*

Century (Moscow, 1970) 中有详述，该文亦载于 *Slavic Review*, Vol. 30, No. 1 (March 1971), pp. 121–128。

18. Иван Аксаков, *Сочинения*. 2-е изд., СПб., 1891, II, стр. 3–4.

19. *Русский вестник,* т. 40, июль 1862, стр. 411.

20. Ф. М. Достоевский, *Письма, т.* III, М.-Л., 1934, стр. 50.

21. И. С. Тургенев, *Полное собрание сочинений и писем; Сочинения,* т. IX, М.-Л., 1965, стр. 119.

22. Н. Г. Чернышевский, 'Очерки гоголевского периода', *Эстетика и литературная критика. Избранные статьи,* М.-Л., 1961, стр. 338. 感谢 Professor Donald Fanger 指点此段引用。

23. Н. В. Гоголь, 'Несколько слов о Пушкине', *Собрание сочинений,* М., 1950, VI, стр. 33.

24. Cited in С. Балухатый. ред., *Русские писатели о литературе,* т. 1, Л., 1939, стр. 109.

25. Cited in [Е. Соловьев] Андреевич, *Опыт философии русской литературы,* 2-е изд., СПб, 1909, стр. 6.

26. Д. И. Писарев, *Сочинения,* т. 3, М., 1956, стр. 399.

27. Letter to А. С. Суворин (I April 1890) в *Письма А, П. Чехова,* т . III, М., 1913, стр. 44.

28. Letter to П. А. Боборыкин (1865), cited to в Балухатый, ред., *Русские писатели,* т. II. стр. 97.

第十一章　走向警察国家

1. Ю. Готье, *История областного управления в России от Петра I до Екатерины II,* М., 1913, I. стр. 499, and М. Богословский, *Областная реформа Петра Великого,* М., 1902, стр. 263.

2. Богословский, *Областная реформа,* стр. 262.

3. S. Frederick Starr, *Decentralization and Self-Government in Russia, 1830–1870* (Princeton, 1972), p. 48.

4. M. Le Comte de Segur, *Memoires* (Paris, 1826), II, p. 297.

5. Hans-Joachim Torke, 'Das Russische Beamtentum in der ersten Halfte des 19.Jahrhunderts', *Forschungen zur Osteuropaischen Geschichte,* Vol. 13, (Berlin, 1967), p. 227.

6. Н. Щедрин (М. Салтыков), *Губернские очерки,* в его *Собрании сочинений,* М., 1951, I, стр. 59–60.

7. П. А. Вяземский, ‹Старая записная книжка›, *Полное собрание сочинений Князя П. А. Вяземского.* СПб., 1883, стр. 113.

8. Н. М. Коркунов, *Русское государственное право,* СПб., 1909, I, стр. 215–22.

9. П. А. Зайончковский, *Российское самодержавие в конце XIX столетия,* М., 1970, стр. 299–301.

10. Уложение о Наказаниях Уголовных и Исправительных, СПб., 1845, стр. 65–6, 69. 这些条款被保留在了1885年的刑法中，只做了很小的改动。

11. Собрание Кодексов РСФСР, 4-е изд., М., 1927, стр. 665, 668.

12. Harold J. Berman, *Soviet Criminal Law and Procedure: The RSFSR Codes* (Cambridge, Mass. 1966), p. 180.

13. С. Максимов, *Сибирь и каторга,* ч. 2, СПб., 1871, стр. 229, 305.

14. 此为总结，资料见 П. А. Зайончковскнй, *Кризис самодержавия на рубеже 1870–1880-х годов,* М., 1964, стр. 76–7。

15. *Свод Законов Российской Империи, т.* I, ч. I, кн. V. СПб., 1892, стр. 40, Статья 362.

16. 本章注释中的第9和14条列出了他的两部著作。

17. Министерство Внутренних Дел, Исторический очерк, СПб., 1902, стр. 172. 文件日期为1886年，带重点标注。

18. *Былое,* No. 4/5, 1918, стр. 158–9.

19. П. А. Кропоткин, cited in Ronald Hingley, *The Russian Secret Police* (New York, 1970), p. 55.

20. *Собрание узаконений и распоряжений* правительства, СПб., 1881, датировано 4 сентября 1881 г., No. 616, стр. 1553–65.

21. А. А. Лопухин, *Настоящее и будущее русской полиции,* М., 1907, стр. 26–7.

22. П. Н. Милюков, *Очерки по истории русской культуры,* 6-е изд., СПб., 1909, I стр. 216–17.

23. П. Б. Струве, ‘Россия под надзором полиции’, *Освобождение,* т 1, No. 20/21, 18 апреля / 1 мая 1903, стр. 357.

24. Лопухин, *Настоящее и будущее,* стр. 5.

25. Зайончковский, *Кризис самодержавия,* стр. 182.

26. George Kennan, ‘The Russian Police’, *The Century Illustrated Magazine,* Vol. XXXVII (1888–9), pp. 890–2.

27. *Собрание узаконений и распоряжений правительства*, СПб., 16 апреля 1882 г. No. 212.

28. George Kennan, 'The Russian Penal Code'. *The Century Illustrated Magazine.* Vol. XXXV (1887–8), pp. 884–5.

29. Министерство Внутренних Дел, *Исторический очерк,* стр. 215.

30. Академия Наук СССР, Сибирское Отделение, *Ссылка и каторга в Сибири,* Новосибирск, 1975, стр. 230–1. 但是，在此数据中，根据地区的不同，有22%至86%的被流放人员处于"未经允许缺席"状态，即逃跑状态：同上，第231页。

31. Зайончковский, *Кризис самодержавия,* стр. 184, 296, и *Российское самодержавие,* стр. 168.

32. 关于祖巴托夫的活动更详细的介绍见 Dimitry Pospielovsky, *Russian Police Trade Unionism* (London, 1971)。

33. Красный архив, № 4 (1923), стр. 426.

34. Лопухин. *Настоящее и будущее,* стр. 32–3.

35. Richard Pipes, *Struve: Liberal on the Left, 1870–1905* (Cambridge, Mass. 1970), pp. 257 and 279.

大事年表

以下所列的是本书中提及的俄罗斯历史上的重要事件。日期标注为儒略历，该历法与西历之间的换算关系为：20 世纪比西历晚 13 天，19 世纪比西历晚 12 天，18 世纪比西历晚 11 天，依此类推。该历法在 1918 年被废止。

早期历史

6 世纪—8 世纪，斯拉夫人从中欧迁移到俄罗斯森林地带。

公元 7 世纪，突厥族系的可萨人征服了黑海草原，建立了可萨汗国；8 世纪末，可萨人皈依犹太教；8 世纪—9 世纪，南部的斯拉夫人向可萨人纳贡称臣。

约 800 年，在旧拉多加，出现了俄罗斯首个诺曼人的定居点；9 世纪，诺曼人沿着伏尔加河和第聂伯河流域扩散，并不断袭扰君士坦丁堡；约 882 年，奥列格大公将诺夫哥罗德与基辅合并为一国。

966—967 年，斯维亚托斯拉夫大公攻击并消灭可萨汗国。

970—971 年，斯维亚托斯拉夫大公征服保加利亚。

约 978—1015 年，大公弗拉基米尔一世在位时期。

987 年，基辅皈依基督教。

10 世纪下半叶，佩切涅格人入侵黑海草原，11 世纪，波洛维茨人（库曼人）紧随其后。

1019—1054 年，大公雅罗斯拉夫一世在位时期。

1097 年，柳别奇王公会议首次召开。

1113—1125 年，弗拉基米尔·莫诺马赫在位时期；罗斯托夫大公：约 1090—1157 年，尤里·多尔戈鲁基在位时期（1155—1157 年间为基辅大公）；约 1157—1174 年，苏兹达尔王公安德烈·博戈柳布斯基在位时期；1169 年博戈柳布斯基征服基辅，但未迁居那里。

1126 年，诺夫哥罗德选举产生首位地方行政官；1156 年，产生首位被选举出的主教。

约 1200 年，波洛维茨人阻断了基辅—君士坦丁堡的贸易路线。

1204 年，十字军攻克并洗劫君士坦丁堡。

蒙古统治时期

蒙古：

12 世纪末，蒙古诸部落统一。

1206 年，成吉思汗称汗。

1215—1280 年，蒙古入主中原。

1218—1221 年，征服中亚。

1227 年，成吉思汗逝世。

1236 年，成吉思汗之孙拔都西征。

1237—1238 年，拔都率领的蒙古军队征服了罗斯东北部地区。

1240—1242 年，蒙古人进犯俄罗斯南部、波兰和匈牙利，之后撤回蒙古。

约 1243 年，金帐汗国建立，罗斯东北地区和诺夫哥罗德沦为其朝贡国。

1256—1259 年，蒙古人征服高加索和伊朗。

1257 年，蒙古人对俄罗斯进行第一次人口普查。

诺夫哥罗德：

1257—1259 年，爆发反蒙古的起义。

1265 年，现存最古老的王公契约诞生。

1348 年，根据协议，普斯科夫成为独立的城邦。

约 1350 年，斯特里戈尔尼克派异教运动兴起。

立陶宛 – 波兰：

13 世纪—14 世纪，立陶宛人控制了第聂伯河盆地。

1386 年，立陶宛与波兰结盟，立陶宛王朝改信天主教。

东北罗斯：

约 1150—约 1450 年，所谓的"封地时代"。

1252—1263 年，亚历山大·涅夫斯基作为弗拉基米尔大公的在位时期。

约 1276 年，莫斯科公国为涅夫斯基之子达尼尔而建，他在约 1276—1303 年期间统治莫斯科公国。

1299 年，基辅大主教将其主教圣位迁至弗拉基米尔城。

1303—1325 年，莫斯科王公尤里·达尼洛维奇在位时期。

1325—1340 年，莫斯科王公伊凡一世（"钱袋子"伊凡）在位时期（1328—1340 为弗拉基米尔大公）。

1327 年，特维尔爆发反对蒙古人的起义，起义被伊凡一世在蒙古人的帮助下镇压。

1328 年，大主教的圣位从弗拉基米尔移至莫斯科。

1359—1389 年，莫斯科王公（1362 年后为莫斯科大公）德米特里（顿斯科伊）在位时期。

14 世纪中叶，蒙古对伊朗的统治崩溃。

14 世纪 60—70 年代，金帐汗国朝政出现危机。

1368 年，元朝退出中原。

14 世纪 70 年代，莫斯科开始干预波雅尔的自由离去权。

1380 年，德米特里在库里科沃挫败了某个金帐汗王位的觊觎者。

1382 年，莫斯科遭到蒙古人的劫掠。

1389—1395 年，帖木儿攻打金帐汗国，劫掠其都城萨莱。

莫斯科的崛起

1389—1425 年，瓦西里一世在位时期。

1392 年，下诺夫哥罗德被吞并。

1425—1462 年，瓦西里二世在位时期（有中断）。

1439 年，在佛罗伦萨公会议上，希腊和罗马教会合二为一，俄罗斯教会对此予以坚决抵制。

约 1450 年，金帐汗国土崩瓦解；喀山汗国、阿斯特拉罕汗国和克里米亚汗国形成。

1453 年，土耳其人占领君士坦丁堡。

1462—1505 年，伊凡三世在位时期。

15 世纪 70 年代，犹太派异端在诺夫哥罗德传播。

1471 年，莫斯科攻打诺夫哥罗德，击溃了其军队。

1472 年，伊凡三世迎娶索菲娅·帕列奥罗格。

1477 年，莫斯科再度进犯诺夫哥罗德，并将其吞并。

1477 年之后，莫斯科开始在诺夫哥罗德大规模没收土地；推行有条件的土地占有制。

1484 年和 1489 年，诺夫哥罗德遭到屠杀，大部分居民被驱至俄罗斯内陆地区。

1485 年，莫斯科吞并特维尔。

1489 年，莫斯科吞并维亚特卡。

1494 年，汉萨同盟设立在诺夫哥罗德的商站被关闭。

1497 年，俄罗斯第一部法典（Судебник）问世。

1503 年，东正教议会驳回了尼尔·索尔斯基要求教会放弃财产权的诉求。俄罗斯教会开始了禁欲派与恋欲派之争。

16 世纪

1505—1533 年，瓦西里三世在位时期。

1510 年，攻陷并吞并普斯科夫，并进行了大规模驱逐。

1521 年，瓦西里三世废黜了莫斯科都主教瓦拉姆。

1525 年，主教丹尼尔授权瓦西里离婚。

1533—1584 年，伊凡四世（雷帝）在位时期。

1533—1538 年，伊凡之母叶连娜摄政。

1535 年，颁布法令进一步限制修道院拥有土地财产。

1547 年，伊凡四世加冕"沙皇"称号。

1549—1556 年，改革时期；1550 年第二部法典（Царский судебник）问世；1550 年，1064 名波雅尔之子获得了位于莫斯科近郊的世袭领地；

1551 年，"百条决议"宗教会议召开；16 世纪 50 年代，第一所衙门诞生，地方行政进行了改革；1555 年或 1556 年，国家服务体系规范化尝试。

1552 年，攻陷并吞并喀山汗国。

1553 年，英国人发现从北方通向俄罗斯的海上路线。

1556 年，攻陷并吞并阿斯特拉罕汗国。

16 世纪 50 年代，莫斯科公国在其南部边境地区建造了围栏，俄罗斯人开始了向草原的拓殖。

1558—1583 年，俄罗斯发动了对利沃尼亚的战争。

1564—1572 年，特辖制的恐怖统治。

1566 年，缙绅会议召开，讨论利沃尼亚战争事宜。

1569 年，波兰与立陶宛在卢布林结盟，成立波兰立陶宛联邦。

1570 年，伊凡四世下令将诺夫哥罗德夷为平地，城中居民遭到屠杀。

1581—1592 年，推行土地清册制度，成为农奴制的基础。

1584—1598 年，费奥多尔一世在位时期。

1588—1589 年，贾尔斯·弗莱彻旅居俄罗斯。

1589 年，俄罗斯宗主教区（牧首区）获立。

1596 年，天主教和东正教在布列斯特结盟，在波兰立陶宛联邦境内建立了东仪天主教会。

1598 年，随着费奥多尔的去世，留里克王朝寿终正寝。俄罗斯历史进入了大混乱时代，直至 1613 年。

1598—1605 年，鲍里斯·戈东诺夫在位时期

17 世纪

1581—1639 年，俄罗斯征服西伯利亚。

1601—1602 年，颁布法令进一步限制农民自由流动。

1606—1610 年，瓦西里·舒伊斯基在位时期。

1610 年，俄罗斯人将皇位献于波兰王公瓦迪斯瓦夫四世。

1613—1917 年，罗曼诺夫王朝。

1613—1645 年，米哈伊尔在位时期；在 1618—1633 年间，由其父，主教菲拉列特辅政。

1632—1634 年，俄罗斯人试图从波兰人手中夺取斯摩棱斯克。

1632 年，维尼乌斯和马瑟里斯在图拉和卡希拉建造了钢铁铸造厂。

1645—1676 年，阿列克谢在位时期。

1648 年，爆发城镇骚乱。

1648—1649 年，缙绅会议的重要会期。

1649 年，新法典（Уложение）颁布。

1649 年，英国的商业特权被撤销。

1652 年，尼康任大牧首。

1653 年，缙绅会议召开最后一次会议。

1654—1667 年，为兼并乌克兰发动俄波战争。

1666 年，宗教大会谴责了尼康，但保留了他的宗教改革措施；教派分裂由此开始。

1667 年，启用新贸易章程（Новоторговый устав）。

1667 年，与波兰缔结安德鲁索沃停战协定；俄国获得基辅。

1670—1671 年，爆发斯捷潘·拉辛率领的农民起义。

1676—1681 年，爆发与奥斯曼帝国和克里米亚的战争。

1676—1682 年，费奥多尔三世在位时期。

1682—1688 年，索菲亚摄政时期；戈利岑为实际统治者。

1682 年，门第选官制被废除。

1687 年和 1689 年，与克里米亚鞑靼人之间的战争以失败而告终。

彼得一世（1689—1725 年）

1689 年，索菲亚的摄政终结，彼得一世接手政权（在 1696 年之前与他的兄弟伊万共同执政）。

1697—1698 年，彼得游历西欧（"大出使"）。

1697 年，普列奥布拉任斯基衙门获得授权专门处理政治犯罪事务。

1700 年，牧首阿德里安亡故，由代理教会负责人取而代之。

1700 年，俄罗斯在纳尔瓦战役中败于瑞典。

1701 年，修道院被要求将收入上缴国家。

1702 年，决定建造圣彼得堡；1703 年，新城奠基。

1703 年，俄罗斯发行第一份报纸《圣彼得堡新闻报》。

1705 年，建立义务征兵制。

1709 年，俄罗斯在波尔塔瓦战役中击败瑞典。

1709 年，开始建设圣彼得堡；1712 年，迁都于此。

1710 年，俄罗斯人占领利沃尼亚和爱沙尼亚。

1711 年，彼得大帝废除大多数贸易垄断。

1711 年，沙皇理事会（波雅尔杜马）被参议院所取代。

1711 年，俄军在普鲁特河败于土耳其人。

1714 年，颁布法令要求地主只能将不动产遗赠给唯一继承人。

1714 年，实施公务人员工资制度。

1718 年，开始第一次人口普查。

1721 年，商人被赋予购买村庄的权利，以便获得工矿企业所需的劳动力。

1721 年，参议院宣布彼得为"皇帝"。

1721 年，教会规定：废除主教职位，由圣主教公会取而代之。

1722 年，官阶表发布。

1722 年，继承法被废除，从此沙皇可以自由选择皇位继承人。

1724 年，开始推行人头税制度。

1724 年，首次实施全面保护性关税。

1725 年，科学院成立。

彼得一世的直接继任者

1725—1727 年，叶卡捷琳娜一世在位时期。

1727—1730 年，彼得二世在位时期。

1730 年，宪政危机爆发，最高枢密院试图逼迫安娜接受一些"条件"，但未获得成功。

1730—1740 年，安娜一世在位时期。

1730 年，《1714 年继承法》被废止。

1731 年，贵族武备学校成立。

1736 年，强制性国家义务以 25 年为限，可以从 20 岁开始。地主可以留一个儿子在家。

1736 年，"占有性农奴"被永久性地束缚在矿山和工厂中。

1741—1761 年，伊丽莎白一世在位时期。

1753 年，取消各类国内税费。

1755 年，莫斯科大学成立。

彼得三世和叶卡捷琳娜二世时代（1761—1796 年）

1761—1762 年，彼得三世在位时期。

1762 年 2 月 18 日，《贵族自由宣言》发布，从此免除了贵族的强制性国家服役。

1762 年，政府颁布法令没收教堂和修道院的土地财产；1764 年，法令生效。

1762 年，商业和制造业的皇家垄断被废除。

1762 年，废止颁布于 1721 年的允许商人购买村庄的法令。

1762—1796 年 7 月 28 日，叶卡捷琳娜二世在位时期。

1764 年，政府颁布法令，规定某些类别的文官可享有自动晋升的权利。

1767 年，享有自动晋升权利的文官范围得到扩大。

1767—1768 年，成立立法委员会，起草新法典。

1769 年，俄罗斯出现了最早的讽刺性期刊（《万象》和《雄蜂》）。

1772 年，第一次瓜分波兰。

1773—1775 年，爆发了普加乔夫领导的农民和哥萨克起义。

1775 年，省级行政区划改革。

1775 年，制造业向所有社会阶层开放。

1783 年，贵族获准经营私人出版社。

1784—1791 年，诺维科夫租用莫斯科大学印刷厂。

1785 年 4 月 21 日，贵族特许状和城市特许状颁布。

1787—1791 年，爆发了与奥斯曼帝国的战争。

1790 年，拉吉舍夫的《从彼得堡到莫斯科旅行记》出版，而后被捕。

1792 年，诺维科夫被捕。

1793 年，第二次瓜分波兰。

1795 年，第三次瓜分波兰。

19 世纪上半叶

1796—1801 年，保罗一世在位时期。

1797 年，封地署成立。

1797 年，保罗恢复于 1722 年被彼得一世废除的王位继承法。

1801—1825 年，亚历山大一世在位时期

1809 年，推行文官考核制度的尝试以失败而告终。

1811 年，成立警察部；于 1819 年撤销。

1812 年，法国入侵俄罗斯失败，而后俄军进入西欧并占领巴黎。

1825—1855 年，尼古拉一世在位时期。

1825 年 12 月 14 日，爆发十二月党人起义。

1826 年，成立最高调查委员会审理十二月党人案。

1826 年，御前办公厅第三局成立。

1826 年，沙皇政府颁布《审查法》。

1830 年，《俄罗斯帝国法律全集》出版。

1830—1831 年，爆发波兰起义；波兰宪法遭废除。

1833 年，《法律汇编》出版。

1835 年，改革大学章程。

1836 年，恰达耶夫首封哲学书简出版。

1837 年，沙皇政府设立国有资产部。

1839 年，德国企业家路德维格·克诺普定居俄国。

1845 年，世袭贵族的门槛被限制在最高的五个官阶内。

1845 年，新刑法颁布。

1847 年，哈克斯特豪森的著作问世。

1853—1856 年，克里米亚战争。

亚历山大二世（1855—1881 年）

1856 年，世袭贵族的门槛被进一步提高至最高的四个官阶内。

1860 年，开始启用村社法庭。

1861 年 2 月 19 日，亚历山大二世签署废除农奴制宣言。

1863 年，爆发波兰起义。

1864 年，司法改革。

1864 年，推行地方自治会和城市自治。

1864—1880 年，俄罗斯征服突厥斯坦。

1870 年，开始推行普遍义务兵役制。

1874 年，掀起"到人民中去"运动。

1877—1878 年，开庭审理"五十人案"和"一百九十三人案"。

1878 年，维拉·查苏利奇开枪刺杀圣彼得堡警察局长。

1878 年 8 月 4 日，恐怖分子刺杀宪兵总长。

1878 年 8 月 9 日，政府颁布临时法规定以军事法庭审判恐怖分子。

1878 年 9 月 1 日，政府发布一项秘密通告，授权对涉嫌煽动犯罪的人员实施逮捕和流放。

1879 年 4 月，政府设立"临时总督"一职。

1880 年 2 月 5 日，恐怖分子成功在冬宫安放炸弹。

1880 年 2 月，洛里斯-梅利科夫大权独揽。

1880 年 8 月，第三局被撤销，新机构"国家警察司"成立。

1881 年 3 月 1 日，亚历山大二世遭刺杀身亡。

亚历山大三世（1881—1894 年）

1881 年 8 月 14 日，临时法签署。

1882 年 3 月 12 日，政府颁布法令宣布任何一位公民都可以被公开监管。

1882—1895 年，德米特里·托尔斯泰任俄国内务部长。

1883 年，法律规定农民必须购买分配给他们的土地份额。

1885 年，新版刑法颁布。

1886 年，颁布了专管强制劳动的法令。

1887 年，废除人头税。

1889 年，设立地方行政官职务。

1893 年，废除农奴制法令中的关于允许农民退出村社的条款。

尼古拉二世（1894—1917 年）

1901—1903 年，祖巴托夫活跃时期。

1904 年 11 月，地方自治会组织"宴会"运动要求立宪。

1905 年 1 月，圣彼得堡发生"流血星期日"事件。

1905 年 10 月，《十月宣言》对公民自由和代议机构做出承诺。

1906 年，基本法（宪法）出台，第一届国家杜马成立。

1906 年 11 月，新立法使农民得以巩固自己的财产，并可以离开公社。

1907 年，赎买金支付，欠款被勾销。

1909 年，《路标》文集出版。

1917 年 2 月，尼古拉二世退位，国家政权由杜马建立的临时政府接管。

1917 年之后

1917 年 10 月，布尔什维克夺取政权。

1918—1921 年，国内战争和战时共产主义时期。

1918 年 7 月，末代沙皇及其家人被处决。

1918 年 9 月，"肃反运动"开始。

1921 年，新经济政策拉开序幕。

1927 年，苏联刑法颁布。

1928—1932 年，集体化时期，集体农庄创建。

1934 年，刑法增补了处理反国家（反革命）罪的条款。

译后记

20世纪70年代，冷战呈现苏攻美守之势。面对苏联之强，与恐惧相伴的，是西方社会对俄罗斯何以不同于西欧的迷惑。这本著作即为探究其中缘由而生，其论述围绕为何俄国社会未能对政权施以有效的制约一题，由此剖析国家体制之演化，进而对各个社会阶层、群体分述入微，将一部千年的俄国历史抽丝剥茧、提纲挈领，微缩于此小卷之中。

此书在结构上虽分国家体制与社会阶群而论，实更为读者呈现出了二者关系，其中包含：君臣关系、主奴关系、政商、政教、政学、政农关系等等，贯穿于这种种关系之主线，也即此著之核心，诚如作者自言，在于分析旧制度下的俄国，其财产与政权间的关系、所有权与主权间的界限等问题。此书于这等问题的解析之鞭辟，论法之独到，可圈可点。因而，问世后，深受追捧，被美国院校尊为俄国历史之教科书。不仅如此，苏联解体后，该书得译为俄文，在俄罗斯出版，即受到俄罗斯史学界的广泛关注。

在我们的脑海中，旧制度或许代表着一切消极的、应当被否定、摒弃的东西。然而，这些消极的东西，恰恰与优秀的传统一并被历史写入现代人的基因。现代社会的种种问题，何尝不是这些负面因子的作怪呢？治国理政之道不仅在于制度设计的科学合理，更在于社会各个阶群的责任担当。旧制度下的俄国，君王的独断、贵族的逃避、官僚的患失、农商的自私、教会的虚伪，仅剩的可贵之物就只有知识分子的理想了。但是，理想终究不是现实，在如此各阶群纷纷逃避责任的社会，当革命风潮来临之时，政权自然不堪一击。然而，更富戏剧性的历史于世纪末再次上演，傲立70年的苏联社会主义大厦竟在一夜之间轰然倒塌，追其根源又何尝不是因此呢？溯旧制度之往史，正现代人之衣冠，开卷之益，于此也。

译者之难，难在得原文之信，译者之痛，痛在求译文之达。难与痛，唯有译者自知。幸在此书有俄文版，偶逢不解之惑，英俄对比，方明其理。由此及彼，可想译者之难与痛。借此机会，向所有译者同仁致以最崇高的敬意。

此译虽经反复推敲，囿于个人所能，错漏在所难免，欢迎读者批评指正。

郝葵

2020年元月3日

于山阳老屋

出版后记

  作为世界大国，同时也是中国重要的邻国之一，俄罗斯的历史向来是受到广泛关注的，但因其幅员辽阔、民族众多，时间与空间的跨度都极大，要书写其通史是一件十分困难的事情。本书作者理查德·派普斯则通过选择政治活动这一落脚点，展示他对近千年来俄罗斯国家之社会和政治的深入而引人入胜的观察。

  派普斯旁征博引，对俄罗斯社会进行广泛的描绘，将其如何从原始村社逐渐形成国家、公国直至俄罗斯帝国的历程清晰地梳理出来，让我们看到俄罗斯国家在千年来，因其特殊的地理位置和环境，以及其从诺曼人、蒙古人的统治到君主制统治建立的历程，形成了兼具亚洲与欧洲特点的独特政治制度和社会环境。尽管本书成书较早，且部分观点亦受到冷战这一时代背景的影响，但作者对俄罗斯民族、国家的深刻理解与分析以及深入浅出的写作，时至今日仍具有独特的史学与文学价值，对于想要了解俄罗斯政治、文化发展历史的读者亦具有参考价值。

  由于编者能力有限，本书各处若有纰漏，敬请读者批评指正。

服务热线：133-6631-2326 188-1142-1266

服务信箱：reader@hinabook.com

后浪出版公司

2022 年 9 月

© 民主与建设出版社，2023

图书在版编目（CIP）数据

旧制度下的俄国 / (美) 理查德·派普斯
(Richard Pipes) 著；郝葵译. –– 北京：民主与建设
出版社，2023.5（2023.8重印）
书名原文：Russia Under the Old Regime
ISBN 978-7-5139-4123-5

Ⅰ.①旧… Ⅱ.①理… ②郝… Ⅲ.①俄罗斯—历史
Ⅳ.①K512.0

中国国家版本馆CIP数据核字(2023)第075168号

版权登记号：01-2023-2569
地图审图号：GS（2022）5182号

旧制度下的俄国
JIUZHIDU XIA DE EGUO

著　者　［美］理查德·派普斯　　　　译　者　郝　葵
出版统筹　吴兴元　　　　　　　　　　责任编辑　王　颂
特约编辑　张雨夏　王子晖　　　　　　营销推广　ONEBOOK
封面设计　许晋维 hsujinwei.design@gmail.com
出版发行　民主与建设出版社有限责任公司
电　话　（010）59417747　59419778
社　址　北京市海淀区西三环中路 10 号望海楼 E 座 7 层
邮　编　100142
印　刷　河北中科印刷科技发展有限公司
版　次　2023 年 5 月第 1 版
印　次　2023 年 8 月第 2 次印刷
开　本　880 毫米 × 1194 毫米　1/32
印　张　15.75
字　数　352 千字
书　号　ISBN 978-7-5139-4123-5
定　价　99.80 元

注：如有印、装质量问题，请与出版社联系。

出版后记

作为世界大国，同时也是中国重要的邻国之一，俄罗斯的历史向来是受到广泛关注的，但因其幅员辽阔、民族众多，时间与空间的跨度都极大，要书写其通史是一件十分困难的事情。本书作者理查德·派普斯则通过选择政治活动这一落脚点，展示他对近千年来俄罗斯国家之社会和政治的深入而引人入胜的观察。

派普斯旁征博引，对俄罗斯社会进行广泛的描绘，将其如何从原始村社逐渐形成国家、公国直至俄罗斯帝国的历程清晰地梳理出来，让我们看到俄罗斯国家在千年来，因其特殊的地理位置和环境，以及其从诺曼人、蒙古人的统治到君主制统治建立的历程，形成了兼具亚洲与欧洲特点的独特政治制度和社会环境。尽管本书成书较早，且部分观点亦受到冷战这一时代背景的影响，但作者对俄罗斯民族、国家的深刻理解与分析以及深入浅出的写作，时至今日仍具有独特的史学与文学价值，对于想要了解俄罗斯政治、文化发展历史的读者亦具有参考价值。

由于编者能力有限，本书各处若有纰漏，敬请读者批评指正。

服务热线：133-6631-2326　188-1142-1266

服务信箱：reader@hinabook.com

后浪出版公司

2022 年 9 月

© 民主与建设出版社，2023

图书在版编目（CIP）数据

旧制度下的俄国 / (美) 理查德·派普斯
(Richard Pipes) 著；郝葵译. -- 北京：民主与建设
出版社，2023.5（2023.8重印）
　书名原文：Russia Under the Old Regime
　ISBN 978-7-5139-4123-5

　Ⅰ.①旧… Ⅱ.①理… ②郝… Ⅲ.①俄罗斯—历史
Ⅳ.①K512.0

中国国家版本馆CIP数据核字(2023)第075168号

版权登记号：01-2023-2569
地图审图号：GS（2022）5182号

旧制度下的俄国
JIUZHIDU XIA DE EGUO

著　　者	［美］理查德·派普斯	译　者	郝　葵
出版统筹	吴兴元	责任编辑	王　颂
特约编辑	张雨夏　王子晖	营销推广	ONEBOOK
封面设计	许晋维 hsujinwei.design@gmail.com		

出版发行　民主与建设出版社有限责任公司
电　　话　（010）59417747　59419778
社　　址　北京市海淀区西三环中路 10 号望海楼 E 座 7 层
邮　　编　100142
印　　刷　河北中科印刷科技发展有限公司
版　　次　2023 年 5 月第 1 版
印　　次　2023 年 8 月第 2 次印刷
开　　本　880 毫米 × 1194 毫米　1/32
印　　张　15.75
字　　数　352 千字
书　　号　ISBN 978-7-5139-4123-5
定　　价　99.80 元

注：如有印、装质量问题，请与出版社联系。